WOLFGANG GÜNTHER

DIE REVOLUTION VON 1918/19 IN OLDENBURG

HEINZ HOLZBERG VERLAG - OLDENBURG

Gefördert mit Hilfe von Forschungsmitteln des Landes Niedersachsen und der Oldenburgischen Landschaft

CIP-Kurztitelaufnahme der Deutschen Bibliothek

Günther, Wolfgang:
Die Revolution von 1918/19 [neunzehnhundertachtzehn neunzehn] in Oldenburg / Wolfgang Günther. - Oldenburg: Holzberg, 1979. -
(Oldenburger Studien; Bd. 18)
ISBN 3-87358-114-0

© 1979 Heinz Holzberg Verlag KG, Oldenburg - Alle Rechte vorbehalten
Gedruckt bei Isensee in Oldenburg

VORWORT

Die Arbeit, welche die Reihe der „Oldenburger Studien" fortsetzt, wurde vom Fachbereich Gesellschaftswissenschaften der Universität Oldenburg als Dissertation angenommen.
Erste Anregungen zu dieser Arbeit erhielt ich in den Seminaren von Professor Dr. Fritz Fischer an der Universität Hamburg, die weitere Betreuung übernahm Professor Dr. Joist Grolle, dem ich für die stete Förderung und die geduldige Umsicht, mit der er die Entstehung des Manuskripts begleitet hat, herzlich danke.
Wichtige Hinweise, die besonders der Gesamtkonzeption zugute kamen, verdanke ich Professor Dr. Klaus Saul. In häufigen Gesprächen über methodische und inhaltliche Probleme habe ich die kritische Aufmerksamkeit und fördende Teilnahme meines Kollegen an der Universität Oldenburg, Hans Friedl, schätzen gelernt.
Mein Dank gilt ferner allen, die mich bei meiner Arbeit in den staatlichen und städtischen Archiven bereitwillig unterstützt haben, allen voran der Leitung und den Mitarbeitern des Staatsarchivs Oldenburg.
Die Landesbibliothek Oldenburg trug durch eine großzügige und entgegenkommende Entleihpraxis ebenso wie die Fernleihabteilung der Universitätsbibliothek Oldenburg zum Gelingen der Arbeit bei.
Um die Herstellung des Manuskripts hat sich Frau Therese Augustin besonders verdient gemacht.
Für finanzielle Förderung bin ich dem Projekt „Sozialer und politischer Wandel in Oldenburg/Ostfriesland" an der Universität Oldenburg, in dessen Forschungsrahmen sich die Arbeit einfügt, zu Dank verpflichtet.
Besonderer Dank gebührt der Oldenburgischen Landschaft für ihre finanzielle Unterstützung und dem Heinz Holzberg Verlag für die fördernde Zusammenarbeit, die der Ausstattung des Buches zugute kam.

Oldenburg, im Oktober 1979   Wolfgang Günther

INHALTSVERZEICHNIS

Einleitung 11

1. Die Reformpolitik in Oldenburg 22
1.1. Die Stimme der Liberalen:
 Nationale Einheit und Reform der Verfassung 22
1.2. Die Politik der MSPD im Spiegel des „Norddeutschen Volksblattes" 26
1.2.1. Reformen in Staat und Gesellschaft:
 Demokratisierung als Aufgabe der „Neuordnung" 26
1.2.2. Strategie und Taktik der MSDP:
 Politik der Mäßigung gegen Reaktion und Putschismus 28
1.2.3. Die Forderungen der MSDP am Vorabend der Revolution:
 Der soziale Volksstaat 32
1.3. Die oldenburgische Regierung und der Landtag:
 „Es ist alles bewilligt." 34

2. Die revolutionäre Umwälzung:
 „Die importierte Revolution" 43
2.1. Die Meuterei auf der Hochseeflotte 44
2.2. „Die erste Schanze":
 Demonstrationen in Wilhelmshaven/Rüstringen am 6. November 1918 . . . 59
2.3. Die Kapitulation der Marinekommandos vor dem Arbeiter- und Soldatenrat:
 Ausbau der Erfolge zur Alleinherrschaft 68
2.4. Die öffentliche Meinung:
 „Kaiserfrage" und Ausbruch der Revolution 75
2.5. Der Ausbruch der Revolution in Oldenburg 78
2.5.1. Die Gründung und der Ausbau des Soldatenrats:
 7. bis 10. November 1918 78
2.5.2. Der Konflikt zwischen dem 21er Rat in Wilhelmshaven/Rüstringen
 und dem Soldatenrat Oldenburg 82
2.5.3. Das Ende der konstitutionellen Monarchie und die
 Proklamation des Freistaates Oldenburg 86

3. Die Träger der Revolution:
 Die Arbeiter- und Soldatenräte 91

3.1.	Die Bildung der Arbeiter- und Soldatenräte	91
3.1.1.	Die beiden „Vororte" Oldenburg und Wilhelmshaven/Rüstringen	93
3.1.2.	Die Bildung der „Filialen" und der anderen Arbeiter- und Soldatenräte im Freistaat Oldenburg	95
3.1.3.	Die Delmenhorster Variante	97
3.2.	Die Räte als Träger der politischen Revolution	100
3.2.1.	Die politische Zusammensetzung der Arbeiter- und Soldatenräte	100
3.2.2.	Die Ziele der Arbeiter- und Soldatenräte	104
3.2.3.	Die Organisation der Räte	107
3.3.	Räte und kommunale Selbstverwaltung	110
3.3.1.	Die Bildung der Arbeiter- und Soldatenräte in den Gemeinden	110
3.3.2.	Die Tätigkeiten der Räte in den Gemeinden	112
3.3.3.	Die Auseinandersetzungen um die Bezahlung der Arbeiter- und Soldatenräte als Ausdruck des Kampfes um ihre Anerkennung	114
4.	Der Herrschaftsanspruch der Räte versus Regierungsmacht	120
4.1.	Der Grundkonflikt I: Räteherrschaft oder Direktorium?	120
4.1.1.	Der Herrschaftsanspruch der Räte	120
4.1.2.	Das Direktorium: Staatsorgan durch die Revolution	124
4.2.	Die Auseinandersetzung innerhalb der Rätebewegung	128
4.2.1.	Die vermeintliche Einigkeit: Der verschobene Ausbau der Räteorganisation	128
4.2.2.	Die Anstrengungen der „Republik" für die Einheit der Arbeiterbewegung: Die Lehre des Konstanzer Konzils	132
4.2.3.	Die erste Machtprobe: Sieg des Einen – Niederlage des Ganzen	136
4.2.4.	Die Spaltung der Partei: Der nachgeholte April 1917 in Wilhelmshaven/Rüstringen	139
4.2.5.	Der Bruch in der Rätebewegung: Praktische Politik gegen politische Proklamation	152
4.3.	Der Grundkonflikt II: Zentralrat oder Direktorium?	155

4.3.1.	Die Verschärfung des Konflikts: „Die Marneschlacht der deutschen Revolution"	155
4.3.2.	Die Bildung des Zentralrats: Sieg der demokratischen Kräfte	161
4.3.3.	„Verlorener Sieg": Die Dominanz des Direktoriums	166
4.3.4.	Die bürgerliche „Rätebewegung"	168
5.	Das Ende der Rätebewegung	171
5.1.	Die Räterepublik Wilhelmshaven: „Wir sind düpiert worden"	171
5.2.	„Parteizerstörung oder Selbstbesinnung?" Der Kampf zwischen MSPD und USPD	186
5.3.	Die „Zweite Revolution": Vor einem neuen Putsch?	189
5.4.	Der Wandel der Räte: Vom revolutionären Kampforgan zur Interessenvertretung der „werktätigen Bevölkerung"	190
5.5.	Das Ende der Arbeiterräte und die Kontinuität des Landesarbeiterrats	193

Schlußbemerkungen 196

Quellen- und Literaturverzeichnis 203

Abkürzungen 219

Zeittafel 221

Personenregister 225

Ortsregister 233

Anhang: Quellen zur Revolutionsgeschichte 235

EINLEITUNG

Ende November 1918 schrieb Ernst Troeltsch:*
> *„Die lange gefürchtete und verheißene Revolution ist ausgebrochen. Deutschland hat heute seine siegreiche Revolution, wie sie einst England, Amerika und Frankreich hatten . . . Noch kann man kaum die Ungeheuerlichkeit der Ereignisse ausdenken, obwohl man in diesen Jahren an Ungeheures wahrlich gewöhnt war . . . Die Bedeutung für Deutschland und für die Welt sieht noch niemand ab, kaum hat man Ruhe, sie zu bedenken."*[1]

Zwar hatte der wohlinformierte[2] Beobachter der Berliner Ereignisse noch kaum Ruhe gehabt, um Bedeutung und Wirkung der Revolution zu bedenken, jeder Tag brachte neue „Ungeheuerlichkeiten", jeder Katarakt, über den die revolutionäre Entwicklung vorwärtsstürzte, entfesselte neue Kräfte und ließ ungeahnte Entwicklungen hervorgehen, aber den welthistorischen Rang der Vorgänge erkannte er doch sofort, stellte sie neben die großen Revolutionen der europäisch-atlantischen Welt. Auf der anderen Seite erfaßte W. I. Lenin die weltgeschichtliche Bedeutung, die der deutschen Revolution zukam und von deren Gelingen er den siegreichen Fortgang der Weltrevolution abhängen sah.[3] Aber auch ein schlichter Mann, dem deutschen bürgerlichen Geschichtsphilosophen wie dem russischen Berufsrevolutionär und marxistischen Theoretiker an Kenntnissen, analytischer Schärfe und Deutungskraft unterlegen, der Matrose Richard Stumpf, war von dem Bewußtsein der historischen Wende ebenso erfüllt wie die beiden. Mitte Oktober notierte er fragend in seinem Tagebuch:

> *„Soll die kurze Zeit von 1870 bis 1914 wirklich unser kurzer Geschichtstag gewesen sein? Ist diese kurze Spanne voll Kraft und Glanz, voll Wohlstand und Selbstbewußtsein für immer dahin?"*[4]

Ohne Zweifel hatten, wie die Genannten, viele Zeitgenossen der Revolution ein Bewußtsein von der „kulturell-sozialgeschichtlichen Zäsur"[5], welche Weltkrieg und Revolution bildeten; ihre Beurteilung ist von der Geschichtsschreibung bestätigt worden. So hat ein Historiker unserer Tage kürzlich geurteilt, es sei heute so gut wie unbestritten, „daß im Winter 1918/19 tat-

---

* Die biographischen Angaben der im Text genannten Personen befinden sich im Personenregister, S. 225.

1) Troeltsch, Ernst: Spektator-Briefe. Aufsätze über die deutsche Revolution und die Weltpolitik 1918/22. Mit e. Geleitwort von Friedrich Meinecke. Zsgst. und hrsg. von H. Baron. Aalen 1966. (Neudruck der Ausgabe Tübingen 1924), S. 19.

2) Zu dem Kreis um Delbrück und Troeltsch, der sich während des Krieges zusammenfand, vgl. Meinecke, Friedrich: Einleitung zu den Spektator-Briefen, ebd., S. III-VIII.

3) Vgl. Ruffmann, Karl-Heinz: Sowjetrußland. München 1967. (dtv-Weltgeschichte des 20. Jahrhunderts, Bd 8), S. 195 f.; ähnlich Schulz, Gerhard: Revolutionen und Friedensschlüsse 1917-1920. München 1967. (dtv-Weltgeschichte des 20. Jahrhunderts, Bd 2), S. 150 f.

4) Das Werk des Untersuchungsausschusses der Verfassunggebenden Deutschen Nationalversammlung und des Deutschen Reichstages 1919-1930. Vierte Reihe: Die Ursachen des Zusammenbruchs im Jahre 1918. Zweite Abteilung: Der innere Zusammenbruch. Im Auftrage des Vierten Unterausschusses . . . hrsg. von Dr. Albrecht Philipp, MdR. Bd 10, 2. Halbband. Berlin 1928, S. 298 (künftig: Stumpf-Tagebuch).

5) Mann, Thomas: Meine Zeit. In: Reden und Aufsätze. Bd 3. Frankfurt 1960. (Gesammelte Werke in zwölf Bänden, Bd XI), S. 313.

sächlich politische Entscheidungen gefallen sind, die für das Schicksal der parlamentarischen Demokratie in Deutschland, der deutschen und internationalen Arbeiterbewegung und . . . für die allgemeinen weltgeschichtlichen Entwicklungen unseres Jahrhunderts von grundlegender Bedeutung sind."[6]

Der Einsicht in die universale Bedeutung der deutschen Revolution von 1918/19 ist inzwischen eine Geschichtsschreibung zu verdanken, die schier unübersehbar geworden ist.[7] Um so auffälliger ist der Tatbestand, den Erich Kittel 1968 feststellte: „Die Revolution von 1918 hat als Ereignis der deutschen Geschichte ein solches Gewicht, daß man darüber die partikularen Revolutionen in den . . . 25 Ländern des deutschen Kaiserreichs mehr oder weniger vergessen hat."[8]

Im Mittelpunkt unserer Darstellung steht nun ein solche „partikulare Revolution" - die in Oldenburg[9], deren Verlauf und Charakter zehn Jahre später Fritz Albers als „verhältnismäßig milde" beurteilte.[10]

Ehe wir die Frage nach den Gründen für den „milden" Verlauf der Revolution in Oldenburg mit der Darstellung der Revolution selbst beantworten, mögen einige einführende Bemerkungen, die einen Grundzug oldenburgischer Geschichte hervortreten lassen, angebracht sein. Als im Jahre 1831, nach der Proklamation des Großherzogs Paul Friedrich August (1829-1853), in der ein sehr allgemein gehaltenes Versprechen einer Verfassung enthalten war[11], die Arbeiten an einer neuen Gemeindeordnung als Grundlage eben dieser Konstitution begannen[12], schrieb Ludwig Börne:

„Die Oldenburger Herren arbeiten jetzt an guten Kommunalschuhen, und sind diese fertig nach 100 Jahren, stecken sie die Füße hinein; und nach 100 Jahren stellen sie den Leib auf die Füße; und nach 100 Jahren stellen sie den Hals auf den Leib; und nach 100 Jahren stellen sie den Kopf auf den Hals, und nach 100 Jahren setzen sie den Freiheitshut auf den Kopf, und dann hat Oldenburg eine Konstitution, und so gut und so schön wie eine. O Oldenburger! Oldenburger!"[13]

Mochte die bittere Sentenz auch mehr die Enttäuschung eines Freiheits- und Verfassungsfreundes in der Vormärzzeit ausdrücken, als daß sie den realhistorischen Prozeß prognostizieren sollte, ein Körnchen Wahrheit enthielt sie wohl: „Schließlich stand Oldenburg als der einzige Staat in Deutschland ohne Verfassung da."[14]

---

6) Arbeiter und Soldatenräte im rheinisch-westfälischen Industriegebiet. Studien zur Geschichte der Revolution 1918/19. Hrsg. von Reinhard Rürup. Wuppertal 1975. Das Zitat ist der Einleitung von Rürup, S. 7 f., entnommen.
7) Vgl. die Bibliographie zur deutschen Revolution 1918/19 von Georg P. Meyer, Göttingen 1977, sowie die in dem von Eberhard Kolb hrsg. Band: Vom Kaiserreich zur Weimarer Republik. Köln 1972. (Neue Wissenschaftliche Bibliothek, Bd 49), S. 405-425.
8) Kittel, Erich: Novembersturz 1918. Bemerkungen zu einer vergleichenden Revolutionsgeschichte der deutschen Länder. In: Blätter für deutsche Landesgeschichte 104 (1968), S. 47.
9) Mit Oldenburg ist immer staatsrechtlich das Großherzogtum bzw. der Freistaat Oldenburg gemeint.
10) Albers, Friedrich: Oldenburg. In: Zehn Jahre deutsche Republik. Ein Handbuch für republikanische Politik. Hrsg. von Anton Erkelenz. Berlin 1928, S. 226.
11) Vgl. Rüthning, Gustav: Oldenburgische Geschichte. Bd 2. Bremen 1911, S. 520.
12) Über die Ausarbeitung einer Gemeindeordnung, die am 28. 12. 1831 in Kraft trat, vgl. Rüthning, ebd., S. 521.
13) Zit. nach Pleitner, Emil: Oldenburg im 19. Jahrhundert. Bd 1. Oldenburg 1900, S. 368 f.
14) Rüthning, Oldenburgische Geschichte, Bd 2, S. 544. In dieser Eindeutigkeit trifft die Aussage nur zu, wenn man das Verfassungsproblem ganz formal behandelt. Tatsächlich besaßen eine Reihe von Bundesstaaten zwar eine altständische Verfassung (Mecklenburg, die drei anhaltischen Herzogtümer) oder Provinzialstände (Preußen), dem Artikel 13 der Bundesakte vom 8. 6. 1815 entsprachen diese aber keineswegs. Vgl. Huber, Ernst Rudolf: Deutsche Verfassungsgeschichte seit 1789. Bd 1: Reform und Restauration 1789-1830. Nachdruck der 2., verb. Aufl. Stuttgart 1975, S. 641; Bd 2: Der Kampf um Einheit und Freiheit 1830-1850. Nachdruck der 2., verb. Aufl. Stuttgart 1975, S. 534 f. und 541 ff.

Wenige Jahrzehnte später hatte sich das Urteil schon gewandelt, nun galt Oldenburg in liberalen Kreisen als „nordischer Musterstaat Deutschlands".[15] Und 1911 konnte der liberale Staatsrechtslehrer Walther Schücking schreiben:

> „Das Großherzogtum Oldenburg rühmt sich, die demokratischste Verfassung unter allen monarchischen deutschen Bundesstaaten zu haben und nirgendwo ist die Anhänglichkeit der Staatsbürger an die Dynastie und das heimische Staatswesen größer . . . Demokratische Einrichtungen in einem monarchischen Staate . . . in Oldenburg haben sie sich bewährt."[16]

Für Schücking hing die Bewährung der Verfassungseinrichtungen mit dem konservativen Charakter der Bevölkerung zusammen, „die sich die altgermanischen demokratischen Verfassungsideen erhalten hat"[17], für Pleitner war die politische Entwicklung ebenso durch den konservativen Grundzug der Oldenburger bestimmt, die deshalb jedoch nicht Sympathisanten der konservativen Partei wurden.[18] Dieser Grundzug wie die guten Eigenschaften der Oldenburger bürgten ihm dafür, daß die Aufgaben der Zukunft gemeistert würden:

> „. . . treues Halten am bewährten Alten, langsames, aber festes Erfassen des guten Neuen, Freude an ernster Arbeit, Liebe zur Heimat und zum Fürstenhause, opferwillige Hingabe an Kaiser und Reich."[19]

Sieht man von dem Sprachgestus des Wilhelminischen Deutschland ab und nimmt man die charakterologischen Generalisierungen nur alles in allem, so ist die soziale und politische Kultur in Oldenburg nicht übel beschrieben.

Und in unseren Tagen kommt ein Kenner der Oldenburger Geschichte, Heinrich Schmidt, am Ende seiner Analyse der wirtschaftlichen, sozialen und politischen Grundzüge Oldenburgs um 1900 zu der überzeugenden Interpretation, die Verhältnisse, obschon einer einheitlichen Formel sich entziehend, gingen nur in Randerscheinungen ins Extrem, sonst dominierte eine „Tendenz zur Mitte", und bei allem Wandel, der durch die allgemeinen Strömungen des Zeitalters auch in Oldenburg hervorgerufen wurde, „hielt sich doch in den meisten Belangen eine spezifische, gewissermaßen landeseigene Verhaltenheit".[20]

Was die Literatur zur oldenburgischen Revolutionsgeschichte angeht, so ist sie rasch zu übersehen: eine zusammenfassende Arbeit, auch nur von einzelnen Strängen der Entwicklung, gibt es nicht[21], die kurzen Bemerkungen der landesgeschichtlichen Gesamtdarstellungen von Rüthning und Lübbing bieten nur das äußerste Minimum an Fakten.[22] Die Behandlung von

---

15) Vgl. Pleitner, Emil: Oldenburg im 19. Jahrhundert. Bd 2. Oldenburg 1900, S. 153.
16) Schücking, Walther: Das Staatsrecht des Großherzogtums Oldenburg. Tübingen 1911. (Das öffentliche Recht der Gegenwart, Bd 14), Vorwort S. VII.
17) Ebd., S. 43.
18) Vgl. Pleitner, Oldenburg im 19. Jahrhundert, Bd 2, S. 268.
19) Ebd., S. 349.
20) Vgl. Schmidt, Heinrich: Oldenburg um 1900. Wirtschaftliche, soziale, politische Grundzüge. In: Oldenburg um 1900. Beiträge zur wirtschaftlichen, sozialen und kulturellen Situation des Herzogtums Oldenburg im Übergang zum industriellen Zeitalter. Hrsg. von der Handwerkskammer Oldenburg, der Landwirtschaftskammer Weser-Ems und der Oldenburger Industrie- und Handelskammer. Oldenburg 1975, S. 62 f.
21) Darauf macht auch Klaus Schaap aufmerksam. Vgl. Schaap, Klaus: Die Endphase der Weimarer Republik im Freistaat Oldenburg 1928-1933. Düsseldorf 1978. (Beiträge zur Geschichte des Parlamentarismus und der politischen Parteien, Bd 61), S. 17.
22) Rüthning, Gustav: Oldenburgische Geschichte. Volksausgabe in einem Bande. Oldenburg 1937. Lübbing, Hermann: Oldenburgische Landesgeschichte. Oldenburg 1953. Die allgemeinen Gründe für eine spät einsetzende Revolutionsgeschichtsschreibung nennt Rürup, Reinhard: Probleme der Revolution in Deutschland 1918/19. Wiesbaden 1968. (Institut für Europäische Geschichte Mainz, Vorträge Nr. 50).

Einzelaspekten, wie des Übergangs vom Großherzogtum zum Freistaat[23], von Verfassungsfragen[24] sowie Darstellungen von Stadtgeschichten[25] bieten wertvolles Material und sind willkommene Vorarbeiten.[26]

Clemenceau ist das Wort zugeschrieben worden, man müsse die Französische Revolution als einen Block annehmen oder ablehnen, womit er sagen wollte, daß sich an der welthistorischen Zäsur von 1789 die Geister scheiden müßten. Bis zu einem gewissen Grade trifft das bis heute tatsächlich zu: Jacques Droz urteilte 1960, daß über Sinn und Tragweite der Französischen Revolution noch längst keine Einigkeit bestünde, daß es noch heute unmöglich erscheine, sich ganz leidenschaftslos mit ihr zu befassen, „denn sie ist der Mittelpunkt, um den noch immer die moralischen und sozialen Schicksalswendungen unseres Universums kreisen."[27] Ganz ähnlich ließe sich von der deutschen Revolution von 1918/19 sagen, ihre Geschichtsschreibung wie auch die politische Publizistik habe die Richtigkeit des Clemenceauschen Diktums ebenso erwiesen wie die Festellung Droz'.

Auf die Beiträge, die die Revolution leidenschaftlich ablehnten bis hin zu den „Dolchstoßlegenden", wie auf diejenigen, die sie als Begründung einer demokratischen Entwicklung deutscher Geschichte auffaßten, wie schließlich auf solche, die sie als unvollendet, steckengeblieben, ja verraten bezeichneten, kann hier nicht eingegangen werden.[28]

Die neueren Arbeiten, deren gemeinsames Merkmal die „Wiederentdeckung der Revolution" ist, kreisen um das Hauptproblem, ob die offene Situation der Wintermonate 1918/19 der politischen Führung einen größeren Spielraum für entschlossene Maßnahmen zur Demokratisierung des Obrigkeitsstaates gegeben hätte, als die Verantwortlichen es damals glaubten. Damit wird auch die einfache Alternative, daß es zwischen der sozialen Revolution radikaler Kräfte und der parlamentarischen Republik gemäßigter und konservativer Elemente keine Wahl gegeben habe, verworfen.[29] „Die Chancen der Demokratie in Deutschland nach 1918 - auch und gerade die in der Revolution verpaßten Chancen - sind das Generalthema der neueren Revolutionsforschung."[30]

Innerhalb dieses Generalthemas nehmen nun die Räte als eine Kraft, mit deren Hilfe eine tiefgreifende Demokratisierung hätte durchgesetzt werden können, eine hervorragende Stellung ein. Eberhard Kolb hat ihnen eine Monographie[31] gewidmet, die in zweifacher Hinsicht bahn-

---

23) Pleitner, Emil: Vom Großherzogtum zum Freistaat. In: Der Oldenburgische Hauskalender oder Hausfreund auf das Jahr 1920. 94 (1920), S. 7-19.
24) Sprenger, Karl: Das Staatsministerium des Freistaates Oldenburg nach der Verfassung vom 17. Juni 1919. Jur. Diss. Göttingen 1932.; Hartong, Kurt: Beiträge zur Geschichte des oldenburgischen Staatsrechts. Oldenburg 1958. (Oldenburger Forschungen 10).
25) Grundig, Edgar: Chronik der Stadt Wilhelmshaven. Bd II: 1853-1945. Wilhelmshaven 1957. Ders.: Delmenhorst. Stadtgeschichte 1848-1945. Bde III-IV. Delmenhorst 1960.
26) Die Literaturübersicht zum Räteproblem findet sich im 3. Kapitel.
27) Vgl. Droz, Jacques: Die Französische Revolution. In: Die Europäer und ihre Geschichte. Epochen und Gestalten im Urteil der Nationen. Hrsg. von Leonhard Reinisch. München 1961, S. 134.
28) Vgl. dazu Rürup und die dort angegebene Literatur.
29) Die Alternative, die vor ihm schon Meinecke in seinem Handbuchbeitrag von 1930 so gesehen hatte, stammt von Erdmann, Karl Dietrich: Die Geschichte der Weimarer Republik als Problem der Wissenschaft. In: VfZ 3 (1955), S. 7. Bestritten, mit unterschiedlicher Verve, wird sie von Kolb, Matthias, Rürup, um nur die Hervorragendsten zu nennen. Vgl. Meinecke, Friedrich: Die Revolution. Ursachen und Tatsachen. In: Handbuch des Deutschen Staatsrechts. Erster Band. Hrsg. v. G. Anschütz und R. Thoma. Tübingen 1930. (Das öffentliche Recht der Gegenwart, Bd 28), S. 112.
30) Rürup, S. 9. Vgl. auch dessen Einleitung zu: Arbeiter- und Soldatenräte im rheinisch-westfälischen Industriegebiet, S. 7-16.
31) Kolb, Eberhard: Die Arbeiterräte in der deutschen Innenpolitik 1918-1919. Düsseldorf 1962. (Beiträge zur Geschichte des Parlamentarismus und der politischen Parteien, Bd 23).

brechend gewirkt hat: einmal methodisch, indem er, statt Spekulationen über das Rätesystem und seine möglichen Wirkungen anzustellen, die historische Betrachtung der deutschen Arbeiterräte „in ihren konkreten Erscheinungsformen" in den Mittelpunkt rückte[32], und zum anderen dadurch, daß er die Problemstellung so breit entfaltete, daß aus der Enstehungsgeschichte der Weimarer Republik ein Beitrag wurde, der zu erklären versucht, weshalb die gesellschaftliche und politische Integration am Anfang der ersten deutschen Republik zwar angestrebt wurde, aber unvollkommen blieb. Die Summe, die er aus seiner materialreichen Studie zieht, läßt sich so umschreiben: In den Arbeiterräten, deren Programm auf die Demokratisierung der Verwaltung abzielte, stand den verantwortlich Handelnden ein Potential zur Verfügung, das die Konsolidierung der Republik, die Grundlegung eines sozialen Volksstaates, ermöglicht hätte. Es wurde nicht genügend genutzt, sei es aus Mangel an Fähigkeit zum Entwerfen politisch angemessener Konzepte für die neue Wirklichkeit, sei es aus tatsächlichem oder vermeintlichem Mangel an politischem Spielraum, sei es aus politischer Borniertheit. Erich Matthias hat diese Interpretation durch eine Untersuchung über die „Aspekte der Machtverteilung" bestätigt[33] und die Versäumnisse der Volksbeauftragten scharf akzentuiert, die darin bestanden, daß sie die erforderlichen Eingriffe in die Staats-, Wirtschafts- und Gesellschaftsstruktur, gestützt auf das „demokratische Potential" der Räte, unterließen.

Reinhard Rürup sieht den Kern der revolutionären Bewegung „in dem Ringen einer sozialdemokratisch-bürgerlichen ‚Ordnungskoalition' mit einer von den Arbeiter- und Soldatenräten repräsentierten revolutionären Massenbewegung um Wesen und Verlauf der Revolution".[34] In diesem Prozeß habe die Regierung der Volksbeauftragten wie überhaupt die SPD-Führung „unbestrittene Erfolge" dort aufzuweisen, wo es um die Wahrung von Recht und Sicherheit, Ruhe und Ordnung gegangen sei[35], bei der Lösung anderer Probleme, wie der Demokratisierung der Verwaltung, der Schaffung einer brauchbaren neuen Wehrverfassung, der Reichsreform u. a. aber habe sie versagt. In seinem neuesten Beitrag pointiert er sein Urteil, besonders was die Versäumnisse angeht, dahin, daß die SPD-Führung sich im Dezember 1918 zu einer „Politik der Konfrontation mit der Massenbewegung" entschlossen und damit das Schicksal der Revolution entschieden habe.[36] Durch ihre bloße „Politik der Risikovermeidung"[37] habe zum einen die SPD-Führung die Chancen einer tiefgreifenden demokratischen Neuordnung - dies war das Programm der Arbeiter- und Soldatenräte als dem Kern der Massenbewegung - vertan und zum anderen den Bürgerkrieg dann doch nicht vermeiden können: Dieser „wurde nun allerdings von den sozialdemokratischen Regierungen gegen große Teile der revolutionären Massenbewegung und ihrer eigenen Anhänger geführt."[38]

Gehen die zitierten Autoren, wenn auch mit unterschiedlicher Akzentsetzung im einzelnen und im Gesamturteil, von dem „demokratischen Potential" der Rätebewegung und deren realistischem Programm aus, so wählt Ernst Fraenkel einen gänzlich anderen Ansatz.[39] Seine Fra-

---

32) Ebd., S. 404.
33) Vgl. Matthias, Erich: Zwischen Räten und Geheimräten. Die deutsche Revolutionsregierung 1918/19. Düsseldorf 1970; ein Auszug daraus unter dem Titel: Der Rat der Volksbeauftragten. Zu Ausgangsbasis und Handlungsspielraum der Revolutionsregierung. In: Vom Kaiserreich zur Weimarer Republik, S. 103-119.
34) Rürup, S. 19.
35) Ebd., S. 32.
36) Einleitung von Rürup zu: Arbeiter- und Soldatenräte im rheinisch-westfälischen Industriegebiet, S. 10.
37) Ebd., S. 14.
38) Ebd.
39) Fraenkel, Ernst: Rätemythos und soziale Selbstbestimmung. Ein Beitrag zur Verfassungsgeschichte der deutschen Revolution. In: Aus Politik und Zeitgeschichte. B 14/1971, 3. 4. 1971, S. 3-26.

ge setzt weit kritischer bei der Rätebewegung selbst an: Ist diese eine einheitliche demokratische Bewegung gewesen oder enthielt sie nicht sehr viel von den utopistischen Vorstellungen einer nicht-repräsentativen, also plebiszitären, direkten Demokratie im Anschluß an Rousseaus Repräsentations-Kritik?, um in die breite Problemstellung zu münden, ob „der Versuch, eine lebensfähige parlamentarisch-demokratische Republik zu errichten, an dem Dogmatismus der orthodoxen Räteanhänger oder an dem Rigorismus der orthodoxen Rätegegner gescheitert" sei.[40] Dabei ist ihm zweifelhaft, ob auf die Dauer eine Kooperation mit einer Rätebewegung möglich gewesen wäre, die sich stets und von neuem der Führung eines Ernst Däumig anvertraut habe. Seine Bilanz lautet etwa wie folgt: In den Auseinandersetzungen der Rätebewegung ging es um die Verwirklichung zweier unvereinbarer Konzepte, das des „reinen" Rätesystems (Däumig) und das der sozialen Selbstbestimmung (Sinzheimer). Das „reine" Rätesystem sollte die parlamentarische Demokratie eliminieren und an deren Stelle „die sozialistische Produktion und ein sich selbst verwaltendes Gemeinwesen setzen"[41], die soziale Selbstbestimmung sollte die politische Verfassung einer repräsentativen Demokratie durch eine Wirtschaftsverfassung ergänzen. Dabei sei Sinzheimer davon ausgegangen, daß es den freiorganisierten Kräften der Gesellschaft ermöglicht werde, unmittelbar und planvoll objektives Recht zu erzeugen und selbständig zu verwalten[42], kurz: „den autonomen Kräften Formen der Betätigung zur Verfügung zu stellen, in denen sie selber diese Normen erschaffen und verwalten können".[43] Das „reine" Rätesystem, zu einem Rätemythos geworden, scheiterte an dem Doktrinarismus seines Schöpfers und an der Impraktikabilität des Systems, die soziale Selbstbestimmung blieb in der Weimarer Republik zwar ein Torso, aber die Gedanken der Mitbestimmung sind bis heute lebendig geblieben.[44]

Auf die von Fraenkel gestellte Frage, an welcher Konzeption der sozialen und politischen Verfassung die Errichtung einer lebensfähigen Republik gescheitert sei, gibt es noch keine Antwort, weil die Frage noch nie so gestellt worden ist. Fraenkel selbst, ein engagierter Vertreter der englisch inspirierten Konkurrenztheorie der Demokratie[45] mit Repräsentationssystem und pluralistischer Gesellschafts- und Parteienstruktur, hat keine explizite Antwort gegeben, immerhin kann seinem Werk entnommen werden, daß er in dem Doktrinarismus kompromißfeindlicher Räteanhänger das größere Hindernis erblickt. Ein gewisser Nachteil seiner anregenden Studie indessen liegt darin, daß sie methodisch stark verfassungstheoretisch arbeitet und die konkreten Alternativen modellartig profiliert, ein Verfahren, bei dem die Untersuchung realhistorischer Prozesse und politischer Kräfte notwendig in den Hintergrund tritt. Gerade diesen Aspekt macht Wolfgang J. Mommsen zum Angelpunkt seiner Arbeit zur deutschen Revolution, die sich vornehmlich auf neueste Forschungsliteratur stützt.[46] Entgegen der „herrschenden Meinung" der Forschung hält Mommsen die These von den Arbeiter- und Sol-

---

40) Ebd., S. 4 f.
41) Däumig 1920, zit. nach: ebd., S. 20.
42) Ebd., S. 22.
43) Sinzheimer, Hugo: Ein Arbeitstarifgesetz - Die Idee der Selbstbestimmung im Recht. München, Leipzig 1916, zit. nach: ebd.
44) Vgl. ebd., S. 25 f.; zur Funktionsfähigkeit des Rätesystems jetzt das die Diskussion zusammenfassende Werk von Kevenhörster, Paul: Das Rätesystem als Instrument zur Kontrolle politischer und wirtschaftlicher Macht. Opladen 1974. (Forschungsberichte des Landes Nordrhein-Westfalen 2405).
45) Zu Fraenkels Demokratietheorie vgl.: Deutschland und die westlichen Demokratien. 4. Aufl. Stuttgart 1968.
46) Mommsen, Wolfgang J.: Die deutsche Revolution 1918-1920. Politische Revolution und soziale Protestbewegung. In: Geschichte und Gesellschaft 4 (1978), S. 362-391.

datenräten als potentiellen Organen einer durchgreifenden Demokratisierung[47] für eine Überinterpretation, die nicht auf sonderlich stabiler Grundlage stehe.[48] Nach Mommsen verloren die Arbeiter- und Soldatenräte, die schon vorher nur überwiegend defensive Energien entfaltet hatten, nach den Januaraufständen und während der Massenstreikbewegungen des Frühjahres 1919 vollends die politische Initiative. Die Protestbewegung, die zwar von den radikalen Parteien der Linken gefördert und zum Teil ausgenutzt wurde, verfolgte jedoch keineswegs deren Ziele, sondern hatte die „unmittelbare Verbesserung der materiellen Lage"[49] zum Ziel, das mit „Sozialisierung" vage umschrieben wurde, ohne eine langfristige Perspektive zu meinen. Konfrontiert mit diesen Massenbewegungen hätten die Arbeiter- und Soldatenräte weitgehend versagt, weil sie die „amorphe Schubkraft" dieser Bewegungen nicht auffangen konnten.[50] Erst die Niederschlagung der Aufstandsversuche im Frühjahr 1919 habe eine politische Polarisierung innerhalb der deutschen Gesellschaft hervorgerufen, die eine ernsthafte Gefahr für die Weimarer Republik werden sollte. Der besondere Charakter der deutschen Revolution bestehe demnach in der Überlagerung der politischen Revolution durch eine soziale Protestbewegung. Und das historische Versäumnis der SPD-Führung war nicht so sehr die mangelnde Ausnutzung des demokratischen Potentials der Rätebewegung als vielmehr die Unfähigkeit, die sozialen Protestbewegungen in eine konstruktive Bahn zu lenken.[51] Der „Führerrevolution", als die Fraenkel im Anschluß an eine zeitgenössische Analyse die Rätebewegung apostrophierte[52] und die sich in Unmut und Aufstand gegen die bürokratische Partei- und Gewerkschaftsorganisation entlud, korrespondiert bei Mommsen die „Führungskrise großen Ausmaßes", der Herr zu werden der MSPD nur durch unangemessen hartes Zurückschlagen gelang.[53]

Vor diesem Hintergrund der Revolutionsgeschichtsschreibung steht unsere Darstellung unter einem doppelten Aspekt:

    der „Wiederentdeckung der Revolution" und
    der Aufarbeitung der Rätevergangenheit.

Daß die Wiedergewinnung der Revolution am Beginn der demokratischen Staatlichkeit für unser historisches Bewußtsein und unsere Urteilsfähigkeit einen hohen Wert besitzt, bedarf nach allem Gesagten keiner besonderen Begründung mehr. Erwähnt werden soll lediglich, daß diese Periode sich einreiht in die „Freiheitsbewegungen in der deutschen Geschichte", auf die Gustav W. Heinemann 1974 so nachdrücklich hingewiesen hat.[54]

Der zweite Aspekt betrifft die Wahl des Hauptgegenstandes. Was für die „Wiedergewinnung der Revolution" in unserer Region zutrifft, das gilt in gleichem Sinne für die Rätebewegung in ihr. Sie bildet in unserer Darstellung einen der beiden Schwerpunkte und von diesen den gewichtigeren. Der andere ist der Darstellung der revolutionären Umwälzung vorbehalten. Mit

---

47) Mommsen bezeichnet Rürup als den besonders prononcierten Vertreter dieser These.
48) Vgl. Mommsen, S. 368 und 373.
49) Ebd., S. 377.
50) Ebd., S. 384.
51) Ebd., S. 390.
52) Vgl. Fraenkel, Rätemythos . . ., S. 10 f.
53) Vgl. Mommsen, S. 390.
54) Heinemann, Gustav W.: Die Freiheitsbewegungen in der deutschen Geschichte. In: GWU 25 (1974), S. 601-606. Mit dieser Ansprache eröffnete der damalige Bundespräsident die Erinnerungsstätte für die Freiheitsbewegungen in Rastatt; jetzt auch in: ders.: Präsidiale Reden. Einleitung von Theodor Eschenburg. Frankfurt 1975. (edition suhrkamp 790), S. 133-141. Schon 1970 hatte Heinemann in der Ansprache bei der Schaffermahlzeit im Bremer Rathaus auf die freiheitlichen Regungen hingewiesen; vgl. ebd., S. 127-132, besonders S. 130 f.

der gelungenen „Soldatenratsrevolution" und der im ganzen gescheiterten „Arbeiterratsrevolution" (Fraenkel) werden die beiden Hauptthemen der Revolution 1918/19 in Oldenburg deutlich herausgehoben. Andere Themen treten dahinter zurück:
> der oldenburgische Landtag, obwohl eine singuläre Einrichtung unter allen Landesparlamenten und des Reichstages wegen seiner ununterbrochenen Legislatur, kann nur am Rande, und wo er mit den Hauptthemen in Verbindung steht, gestreift werden,
> die Verfassungsarbeit der Landesversammlung,
> die Politik des Landesdirektoriums, soweit sie nicht mit der Rätebewegung befaßt war,
> die Revolution in den beiden Landesteilen Lübeck und Birkenfeld, alle diese Themen, unter anderen, konnten nicht behandelt werden.

Die Konzentration auf die Revolutions- und Rätegeschichte läßt sich außer mit den bewußtseinssoziologischen und geschichtswissenschaftlichen Begründungen auch methodisch erhärten: Nach den Gesamtdarstellungen über die Arbeiterräte (Kolb) und die Soldatenräte (Kluge), deren Vorzüge die wenigen Nachteile bei weitem überwiegen[55], setzte sich immer mehr die Erkenntnis durch, daß weitere Aufschlüsse über die Revolution und Rätebewegung am besten in überschaubaren Räumen auf der Grundlage vielfältiger Überlieferung in den regionalen Archiven zu gewinnen sind. Diese Vermutung hat nicht getrogen. Wir wissen heute wesentlich mehr von diesen Gegenständen, und unsere Kenntnisse sind ungleich differenzierter als noch zu der Zeit, da Erich Kittel das Fehlen landesgeschichtlicher Arbeiten beklagte.[56]

Die Arbeit stützt sich in erster Linie auf einschlägige Quellenbestände in den Staatsarchiven Oldenburg und Aurich, deren Umfang jedoch hinter den Erwartungen zurückbleibt. Verwunderlich freilich ist es nicht: drückt sich doch in dem Tatbestand die Art staatlicher Archivierung aus, die auf staatliche Tätigkeit - im weitesten Sinne - hin angelegt ist. Die Räte aber waren nur sehr bedingt ins Staatshandeln einbezogen und erzeugten deshalb überwiegend nur dort Akten, wo sie sich als Fordernde an die Behörden wandten. Mit Ausnahme der Bestände des Archivs des Zentralrats der Deutschen Republik (AZR)[57] und der Protokollarischen Aufzeichnungen eines Arbeiter- und Soldatenrats[58] fehlt Rätemterial als originär erwachsenes Archivgut ganz. Auch in den städtischen Archiven hat die Revolution kaum einen Niederschlag gefunden. Hier herrschte die Kontinuität der Verwaltungstätigkeit vor, die durch die Räte ja nirgends ernsthaft unterbrochen war. Zu bedauern ist der Verlust des Stadtarchivs Wilhelmshaven, das im Jahre 1945 nach Auslagerung in Mähren verbrannte.[59]

Einschlägige Quellen im Bundesarchiv Koblenz sind nur wenige vorhanden, reichhaltiger dagegen ist der Bestand des Militärarchivs in Freiburg, der für die revolutionäre Umwälzung unentbehrlich ist.

Eine wertvolle Ergänzung der amtlichen Akten bilden die publizistischen Quellen:
> die „Nachrichten für Stadt und Land", die der nationalliberalen Haltung am nächsten kamen,

---

55) Der eine Nachteil ist die relative Isolierung der beiden Rätekomponenten, der andere die unvermeidliche, aber nur gelegentlich auftretende Ungenauigkeit beim Arbeiten aus der Literatur.
56) Vgl. die Zahl der inzwischen abgeschlossenen Arbeiten allein zur regionalen Revolutions- und Rätegeschichte in der IWK seit 1965; dort auch die imponierende Übersicht über die laufenden Untersuchungen.
57) Heute im Internationalen Institut für Sozialgeschichte in Amsterdam (IISG).
58) Es handelt sich um den 21er Rat in Wilhelmshaven.
59) Vgl. Grundig, ... Wilhelmshaven, Bd II, S. 650 und 915.

das „Norddeutsche Volksblatt", später „Republik", das Parteiorgan der SPD (MSPD),
die „Tat", ab 1920 „Nordwestdeutsches Volksblatt", das Organ der USPD,
die „Oldenburgische Volkszeitung", die die Auffassung des Zentrums vertrat,
das „Wilhelmshavener Tageblatt", das die nationalliberale Richtung kräftig unterstützte,
die „Wilhelmshavener Zeitung", eine gemäßigte linksliberale Tendenz vertretend.[60]

Der Matrose Richard Stumpf, dessen Tagebuch eine der wichtigsten Quellen zur Vorgeschichte und zum Ausbruch der Revolution in der Kaiserlichen Marine bleibt, begann den Bericht über die Revolutionstage mit der Überschrift „Wie es kam".[61] Mit vollem Recht und gleichsam die Sturzflut der Ereignisse durch reflektierende Distanz zurückdämmend, stellte er dieses „Wie es kam" seiner Schilderung voran, und sechzig Jahre danach findet der Historiker keine bessere aufschließende Fragestellung, um das Geschehen dem Nach-Denken zugänglich zu machen.

Was bedeutet die Frage „Wie es kam"? Sie bedeutet, dem genetischen Prinzip der Geschichtswissenschaft Raum geben, bedeutet, Entstehung und Entwicklung eines historischen Phänomens ebenso darstellen wie seine Zusammenhänge und Wirkungen. Sie meint weiter, dem „narrativen Prinzip", das nach wie vor die Geschichtsschreibung konstituiert und an „das Bezugssystem der Erzählung gebunden ist", Rechnung tragen.[62] In diesem Sinne und zum Zwecke der regionalgeschichtlichen Differenzierung und Vertiefung der Revolutionsgeschichte steht im Mittelpunkt der Arbeit die Frage nach dem Verlauf der Revolution in Oldenburg, die, unbeschadet weiterer, die Quellen aufschließender Fragestellungen, die Darstellung im ganzen zusammenhält.

Der Frage nach der Parlamentarisierung und nach ihren Vorformen im Reich und in den Bundesstaaten ist seit langem eine fruchtbare Diskussion gewidmet.[63] Im ersten Kapitel werden in Anlehnung an diese Fragestellung die Probleme der „Neuordnung" und der Oktoberreformen, so wie sie von der öffentlichen Meinung aufgegriffen und auf Oldenburg angewandt wurden, behandelt. Dabei wird, präludierend, bereits ein Grundproblem der deutschen Revolution exponiert: politische Reform oder soziale Revolution.

Das zweite Kapitel, mit den Vorgängen in der Hochseeflotte auf Schillig Reede einsetzend, stellt die dramatischen Ereignisse der ersten Revolutionswoche dar. Ist das erste Kapitel mehr eine Analyse und Interpretation publizistischer Quellen, so verfolgt das zweite die Rekonstruktion der revolutionären Umwälzung.

Die Rätegeschichte im dritten Kapitel beginnt, die zeitliche Abfolge hintansetzend, mit einer

---

60) Vgl. Barton, Walter: Bibliographie der oldenburgischen Presse. Teil I: Die Zeitungen. In: Oldenburger Jahrbuch 57 (1958), S. 41-80. Die Auflagenhöhe betrug 1914 für die „Nachrichten für Stadt und Land" (künftig: Nachrichten) 24.000, das „Norddeutsche Volksblatt" (künftig: NVBl) 8.600, die „Oldenburgische Volkszeitung" (künftig: OVZ) 6.700, das „Wilhelmshavener Tageblatt" (künftig: WTBl) 12.800, die „Wilhelmshavener Zeitung" (künftig: WZ) 13.700. Vgl. Engelsing, Rolf: Massenpublikum und Journalistentum im 19. Jahrhundert in Nordwestdeutschland. Berlin 1966. (Schriften zur Wirtschafts- und Sozialgeschichte, Bd 1), S. 139-151.
61) Vgl. Stumpf-Tagebuch, S. 303.
62) Vgl. Habermas, Jürgen: Geschichte und Evolution. In: Geschichte und Gesellschaft 2 (1976), S. 311; ausführlich zum Narrativen: Danto, Arthur C.: Analytische Philosophie der Geschichte. Frankfurt 1974.
63) Vgl. die Arbeiten, durch Eschenburgs „Improvisationsthese" angeregt, von Bermbach, Epstein, Grosser, Matthias u. a. sowie die Einleitung von Kolb zu dem von ihm herausgegebenen Sammelband: Vom Kaiserreich zur Weimarer Republik, S. 14-17; in diesem Band auch die bibliographischen Angaben, S. 410 f. Zum neuesten Forschungsstand vgl. Rauh, Manfred: Die Parlamentarisierung des Deutschen Reiches. Düsseldorf 1977. (Beiträge zur Geschichte des Parlamentarismus und der politischen Parteien, Bd 60).

systematischen Analyse ihrer politischen Kräfte, ihrer Ziele und Organisation, um im vierten Kapitel sich dem Konflikt zwischen extrakonstitutioneller Rätemacht und legitimierter Regierungsherrschaft zuzuwenden, der sich dadurch komplizierte und kräftediffundierend wirkte, daß er von einem Kampf der verschiedenen politischen Kräfte innerhalb der Räte- und Arbeiterbewegung überlagert wurde.[64]

Das fünfte Kapitel schließlich behandelt den Machtverlust der Räte in der zweiten Phase der Revolution, ihren Wandel und ihr Ende.

Der Begriff der „importierten Revolution" legt die Frage nahe, ob denn in Oldenburg soziale und politische Voraussetzungen für eine Revolution vorhanden waren. Was die Sozial-, Wirtschafts- und Gesellschaftsstruktur angeht, so legen die wenigen Vorarbeiten, unter denen das Sammelwerk über „Oldenburg um 1900" herausragt, eine verneinende, aber mindestens eine zweifelnde Antwort nahe. Wenn auch kein Agrarstaat in des Begriffes klassischer Bedeutung, war Oldenburg doch noch stark agrarisch geprägt[65], die Industrialisierung, abweichend von Dahrendorfs Diktum, nach dem sie in Deutschland „spät, schnell und gründlich" erfolgt sei[66], hatte Oldenburg zwar spät erreicht, der ihr geschuldete Strukturwandel jedoch hatte sich weder schnell noch gründlich vollzogen.

Die politische Struktur wies weder extreme Kräfte noch Bewegungen auf: Mit Ausnahme weniger Exponenten des Bundes der Landwirte war die konservative Rechte in Oldenburg als Partei nicht vertreten, die liberalen Parteien erreichten eine weit über dem Reichsdurchschnitt liegende Stärke[67], während das Zentrum seine regionale Monopolstellung in den ganz überwiegend katholischen südoldenburgischen Ämtern ebenso behaupten konnte wie die SPD ihre starke Stellung in den wenigen industriellen Ballungszentren in Rüstringen, Delmenhorst und an der Unterweser.

Eine Wahlrechtsreform[68] hatte die Spannungen, die mit dem Strukturwandel verbunden waren, gemildert und der Arbeiterschaft eine Vertretung im Landtag gesichert, die nach der Revolution nur noch geringfügig vergrößert werden konnte.[69] Die Bedächtigkeit, die „landeseigene Verhaltenheit", der ruhige, gleichmäßige Gang der Entwicklung, das alles hatte sich auch der Arbeiterbewegung mitgeteilt und den politischen Auseinandersetzungen bei aller Entschiedenheit doch die letzte Schärfe und Unversöhnlichkeit genommen.

---

64) Vgl. Mommsen, S. 364, dessen Forschungsbericht nach Abschluß des Manuskripts erschien, bezeichnet gerade diese Probleme als Forschungsdesiderat.
65) Vgl. Schmidt, Heinrich, S. 62 f.
66) Vgl. Dahrendorf, Ralf: Gesellschaft und Demokratie in Deutschland. München 1968, S. 46; Dahrendorf sieht den Verlauf der Industrialisierung im Verhältnis zu England und Frankreich.
67) Der liberale Anteil der abgegebenen Wahlstimmen erreichte etwa das Doppelte des Reichsdurchschnitts, nämlich zwischen 45 % und 70 % bei den Reichstagswahlen; innerhalb des liberalen Blocks lag wiederum der linksliberale Anteil mit 25 %-45 % um mehr als das Doppelte über dem Reichsdurchschnitt; vgl. Ehrenfeuchter, Bernhard: Politische Willensbildung in Niedersachsen zur Zeit des Kaiserreichs. Phil. Diss. Göttingen 1951 und Franz, Günther: Die politischen Wahlen in Niedersachsen 1867-1949. 2. erg. Aufl. Bremen 1953.
68) Die Wahlrechtsreform von 1909; vgl. Gesetz über die Änderung des Staatsgrundgesetzes vom 17. 4. 1909. In: Oldenburgische Gesetzessammlung (künftig: OGS), Bd 37; vgl. Schücking, S. 90. Durch die Wahlrechtsreform, die das Wahlgesetz von 1868 ersetzte, wurde die allgemeine, unmittelbare und geheime Mehrheitswahl eingeführt; wahlberechtigt waren nun alle Männer über 25 Jahre, die seit mindestens 3 Jahren ihren Wohnsitz im Großherzogtum Oldenburg hatten. Wahlberechtigte über 40 Jahre erhielten eine Zusatzstimme. Damit war, sieht man von der Zusatzstimme ab, das Reichstagswahlrecht im Großherzogtum verwirklicht.
69) Im 32. Landtag von 1911-1916 stellte die SPD 12 Abgeordnete bei einer Gesamtzahl von 45 Abgeordneten, im 33. Landtag (1916-1919) 11 Abgeordnete und in der Landesversammlung 1919 16 Abgeordnete bei einer Gesamtzahl von 48.

Der Erste Weltkrieg freilich häufte dann ein revolutionäres Potential[70], besonders in der großen Marinegarnison an, das die Auslösung der Revolution bewirkte.

Laurence Sterne erzählt in seinem „Tristram Shandy" von den Schwierigkeiten eines Geschichtsschreibers, seine Geschichte in gerader Richtung vorwärtszutreiben und von den vielfältigen Aufgaben, denen er sich unterziehen müsse; er habe

> *„Berichte zu vergleichen,*
> *Anekdoten aufzulesen,*
> *Inschriften zu entziffern,*
> *Geschichten mitzuverweben,*
> *Tradition zu umkleiden,*
> *Personen zu besuchen,*
> *Lobpreisungen an dieser Tür anzukleben,*
> *Pasquille an jener"* -

„Dazu muß er noch bei jedem Abschnitt
> *in Archiven nachsehen,*
> *Listen, Tagebücher, Urkunden*
> *und endlose Genealogien nachlesen,*
> *zu deren gründlicher Lektüre ihn*
> *da und dort die Billigkeit veranlaßt:*
> *kurz die Sache nimmt kein Ende."*[71]

So unterhaltsam und lehrreich zugleich eine solche Methode für den Geschichtsschreiber sein mag, so kann sich der Historiker unserer Tage kaum auf sie einlassen: unsere Sache muß ein Ende nehmen. Die Sache, die hier in Rede steht, nahm im Laufe des Jahres 1919 ein Ende, so wie alle Geschichten eben ein Ende nehmen, indem sie auf eine ununterdrückbare Art weiterwirken, und ihre Beschreibung muß sich bescheiden, denn

> *„das Ideal der vollständigen Beschreibung ist nicht konsequent vorzustellen. Es unterschiebt der Historie einen Anspruch der Kontemplation, den sie nicht nur nicht einlösen kann, der vielmehr als Anspruch illegitim ist".*[72]

---

70) Dazu jetzt: Kocka, Jürgen: Klassengesellschaft im Krieg. Deutsche Sozialgeschichte 1914-1918. Göttingen 1973. (Kritische Studien zur Geschichtswissenschaft 8); vgl. besonders die Zusammenfassung der sozialgeschichtlichen Bedingungen der Revolution, S. 131-137.
71) Sterne, Laurence: Leben und Meinungen des Tristram Shandy. Frankfurt 1962. (Exempla Classica, Bd 64), S. 32 f.
72) Habermas, Jürgen: Zur Logik der Sozialwissenschaften. Materialien. Frankfurt 1970. (edition suhrkamp 481), S. 273; Habermas folgt hier den Überlegungen Dantos, S. 247.

1. DIE REFORMPOLITIK IN OLDENBURG

1.1. Die Stimme der Liberalen: Nationale Einheit und Reform der Verfassung

Nach dem Rücktritt des Reichskanzlers, des Grafen Hertling, am 30. September 1918 begann die öffentliche Diskussion um die Verfassungsreform.
Die „Nachrichten"[1] widmeten dem Problem der Parlamentarisierung am 1. Oktober 1918 einen ausführlichen Kommentar. Nachdem die Zeitung dem zurückgetretenen Reichskanzler, einem „alten, getreuen Anhänger Bethmanns", für die geleistete Arbeit gedankt hatte, beschäftigte sie sich mit der Kaiserbotschaft[2] unter zwei Gesichtspunkten: Einmal sah sie in ihr eine Möglichkeit, „die so dringend nötige Organisierung aller nationalen Kräfte des Widerstandes" zu fördern und das weitverbreitete Mißtrauen in freudige Opferwilligkeit zu wandeln - ein Vorläufer der Rathenauschen levée en masse[3] -, zum anderen hielt sie die Parlamentarisierung für geeignet, solche Volksgenossen auch in die höchsten Stellen zu bringen, die bisher von den Staatsstellungen ausgeschlossen waren. Dabei wandte sich die Zeitung gegen jede überstürzte Entwicklung, gegen Machtgier der Parteien und Ehrgeiz des einzelnen und gegen die Diktatur einer gewissen Partei, die „am unbescheidensten in ihren Ansprüchen ist." Ohne daß der Name der Partei genannt wurde, konnte der Leser leicht erraten, daß es sich bei der unbescheidenen Partei um die MSPD handelte. Was die Friedensfrage anlangte, so waren die „Nachrichten" überzeugt, daß die Kaiserbotschaft die Gegner „nicht zum Friedenstisch führen" und keinen Frieden bringen werde, wie er nötig wäre.
Damit stellten sich die „Nachrichten" trotz Bedenken und mit mehr Skepsis als Hoffnung „auf den Boden der Kaiserbotschaft", der sie - nimmt man den Kommentar „Zur Kriegslage" noch hinzu - vier Aufgaben zuschrieben:
    die Einheit aller - einen erneuten Burgfrieden - herzustellen,
    eine Regierung der Persönlichkeiten, statt der Paragraphen und Programme, zu ermöglichen,
    ein Volkskönigtum als Damm gegen die Bolschewisierung zu schaffen,
    die nationale Verteidigung zu verstärken.
In den nächsten Tagen akzentuierten die „Nachrichten" ihre Kommentare in dreifacher Hinsicht:
    Sie traten für eine breite Koalitionsregierung unter Einschluß der Nationalliberalen ein.
    Sie verschärften ihre Kritik an den Konservativen.
    Und sie übten Selbstkritik, was auf eine Kritik am nationalen Bürgertum hinauslief.
Den ersten Akzent setzten die „Nachrichten" am 2. Oktober 1918, also noch vor der Ernennung des neuen Reichskanzlers, des Prinzen Max von Baden, indem sie unter Hinweis auf die dann „überwältigende Mehrheit" eine Koalitionsregierung, welche die Nationalliberalen ein-

---

1) Nachrichten vom 1. 10. 1918.
2) Erlaß Wilhelms II. vom 30. 9.1918; der Kaiser wünschte, „daß das deutsche Volk wirksamer als bisher an der Bestimmung der Geschicke des Vaterlandes mitarbeitet" und daß „Männer, die vom Vertrauen des Volkes getragen sind, im weiten Umfange teilnehmen an den Rechten und Pflichten der Regierung". Text in: Schulthess' Europäischer Geschichtskalender. Neue Folge. 34 (1918), I, S. 314.
3) W. Rathenau veröffentlichte am 7. 10. 1918 in der „Vossischen Zeitung" einen Artikel, in dem er das deutsche Volk zum letzten Widerstand aufrief („Levée en masse"); vgl. Militär und Innenpolitik im Weltkrieg 1914-1918. Bearb. von Wilhelm Deist. 2 Teile. Düsseldorf 1970. (Quellen zur Geschichte des Parlamentarismus und der politischen Parteien, Zweite Reihe, Bd 1), Nr. 484, Anm. 4.

bezöge, forderten. Der Regierungsbildung aus den Parteien des Interfraktionellen Ausschusses[4] behielten sie den Begriff „Mehrheitsregierung" vor, eine Unterscheidung, die willkürlich ist, da beide möglichen Regierungen sowohl Koalitionen als auch Mehrheitsregierungen gewesen wären.

Am 3. Oktober 1918 kommentierten die „Nachrichten" erneut, wenn auch schon leicht resignierend, daß die Koalitionsregierung am besten gewesen wäre, die Mehrheitsregierung aber wohl den Vorstellungen des neuernannten Reichskanzlers entspräche. Diese Stimmung der Resignation durchlief am 4. Oktober 1918 den Tiefpunkt mit dem Bedauern, daß die Nationalliberalen nicht an der Regierungsbildung beteiligt würden, um am 5. Oktober 1918 emporzuschnellen und in Genugtuung sich zu verwandeln, als feststand, daß die Nationalliberalen mit der „Mehrheit" zusammengingen.

Die Kritik an den Konservativen begann am 3. Oktober 1918 mit einem die Erkenntnisse und Einsichten aus langen Entwicklungen zusammenfassenden Urteil: „Sie kommen immer zu spät mit ihren Zugeständnissen".[5] Dieses „zu spät" blieb der Tenor der Kritik, die durch den Hinweis auf die „verpaßten Gelegenheiten"[6] und „die Verweigerung des kleinsten Schrittes des Entgegenkommens"[7] substantiiert wurde. Anders, als der heutige Betrachter es tun muß, machten sie dabei nur den Konservativen diesen Vorwurf in der Frage der Wahlrechtsreform. Die „Kritik an uns selbst" schließlich stellte einen Kernpunkt der Entwicklung im Kaiserreich mit dem Höhepunkt im Weltkrieg heraus: Wir haben unser Vertrauen zu einseitig in die Militärmacht gesetzt und haben es an Verhandlungsbereitschaft und Entgegenkommen fehlen lassen. Was außenpolitisch ein Splitter bei allen war, wurde innenpolitisch (Wahlrechtsreform) zum Balken im Auge des anderen.

War anfänglich in der Frage der „Neuordnung" ein Übergewicht an Skepsis zu bemerken, so wich diese im Laufe von wenigen Tagen[8], wohl nicht zuletzt unter dem Eindruck der Koalition mit den Nationalliberalen, um einer entschlossenen Hinwendung zum Volksstaat Platz zu machen. So konstatierten die „Nachrichten" am 5. Oktober 1918, in Deutschland habe das Volk sein Schicksal in die Hand genommen, und es sei endgültig aus mit der Obrigkeitsregierung. Indessen, die Entschlossenheit schien keine aus dem Herzen kommende zu sein: Am 7. Oktober 1918 wurde die Änderung der Regierungsform doch wieder verengt auf das Argument, die alte Regierung habe „uns während des gewaltigen Krieges weder den Sieg noch den Frieden ermöglicht". Was am 5. Oktober 1918 wie Überzeugung klang, wich bis zum 7. Oktober 1918 der schieren Notwendigkeit, die dadurch annehmbar wurde, daß die überwältigende Masse des deutschen Volkes hinter der „Neueinrichtung" stand und nur die äußersten Flügel hinter der neugewonnenen Einheit zurückblieben. Von den vier Aufgaben, welche die „Nachrichten" aus der Kaiserbotschaft abzogen, erhielt die nationale Einheit vor allen anderen den Vorrang. In den nächsten zwei Wochen trat die Diskussion um die Parlamentarisierung in den „Nachrichten" sehr stark zurück, während das Friedensangebot und seine Behandlung in Deutschland und in den USA die Spalten der Zeitung beherrschten. Die Kommentare waren gegen die selbstgerechte Richterstellung Wilsons und gegen zuweitgehende Zugeständnisse territorialer Art gerichtet.

---

4) Im Interfraktionellen Ausschuß waren MSPD - Z - FVP vertreten.
5) Nachrichten vom 3. 10. 1918.
6) Nachrichten vom 4. 10. 1918.
7) Nachrichten vom 5. 10. 1918.
8) Bis zum 7. Oktober 1918.

Erst Ende Oktober setzte die Berichterstattung über die Verfassungsänderungen wieder ein, von da an aber in einer Breite und Vollständigkeit, die angesichts der Papierknappheit und besonders im Vergleich zur heutigen Information über Parlamentsdebatten in Erstaunen versetzt. Allerdings fällt auf, daß die kommentierenden Beiträge an Zahl und Umfang deutlich hinter den Berichten und Abdrucken der Reden im Reichstag zurückblieben. Die Änderung der politischen Verhältnisse von Tag zu Tag hat offenbar dem zeitgenössischen Betrachter kaum mehr als die genaue Wiedergabe der Ereignisse ermöglicht, oder die Zurückhaltung im Be-Deuten weist daraufhin, daß stark kritische Beiträge zur Entwicklung nicht mehr als angemessen angesehen wurden, besonders positive Kommentare nicht der Meinung der Zeitung entsprachen. Fast täglich berichtete nun die Zeitung über die Parlamentarisierung in den Bundesstaaten; aus Hessen, Württemberg, Sachsen wurden Verfassungsänderungen gemeldet.
Am 4. November 1918 war die Woge der Parlamentarisierung im Großherzogtum Oldenburg angelangt: Mit der Meinung, die „Neuordnung" im Reich und in den anderen Bundesstaaten werde auch für Oldenburg Folgen haben, gab das Blatt eine ebenso leichte wie zutreffende Prognose ab. Auch hier aber fällt die Anleihe bei anderen Blättern statt eigener Aussage ins Auge: Am 3. November 1918 war im „Norddeutschen Volksblatt" ein großer Aufruf an die Mitglieder und Anhänger der SPD Oldenburg-Ostfrieslands erschienen, der neben scharfer Kritik an der oldenburgischen Regierung wegen ihrer Untätigkeit in Fragen der Verfassungsänderungen einen Katalog von acht Forderungen enthielt, die nun in den „Nachrichten" ausführlich zitiert und mit dem Tenor „Verbesserungen der Volksrechte" versehen wurden. Auch aus der „Oldenburgischen Volkszeitung" wurde ein Kommentar zu der beginnenden Landtagssession übernommen, in dem „eine gesunde Demokratisierung" für förderlich erachtet wurde.
Faßt man die Berichterstattung der „Nachrichten" seit Anfang Oktober 1918 zusammen, so läßt sich Folgendes sagen:
> Die „Neuordnung" stand unter dem Primat der nationalen Verteidigung und der Zusammenfassung aller Kräfte.
> Der „Volksstaat" wurde als Wunsch der überwältigenden Mehrheit der Deutschen akzeptiert und als für den Friedensschluß notwendig erachtet.
> Die Regierungsbildung unter Einschluß der Nationalliberalen wurde begrüßt, der Ausschluß der äußersten Flügel als unvermeidlich angesehen, wobei die Kritik nach rechts überwog.
> Über die Parlamentarisierung in den Bundesstaaten wurde korrekt berichtet, eine Anwendung auf Oldenburg erst unter Zuhilfenahme von Kommentaren anderer Blätter ins Auge gefaßt.
> Insgesamt: Befürchtungen über zu schnelle und nicht zu übersehende Entwicklungen überwogen fördernde und fordernde Aufrufe.

Das „Wilhelmshavener Tageblatt" blieb deutlich hinter den „Nachrichten" in der Kommentierung der Neuordnung zurück, sowohl was die Zahl und Ausführlichkeit der Kommentare als auch was die im ganzen aufgeschlossene Einstellung betraf. Der Kommentar der Zeitung zur Entlassung des Reichskanzlers[9] ist dafür ein gutes Beispiel. „Es rast der See und will sein

---

9) WTBl vom 2. 10. 1918.

Opfer haben", hieß es in der Einleitung. Der „rasende See", so stellte sich heraus, waren die Mehrheitsparteien im Reichstag, mit denen der Reichskanzler in den Fragen der Parlamentarisierung sich nicht einigen konnte. Besonders die „weitgehenden Forderungen" der MSPD hätten die Gegensätze zugespitzt, und da Hertling sich dem „maßlosen Umsturztreiben" nicht anschließen wollte, hätten radikale Elemente stürmisch die Entlassung des Reichskanzlers gefordert („sein Opfer").

> *„Damit hat die SPD ihr Ziel erreicht. Die Umwälzung und Demokratisierung unserer Regierung ist zur Tatsache geworden und die Bahn für ein sozialdemokratisches Ministerium im Verein mit Herrn Erzberger ist frei. Mag man diese Entwicklung der Dinge auch aufrichtig bedauern, man wird sich in der ernsten und schweren Zeit . . . mit ihr abfinden müssen."*

An dem Kommentar ist dreierlei bemerkenswert:

Erstens fehlte jeder Hinweis auf den Erlaß vom 30. September 1918, durch den der Kaiser das, was die Zeitung das „maßlose Umsturztreiben" nannte, einleitete.

Zweitens wurden die Mehrheitsparteien insgesamt, besonders aber die MSPD mit den „Umsturztreiben" identifiziert; wurde die Regierungsbildung als eine Angelegenheit der Sozialdemokraten und des Zentrums hingestellt und die wichtige Rolle der FVP mit dem Vizekanzler und Kanzlerkandidaten von Payer nicht erwähnt.

Drittens leitete der Hinweis auf die ernsten und schweren Zeiten die realpolitische Wendung ein, die trotz Bedauerns dieser Entwicklung eine Mitarbeit nicht ausschloß.

Am 4. Oktober 1918 war die Kritik weitaus vorsichtiger formuliert - die Nationalliberale Partei, der die Zeitung nahestand, hatte sich inzwischen zur Mitarbeit in der neuen Regierung entschlossen. Die Zeitung sah nun zwei Gefahren für die politische Zukunft des Deutschen Reiches: Der Weg zur Einheitsfront sei endgültig versperrt[10], und die Auswahl der ministrablen Politiker durch die Parteien mache es Persönlichkeiten mit besonderen Fähigkeiten nahezu unmöglich, führende Stellungen einzunehmen. Als „blindes Spiel des Zufalls" wurde die Regierungsbildung bezeichnet, das die Ressorts an die Parteien verteile wie Erntevorräte an die Bundesstaaten. Schließlich kommentierte die Zeitung am 5. Oktober die Ernennung des Prinzen Max von Baden zum Reichskanzler, indem sie die „Riesenaufgaben" beschrieb, die dem neuen Mann bevorstünden. Als Fazit hielt sie fest: Einigkeit, geschlossene Front im Inneren, Hintanstellen kleinlicher Parteiunterschiede.

Vergleicht man die Stellungnahme der beiden liberalen Blätter miteinander, so fällt folgendes auf:

Gemeinsam war beiden Zeitungen die Betonung der nationalen Einheitsfront und des Unbehagens an der vermuteten Parteienherrschaft.

Unterschiede bestanden in der Beurteilung des „Volksstaats" als Nachfolger des Obrigkeitsstaates, in der Kritik an den Konservativen und in der „Selbstkritik des Liberalismus".[11] Bei aller Skepsis gegenüber der sich anbahnenden Entwicklung, die in den „Nachrichten" zum Ausdruck kam, war doch unverkennbar, daß ihre Wertung wesentlich positiver und ihre Analyse der Vorgeschichte der Parlamentarisierung und der aktuellen Situation gründlicher ausfiel, als das in dem „Wilhelmshavener Tageblatt" der Fall war.

---

10) Darin wurde das Bedauern über das Fehlen der Konservativen deutlich.
11) Vgl. Baumgarten, Hermann: Der deutsche Liberalismus. Eine Selbstkritik. Hrsg. und eingel. von Adolf M. Birke. Frankfurt 1974. Baumgarten hatte 1866 in seiner „Selbstkritik" am deutschen Liberalismus gefordert, der Liberalismus müsse regierungsfähig werden und seiner Oppositionsrolle entsagen (S. 149).

Auch die Berichte über die Verfassungsänderungen im Deutschen Reich und in den Bundesstaaten - mit Ausnahme der Dokumentation der Reichstagsverhandlungen - waren im „Wilhelmshavener Tageblatt" deutlich seltener als in den „Nachrichten".

1.2. Die Politik der MSPD im Spiegel des „Norddeutschen Volksblattes"[*]

1.2.1. Reformen in Staat und Gesellschaft: Demokratisierung als Aufgabe der „Neuordnung"

Mit einem Bericht über die Sitzung des Parteiausschusses und der Reichstagsfraktion der MSPD leitete das „Norddeutsche Volksblatt" am 25. September 1918 die Verfassungsdiskussion ein. Der Bericht enthielt die Ausführungen des Abgeordneten Scheidemann, der die politische Situation nach Bekanntgabe der österreichischen Friedensnote[1] darstellte und die Bedingungen nannte, unter denen die MSPD in eine neu zu bildende Regierung einträte.[2] Der Kommentar des Blattes beschränkte sich auf die Zustimmung zu Scheidemanns Ausführungen und den Beschlüssen des Parteiausschusses sowie der Reichstagsfraktion und auf das praktische Argument, wenn die Demokratisierung weitergetrieben werden solle, dann geschähe das besser mit der SPD als ohne sie. Vor zu großen Erwartungen, die etwa an den Eintritt von Sozialdemokraten in die Reichsregierung geknüpft werden könnten, warnte das Blatt seine Leser: Der Eintritt bedeute nicht Sozialisierung, allenfalls würden damit Vorbedingungen für diese geschaffen. Nach dem Rücktritt des Reichskanzlers und dem Eingeständnis der Obersten Heeresleitung, daß der Krieg nicht siegreich beendet werden könne[3], äußerte sich die Zeitung zur „Neuordnung" unter dem Aufmacher „Das Gebot der Not".[4] Die Not, die vor allem militärische Kräfte zur Abwehr aufrufe, könne aber auf moralische Kräfte nicht verzichten. Da die materiellen Kräfte nicht mehr vermehrt werden könnten, müsse man auf das moralische Mittel der deutschen Freiheit zurückgreifen. Daher habe die SPD die Führung in der nationalen Verteidigung übernommen. Dies sei auch geschehen, um das wirtschaftliche Elend des Besiegtseins zu verhüten. In diesem Artikel ging es dem Blatt offenbar darum, den Eintritt der SPD in ein neuzubildendes Kabinett zu begründen, nachdem am 25. September 1918 die Grundsätze für den Eintritt ohne Kommentar wiedergegeben worden waren. Die Mitverantwortung, so das Blatt, bedeute die Anwendung der richtigen politischen Mittel. Obgleich nicht ausgeführt wurde, worin das Mittel der deutschen Freiheit bestand, wird man sagen können, daß der SPD der Rückgriff auf die Freiheit, die sie als demokratische im Innern in langer Tradition gefordert hatte, als moralische Waffe auch in Zeiten höchster Not - Selbstbehauptung - durchaus erlaubt und sogar geboten schien. Dennoch ist einzuräumen, daß der Argumentation die einfache, klare Diktion fehlte. Dies auch wohl deshalb, weil die Beteiligung der SPD an der Regierung noch offen war und deshalb das Blatt sich nicht zu stark mit einer deutlichen und bejahenden Stellungnahme exponieren wollte.

---

[*] Die Spaltung der SPD in MSPD und USPD war seit April 1917 endgültig; im Bezirk Weser-Ems wurde der alte Parteiname SPD für die MSPD jedoch weiterhin benutzt.
1) Dies geschah am 16. 9. 1918.
2) Vgl. Schulthess, 1918, I, S. 291 f.; zu den Bedingungen zählten u. a.: Bekenntnis zur Friedensresolution des Reichstages, Absage an jegliche Annexionsforderungen, Autonomie für Elsaß-Lothringen, Reichstagswahlrecht für alle Bundesstaaten.
3) Vgl. Schulthess, 1918, I, S. 321.
4) NVBl vom 3. 10. 1918.

Der nächste Tag brachte indessen schon die Entscheidung. Da hieß es im Aufmacher: „Sozialdemokraten in der Friedensregierung".[5] Jetzt würde der SPD die größte Aufgabe gestellt, die sie je zu bewältigen gehabt hätte: einen Frieden zu schließen, so rasch wie möglich, aber mit der Zukunft des deutschen Volkes vereinbar. Hindernisse, die diesem Ziel entgegenstünden, gälte es zu beseitigen, und diese bestünden in dreifacher Hinsicht: Einmal in den Einrichtungen, die mit dem demokratischen Grundcharakter eines Staatswesens unvereinbar seien, zum anderen in Schwierigkeiten, die dem Friedensziel in Deutschland opponierten (Annexionsforderungen) und zum dritten in Schwierigkeiten, die im Zusammenwirken mit anderen Staaten überwunden werden müßten (Völkerbund, Abrüstung). Alle drei Aufgaben sei die SPD bereit zu bewältigen, um den Frieden herbeizuführen. Solange dieser aber noch nicht erreicht sei, müsse die Verteidigungskraft voll entfaltet werden, und dazu gehöre auch, daß im Innern die Ordnung aufrechterhalten bliebe, daß also die geordnete Verwaltung ihren Fortgang nehme. In diesem Artikel sind die Programmpunkte der SPD-Regierung schon enthalten: Friede - aber ein Wilson-Friede - und internationale Zusammenarbeit, Demokratie und parlamentarische Regierung - aber keine Auflösung der staatlichen und gesellschaftlichen Ordnung.

Daß die Aufgaben nicht leicht zu lösen sein würden, ja daß sie für die SPD zu einer sehr ernsten Bewährungsprobe werden könnten, deutete der Artikel vom 6. Oktober 1918[6] an. Unter der Überschrift „Ohne Illusionen" wurden die grundlegenden Entscheidungen der letzten Tage noch einmal genannt: Parlamentarisierung, Koalitionsregierung der Mehrheitsparteien, Primat der Zivilregierung, Teilnahme der SPD. Auch die Hauptaufgabe wurde repetiert: rascher Friedensschluß, doch wurde schon illusionslos hinzugefügt, daß dieser „weder leicht noch billig" zu haben sein werde. Zwar sei der demokratische Fortschritt groß und irreversibel, aber Nüchternheit sei nötig, um vor Enttäuschungen geschützt zu sein. In der kritischen Lage könne die neue Regierung nur versuchen, das Beste daraus zu machen. Die Regierungsbildung und die Beteiligung der SPD sei eher ein Opfer für die Zukunft der deutschen Nation.

Ein zusammenfassendes Urteil über die „Neuordnung" brachte ein Artikel am 8. Oktober 1918[7] unter der Überschrift „Auf neuen Wegen!". In ihm wurde aus der zweigeteilten Aufgabe für die SPD in der neuen Regierung ein Doppelaspekt von Aufgabe und bisherigem Ergebnis. Das Programm der neuen Regierung bedeute einmal den Zusammenbruch eines überlebten Systems, das Ende der „halbabsolutistischen Regierungsform"[8], die Einreihung unter die parlamentarisch regierten Völker der Welt, und zum anderen den Ausgangspunkt für freiheitliche und demokratische Zustände in Deutschland. Das Programm beweise mit der Friedensnote den ernsten Friedenswillen. Daß der Eroberungskrieg verloren sei, bedeute keinen Verlust für das deutsche Volk, denn Eroberungspolitik berge den Keim neuer Kriege in sich, im Innern wie nach Außen. Damit war die Berichterstattung über die „Neuordnung" zunächst abgeschlossen; wie in den anderen Blättern traten nun andere Probleme[9] in den Vordergrund, bis mit der Kaiserfrage erneut die prinzipielle Diskussion der Staatsform wieder einsetzte. Vergleicht man die Berichterstattung über die „Neuordnung" in den drei Blättern miteinan-

---

5) NVBl vom 4. 10. 1918.
6) NVBl vom 6. 10. 1918.
7) NVBl vom 8. 10. 1918.
8) Ebd.
9) Kriegslage, Friedensnoten

der, so ergibt sich bereits eine vorläufige Klärung und Konturierung der politischen Auffassungen. Während das „Norddeutsche Volksblatt" aus grundsätzlichen Erwägungen und aus langer Tradition die „Neuordnung" als Demokratisierung forderte und den Eintritt der SPD in die Regierung von der Erfüllung dieses Grundsatzes abhängig machte, sahen die „Nachrichten" sie unter dem Primat der nationalen Verteidigung, der die beste Führerauswahl ermöglichte, den Burgfrieden erneuerte und ein Bollwerk gegen den Bolschewismus errichtete, und nahmen den Volksstaat gleichsam mit in Kauf. Das „Wilhelmshavener Tageblatt" teilte eine Reihe dieser Ansichten, namentlich den Primat der nationalen Verteidigung, blieb aber, was die Beurteilung des „Volksstaates" und der Demokratisierung anging, hinter der Position der „Nachrichten" zurück, hegte mehr Befürchtungen als Hoffnungen, schickte sich aber in das offensichtlich Unvermeidliche.

1.2.2. Strategie und Taktik der MSPD:
Politik der Mäßigung gegen Reaktion und Putschismus

Die Beteiligung der SPD an der neuen Regierung mußte erneut die Grundsätze der SPD-Politik[10] zur Diskussion stellen wie ihre tagespolitischen Entscheidungen beeinflussen. Das „Norddeutsche Volksblatt" hat die Auseinandersetzung im Laufe des Oktober ständig selbst kommentiert oder kommentieren lassen, um dadurch seine Leser auf der Linie der richtigen Politik zu halten.
Ein Hauptargument in der Diskussion war der Anlaß der Parteispaltung. Am 28. September 1918 brachte die Zeitung eine Meldung aus der „Freien Presse" in Leipzig, in der aus einem Schriftsatz der USPD im „Volksblatt"-Prozeß[11] vor dem Oberlandesgericht Naumburg vom 4. September 1918 zitiert wurde. Da der Abdruck mit dem Kurzkommentar „Ein wertvolles Bekenntnis der Unabhängigen" eingeleitet wurde, kann geschlossen werden, daß die Zeitung der Aussage des Zitats zustimmte. In dem Schriftsatz der USPD hieß es:
„Die Spaltung der Sozialdemokratischen Partei erfolgte überhaupt nicht wegen programmatischer Streitfragen, sondern wegen des Streites über taktische Fragen. Streitig war innerhalb der Reichstagsfraktion die Frage der Kriegskredite und der Kriegsziele, schließlich auch Fragen mehr persönlicher Natur, über die Vertretung der Partei durch Redner im Parlamente, die Spaltung erfolgte schließlich aus Anlaß eines solchen persönlichen Streites."
Besondere Aufmerksamkeit verdient der Satz, daß die Spaltung überhaupt nicht wegen programmatischer Streitfragen erfolgte. Diese Behauptung der USPD war der Ausgangspunkt der folgenden Auseinandersetzungen zwischen Mehrheits- und Minderheitspartei, sie fand sich immer wieder und sollte noch bei der Kandidatenaufstellung zur Nationalversammlung eine ausschlaggebende Rolle spielen.
Der nächste Anlaß für das „Norddeutsche Volksblatt", sich mit der USPD zu beschäftigen, war die Debatte im Reichstag über die Friedensnote der Reichsregierung. Als Gegner der

---

10) Beteiligung an einer bürgerlichen Regierung, Errichtung einer sozialistischen Republik.
11) Zum „Vorwärts-Raub", dem Vorbild aller Auseinandersetzungen über die Parteiblätter während der Spaltung, vgl. Miller, Susanne: Burgfrieden und Klassenkampf. Die deutsche Sozialdemokratie im Ersten Weltkrieg. Düsseldorf 1974. (Beiträge zur Geschichte des Parlamentarismus und der politischen Parteien, Bd 53), S. 140, 143; 148; vgl. auch Stampfer, Friedrich: Erfahrungen und Erkenntnisse. Aufzeichnungen aus meinem Leben. Köln 1957, S. 205 f.; zum „Tagwacht"-Problem vgl. Keil, Wilhelm: Erlebnisse eines Sozialdemokraten. Bd 1. Stuttgart 1947/48, S. 311, 317 und Miller, S. 82-86.

„Friedensregierung" machte das Blatt[12] neben den Konservativen und Alldeutschen die Unabhängigen aus. Zwar sei Haase im Reichstag mit den Friedensmaßnahmen einverstanden gewesen, doch die „Leipziger Volkszeitung"[13] stehe auf einem anderen Standpunkt: Selbst wenn die neue Regierung die völlige Demokratie und einen Friedensschluß erreichte, seien die Unabhängigen prinzipielle Gegner der neuen Regierung, denn ihre, der USPD, Aufgaben bestünden darin, den Menschen aus den Fesseln der kapitalistischen Gesellschaft zu befreien und den Sozialismus, nicht die bürgerliche Demokratie einzuführen. Diese programmatische Aussage aber sah die Zeitung nicht als in Widerspruch zu dem MSPD-Programm stehend - das Erfurter Programm galt noch, und die abstrakte Umschreibung des Ziels dürften die meisten Mehrheitssozialisten akzeptiert haben -, denn ihr Kommentar ging darauf überhaupt nicht ein, sondern sie warf den Unabhängigen vor, sie machten Opposition der Opposition wegen und befolgten dabei eine Elefantentaktik, die sie um den Kredit bringen könne.

Sehr viel deutlicher wurde die Trennungslinie zwischen MSPD und USPD in dem Artikel vom 12. Oktober 1918 angedeutet, in dem von „Unabhängiger Aufspielerei"[14] die Rede war. Einen „Vorwärts"-Appell an die Arbeiterklasse, den Richtungsstreit einzustellen und die Einigkeit vorzubereiten[15], hatte die USPD mit schärfster Kampfansage an die MSPD beantwortet. Erneut stellte das Blatt fest, daß die aktuellen Forderungen der USPD und ihre Ziele[16] auch die der MSPD seien, der Unterschied bestehe jedoch darin, daß die „Sozialdemokraten sagen, sie seien Menschewiki, die Unabhängigen kostümieren sich mitunter als Bolschewiki, um zu zeigen, daß sie doch ganz andere Kerle sind als wir." Und eine Warnung ließ das Blatt noch ausdrücklich folgen: Die Einigkeit unter dem Banner der Unabhängigen bedeute Zertrümmerung der Arbeiterbewegung, da die Mehrheit hinter der MSPD stehe. An dieser Argumentation fällt auf, daß sie zur Unterscheidung politischer Auffassungen in Deutschland auf die russischen Parteibezeichnungen zurückgriff und damit einen Unterschied ausdrückte, der auch für die weitere Entwicklung der deutschen Arbeiterbewegung ausschlaggebend werden sollte. Denn der Unterschied zwischen Menschewiki und Bolschewiki war der zwischen Demokratie und Diktatur des Proletariats, wenn man es auf eine politische Kurzformel bringen will. Aber noch wurde das bolschewistische „Kostüm" nicht für den angemessenen Anzug der Unabhängigen gehalten.[17]

Die russischen Begriffe und Zustände indes bildeten weiter den Rahmen der Diskussion. Mit dem Artikel „Bolschewismus in Deutschland"[18] gewann die Polemik erheblich an Schärfe, und nicht zuletzt deshalb, weil sie sich auf Rüstringen bezog. In Deutschland und auch in Wilhelmshaven/Rüstringen, hieß es da, gebe es Leute, besonders Arbeiter und Soldaten, denen der Bolschewismus in Rußland es angetan habe, die im Ernst von Arbeiter- und Soldatenräten redeten, die glaubten, eine Sowjet-Regierung würde den Krieg beenden, die Lebensmittel-

---

12) NVBl vom 8. 10. 1918.
13) Zur „Leipziger Volkszeitung" vgl. Miller, S. 149; Miller bezeichnet die Zeitung nach der Umbesetzung der „Vorwärts"-Redaktion Ende Oktober 1916 als „faktisch das zentrale Sprachrohr der Opposition".
14) NVBl vom 12. 10. 1918.
15) Zu Stampfers Taktik vgl. Miller, S. 147.
16) Z. B. Amnestie, sozialistische Republik.
17) Zum Bolschewismus-Problem in der deutschen Sozialdemokratie vgl. Lösche, Peter: Der Bolschewismus im Urteil der deutschen Sozialdemokratie 1903-1920. Berlin 1967. (Veröffentlichungen der Historischen Kommission zu Berlin, Bd 29); kritisch zu Lösches zentraler These: Miller, S. 28.
18) NVBl vom 20. 10. 1918.

schwierigkeiten beheben, die Begleiterscheinungen des Krieges verschwinden machen, das Zeitalter des Kapitalismus in das des Sozialismus im Handumdrehen verwandeln. Dafür hätten in Berlin ein paar hundert Personen demonstriert, der Mißerfolg werde „unklare Köpfe" in anderen Orten von Nachäffung abhalten. Einerseits spielten sich die Unabhängigen als Revolutionäre auf, und andererseits spielten sie mit dem Bolschewismus. Der „Vorwärts" habe dies ganze Spiel der Lächerlichkeit preisgegeben, der Artikel, der über Berlin hinaus von Bedeutung sei, könne „in allen unklaren Köpfen in Magdeburg, Kiel und Rüstringen ein Licht aufstecken und Ordnung in der Gedanken Wirrnis bringen." Es folgten nun Auszüge aus dem „Vorwärts"-Artikel, in dem die russischen politischen Verhältnisse auf Deutschland analytisch angewendet wurden. Der Kern der „Vorwärts"-Analyse war folgender: Die Meinung, eine Regierung Haase - Ledebour entspreche der Regierung Trotzki - Lenin, sei falsch, beide seien keine Bolschewiki. Dennoch wäre ihre Regierung eine diskutable Sache, wenn sie ihre Ziele erreichen könnten, aber das könnten sie allein nicht. Um die Gesellschaftsordnung in eine sozialistische, und zwar in allerkürzester Zeit, umzuwandeln, müßten zwei Voraussetzungen gegeben sein: einmal Frieden und zum anderen Übereinstimmung des Volkes mit den Zielen und Methoden der sozialistischen Regierung.
Und dann folgte der für die politische Unterscheidung wichtige Satz:
„*Ein Sozialismus, der nicht aus dem Leibe der Demokratie gewachsen ist, bleibt eine lebensunfähige Mißgeburt.*"
Das Volk sei für Fortschritt zur Demokratie, auch für Reformen im Sinne des Sozialismus, aber die Politik der Unabhängigen lehne es ab. Eine Regierung Haase - Ledebour könnte sich deshalb nur auf eine Diktatur stützen. Als Fazit hielt der „Vorwärts" fest: Haase - Ledebour schrieben das russische Vorbild vor, das sie nicht kennen.
„*Der Bolschewismus hat bisher das russische Volk nicht glücklich gemacht, leider!*"
Nach diesem „Vorwärts"-Artikel und dem Kommentar des „Norddeutschen Volksblattes" war deutlich, daß die Trennungslinie in der deutschen Sozialdemokratie nicht zwischen MSPD und USPD verlief, sondern zwischen den Anhängern des Sozialismus in der Demokratie (demokratischer Sozialismus) und den Anhängern der Diktatur des Proletariats, und diese Trennung ging durch die USPD und schied die Gruppe um Haase - Dittmann - Bernstein von den Spartakisten.[19]
Aber die Auseinandersetzung sollte noch deutlicher werden. Am 23. Oktober 1918 veröffentlichte das „Norddeutsche Volksblatt" in der Beilage eine Abhandlung über „Diktatur oder Demokratie", ein Nachdruck aus dem „Vorwärts", in dessen Mittelpunkt Kautskys Schrift „Diktatur des Proletariats" stand.[20] Der Kommentator ging zunächst auf die aktuelle Lage in Rußland und Deutschland ein. In Rußland habe die Revolution die Demokratie beseitigt und die Diktatur der Arbeiterräte etabliert, die SPD habe die bolschewistische Theorie und Methode für Deutschland „unzweideutig" abgelehnt, sie stehe zur Demokratie und sei bereit, sie gegen jeden Angriff zu verteidigen, gleichgültig, von welchen Leuten er erfolge. Die kleine Partei[21] der Unabhängigen schwanke dagegen in dieser fundamentalen Frage hin und her, obwohl sie doch zur Bewahrung alter Grundsätze der SPD die Spaltung herbeigeführt haben wollte.

---

19) Zum Abgrenzungsproblem in Wilhelmshaven/Rüstringen vgl. die Staatsexamensarbeit von Jörg Berlin, Die Novemberrevolution in Wilhelmshaven. Hamburg o. J. (wahrscheinlich 1972), S. 11.
20) NVBl vom 23. 10. 1918, Beilage. Der „Vorwärts"-Artikel erschien am 21. 10. 1918 unter dem gleichen Titel, vgl. Kolb, S. 29.
21) Das Epitheton „klein" findet sich mehrere Male in dem Artikel.

Kautsky verfechte in seiner Schrift die alten Grundsätze der SPD, er rechne mit dem Bolschewismus ab, womit der Kommentator ganz einverstanden sei. Worin bestanden nun die „alten Grundsätze" der SPD, die Kautsky vertrat? Sie lassen sich in zwei Kernsätzen zusammenfassen, deren Geltung durch einen Marx-Satz belegt wurde und zur Kritik am Sowjet-System führten.
1. Sozialismus ohne Demokratie sei undenkbar.
   Sozialismus sei nicht bloß gesellschaftliche Organisation der Produktion, sondern auch demokratische Organisation der Gesellschaft. Daher müßte das Proletariat die Demokratie mit Nägeln und Zähnen bis aufs Äußerste verteidigen.
   Die soziale Revolution sei ein langwieriger Prozeß, der Jahrzehnte dauern könne, denn: Die Zerstörung des Kapitalismus sei noch nicht Sozialismus.
2. Marx habe in einer Rede im Jahre 1872 gesagt, der Weg zur politischen Herrschaft könne in demokratischen Ländern auch friedlich sein.
3. Die Bolschewisten mißbrauchten die Formel von der Diktatur des Proletariats, weil sie nur eine Minderheit seien. Die Sowjetrepublik sei eine Diktatur einer Partei über das Proletariat, und die Opposition sei vogelfrei.

Nach dieser Darlegung ergriff der Kommentator wiederum das Wort, um die Kautskysche Lehre auf die aktuelle Lage anzuwenden. Die „kleine Partei" der Unabhängigen habe in der entscheidenden Frage keinen klaren Standpunkt, denn einerseits drucke sie einen zustimmenden Artikel zu Kautskys Lehre ab, andererseits aber lasse die Redaktion durch Clara Zetkin die bolschewistischen „Sünden wider den heiligen Geist der Demokratie" bemänteln, einerseits halte man an alten sozialdemokratischen Grundsätzen fest, andererseits verfalle man in unmarxistischen Putschismus.
„Glaubt man denn", so fragte der Kommentator,
> „das deutsche Volk würde sich lieber als von seinen ordentlich gewählten Vertretern von anonymen Arbeiterausschüssen regieren lassen, deren Wahl durch Anwendung terroristischer Methoden zustandegekommen ist?"

Die USPD sei zur Hälfte bolschewistisch-diktatorisch und zur anderen marxistisch-sozialdemokratisch, das sei aber für eine Partei nicht möglich. Wie Kautsky als einzelner, so sollte die „kleine Partei" insgesamt
> „Haltung gegen unklare oder unlautere Elemente, die in die Arbeiterköpfe die gefährlichste Verwirrung hineintragen, bewahren",

denn diese Frage - Diktatur oder Demokratie - sei die Frage auf Leben und Tod für das Proletariat.
Konnte man, mußte man noch deutlicher werden?
Ein weiterer Beleg für die schon lange vor der Revolution einsetzenden erbitterten Auseinandersetzungen um Prinzipien, um Strategie und Taktik war eine längere Stellungnahme von M. Beer, die in der Ausgabe vom 29. Oktober 1918 erschien. Wieder ging es um „Diktatur oder Mehrheitsherrschaft"[22], wieder hing das „Schicksal der deutschen Arbeiterklasse" von der richtigen Taktik ab. Selbstkritisch wurde die Entwicklung der deutschen Arbeiterbewegung seit dem Revisionismus-Streit betrachtet: Die bisherige Taktik sei in Worten revolutionär, in Wirklichkeit demokratisch-parlamentarisch-reformistisch friedlich gewesen, und aus

---

22) NVBl vom 29. 10. 1918.

dem Widerspruch von unparlamentarischen Ansichten und parlamentarischem Handeln habe bisher die Unklarheit und Inkonsequenz resultiert. Heute sei der Ausweg aus der Sackgasse möglich. Ehe Beer die Lösung vorschlug oder um die Lösung plausibel zu machen, schob er einen historischen Exkurs ein, dessen Argumentationsgang, kurz zusammengefaßt, so lautet: Die revolutionäre und die reformistische Taktik entsprachen zwei verschiedenen politischen und wirtschaftlichen Entwicklungsstufen. Die revolutionäre Taktik wurde von sozialistisch-proletarischen Elementen in den Krisen der bürglichen Revolution in der Weise angewandt, daß sie versuchten, der bürglichen Revolution die proletarisch-sozialistische aufzupfropfen, weil sie, entsprechend der wirtschaftlichen Entwicklung, als Minderheit aus eigener Kraft zu schwach für ihre eigene Revolution waren. Das war die Taktik der Leveller, Babeufs, der französischen Kommunisten von 1830, 1834, 1848, des Kommunistischen Bundes von 1847-52, der Communards von 1871, der Bolschewiki von 1917/18, das Verfahren einer zielbewußten, aber geringen Minderheit in einer noch unreifen Bewegung auf niedriger industrieller Stufe. Der Theoretiker dieser Taktik war Auguste Blanqui, von dessen Einflüssen Karl Marx um 1848 nicht gänzlich frei war. Das Urteil über den Blanquismus, dessen Methode von Babeuf bis Marx zur Theorie geworden war, ließ Beer durch J. Jaurès abgeben. Der Versuch, die bürgerliche Revolution, so Jaurès, in den proletarischen Kommunismus hineinschlüpfen zu lassen, sei einige Male angewandt worden, habe aber trotz großer Ergebnisse im einzelnen nie zum Ziele geführt. Nun wieder Beers Kommentar: Die Zeit für proletarische Diktaturversuche in Mitteleuropa sei vorbei, wie schon 1870 Karl Marx in seiner Warnung vor Gewalt gegen die neue republikanische Regierung gezeigt habe. Die sozialistische Taktik in der Demokratie sei Regierung durch Diskussion mit Mehrheitsbeschluß am Ende; das Proletariat habe heute eine neue Taktik und lauere nicht mehr auf bürgerliche Revolutionen, es schaffe sich schrittweise seine eigene Macht. Die bürgerlichen Revolutionen seien immer das Werk der Mehrheit gewesen, die sozialistische Umwälzung werde nur Bestand haben, wenn sie im Geist der Demokratie sich auf starke Mehrheiten stütze.[23]
Mit dem letzten Beitrag war die Diskussion über Ziele und Mittel der SPD vor der Revolution abgeschlossen und die Fronten für Wilhelmhaven/Rüstringen und den Bezirk Weser/Ems der SPD klar abgesteckt.

1.2.3. Die Forderungen der MSPD am Vorabend der Revolution: Der soziale Volksstaat

Am Sonntag, dem 3. November 1918, knapp eine Woche vor dem Ausbruch der Revolution in Berlin, drei Tage bevor in Wilhelmshaven die ersten Demonstrationen der Marineangehörigen begannen, erschien im „Norddeutschen Volksblatt" ein großer Aufruf an die Mitglieder und Anhänger der Sozialdemokratischen Partei in Oldenburg/Ostfriesland[24], der die Forderungen der Partei zur Tagespolitik enthielt.[25] Nach den grundsätzlichen Stellungnahmen zur

---

23) Schon 1899 hatte Bernstein den Blanquismus, den er als Theorie und Methode zum „Sturz der Bourgeoisie durch das Proletariat mittels gewaltsamer Expropriation" bezeichnete, abgelehnt; vgl. Bernstein, Eduard: Die Voraussetzungen des Sozialismus und die Aufgaben der Sozialdemokratie. Eingel. von Dieter Schuster. 5. Aufl. Berlin, Bonn-Bad Godesberg 1973. (Internationale Bibliothek, Bd 61), S. 61 f. Für Bernstein stand damals fest, daß „am Tage nach einer Revolution eine andere als eine sozialdemokratische Regierung ein Ding der Unmöglichkeit wäre", ebd., S. 69.
24) NVBl vom 3. 11. 1918.
25) Ob die Mitgliederversammlung des Ortsvereins Rüstringen/Wilhelmshaven, die am 2. 11. 1918 tagte, darüber informiert war, läßt sich nicht nachweisen, da der Bericht über die Mitgliederversammlung im NVBl fehlt; wahrscheinlich ist es allerdings; Tagesordnung in der Anzeige am 2. 11. 1918 im NVBl.

„Neuordnung" Anfang Oktober waren die Konsequenzen für das Großherzogtum Oldenburg leicht zu ziehen. Der Aufruf begann mit einer Beschreibung der Vorgänge im Reich seit der Bildung der neuen Regierung. Eine starke Bewegung, die alle Kreise der Bevölkerung, Arbeiter, Bauern, Bürger, ergriffen habe, wolle aus dem Obrigkeitsstaat den Volksstaat machen. Dies gelte auch für Preußen, wo unter dem Druck des Krieges und der Niederlage der Widerstand gegen die Demokratisierung zusammengebrochen sei. Wie retardierend das preußische Vorbild auf die angrenzenden Kleinstaaten gewirkt hat, geht aus dem Satz hervor, daß demokratische Reformen in diesen Staaten mit Rücksicht auf Preußen unterblieben seien; in Oldenburg wäre die Wahlrechtsreform beinahe das Gegenteil geworden.[26] Aber auch im Großherzogtum selbst gab es offenbar Kräfte des Widerstandes gegen Reformen, denn

„vor einem halben Jahr scheiterten Versuche der liberal-demokratischen Mehrheit im Oldenburger Landtag, die Staatsverfassung und die Gemeindeverfassung nach demokratischen Grundsätzen zu reformieren, an dem Widerstand der bürokratischen Regierung, deren Blick immer noch nach Preußen gerichtet war."

Im Gegensatz zu den Bundesstaaten Bayern, Sachsen, Baden[27] und einigen kleineren Bundesstaaten habe Oldenburg an dem konstitutionellen Parlamentarismus, der den Landtag zur Ohnmacht verdamme, festgehalten. Der verstorbene Minister Ruhstrat habe das im Landtag offen gesagt:

„In Oldenburg regiert der Großherzog und nicht der Landtag."[28]

Ein solcher Standpunkt sei nicht mehr aufrechtzuerhalten, auch für die Oldenburger Regierung sei der Zeitpunkt gekommen, daß „der Wille des Volkes ... oberstes Gesetz" werde. Es folgten dann eine Reihe von Forderungen:
1. Parlamentarisierung des Regierungssystems.
2. Gleiches Wahlrecht zum Landtag nach dem Verhältniswahlsystem, Wegfall der Zusatzstimme, Wahlkreiseinteilung nach demokratischen Grundsätzen.[29]
3. Selbstverwaltung in Staat und Gemeinde, Neugestaltung der Gemeindeordnung im Sinne der von der Mehrheit beschlossenen Anträge.[30]
4. Aufhebung der von der Gewerbeordnung abweichenden Bestimmungen der Gesindeordnung.[31]
5. Vereinfachung und Verbilligung der Staatsverwaltung in Ansehung der ungeheueren Kriegs- und Folgekosten.
6. Für Ostfriesland Herabsetzung oder Aufhebung des Bürgergeldes bei Kommunalwahlen.[32]

---

26) Wahlrechtsreform von 1909.
27) Die Parlamentarisierung war in Bayern am 2. 11. 1918, in Sachsen am 28. 10./1. 11.1918, in Hessen am 26. 10. 1918 vorgenommen, in Baden am 2. 11. 1918 angekündigt worden; vgl. Schulthess, 1918, I, S. 397-410.
28) Minister Friedrich Julius Heinrich Ruhstrat starb am 20. 6. 1916. Der „konstitutionelle Parlamentarismus" muß einen Landtag nicht ohnmächtig machen, wie die Beispiele anderer Bundesstaaten zeigten, vgl. Huber, Ernst Rudolf: Deutsche Verfassungsgeschichte seit 1789. Bd IV: Struktur und Krisen des Kaiserreichs. Stuttgart 1969, S. 393, 397 zu Bayern; daß ein Parlament nicht regiert, ist ebenfalls kein Beweis für einen mangelhaft ausgebildeten Parlamentarismus. In Oldenburg war auch der Landtag nicht so ohnmächtig, wie behauptet wurde, die verfassungsmäßigen Rechte wie in einem parlamentarischen System hatte er freilich nicht.
29) Die Zahl der Abgeordneten sollte sich am Bevölkerungswachstum orientieren.
30) Schon im 32. Landtag war ein Antrag auf Revision der Gemeindeordnung vom Abgeordneten Behrens (SPD) eingebracht worden, der aber von der Regierung abgelehnt worden war. Im 33. Landtag (1916-1919), 2. Session (1917/18), brachte die liberale Gruppe erneut einen diesbezüglichen Antrag ein, der vom Landtag angenommen wurde. Er enthielt ein stark verbessertes Wahlrecht für Männer und Frauen nach dem Verhältniswahlsystem; die Staatsregierung wollte nur einige Zugeständnisse machen, zu einer Revision kam es nicht mehr. Vgl. Protokolle des 33. Landtages Z 3/3.
31) Im Text war versehentlich Gemeindeordnung gesetzt worden; die Berichtigung erfolgte am 5. 11. 1918.
32) Dadurch war die Zahl der Wähler im Vergleich zu Reichstagswahlen stark reduziert.

Der Aufruf schloß mit einem Appell, der die Grundsätze der SPD-Politik in der Formel zusammenfaßte:

> *„Die SPD in Oldenburg/Ostfriesland will wie die Gesamt-SPD eine friedliche Umformung der Dinge, denn nur eine solche bietet die Gewähr für eine rasche und durchgreifende Reformpolitik . . . Tut jeder seine Pflicht, so werden die Widerstände, die sich der Neuordnung entgegenstellen, leicht und rasch überwunden werden."*

Die Prognose des letzten Satzes sollte in wenigen Tagen ebenso in Erfüllung gehen wie die Durchsetzung der Forderungen.[33] Der Aufruf, sieht man ihn im Zusammenhang der Grundsatzdiskussion im Oktober 1918 und der Entwicklung im Deutschen Reich, ist ein in jeder Hinsicht klares, eindeutiges Dokument, in dem die Konsequenzen aus Theorie, Tradition und aktueller Praxis der SPD entschlossen gezogen wurden.

Seine Postulate erstrebten die uneingeschränkte Volkssouveränität, die ihren Ausdruck im parlamentarischen Regierungssystem finden sollte, die demokratische Staatsform, der die Gemeindeselbstverwaltung mit einem demokratischen Wahlrecht entsprechen sollte: alles eingebettet in eine Gesellschaft, in der jede Beeinträchtigung der bürgerlichen Rechtsgleichheit aufgehoben wäre.

1.3. Die oldenburgische Regierung und der Landtag: „Es ist alles bewilligt."

Der 33. Landtag, am 18. März 1918 vertagt, war am 5. Oktober 1918 zu seiner dritten Session auf den 5. November berufen worden.[1] Nachdem er um zwölf Uhr durch den Alterspräsidenten Alfs eröffnet worden war, teilte der Geheime Oberfinanzrat Gramberg dem Haus mit, daß die offizielle Eröffnung des Landtags um fünf Uhr nachmittags im Schloß durch seine Königliche Hoheit den Großherzog stattfinde. An dieser „Staatshandlung" übte der Abgeordnete Tantzen-Heering (FVP) sofort scharfe Kritik: Die Eröffnung des Landtages im Landtag selbst, wie sonst auch geschehen, hätte dem Empfinden der überwältigenden Mehrheit des Volkes und der Abgeordneten besser entsprochen; sie gingen aber dennoch zum Schloß, weil sie die Weitsichtigeren und Entgegenkommenderen seien.[2] Dem Landtag schlug er eine interfraktionelle Besprechung am nächsten Tag im Anschluß an die zweite ordentliche Sitzung, in der die Erledigung der Regularia vorgesehen war, vor. Alles spricht dafür, daß er dem Landtag Gelegenheit geben wollte, die zu erwartenden Reformvorschläge in der Thronrede und die politische Entwicklung der letzten Tage zu besprechen und Beschlüsse zu fassen. Am 4. November 1918 waren die Mitglieder der liberalen Gruppe zu einer Fraktionssitzung zusammengetreten, um verfassungsrechtliche Forderungen zu beraten[3], die in dem Aufruf der SPD vom Vortage erhoben worden waren. Der Aufruf hatte in der Tat ein lebhaftes Echo in der Öffentlichkeit ausgelöst. Sowohl in den „Nachrichten" wie in der „Oldenburgischen Volkszeitung" waren Kommentare erschienen; die „Oldenburgische Volkszeitung" schrieb, daß „eine gesunde De-

---

33) In der Arbeit von Berlin, S. 11 f., wird die Position der SPD Oldenburgs/Ostfrieslands als durch die Resolution vom 22. 10. 1918 umschrieben bezeichnet. Berlin übersieht, daß diese Resolution eine solche aller Parteien in Rüstringen/Wilhelmshaven war und aus Anlaß der Regierungsbildung und zur Unterstützung der „Friedensregierung" gefaßt worden war; vgl. NVBl vom 22. 10. 1918; WTBl vom 22. 10. 1918; dagegen fehlt bei Berlin jeder Hinweis auf den Aufruf vom 3. 11. 1918.

1) Berufung des Landtages in StA Ol 131-89, 33. Landtag, 3. Versammlung.
2) Nachrichten vom 6. 11. 1918.
3) Nachrichten vom 4. 11. 1918.

mokratisierung nur zu fördern ist", die „Nachrichten", daß die Neuordnung im Reich und in den anderen Bundesstaaten auch für Oldenburg Folgen haben werde.
In seiner Kritik wurde Tantzen-Heering durch den Abgeordneten Hug (SPD) nachdrücklich unterstützt, der ergänzend bemerkte, daß der Großherzog kein Verständnis im Lande dafür finden werde, daß er nicht zum Landtag komme, er, der Großherzog, müsse „einen recht schlechten Ratgeber gehabt" haben.[4] Für die Stimmung des Hauses war es aufschlußreich, daß dieser Tadel eine lebhafte Zustimmung fand.
Die offizielle Eröffnung im Schloß, an der zwei Abgeordnete der SPD nicht teilnahmen, verlief ohne Störung.[5] Der Großherzog verlas „mit bewegter, förmlich stockender Stimme"[6] die Thronrede[7], die ihm der Minister Ruhstrat überreicht hatte. Zunächst brachte der Monarch tiefe Trauer über die „harte Schicksalswendung" - die Niederlage - zum Ausdruck, wandte sich aber sogleich gegen den „Kleinmut", der jetzt um sich gegriffen habe, und kündigte eine „politische Neuordnung", „durch die der Volksvertretung ein ständiger Einfluß auf die Führung der Staatsgeschäfte gesetzlich gesichert wird", an. Damit waren die beiden Hauptthemen der Rede exponiert: der Kleinmut der Heimat gegenüber der Standhaftigkeit der Front und die politische Neuordnung. Das erste Thema war der Aufgabe gewidmet, angesichts der Niederlage durch die Erinnerung an die großen Taten während der vergangenen vier Jahre eine geschlossene Einheit im deutschen Volk wiederherzustellen, damit die Friedensbedingungen der Feinde nicht auf ein verzagtes, mutloses Volk träfen. „Lever dod, als Slav!", diesem Oldenburger Wort gelte es nachzueifern. Aber selbst wenn die Niederlage erträglich sein sollte, damit kam er zum zweiten Hauptthema, würden die ungeheuren Friedensaufgaben die Mitarbeit „aller vorhandenen Kräfte" erfordern. Zwar habe das oldenburgische Volk bisher durch seine Vertreter im Landtage einen weitgehenden Einfluß auf den Ausbau des Staatswesens ausgeübt, und das vertrauensvolle Zusammenwirken von Regierung und Landtag sei selten gestört worden, aber die heutige Zeit verlange, daß dieses Zusammenarbeiten auf alle wichtigen Staatsangelegenheiten ausgedehnt werde.

„Zu diesem Behufe wird eine ständige Verbindung zwischen Regierung und Landtag herzustellen sein. Ich denke dabei in erster Linie an die Schaffung eines ständigen Landtagsausschusses, bestehend aus einer beschränkten Zahl von Mitgliedern, der gemeinsam mit dem Gesamtministerium als einheitliche Behörde über diese Angelegenheiten zu beschließen haben würde . . . Ich habe deshalb das Staatsministerium beauftragt, mit dem Landtage zunächst mündlich zu beraten, in welcher Weise eine solche Neuordnung am zweckmäßigsten zur Ausführung zu bringen ist."[8]

Nach einigen Bemerkungen über die Vorlagen[9] erklärte der Großherzog die dritte Versammlung des 33. Landtages für eröffnet.
Mit dem Vorschlag, einen ständigen Landtagsausschuß mit dem Gesamtministerium als Beschlußgremium zu bilden, war die „politische Neuordnung" umschrieben. Wie war es zu diesem Vorschlag gekommen?

---

4) Nachrichten vom 6. 11. 1918, Beilage.
5) Vgl. Hug-Denkschrift, S. 2; abgedruckt in der „Republik" vom 1./ 2. 3. 1919.
6) Nachrichten vom 6. 11. 1918, Beilage.
7) Vgl. StA Ol, Best. 39, 33. Landtag, 3. Versammlung, Conv. I.
8) Ebd., S. 2; die Hervorhebung im maschinenschriftlichen Exemplar der Thronrede.
9) Gemeindeordnung, Hochwasserverhütung, Landeskassenvoranschläge.

Am 28. Oktober 1918 hatte Minister Ruhstrat[10] an seinen Ministerkollegen Scheer[11] geschrieben, Oldenburg müsse, wie es das Reich und andere Bundesstaaten[12] getan hätten, eine „Parlamentarisierung" der Regierung durchführen.[13] Am folgenden Tag sprach er mit Minister Graepel[14] über die Verfassungsänderung, fand ihn aber dem Gedanken „völlig abgeneigt" und „von der Überzeugung durchdrungen, daß unser Landtag eine parlamentarische Ministerabhängigkeit keineswegs wünschen werde". Auf der Sitzung am 30. Oktober 1918, an der alle drei Minister teilnahmen, zog Ruhstrat daher seinen Parlamentarisierungsentwurf zurück und schlug statt dessen vor,

> *„es möge dem Großherzog die Bildung eines Landtagsausschusses empfohlen werden, der an den Sitzungen des Staatsministeriums bei allen wichtigen Sachen teilzunehmen haben würde".*[15]

Damit waren die Ministerkollegen einverstanden, und sie kamen überein, daß jeder für die Kabinettssitzung am nächsten Tag einen Formulierungsentwurf vorbereiten sollte.

In dieser Sitzung (31. Oktober 1918) machte der Großherzog von sich aus und ohne Kenntnis der Besprechungen den Vorschlag, einen ständigen Landtagsausschuß zu bilden. Von den vorgelegten Entwürfen der Minister, die erhebliche Unterschiede aufwiesen[16], wurde der Ruhstratsche gebilligt. In der Thronrede sollte gesagt werden:

> *„Um eine ständige Verbindung zwischen Regierung und Landtag herbeizuführen, solle ein ständiger Landtagsausschuß gebildet werden, der von der Regierung zur Beschlußfassung über alle wichtigeren Staatsangelegenheiten heranzuziehen wäre."*[17]

Ruhstrat entwarf nun eine Thronrede, deren erste Fassung[18] er bei den Kollegen umlaufen ließ. Aus den vorhandenen Bemerkungen dazu[19] geht hervor, daß der Kernsatz zur Neuordnung aus der Kabinettssitzung vom 31. Oktober 1918 übernommen und mit dem Hinweis auf die „Vorgänge im Reich und mehreren größeren Bundesstaaten" in einen größeren Zusammenhang gestellt worden war.[20] Gerade dieser Hinweis aber erregte Anstoß bei Minister Scheer, der vorschlug, ihn zu streichen, weil sie etwas anderes wollten, als dort zugestanden sei. Da Graepel Scheers Ansicht teilte, strich Ruhstrat die beanstandeten Worte aus dem Entwurf, machte jedoch seine abweichende Meinung noch einmal aktenkundig, indem er für seine Kollegen vermerkte, sie wollten ja *„im Erfolg"*[21] ganz dasselbe wie das Reich, das sei auch

---

10) Franz Friedrich Paul Ruhstrat, Minister der Justiz, der Kirchen und Schulen, der Militärangelegenheiten.
11) Minister des Inneren, der auswärtigen Angelegenheiten und des großherzoglichen Hauses.
12) Ruhstrat nannte Bayern, Sachsen und Hessen.
13) StA Ol 131-89, Denkschrift vom 8. 3. 1919 (künftig: Ruhstrat-Denkschrift). Grundlage für Ruhstrats Überlegungen war die 1918 erschienene Schrift Gerhard Anschütz' „Parlament und Regierung im Deutschen Reich". In der Schrift, die auf einen Anfang März 1918 in Wien gehaltenen Vortrag zurückging, bekannte sich der renommierte Staatsrechtler unumwunden zu der Ansicht, daß die Parlamentarisierung sicher kommen werde, „mag man sie wünschen oder verwünschen". (S. 7) Ruhstrats eigener Entwurf war in der Tat stark von Anschütz beeinflußt; das läßt sich bis in die Formulierungen hinein verfolgen, z. B. S. 7, 25, 36.
14) Minister der Finanzen.
15) Ruhstrat-Denkschrift
16) Ebd. Minister Graepel hatte vorgeschlagen zu sagen, es sei gegeben, daß sich der Landtag auch mit Fragen der Neuordnung befasse und das Ministerium sich daran beteiligen werde.
17) Ebd.
18) Fehlt in der Akte 131-89, wo der Entwurf II und die restlichen Anlagen sich befinden.
19) StA Ol 131-89. Bl. 5.
20) Ebd.
21) Ebd., Hervorhebung im Original.

ganz unvermeidbar. Mit der Voraussage, daß die politische Neuordnung unvermeidbar sei, sollte Ruhstrat recht behalten, von einer einheitlichen Meinung („wir") der Minister konnte jedoch keine Rede sein.[22] Der eine war bei seiner Meinung, daß Oldenburg eine Parlamentarisierung der Regierung anstreben müsse, geblieben, die beiden anderen wollten gerade diese Verfassungsänderung nicht.

Am 2. November 1918 war der überarbeitete Entwurf II fertiggestellt, den Ruhstrat zu der Kabinettsitzung am 3. November 1918 vorlegte. Die Art der Regierungsbeteiligung durch den Landtagsausschuß war nun präzisiert worden. Statt des farblosen „zur Beschlußfassung heranzuziehen" hatte Ruhstrat formuliert, der Landtagsausschuß solle gemeinsam mit dem Gesamtministerium als einheitliche Behörde, als Staatsrat, beschließen. Nachdem der neuerliche Widerstand der beiden anderen Minister gegen die präzisierte Fassung überwunden war, konnte schließlich nach Streichung des Einschubs „als Staatsrat" die Einigung über den endgültigen Wortlaut erzielt werden.[23]

Wie Ruhstrat in seiner Denkschrift berichtete, hätten die Kollegen Scheer und Graepel die Zustimmung des Großherzogs erhalten, die eventuelle Forderung des Landtages nach einer parlamentarischen Abhängigkeit der Minister abzulehnen. Diese Darstellung wurde von Scheer bestritten.[24] Allerdings hat die Ruhstratsche Bemerkung einiges an Plausibilität für sich. Scheer sagte nämlich selbst, er habe es nicht für ratsam gehalten, den Ausdruck „Parlamentarisierung" zu gebrauchen, der ja bedeute, daß die Regierungsgewalt des Landesherrn zu einer leeren Form werde. Eine monarchische Regierung hätte aber eine solche Regelung nicht ohne Not vorschlagen dürfen, zumal vom Landtag gewählte Beisitzer mit Stimmrecht in das Staatsministerium aufgenommen werden sollten. War es also da nicht konsequent, die Forderung nach dem Vertrauensvotum für Minister zurückzuweisen? Daß der Minister, der die Parlamentarisierung vorgeschlagen und immer an ihr festgehalten hat, zurücktrat, während die anderen, welche dieselbe immer abgelehnt hatten, sie nun akzeptierten, sieht nur auf den ersten Blick wie ein Paradoxon aus. Die Erklärung liegt darin, daß

1. die Entwicklung vom 1. bis 6. November einen starken Druck ausübte,
2. der Landtag die Forderung sehr energisch vorbrachte und
3. die öffentliche Meinung sich kritisch gegenüber dem Vorschlag in der Thronrede äußerte.[25]

Wie erging es nun dem Vorschlag zur „politischen Neuordnung"?

Nach der zweiten ordentlichen Sitzung des Landtages[26], auf der das Präsidium und die Ausschüsse mit ihren jeweiligen Vorsitzenden gewählt wurden, fand eine interfraktionelle „ver-

---

22) Vgl. Scheers klare Begründung.
23) Der Passus lautet: „Ich denke dabei in erster Linie an die Schaffung eines ständigen Landtagsausschusses, bestehend aus einer beschränkten Anzahl von Mitgliedern, die gemeinsam mit dem Gesamtministerium als einheitliche Behörde . . . zu beschließen haben würde." StA Ol 131-89, Denkschrift Scheer vom 10. 3. 1919 (künftig: Scheer-Denkschrift), S. 2. Später hat Scheer gemeint, nach Ausbruch der Revolution sei „in der Form des Direktoriums das eingeführt, was die Thronrede wollte", ebd., S. 3, und Sprenger stimmte ihm darin zu; vgl. Sprenger, S. 9. Scheer übersah dabei, daß der ständige Ausschuß mit dem Gesamtministerium zusammen eben gerade kein von der Legislative bestätigtes Organ war, sondern eine Behörde der konstitutionellen Monarchie, die durch diese Konstruktion die Parlamentarisierung umgehen wollte. Davon abgesehen, war das Direktorium als oberstes politisches Organ des Freistaates etwas ganz anderes in Genesis, Kompetenz und Funktion als die gemeinsame Behörde. Lediglich rein formal lassen sich beide Behörden vergleichen: Sie stellten beide eine ständige Beziehung zwischen Regierung und Landtag her.
24) Vgl. Scheer-Denkschrift, S. 2 f.
25) Der Abgeordnete Albers nannte den Eindruck, den die Thronrede machte, „wenig günstig"; vgl. Albers, S. 227.
26) Vgl. Protokolle des 33. Landtages, Z 3/3.

trauliche"[27] Besprechung im Beisein der Minister Ruhstrat und Scheer statt. Letzteren wurden „(Vorhaltungen gemacht) sowohl wegen der Berufung nach dem Schlosse als auch wegen der Thronrede".[28] Nach Ruhstrats Denkschrift „stellte der Präsident[29] im Auftrage sämtlicher Parteien die Frage an die Staatsregierung, wie sie sich zu einer Änderung der Verfassung stellen würde, die dahin ginge, daß die Minister das Vertrauen des Landtages haben müßten".[30] Vor dieser Frage hatte sich aber der Landtag offensichtlich seine Auffassung über die Frage der Ministerverantwortlichkeit gebildet und diese auch geäußert. Nachdem nämlich Ruhstrat dargelegt hatte, daß die Minister sich, ohne den Großherzog zu fragen, nicht bestimmt dazu äußern könnten, bat er, „auch über den in der Thronrede gemachten Vorschlag zu verhandeln und nicht diesen einen Punkt allein vorwegzunehmen".[31] Der Abgeordnete Tantzen-Heering „aber erklärte brüsk: er fordere den Landtag auf, bei seinem einmütigen Votum zu bleiben" und nicht den Regierungsvorschlag zu behandeln.[32] Er ließ seiner Ablehnung den Antrag folgen, am nächsten Tag, dem 7. November 1918, in öffentlicher Sitzung, „die beabsichtigte Verfassungsänderung zum Beschluß zu erheben".[33] Hug schreibt, es sei die klare parlamentarische Regierungsform verlangt worden, bevor Ruhstrat das Wort ergriff. Dieser habe dann den Landtag besänftigen und ihn glauben machen wollen, „daß der Vorschlag der Regierung mehr bedeute als der Landtag verlange".[34] Er und Tantzen hätten darauf nochmals kurz und bündig die Einführung der parlamentarischen Regierungsform verlangt, worauf der Minister Ruhstrat mit den Worten: „Das mache ich nicht mit", den Saal verlassen hätte.[35] Der Bericht in den „Nachrichten" über die interfraktionelle Besprechung bestätigt, daß der Landtag „einmütig entschieden" habe, den Regierungsvorschlag nicht zu behandeln, vielmehr die Forderung, zu der sich sämtliche Abgeordnete bekannt hätten, erhoben habe, das Staatsgrundgesetz durch die Bestimmung, daß die Minister das Vertrauen des Landtags haben müßten, zu ergänzen.[36]

Danach kann als sicher gelten, daß der Landtag am 6. November 1918 einen einmütigen Beschluß gefaßt hat, der die Einführung der parlamentarischen Regierungsform verlangte.

Am Nachmittag des 6. November 1918, gegen 17 Uhr, fand eine Kabinettsitzung statt, auf der beschlossen wurde, den Regierungsvorschlag zurückzuziehen und der Einführung der parlamentarischen Regierungsform zuzustimmen. Den Beschluß des Kabinetts - ohne den inzwischen ausgeschiedenen Minister Ruhstrat - teilte der Minister Scheer in einem Schreiben an den Landtagspräsidenten mit: Das Staatsministerium werde einer Ergänzung des Staatsgrundgesetzes, die vom Landtag einmütig gewünscht werde, zustimmen, „sobald ein förmlicher Beschluß des Landtages vorliegt".[37] Wie schwer die Zustimmung den Ministern Scheer und

---

27) Hug-Denkschrift, S. 3.
28) Ebd.; Scheer-Denkschrift, S. 3 f., bestätigt diese Aussage.
29) Abg. Schröder-Nordermoor (NL).
30) Ruhstrat-Denkschrift.
31) Ebd.
32) Der einstimmige Beschluß ist nicht überliefert.
33) Ruhstrat-Denkschrift.
34) Hug-Denkschrift, S. 3.
35) Nach der Scheer-Denkschrift, S.3, ist die Sitzung so verlaufen, wie Ruhstrat und Hug sie geschildert haben; die wörtlichen Zitate erfahren leichte Abänderungen, ohne den Sinn zu verändern. Der Minister Ruhstrat trat noch am selben Nachmittag zurück.
36) Nachrichten vom 7. 11. 1918, Beilage.
37) StA Ol, Best. 39, 33. Landtag, 3. Vers., Conv. I, Nr. 7, gleichlautend auch in 131-37.

Graepel gefallen sein muß, macht der Satz deutlich, der ihre Meinung ebenso widerspiegelt wie ihre Ohnmacht:

> *„Allerdings ist die Staatsregierung der Ansicht, daß ein vertrauensvolleres Zusammenarbeiten auf dem in der Thronrede bezeichneten Wege erreicht werden würde. Die hier gegebene Anregung, den Einfluß der Volksvertretung auf die Staatsverwaltung durch Schaffung eines ständigen, dem Gesamtministerium anzugliedernden Landtagsausschusses zu verstärken, wird infolge der in Aussicht genommenen Neubeordnung entbehrlich und deshalb fallengelassen."*[38]

Der Eindruck der Machtlosigkeit angesichts der rasanten Entwicklung der politischen Verhältnisse wird auch an dem Verhalten des Ministers Scheer gegenüber den Bedenken des Großherzogs deutlich. Dieser hatte in dem Entwurf des Briefes die Anmerkung gemacht, daß die Änderung „unter voller Aufrechterhaltung des verfassungsmäßigen Weges?" geschehen solle. Von der Hand Scheers findet sich darunter der Satz: „der Zusatz kann nach Höchster Bestimmung wegbleiben".[39]

Damit stand der Verfassungsänderung nichts mehr im Weg: der widerstrebende Minister zurückgetreten, die im Amt verbliebenen Minister resignierend, des Großherzogs Bedenken zerstreut, der Landtag einmütig entschlossen.

Am 7. November 1918 fand dann die von Tantzen-Heering beantragte interfraktionelle Sitzung, auf der das Schreiben des Ministers verlesen wurde[40], statt. Der förmliche Beschluß zur Verfassungsänderung ist aber nicht an diesem Tage gefaßt worden, vielmehr hat der Landtag am 8. November 1918 in einer vertraulichen Sitzung noch einmal über die Vertrauensklausel - „Anteil des Landtags an der Wahl der Minister"[41] - beraten. Auch von dieser Sitzung existiert kein Protokoll, sie wird auch in den Denkschriften nicht erwähnt. Immerhin liegt ein „selbständiger Antrag" des Verwaltungsausschusses mit dreizehn Unterschriften vor, den der Landtag beraten und zum Beschluß erheben sollte - das förmliche Verfahren. Er muß noch am 8. November 1918 formuliert und unterschrieben worden sein, denn der 9. November 1918 war ein Sonnabend, und am 11. November 1918 wurde er vom Landtagspräsidenten erwähnt mit der Anregung, der Verwaltungsausschuß möge ihn zurückziehen.[42] In dem Antrag werden die §§ 4 und 5 des Artikels 12 des Staatsgrundgesetzes so gefaßt, das jedes Mitglied des Staatsministeriums „zu seiner Amtsführung des Vertrauens des Landtages (bedarf)". Die Begründung lautete lapidar: „Die Zeitverhältnisse erfordern nach der Ansicht der Antragsteller die beantragte Änderung." Eine parlamentarische Behandlung hat dieser letzte Antrag im Oldenburger Landtag vor der Revolution nicht mehr erfahren, dies sollte am 18. November 1918 geschehen.[43] Als die Abgeordneten am Monatag, dem 11. November 1918, sich wieder im Landtag versammelten, hatte der Großherzog bereits abgedankt, das konstitutionelle Regierungssystem bestand nicht mehr.

---

38) Ebd.
39) Ebd., handschriftlich F(riedrich) A(ugust) und Sch(eer).
40) Nachrichten vom 8. 11. 1918, Beilage; die Sitzung wird in den „Verhandlungen" nicht aufgeführt, ein Protokoll fehlt daher; in der Hug-Denkschrift heißt es: „Am nächsten Tage, Donnerstag, den 7. November, nahmen im Landtag die Ausschüsse ihre Arbeit auf." (S. 4), ein Hinweis auf die interfraktionelle Sitzung findet sich jedoch nicht.
41) Nachrichten vom 9. 11. 1918, Beilage; dort auch Notiz über die Sitzung.
42) StA Ol, Best. 39, 33. Landtag, 3. Vers., Conv. I; in Bestand 131-37 ist der Antrag ohne Datum als Blatt 2 vorhanden. Er trägt von Scheer zwei Zusätze: 1. „Der Antrag entspricht der mündlichen Verabredung mit dem Landtag", 11. 11. 1918, 2. „z. A., nachdem der Antrag gestern abend wegen des mittlerweile erfolgten Thronverzichts als gegenstandslos zurückgegangen ist", 12. 11.1918.
43) Nachrichten vom 9. 11. 1918.

Als Ergebnis kann festgehalten werden:

Der Landtag hat sofort bei Zusammentritt die entscheidende Konsequenz aus der politischen Lage Anfang November gezogen: die parlamentarische Regierungsform einzuführen, um die Volksmassen zu beruhigen und an die Reformpolitik zu binden. Das Kabinett hat nach dem einstimmigen Beschluß des Landtages nicht gezögert, seinerseits die Zustimmung (6. November 1918) dazu zu geben. Der Landtag hat auf förmlichem Wege (Ausschuß-Antrag) die Änderung vollziehen wollen, ist aber von den revolutionären Ereignissen überrollt worden.

Was wäre wohl geschehen, wenn am 6. November 1918 nicht nur der Minister Ruhstrat, sondern auch die beiden anderen Minister, die ja ohnehin gegen jede Parlamentarisierung gewesen waren, zurückgetreten wären, wie das übrigens ja in anderen Bundesstaaten bereits vorgekommen war?[44] Oldenburg hätte wohl nach dem Vorbild des Reiches eine parlamentarische Regierung bekommen. Ob es dann ein Direktorium gegeben hätte, ist nicht zu entscheiden. Eine Regierung Hug - Tantzen aber hätte gegenüber der Wilhelmshavener Revolution einen entscheidenden Vorsprung gehabt.

Einen kurzen Blick müssen wir noch auf die Oldenburger Presse werfen, die zwar mit der politischen Entwicklung kaum Schritt halten konnte, nichtsdestoweniger durch ihre Kommentare aber Einfluß auf die Meinungsbildung behalten hatte. Am 7. November 1918 berichteten die „Nachrichten" sehr ausführlich über die interfraktionelle Besprechung des Landtages vom Vortage. Nicht nur wurden die Forderungen des Landtages nach Verfassungsänderung erläutert, sie wurden zur Sache des „gesamten Volkes" erklärt. Unüberhörbar war die Warnung vor den „unabsehbaren Folgen aus einer Ablehnung"; aber auch die Zukunftsperspektive, die politische Pädagogik fehlte nicht: Jeder Bürger müsse sich bewußt sein, daß in Zukunft die politische Verantwortung des einzelnen in dem Maße wachse, wie der Einfluß des Volkes zunehme. Der Zusammenbruch des Obrigkeitsstaates zeige neue Wege und Ziele in eine glückliche Zukunft.[45] Weniger enthusiastisch als in der Beilage klang es im Hauptblatt; die Regierung hätte der Forderung des Landtages vorbeugen können, dieser werde nun die Parlamentarisierung durchsetzen und vielleicht noch mehr von dem sozialdemokratischen Programm.[46]

Am 8. November 1918 erschien ein ausführlicher Kommentar im „Norddeutschen Volksblatt".[47] Nach einer Kritik an der Eröffnung des Landtages im Schloß wurde er grundsätzlich, allgemein: unbegründete Vorrechte brächen zusammen, Gedanken vormärzlicher revolutionärer Dichtung schienen nach Erfüllung zu drängen. Dann folgte die erste *Erkenntnis:* Das Obrigkeitssystem sei krank und faul gewesen, es habe sich nicht bewährt; nach dieser die *Kritik:* Reformen hätten klarer formuliert werden müssen, und zwar im Sinne des Aufrufs der SPD vom 3. November 1918, von den Forderungen des Aufrufs - sie wurden noch einmal aufgeführt - sei in der Rede nichts enthalten; und dann der *Appell:* Je geschlossener der Landtag selbst und je einmütiger das oldenburgische Volk seien, desto gewisser sei der Erfolg auf allen Gebieten.

---

44) Hessen, 26. 10. 1918, vgl. Schultheß 1918, I, S. 397. Sachsen, 26. 10. 1918, vgl. ebd. Sachsen-Weimar, 6. 11. 1918, vgl. ebd., S. 421. Württemberg, 6. 11. 1918, vgl. ebd.
45) Nachrichten vom 7. 11. 1918, Beilage.
46) Gemeint ist das Programm des Aufrufs vom 3. 11. 1918 im NVBl.
47) NVBl vom 8. 11. 1918.

Staunenswert sind die *Prognose:* Um die Parlamentarisierung als Kernpunkt der Neuordnung würden heftige parlamentarische Kämpfe erwartet, und der *Wunsch:* Die Verfassungsänderung möchte noch in dieser Session Gesetz werden. Wie groß war doch der Kontrast innerhalb eines einzigen Kommentars: Im Anfang der „scharfe Wind, der durchs Land weht" und alle Vorrechte zusammenbrechen läßt, in der Mitte die alles andere als kühne Prognose der heftigen Kämpfe und des Zeitpunktes der Verwirklichung der Forderungen, und am Schluß nun wieder: Die Zeit des Wünschens sei vorbei, die des Forderns und Erfüllens auch in Oldenburg sei gekommen.

Die „Nachrichten" beschäftigen sich am 9. November 1918 sehr ausführlich mit dem Rücktritt des Ministers Ruhstrat, am 8. November hatten sie nur über die Vorgänge im Landtag berichtet, und boten drei Versionen über die Gründe des Rücktritts an:
1. die kritisierte Thronrede und den Rat, die Eröffnung des Landtages im Schloß vorzunehmen[48],
2. die Parlamentarisierung, welcher der Minister nicht zustimmen könne,
3. auf eigenes Ersuchen, das mit der verfassungsmäßigen Verantwortlichkeit begründet wurde. Allerdings wurde angemerkt, daß „der Staatsminister Ruhstrat nicht der Forderung des Landtags wegen Erhöhung der Verantwortlichkeit der Minister ablehnend gegenübersteht".

Von Ruhstrat selbst wurde der Rücktritt „neben der Empörung über die Nichtachtung der Thronrede" mit der Überzeugung begründet,

> *„daß es ein Unding sei, ein Staatsministerium, das nur aus Beamten bestand, abhängig zu machen vom Vertrauen des Landtages, mit dem es doch keinerlei ständige Fühlung haben würde".*[49]

Die „Oldenburgische Volkszeitung" schloß ihren Bericht über die Thronrede und die Landtagssitzungen am 6./7. November 1918 mit der Erwartung, daß die Minister, wie Ruhstrat, ihre Ämter zur Verfügung stellten, und der Feststellung:

> „Mit der Änderung des Artikels 12, 4 und 5 des Staatsgrundgesetzes ist die politische Neuordnung in Oldenburg sicher noch nicht abgeschlossen. *In welcher Richtung sie sich weiter bewegen wird, ist noch nicht bekannt."*[50]

Als die Zeitungen am Montag („Nachrichten" und „Oldenburgische Volkszeitung") und Dienstag („Norddeutsches Volksblatt") wieder erschienen, war das Problem der vorigen Woche bereits gelöst.

Überblickt man die Reformpolitik der Oldenburger politischen Kräfte im ganzen, so kann man sagen:
1. Die stärkste politische Kraft in den Tagen vor Ausbruch der Revolution war die MSPD. Ihre Forderungen vom 3. November 1918 fanden eine breite Mehrheit bei den im oldenburgischen Landtag vertretenen Parteien.

---

48) Der Rat stammte vom Abgeordneten Feldhus; vgl. Ruhstrat-Denkschrift.
49) Ruhstrat-Denkschrift; wie er sich dann aber die Parlamentarisierung vorstellte, die er gefordert hatte, bleibt unklar.
50) OVZ vom 8. 11. 1918; Hervorhebung im Original.

2. Das Parteiorgan der MSPD unterstützte von Anfang Oktober an die „Neuordnung" und die SPD-Beteiligung an der Reichsregierung. Sein Kampf galt den Gegnern der Reformen bei den Rechten wie bei den radikalen Linken.
3. Obwohl die MSPD in Oldenburg von der Parteispaltung nicht betroffen war, waren auch hier die Differenzen zwischen MSPD und USPD seit Ende Oktober in den Grundsätzen der Politik und in Fragen der Strategie und der Taktik deutlich geworden.
4. Die Frage der „Parlamentarisierung" gewann seit dem Zusammentritt des Landtages am 5. November 1918 auch in Oldenburg sofort die Hauptbedeutung. Das Angebot der Regierung (Landtagsausschuß), das nach internen Auseinandersetzungen im Kabinett zustandegekommen war, wurde einhellig als ungenügend sowohl von den politischen Gruppen des Landtages als auch von der Presse zurückgewiesen.
5. Der Rücktritt des Ministers Ruhstrat und das unverzügliche Nachgeben des Kabinetts am 6. November machten den Weg frei für ein parlamentarisches Regierungssystem durch förmliche Verfassungsänderung. Der im Landtag eingebrachte Antrag wurde durch die revolutionäre Bewegung in Wilhelmshaven, die vollendete Tatsachen schuf, gegenstandslos.

2. DIE REVOLUTIONÄRE UMWÄLZUNG: „DIE IMPORTIERTE REVOLUTION"

Daß die Meuterei in der deutschen Hochseeflotte in den letzten Tagen des Oktober 1918 nicht wie ein Blitz aus heiterem Himmel gekommen ist, steht außer Frage.[1] Spätestens seit den Unruhen auf einigen Schiffen des III. und IV. Geschwaders im August 1917 war es offenbar, daß in der deutschen Hochseeflotte nicht alles zum besten stand. Die Gründe für die Gehorsamsverweigerungen und Unbotmäßigkeiten sind durch die umfangreichen Untersuchungen der Ausschüsse des Deutschen Reichstages über die Ursachen des deutschen Zusammenbruchs im Jahre 1918 bis ins einzelne dargelegt worden.[2] Waren aber die Stimmung, die steigende Unruhe unter den Marinemannschaften auch schon damals bekannt? Ist die Entwicklung einer revolutionären Bewegung beobachtet, überwacht worden?

Aus der Denkschrift des Chefs der Hochseeflotte, Admiral Scheer, vom 17. Oktober 1917[3], in der er eine genaue Analyse der Vorgänge in der Flotte im Sommer 1917 vornahm, geht hervor, daß sich die Flottenleitung über die Gefährlichkeit der Lage im klaren war. Unter dem Punkt Abwehrmaßnahmen bemerkte Scheer, es könne keine Täuschung darüber geben, daß ein gewisser Teil der Leute, sei es aus Neigung, sei es infolge der Bearbeitung durch Agitatoren, auf die Ziele der revolutionären Partei eingeschworen sei. Es bestehe keine Aussicht auf Bekehrung dieser Leute, verhindert werden müsse aber, daß sie als Soldaten ihre Grundsätze verbreiteten. Und als Summe seiner Analyse schrieb er: „Es ist erstaunlich, welche zähe Kraft der revolutionären Bewegung innewohnt und es bedarf größter Aufmerksamkeit aller Stellen, ihr erneutes Aufflackern zu verhindern."

Danach steht fest, daß der Flottenchef nicht glaubte, mit den Mitteln der Marinejustiz einen politischen Sinneswandel herbeiführen zu können. Aber auch die anderen Maßnahmen[4] hatten keinen durchschlagenden Erfolg, konnten ihn auch nicht haben. Sie alle konnten den Frieden, der die Lösung für viele Probleme gewesen wäre, nicht bringen. So blieb die Stimmung in der Hochseeflotte unsicher, schwankend, gefährdet und in hohem Maße abhängig vom Verlauf des Krieges.[5]

Ab Frühsommer 1918, nach dem Scheitern der Frühjahrsoffensive im Westen, scheint sich die Entwicklung beschleunigt zu haben.[6] Aus Wilhelmshaven/Rüstringen meldete der Stationschef dem Chef des Admiralstabes am 29. Juli 1918, daß auf der Kaiserlichen Werft Bestrebungen für einen allgemeinen Streik, der in fünf bis sechs Wochen ausbrechen solle, im Gange seien.[7] Dabei ginge es nicht um Lohnfragen, sondern um die „zwangsweise Herbeiführung

---

1) Vgl.: Das Werk des Untersuchungsausschusses der Verfassunggebenden Deutschen Nationalversammlung und des Deutschen Reichstages 1919-1930. Vierte Reihe: Die Ursachen des deutschen Zusammenbruchs im Jahre 1918. Berlin 1928 ff. (künftig: WUA). Stumpf, WUA 4/10/I, S. 53, hat von einer Organisation nichts bemerkt, für ihn kam die Revolution „wie ein Blitz aus heiterem Himmel"; dagegen sprechen aber seine eigenen Tagebucheintragungen.
2) Vgl. Gutachten Alboldt, Brüninghaus, Dittmann, Stumpf, Trotha in: WUA 4/10/I.
3) BA-MA RM 33/v.190.
4) Verpflegungsverbesserung, Dienstregelung, Unterricht.
5) Meuterei eines Teils der österreichischen Flotte am 1. 2. 1918, Streik der Arbeiter in der Rüstungsindustrie vom 28. 1. - 4. 2. 1918 u. a.
6) Fikentscher, F.: Die Wahrheit über den Zusammenbruch der Marine. In: Politische und militärische Zeitfragen. Monatsschrift für Politik und Wehrmacht, Heft 29. Berlin 1920, spricht von „planmäßigem Stimmungsmord" (S. 14).
7) BA-MA RM 36/v. 190, abgedruckt in: Die Auswirkungen der Großen Sozialistischen Oktoberrevolution auf Deutschland. Hrsg. von Leo Stern. Berlin 1959. (Archivalische Forschungen zur Geschichte der deutschen Arbeiterbewegung, Bd 4/I-IV) (künftig: Auswirkungen I-IV), III, S. 1471.

des Friedens", wie die Vertrauensleute berichteten. Es liefe nämlich auf der Werft ein Gerücht um, daß K.v.-Leute[8], die bisher zu Hause seien, gegen Frontkämpfer ausgetauscht werden sollten. Da nun der Streik die Kriegsbeendigung bezwecken sollte, würden ihn auch die Leute, deren Einziehung zu erwarten war, unterstützen, obwohl sie früher abseits gestanden hätten. Der Termin ergebe sich aus der Tatsache, daß Anfang August 1918 eine Kommission des Reichsmarineamtes und des Kriegsamtes nach Wilhelmshaven kommen sollte, um über die Abgabe weiterer K.v.-Leute zu beraten. Das Ganze sollte von der USPD vorbereitet werden. Da es keine Hinweise für einen Streik im August/September 1918 in Wilhelmshaven gibt, ist anzunehmen, daß er in der beabsichtigten Weise nicht stattgefunden hat. Die Meldung veranlaßte allerdings den Chef der Hochseeflotte am 11. August 1918, an alle Führer, Kommandanten und Kriegsgerichtsräte ein Rundschreiben zu senden, in dem er die Meldung über die Streikbestrebungen wiederholte und hinzufügte, die Hochseeflotte solle ebenso organisiert werden wie die Arbeiter. Da an Land in Wirtschaften und auf der Werft Versammlungen stattgefunden haben sollten, bäte er um Aufmerksamkeit und Bericht.[9] Einen weiteren Hinweis auf die Lage in der Flotte enthielt der Bericht eines Berliner Polizeiwachtmeisters vom 30. September 1918. Nach Aussagen eines Matrosen wollten Matrosen aus Kiel, Wilhelmshaven und Friedrichsort am 12. oder 18. Oktober 1918 sämtlich die Schiffe verlassen, wenn bis dahin nicht „Schluß" sei. Flugblätter in großer Zahl seien im Umlauf, die zum Verlassen der Schiffe und zum Ungehorsam aufreizten.[10] Das Flugblatt schließe mit dem Satz: „Wir kämpfen nicht für Deutschlands Ehre, wir kämpfen nur für Millionäre".

Nicht nur die Flotten- und Marinedienststellen waren über die steigende Unruhe im Bilde, auch die zivilen Behörden beobachteten die Marine argwöhnisch. Ende September erinnerte der preußische Innenminister Drews in einem Schreiben an die Regierungspräsidenten an die „landesverräterische" Bewegung unter der Besatzung der Hochseeflotte im Jahre 1917. Er hielt es für erwiesen, „daß unter einem Teil der Marinemannschaften ein empfänglicher Boden für die Erzeugung einer Stimmung vorhanden gewesen ist, die mit Naturnotwendigkeit zu schweren Störungen der Manneszucht führen müßte".[11] Obwohl der Minister nicht daran zweifelte, daß die Polizeibehörden bereits derartige Vorgänge observierten, wies er sie dennoch ausdrücklich an, auf alle Vorkommnisse, hinter denen Bestrebungen wie im vorigen Jahr verborgen sein könnten, zu achten. Ein Zusammenwirken mit den örtlichen Marinedienststellen bei Aufklärung und Abwehr derartiger Erscheinungen wurde angeordnet.[12]

Die angeführten Beispiele belegen, daß sowohl die Marineleitung als auch die zivilen Behörden von der gespannten und sich ständig verschärfenden Lage unter den Marinemannschaften Kenntnis hatten und die Gefahren, die aus ihr erwachsen konnten, voraussahen.

2.1. Die Meuterei auf der Hochseeflotte

Übereinstimmend wird heute in der Literatur festgestellt, daß die Meuterei der Flottenmann-

---

8) Kriegsverwendungsfähig.
9) BA-MA RM 33/v. 190; Stationschef in Wilhelmshaven war Admiral Günther v. Krosigk, Chef des Admiralstabes und zugleich Chef der Seekriegsleitung (SKL) war zu diesem Zeitpunkt Admiral Scheer, Chef der Hochseeflotte Admiral Ritter v. Hipper.
10) BA-MA RM 33/v. 283, Bl. 83.
11) StA Aurich, Rep. 21a-9574, Bl. 257 (28. 9. 1918).
12) Die Zusammenarbeit zwischen Marine und der zivilen Behörde (Landrat) wurde vom landrätlichen Hilfsbeamten, Regierungsassessor von Saldern, in Wilhelmshaven hergestellt und aufrechterhalten.

schaften und der Versuch ihrer Unterdrückung den Ausbruch der Revolution in den Hafenstädten (Kiel, Hamburg, Wilhelmshaven, Lübeck) verursacht hat.[13] Unbestritten ist auch, daß die Meuterei von dem beabsichtigten Flottenvorstoß am 30. Oktober 1918 ausgelöst wurde.[14] Für die Kieler Vorgänge gibt es die Darstellungen der damals an führender Stelle Beteiligten[15], wenn auch noch keine kritische, allen wissenschaftlichen Anforderungen genügende Gesamtdarstellung[16]; die Entwicklung in Wilhelmshaven ist noch nicht im Zusammenhang dargestellt worden.[17]

Vor der Jademündung, auf Schillig Reede, sammelte sich nach dem Operationsbefehl des Flottenkommandos vom 24. Oktober 1918 die deutsche Hochseeflotte zum Einsatz.[18] Schon beim Auslaufen einiger Schiffe aus dem Hafen stellte sich heraus, daß die Besatzungen der Schlachtkreuzer „Derfflinger" und „Von der Tann" nicht vollzählig an Bord waren.[19] Unter Aufbietung aller Mittel gelang es schließlich, mit vollzähliger Besatzung den Sammelplatz zu erreichen. Am Abend des 29. Oktober 1918 instruierte der Flottenchef seine Unterführer über die Aufgaben ihres Einsatzes in den Hoofden[20], der dem zurückweichenden Armeeflügel in Flandern Entlastung bringen, die englische Flotte aus den Stützpunkten herauslocken und zum Kampf in den für die deutsche Flotte günstigen Gewässern stellen sollte. In der Nacht zum 30. Oktober 1918 ereigneten sich die ersten Unruhen und Gehorsamsverweigerungen: auf Schiffen des III. Geschwaders, auch auf einzelnen des I. Geschwaders und auf Kleinen Kreuzern.[21]

Der Flottenchef verzichtete deshalb auf die Durchführung des Unternehmens. Um aber nicht eingestehen zu müssen, daß die meuterischen Vorkommnisse die Aufgabe des Verstoßes erzwungen hatten, hielt er an der Tarnaufgabe, Evolutionieren[22] in der Deutschen Bucht, für den 30. Oktober 1918 fest. Wegen schlechten Wetters am Morgen des 30. Oktober 1918 konnte die Flotte nicht zum Evolutionieren auslaufen. Am 30. Oktober 1918 nachmittags fand die entscheidende Sitzung Hippers mit den Verbandschefs statt. Es ging um die Frage, ob

---

13) Vgl. Deist, Wilhelm: Die Politik der Seekriegsleitung und die Rebellion der Flotte Ende Oktober 1918. In: VfZ 14 (1966), S. 341-368; ders.: Die Unruhen in der Marine 1917/18. In: Marine-Rundschau 68 (1971), S. 325-343.
14) Vgl. Deist; Dittmann, Wilhelm: Die Marine-Justizmorde von 1917 und des Admirals-Rebellion von 1918. Berlin 1926. Hubatsch, Walter: Der Admiralstab und die obersten Marinebehörden in Deutschland 1848-1945. Frankfurt 1958. Zeisler, Kurt: Aufstand in der deutschen Flotte. Die revolutionäre Matrosenbewegung im Herbst 1918. Berlin 1956. Ders.: Die revolutionäre Matrosenbewegung in Deutschland im Oktober/November 1918. In: Schreiner, Albert (Red.): Revolutionäre Ereignisse und Probleme in Deutschland während der Periode der Großen Sozialistischen Oktoberrevolution 1917/18. Berlin 1957, S. 185 ff.
15) Vgl. Noske, Gustav: Von Kiel bis Kapp. Zur Geschichte der deutschen Revolution. Berlin 1920. Ders.: Erlebtes aus Aufstieg und Niedergang einer Demokratie. Offenbach/M. 1947. Popp, Lothar: Ursprung und Entwicklung der November-Revolution 1918. Kiel 1919.
16) Vgl. Deist, Unruhen in der Marine, S. 343.
17) Bei Kliche, Josef: Vier Monate Revolution in Wilhelmshaven. Rüstringen 1919, S. 6 f. und nach ihm bei Grundig, . . . Wilhelmshaven, Bd II, S. 113, finden sich kurze Darstellungen, die sich auf die Zusammenstellung der Ereignisse beschränken; ebenso bei Kraft, Emil: Achtzig Jahre Arbeiterbewegung zwischen Meer und Moor. Ein Beitrag zur Geschichte der politischen Bewegungen in Weser-Ems. Wilhelmshaven 1952, S. 77. In allen erwähnten Schriften umfassen die Ereignisse bis zum 6. 11. 1918 wenig mehr als eine Seite. Die neueste kurze Zusammenfassung jetzt bei Huber, Ernst Rudolf: Deutsche Verfassungsgeschichte seit 1789. Bd V: Weltkrieg, Revolution und Reichserneuerung 1914-1919. Stuttgart 1978, S. 646-649.
18) Vgl. Deist, Politik der Seekriegsleitung, S. 361; ders., Unruhen in der Marine, S. 342.
19) Vgl. BA-MA, NL 162 (Hipper) (künftig: Hipper-Tagebuch), S. 1 f. Auf „Derfflinger" fehlten 100 Mann, auf „Von der Tann" 58.
20) Seegebiet südliche Nordsee zwischen Holland und Großbritannien; Hipper, S. 8, „gegen die Hoofden, gegen die belgische Küste"; bei Scheer, Reinhard: Deutschlands Hochseeflotte im Weltkrieg. Persönliche Erinnerungen. Berlin 1919, S. 494, ist von „dem englischen Kanal" die Rede; bei Deist, Politik der Seekriegsleitung, S. 354, „Straße von Dover".
21) Hipper-Tagebuch, S.9, vom III. Geschwader: „Kronprinz", „Markgraf", „König"; vom I. Geschwader: „Thüringen", „Helgoland"; von den Kleinen Kreuzern „Regensburg".
22) Evolutionieren = Fahrtübungen in Verbänden.

nicht wenigstens mit den Torpedobooten ein Nachtvorstoß unternommen werden könnte, den die Flotte bis an den Rand des Minengürtels hinauszubegleiten hätte. Die Chefs der Linienschiffe und Schlachtkreuzer[23] waren dagegen, während die Befehlshaber der Torpedo- und U-Boote sowie der Chef des IV. Geschwaders sich dafür aussprachen. Hipper entschloß sich, an dem Vorstoß mit Torpedobooten festzuhalten, war sich aber der Gefahren bewußt, die durch Anwendung von Gewalt im Falle von Befehlsverweigerungen entstehen mußten. Er befahl, daß die Minensuchverbände und zu ihrer Deckung das I. Geschwader in der Nacht zum 31. Oktober 1918 auszulaufen hätten, um den Vorstoß vorzubereiten. Um Mitternacht meldete der Chef des I. Geschwaders, daß auf „Thüringen" „ernste Unruhen" entstanden seien[24], ein Ankerlichten sei unmöglich, auch hätte die Maschine nicht genug Dampf. Inzwischen hatte starker Oststurm eingesetzt, so daß die Minensucher nicht auslaufen konnten. Hipper gab deshalb den Torpedobootvorstoß und das Evolutionieren der Flotte auf und befahl gewöhnliche Bereitschaft[25] für den 31. Oktober 1918. Gleichzeitig wurde in Absprache mit den Verbandschefs die Flotte detachiert: das I. Geschwader an die Elbe (Brunsbüttelkoog), das III. Geschwader nach Kiel, das IV. Geschwader an die Jade, um - wie es hieß - die Schiffe „dort in die Hand der Führer zu bringen".[26]

Der Chef des I. Geschwaders erhielt von Hipper den Befehl, den Widerstand der Meuterer an Bord der „Thüringen" mit Gewalt zu brechen.[27] Dafür wurden ihm eine kriegsstarke Kompanie Seesoldaten aus Wilhelmshaven, zwei Torpedoboote und ein großes U-Boot zur Verfügung gestellt.[28] Im letzten Augenblick vor der schon befohlenen Torpedierung gaben die Meuterer auf und ließen sich von den Seesoldaten festnehmen. Von der „Thüringen" wurden rund dreihundertfünfzig Mann, von der „Helgoland" rund einhundertfünfzig Mann in Wilhelmshaven/Rüstringen inhaftiert.[29]

Damit war die Meuterei in der deutschen Hochseeflotte unterdrückt, der Flottenvorstoß aber undurchführbar geworden.

Welches waren nun eigentlich die Anlässe zu der Meuterei? War mit ihrer gewaltsamen Unterdrückung der Vorfall beendet? Wie reagierten Flottenleitung, Seekriegsleitung und politische Führung darauf?

Was die besonderen Gründe angeht, welche die Gehorsamsverweigerungen vom 29. bis 31. Oktober 1918 auslösten, so finden sich in Hippers Tagebuch die ersten Hinweise.[30] Die Leute erklärten auf Befragen, so Hipper, sie wüßten, daß die Flotte eingesetzt und versenkt werden solle, damit sie nachher bei den Waffenstillstandsverhandlungen nicht übergeben zu werden brauche, und das machten sie nicht mit. Fikentscher berichtete schon bald nach der Revolution, welche Argumente vorgebracht wurden. Da war einmal von dem Verzweiflungs-

---

23) Chefs des I. und III. Geschwaders und Befehlshaber der Aufklärungsschiffe Boedicker, Kraft, von Reuter; vgl. Hipper-Tagebuch, S. 10.
24) Vgl. Hipper-Tagebuch, S. 10; Volkmann, O. E.: Revolution über Deutschland. Oldenburg 1930, S. 14 f.; Fikentscher, S. 25 f.
25) Vgl. Hipper-Tagebuch, S. 11.
26) Scheer, S. 497; Malanowsky, Wolfgang: Novemberrevolution. Hamburg 1968, S. 108.
27) Die Vorgänge sind von dem Kptlt. Fikentscher, der an Bord der „Thüringen" war, sehr detailliert beschrieben worden. Vgl. Fikentscher, S. 26-28; Volkmann, S. 15-17; vgl. Woodward, David: Mutiny at Wilhelmshaven 1918. In: History Today 18 (1968), S. 779-785.
28) Vgl. WUA 4/10/I, S. 200 f. (U 135).
29) Die Angaben über die Zahlen der Verhafteten schwanken: Fikentscher, S. 8: 380 Mann, S. 28: 500 Mann; Volkmann, S. 17: 400 insgesamt; Hipper: rd. 400; Kraft, S. 77: 560; Kliche, S. 7: 800; Grundig, ... Wilhelmshaven, Bd II, S. 113: 800.
30) Vgl. Hipper-Tagebuch, S. 9, Eintragung vom 31. 10. 1918.

kampf die Rede, in dem die Flotte geopfert werden sollte. Dazu paßte das Gerücht, der Kaiser halte sich auf dem Flottenflaggschiff „Baden" auf, um „an der Spitze seiner Geschwader den Heldentod zu sterben"[31], und ein weiteres, daß die Offiziere sich verschworen hätten, bis zum letzten Schuß zu kämpfen.[32]

Ein zweiter Komplex von Argumenten lautete, man dürfe die Friedensbemühungen der Regierung nicht durch kriegerische Handlungen stören. Aus den Quellen selbst werden die Berichte bestätigt. Der Erste Offizier des Flottenflaggschiffes „Baden" faßte am 4. November 1918 die Vorgänge an Bord seit dem 29. Oktober 1918 zusammen, aus denen sich folgendes ergab:[33] Die Besatzung würde jede Verteidigungsschlacht mit äußerster Kraftanstrengung durchführen, eine Offensivschlacht aber nicht mitmachen. Es sei eine große Unternehmung beabsichtigt gewesen, um die Flotte zusammenschießen zu lassen, damit sie nicht ausgeliefert werden könne oder um den Frieden zu verhindern. Die Offiziere hätten nichts zu verlieren, die Offizierspartei wolle den Krieg bis zum äußersten fortsetzen.

Auch in einem Bericht des Kriminalkommissars Wilotzki vom 30. Oktober 1918 an das Kommando der Marinestation der Nordsee finden sich dieselben Argumente.[34] Statt des Versenkens, Zusammenschießens, Opferns wird hier davon gesprochen, daß die Schiffe auf hoher See in die Luft gesprengt werden sollten, um ihre Auslieferung zu verhindern. Abweichend von der Version der Friedensverhinderung wird gesagt, „daß es jetzt Blödsinn sei", noch in See zu gehen, wo doch bereits Friedensverhandlungen im Gange seien. Weniger der aktive Widerstand der Offiziere gegen die Bemühungen der „Friedensregierung"[35] stand hierbei im Vordergrund, als vielmehr die Einsicht, daß das Unternehmen angesichts der politischen und militärischen Lage völlig zweck- und nutzlos sei. Wilotzki selbst ging noch einen Schritt weiter in seiner Motivdeutung: „Nicht zuletzt scheint Feigheit der Grund zum Vonbordgehen zu sein".[36]

Ein Beispiel für die umlaufenden Gerüchte in ihrer krassesten Form enthielt der Bericht des landrätlichen Hilfsbeamten aus Wilhelmshaven vom 1. November 1918 an den Regierungspräsidenten:

> *„Auch sei von einem großen Schlage gegen England geredet worden, an dem die ‚Thüringen' teilnehmen sollte; die Offiziere hätten den Befehl erhalten, wenn der Schlag mißlinge, die gesamte Mannschaft zu erschießen . . . "*[37]

Faßt man alle Aussagen in den Quellen zusammen, so ergibt sich folgendes Bild:
1. Trotz der strengen Geheimhaltung war von dem beabsichtigten Flottenvorstoß durch die Vorbereitungen etwas bekanntgeworden.
2. Der Mangel an Aufklärung erzeugte eine Flut von Gerüchten, die von den Mannschaften aufgegriffen, besprochen und zum Teil geglaubt wurden.

---

31) Fikentscher, S. 24; Fikentschers Buch erschien 1920.
32) WUA 4/10/I, S. 196 (Gutachten Alboldt).
33) Vgl. BA-MA RM 47/v. 549.
34) Vgl. BA-MA RM 47/v. 559, Bl. 52.
35) NVBL vom 4. 10. 1918.
36) BA-MA RM 47/v. 559, Bl. 52; gemeint ist das Verlassen der Schlachtkreuzer „Derfflinger" und „Von der Tann" am 29. 10. 1918 durch einen Teil der Besatzung. Vgl. auch den Bericht des landrätlichen Hilfsbeamten in Wilhelmshaven vom 4. 11. 1918 in: StA Aurich, Rep. 21a-9574, Bll. 262-66, telef. Bericht vom 1. 11. 1918, Bl. 258 f.
37) StA Aurich, Rep. 21a-9574, Bl. 258 f.

3. Als Begründung für die Gehorsamsverweigerungen oder Unruhen wurden zwei im Kern miteinander korrespondierende Argumente vorgebracht:
> Die Flotte sollte in einem letzten Schlag gegen England („Todesfahrt") eingesetzt und geopfert werden.
> Diese Unternehmung erfolgte auf Beschluß der Offiziere ohne Wissen - oder sogar gegen den Willen - der Reichsregierung, um die Friedensverhandlungen zu stören.

4. Die Verteidigung der Küsten und Häfen wurde vom allergrößten Teil der Flottenmannschaften ausdrücklich bejaht, ein Angriff aber abgelehnt.

Zunächst ist die Frage interessant, wie sich die Zivilbevölkerung in jenen Tagen verhielt. Durch die örtliche Presse konnte die Bevölkerung nicht über die Vorgänge unterrichtet werden, da bis zum 2. November 1918 die strengen Zensurmaßnahmen in Geltung waren. Erst am 2. November 1918 meldete Wolffs Telegraphen-Büro eine Milderung des Versammlungsverbots und der Zensur.[38] Aber selbst danach durften noch Zensurmaßnahmen gegen Zeitungen erfolgen, wenn es das „Interesse der Kriegsführung und des Friedensschlusses . . . unbedingt erfordert".[39] Tatsächlich ist in allen Zeitungen der Region über die Vorkommnisse in der Flotte bis zum Ausbruch der Revolution nichts veröffentlicht worden.[40] Dennoch erfuhr die Bevölkerung davon. Schon am 30. Oktober 1918 abends hatte eine Ordonnanz der „Thüringen" in einer Wirtschaft erzählt, daß am Morgen desselben Tages auf dem Schiff eine Meuterei stattgefunden habe.[41] Am nächsten Vormittag waren die Meldungen darüber bereits in der Stadt bekannt.[42] Die Bevölkerung, so die Berichte, erwartete größere Ausschreitungen der Matrosen in der Stadt, ein großer Teil der Werftarbeiter dagegen sei überzeugt, daß die Revolution vor der Tür stehe, die Stimmung sei sehr gedrückt.[43]

Wie das Verhalten der Flottenmannschaften von der Bevölkerung beurteilt wurde, geht aus den Berichten der mit Aufklärungs- und Abwehraufgaben betrauten Beamten hervor. Wilotzki berichtete am 31. Oktober 1918, daß die Bürger das Verhalten der Matrosen der großen Schiffe verurteilten, wie das auch Besatzungen von Vorpostenbooten taten.[44] Der landrätliche Hilfsbeamte, gleichzeitig Militär-Polizeimeister von Wilhelmshaven, meldete am 4. November 1918, daß die Bevölkerung sich gegenüber gewalttätigen Bestrebungen, die er als von „bolschewistischem Geist" beeinflußt charakterisierte, durchaus ablehnend verhalte.[45]

Mehrfach ist in den Quellen von unterschiedlichem Verhalten von Mannschaften der großen Schiffe und der kleineren Boote (Torpedo- und U-Boote) die Rede. Schon daß am 31. Oktober 1918 gegen „Thüringen" und „Helgoland" Torpedoboote und ein U-Boot eingesetzt werden konnten, zeigt die Spannung. Von den Großkampfschiffen wurden die kleineren Boote offenbar als „Streikbrecher"[46] angesehen, denen die Schuld daran gegeben wurde, daß „wir nicht befreit sind oder werden".[47]

---

38) Schulthess, 1918, I, S. 408.
39) Ebd. Eine Mitteilung darüber fand sich am 5. 11. 1918 im NVBl.
40) NVBl, WTBl, WZ.
41) Vgl. BA-MA RM 47/v. 555, Bl. 98, Bericht Wilotzki vom 1. 11. 1918.
42) Vgl. ebd., Bl. 99, Bericht vom 31. 10. 1918; ebenso in dem telef. Bericht des landrätlichen Hilfsbeamten vom 1. 11. 1918, StA Aurich, Rep. 21a-9574, Bl. 259. Wenn von Stadt gesprochen wird, sind immer die Jadestädte gemeint.
43) Vgl. BA-MA RM 47/v. 555, Bl. 98; fast gleichlautend der landrätliche Hilfsbeamte am 4. 11. 1918.
44) Vgl. BA-MA RM 47/v. 555, Bl. 29.
45) StA Aurich, Rep. 21a-9547, Bl. 266.
46) In Analogie zu den Zurufen, mit denen zurückgehende Truppen im Sommer 1918 ihre angreifenden Kameraden bedachten; vgl. Fikentscher, S. 6.
47) Vgl. BA-MA RM 47/v. 554.

Am 2. November 1918 berichtete der Befehlshaber der Torpedoboote, daß am vorigen Abend Mannschaften vom Torpedoboot G 101 von anderen Mannschaften aus einem Lokal „herausgeworfen" worden wären.[48]

Der landrätliche Hilfsbeamte meldete, daß die „gewalttätigen Bestrebungen"[49] bei den Torpedo- und U-Booten „keinen Widerhall" fänden.[50]

Danach kann festgestellt werden, daß

> die Zivilbevölkerung von den Vorgängen auf der Hochseeflotte seit dem 29. Oktober 1918 sofort Kenntnis erhalten hatte;
>
> die Reaktion auf die Vorkommnisse unterschiedlich waren: die Bürger (im engeren Sinne des Bürgertums) erwarteten eher Ausschreitungen und weitere Unruhen, die Arbeiter deuteten die Vorgänge offenbar politisch als Vorzeichen einer Revolution.[51] Beiden Bevölkerungsgruppen gemeinsam war indessen eine hochgradige Erregung, die mit einer gedrückten Stimmungslage korrespondierte;
>
> das Verhalten der meuternden Flottenmannschaften sowohl von der Zivilbevölkerung als auch von Teilen der Besatzungen kleinerer Einheiten mißbilligt wurde.[52]

Die erste Reaktion des Flottenchefs unmittelbar nach Ausbruch der Meuterei zeigte, daß er und sein Stab[53] sich durchaus darüber im klaren waren, daß mit Strenge und Gewalt allein die gespannte Situation nicht zu bewältigen war. In einem Aufruf[54] an die Mannschaften der Hochseeflotte vom 30. Oktober 1918 versuchte Hipper deshalb, durch Aufgreifen der umherschwirrenden Gerüchte und ihre Widerlegung die Verkrampfung zu mildern. Sehr geschickt beschrieb er die Ausgangslage, indem er sie als Gedanken eines Teils der Besatzungen hinstellte: Die Friedensbemühungen hätten an der Westfront den Kampf beendet, und die Marine brauche deshalb auch nicht mehr zu kämpfen. Es gäbe auch Gerüchte, die sagten, daß Marineoffiziere den Kampf suchten, um die Flotte zu vernichten. Dagegen setze er die „Wahrheit": Niemand wolle den nutzlosen Kampf, alle aber den Frieden. Die Feinde jedoch zeigten keinen Friedenswillen, sie wollten in die Heimat einbrechen und sie verwüsten. Auch vor der Nordsee sammele der Feind zum Einbruch, er wolle die deutsche Flotte niederschlagen und ihr den Ruhm vom Skagerrak wieder entreißen. Nun folgten die eigenen Absichten: Das Kommando wolle die Flotte dem Vernichtungswillen des Feindes nicht ausliefern, es müsse ihn vor den Küsten abwehren. Damit knüpfte Hipper einfühlsam an die Argumente der Mannschaften, die ja verteidigen, wenn auch nicht angreifen wollten, an. Ein noch gewichtigeres Argument, das allen Seeleuten überall einleuchtet, folgte: Die Flotte müsse den kleinen Einheiten, die ja die Hauptaufgaben im Vorfeld der Verteidigungslinie wie Minenbergen, Vorpostendienst, Aufklärung erfüllten, Schutz und Rückhalt sein. Nun wurde der Ton schärfer, der Vorwurf deutlich: Die Flottenleitung wolle Frieden, wer aber im Kampf nachlasse, fördere nur die Begierde der Feinde, werde zum Feigling. Dann folgte die Mahnung: nachdenken, Selbststärkung gegen

---

48) Vgl. Ba-MA RM 47/v. 554.
49) Gemeint sind Zerstörung der Schleusen, Bombardierung des Hafens und der Stadt Wilhelmshaven, Beseitigung der Offiziere.
50) StA Aurich, Rep. 21a-9574, Bl. 266.
51) Es liegt auf der Hand, daß die wenigen Belege eine Aussage über das Bürgertum und die Arbeiter nicht gestatten, es kann sich nur um generalisierende Tendenzaussagen handeln.
52) Stumpf selbst sah in der Meuterei eine schlimmere Tat als die des russischen Admirals Njebogatow, der am 28. 5. 1905 in der Seeschlacht vor Tsushima mit dem Rest des russischen Geschwaders vor Admiral Togo kapitulierte; vgl. Stumpf-Tagebuch, S. 311.
53) Vgl. Hippers Beurteilung durch Scheer in Deist, Politik der Seekriegsleitung, S. 365, Anm. 58.
54) Vgl. Militär und Innenpolitik, Nr. 498.

Gerüchte, Halt suchen, Vertrauen haben, und der Appell: Alle hätten gleich vor dem Feinde gestanden, einer helfe jetzt dem anderen; kein nutzloses Opfer vor dem ersehnten Frieden, aber einig und mit scharfen Waffen vor die Tore der Heimat, bis der Friede wirklich da ist. Man muß zugeben, daß dieser Aufruf unter den gegebenen Umständen mit seiner bedachtsamen Mischung aus Argument und Appell, aus Milde und Mahnung klug abgefaßt war und seine Wirkung nicht hätte verfehlen dürfen. Warum hat er dennoch die Entwicklung in der Flotte offenbar nicht beeinflussen können?

Die Vertrauenskrise in der deutschen Hochseeflotte, vornehmlich auf den Großkampfschiffen, zwischen Seeoffizieren einerseits und Deckoffizieren, Unteroffizieren und Mannschaften andererseits hatte sich bereits zu weit entwickelt, der Punkt der Umkehr war längst überschritten, die Kluft war unüberbrückbar geworden.[55] Dies ist der allgemeinste Grund als Summe von verfehlter Planung, falscher Führung, menschlichem Versagen in vielen Einzelfällen und als kollektives Fehlverhalten des Offizierskorps. Daneben aber müssen die besondere Situation der Flotte in diesen wenigen Tagen vom 29. Oktober bis 5. November 1918, die Ängste und Befürchtungen der Mannschaften wie der Offiziere, die Interaktionen beider miteinander berücksichtigt werden. Dazu ist es nötig, die Lagebeurteilung durch die Flottenleitung zu untersuchen und anschließend die Frage zu stellen, welche Maßnahmen sie ergriff.

Am 31. Oktober war die Lage wie folgt:

 die Flotte detachiert, die Meuterer verhaftet und in Arrestanstalten;

 die Mannschaften der kleinen Einheiten loyal und im Gegensatz zu den meuternden Besatzungsteilen der Großkampfschiffe;

 die Zivilbevölkerung durch Marinemannschaften über die Vorgänge informiert; Gerüchte verschiedenster Art in Umlauf, teils das Verhalten motivierend und legitimierend, teils kritisierend.

Über die Stimmung an Bord eines Linienschiffes, des Flottenflaggschiffes „Baden", gibt der Bericht des Ersten Offiziers ein gutes Bild.[56] Besonders große Beunruhigung herrschte danach unter der Besatzung wegen der Massenverhaftungen auf mehreren Schiffen. Auch die äußere Lage: der Abfall der Verbündeten, der Waffenstillstand an der türkischen Front boten die Grundlage für weitere Unruhe. Als erfolgreiche Gegenmaßnahme nannte der Erste Offizier:

 Herstellung des Vertrauens durch Aufklärungsarbeit,

 kein Nachlassen in dienstlichen Anforderungen,

 keine Maßnahmen, die neue Beunruhigung bringen.

Die Flottenleitung selbst beurteilte die Lage von folgender Voraussetzung aus: Die Vorgänge in den letzten Tagen müssen von Rädelsführern inspiriert und angeleitet worden sein.[57] Die Rädelsführer ihrerseits gehören zu einer politischen Bewegung, die als bolschewistisch zu be-

---

55) Vgl. die vielen Belege in den Gutachten Alboldt und Stumpf in WUA 4/10/I, die von der Literatur immer wieder zusammengetragen worden sind (Dittmann; Neu, Heinrich: Die revolutionäre Bewegung auf der deutschen Flotte 1917-1918. Stuttgart 1930. Schubert, Helmut: Admiral Adolf von Trotha (1868-1940). Phil. Diss. Freiburg 1976. Zeisler, um nur die wichtigsten zu nennen. Eine Aufzählung der Gründe für die Gehorsamsverweigerungen findet sich bei Schubert, S. 233 f.

56) Vgl. BA-MA RM 47/v. 549-F 890-D 579.

57) Hipper-Tagebuch, S. 11; Eintragungen vom 31. 10. 1918 und 1. 11. 1918. Eine ganz andere Auffassung vertrat der Korv. Kpt. v. Weizsäcker am 2. 11. 1918: „Die Marine! Entsprungen aus dem Weltmachtdünkel, verdirbt unsere auswärtige Politik 20 Jahre lang, hält ihre Versprechungen im Kriege nicht und entfacht nun den Umsturz!" Zit. nach Herwig, Holger H.: Das Elitekorps des Kaisers. Die Marineoffiziere im Wilhelminischen Deutschland. Hamburg 1977. (Hamburger Beiträge zur Sozial- und Zeitgeschichte, Bd 13), Vorsatzseite.

zeichnen ist.⁵⁸ In der Besprechung des Stabes der Flotte und der Unterführer am 2. November 1918 wurden die Vorkommnisse diskutiert und weitere Maßnahmen beschlossen. Der erste und hauptsächliche Eindruck, den ein Teilnehmer hatte, war der, daß das Flottenkommando die Vorgänge geheimhalten wollte und deshalb nur einen unvollständigen Bericht gab. Aus ihm konnte entnommen werden, daß nur einzelne Leute Disziplinwidrigkeiten begangen hätten. Der Beobachter, Kapitän Michaelis⁵⁹, der seinen Eindruck Freunden mitteilte, erfuhr von diesen, daß die Flottenleitung keine Ahnung von der Lage auf den Schiffen habe, Gehorsamsverweigerungen, Achtungsverletzungen seit längerer Zeit an der Tagesordnung gewesen seien, von den Kommandanten jedoch vertuscht würden, um nicht in den Ruf schlechter Disziplin zu kommen. Auch der Chef des Stabes der Hochseeflotte, Konteradmiral von Trotha, dem der Beobachter seine Eindrücke und Informationen mitteilte, erwies sich als uninformiert. Michaelis hatte das Gefühl, daß es in der Flotte schlimm stände.⁶⁰ Der von Michaelis mitgeteilte Eindruck muß aber mindestens in einer Hinsicht eingeschränkt werden. In dem Bericht Hippers an die Seekriegsleitung betreffend das Ausmaß der Meuterei vom 2. November 1918⁶¹, der ein Gesamtbild der bisherigen Feststellungen wiedergab und ihre Beurteilung durch die Flottenleitung enthielt, wurde konstatiert: Die Bewegung habe bereits sehr weit um sich gegriffen, nur manche große Schiffe schienen noch frei zu sein, auf einzelnen Schiffen hätten sich vierhundert bis fünfhundert Mann an Demonstrationen beteiligt.

Hier war mit wünschenswerter Genauigkeit zu lesen, daß es sich gerade nicht um Disziplinwidrigkeiten einzelner Leute handelte, sondern um ein Massenphänomen, von dem beinahe alle Großkampfschiffe ergriffen waren. Wie der Eindruck bei Michaelis entstehen konnte, ist schwer zu erklären. Entweder hat die Flottenleitung gegenüber der Seekriegsleitung das volle Ausmaß der Meuterei und Unruhen berichtet und den Unterführern gegenüber, um sie nicht zu entmutigen, nur Teile der Vorgänge geschildert, oder Michaelis hat sich geirrt. Da seine anderen Mitteilungen, was Trotha betrifft, von weiteren Gewährsleuten bestätigt werden, liegt der Schluß nahe, die Flottenleitung habe aus taktisch-pädagogisch-psychologischen Gründen das Ausmaß verkleinert und ein kollektives Verhalten auf Einzelfälle reduziert. Was die Frage der politischen Anleitung betraf, so war jetzt von einer bolschewistischen Bewegung, die von Mitgliedern der USPD an Bord geleitet würde und ihre Zentrale in Wilhelmshaven an Land hätte, die Rede.

Schwer zu vereinbaren mit dem Bericht Hippers ist allerdings seine Meldung vom 2. November 1918 an die Seekriegsleitung: „Zu Vortrag Kapitän v. York betone ausdrücklich, daß kein Grund vorliegt, die innere Lage auf den großen Schiffen der Flotte zu schwarz zu beurteilen."⁶² Die Meldung klingt wieder so, als habe Hipper von der Wucht des Berichts einiges zurücknehmen wollen. Am nächsten Tag, dem 3. November 1918, war der Stabschef der Seekriegsleitung, Kapitän von Levetzow, bei Hipper, der ihm darlegte, an eine offensive Verwen-

---

58) Hipper-Tagebuch, S. 12, Eintragung vom 2. 11. 1918.
59) Michaelis war Direktor des Allg. Marinedepartements im RMA; vgl. Deist, Politik der Seekriegsleitung, S. 353.
60) Vgl. Militär und Innenpolitik, Nr. 498, Anm. 3; die mangelnde Kenntnis Trothas über die Lage auf den Schiffen bestätigt auch Selchow, ebd., Anm. 4.
61) Vgl. BA-MA RM 47/v. 547, abgedruckt in: Militär und Innenpolitik, Nr. 501.
62) BA-MA RM 47/v. 547; York hatte der SKL Bericht über die Vorgänge in der Flotte erstattet.

dung der Flotte sei zur Zeit zwar nicht zu denken, wohl aber an die Verteidigung der Deutschen Bucht.[63]

Die große Lagebeurteilung der Flottenleitung, mit der eine bis ins letzte ausgearbeitete Strategie der Aufklärung und Belehrung der Mannschaften verbunden war, lag am 4. November 1918 vor.[64] Sie ging von einer „auffälligen" Beobachtung aus: Es habe bisher weder Sabotage noch Angriffe auf Vorgesetzte gegeben.[65] Schon diese „Beobachtung" ist nicht unproblematisch. Zwar gab es keine Angriffe auf Vorgesetzte bis zum 4. November 1918 und bis zum Sieg der revolutionären Bewegung am 9. November 1918 auch nicht[66], anders als etwa bei der Meuterei in der österreichischen Marine in Cattaro[67], aber die Meuterei seit dem 30. Oktober 1918 war doch neben dem Kern, den Gehorsamsverweigerungen, auch von Sabotageakten begleitet (Zerstören, Unbrauchbarmachung von Schiffseinrichtungen), es sei denn, man deutet die Sabotageakte nur als notwendige Bestandteile des Widerstandes gegen den Flottenvorstoß und nicht auch als eigene, besondere Gewaltakte. Aus der „Beobachtung" zog Hipper den Schluß, von außenstehender Seite sei die Parole ausgegeben worden, daß die Bewegung sich hiervon unter allen Umständen fernhalten müsse. Er unterstellte also, wie von Anfang an, daß die vielen Vorkommnisse zentral organisiert und geleitet waren („Rädelsführer"). Das Ziel der bolschewistischen Bewegung, so glaubte Hipper folgern zu dürfen, sei zunächst eine Kraftprobe, „ob sich dieser Bewegung ein geschlossener Widerstand aller besonnenen Elemente unter einheitlicher Führung des gesamten Offizierskorps entgegenstellt".[68] Das letzte Ziel aber sah er darin, daß der Bolschewismus nach russischem Muster in die Marine hineingetragen und das Offizierskorps durch einen Arbeiter- und Soldatenrat ersetzt werden sollte. Hier wird deutlich: In Anknüpfung an die Meuterei von 1917, an die Prozesse und den Tenor der Urteile, aufgenommen in der Denkschrift vom 17. Oktober 1917, wurde eine einheitliche politische Leitung der Bewegung vorausgesetzt, die die einzelnen Vorgänge steuerte, Abweichungen von dem festgelegten Vorgehen ausschloß und ein Ziel mit aller Konsequenz verfolgte. So hermetisch war offenbar das Erklärungs- und Deutungsschema, daß alle spontanen, widersprüchlichen Aktivitäten entweder nicht wahrgenommen oder in das Schema eingepaßt wurden. Mit keinem Wort wurden die Argumente der Seeleute gewürdigt, die zwar die Offensivhandlungen ablehnten, die Angriffe auf die Helgoländer Bucht aber mit aller Entschiedenheit abzuwehren bereit waren, mit keinem Wort auch die anderen Argumente, die sich zum Komplex „Vertrauenskrise" zwischen Offizierskorps und Mannschaften zusammenfassen lassen[69], nicht jene, die unter die Rubrik „innere Gründe" fallen.[70] Schubert hat das einseitige

---

63) Vgl. Hipper-Tagebuch, S. 12, Eintragung vom 3. 11. 1918. Möglicherweise waren die widersprüchlichen Meldungen Hippers vom Vortage der Anlaß zur Reise Levetzows, der sich nun selbst einen eigenen Eindruck verschaffen und dem Chef der SKL Scheer einen verläßlichen Bericht geben sollte.
64) Vgl. WUA 4/10/I, S. 206-210.
65) Ebd., S. 206, Anlage I.
66) Abgesehen von dem Fall „König"; auf dem Linienschiff „König" des III. Geschwaders fielen in Kiel der Erste Offizier und ein Leutnant bei der Verteidigung der Kriegsflagge gegen Matrosen, welche die rote Fahne hissen wollten; der Kommandant wurde schwer verwundet; vgl. Buchner, Eberhard: Revolutionsdokumente. Die deutsche Revolution in der Darstellung der zeitgenössischen Presse. Bd. 1. Berlin 1921, S. 65 f.
67) Am 1. 2. 1918 wurde ein Offizier niedergeschossen, die anderen Offiziere in Kammern und Messen festgesetzt; vgl. Plaschka, Richard G.: Cattaro-Prag. Revolte und Revolution. Kriegsmarine und Heer Österreich-Ungarns im Feuer der Aufstandsbewegungen vom 1. Februar und 28. Oktober 1918. Graz, Köln 1963, S. 36-40.
68) WUA 4/10/I, S. 207.
69) Vgl. Stumpf-Tagebuch; WUA 4/10/I, Gutachten Stumpf und Alboldt.
70) Vgl. WUA 4/10/I, Gutachten Stumpf.

Interpretationsmuster, das sicher vom Chef des Stabes der Hochseeflotte entscheidend mitgeprägt wurde, damit erklärt, daß „die Diskrepanz zwischen Eigenwelt und Realwelt unüberbrückbar geworden" war.[71]

Die nächste Meldung über die Lage vom 5. November 1918 zeigt klar, daß das Gesetz des Handelns von dem Kommando der Hochseeflotte auf andere Instanzen übergegangen war, ihm blieb nur noch übrig, die Ereignisse zu registrieren, aber nicht mehr, sie zu deuten und zu beeinflussen. In dem Fernschreiben hieß es:[72]

In Wilhelmshaven keine besonderen Ereignisse.

IV. Geschwader auf Schillig, hat tagsüber in Helgoländer Bucht geübt.

I. Aufklärungsgruppe auf Unterelbe, keine Ereignisse.

I. Geschwader Brunsbüttel hatte Befehl, möglichst bald auszulaufen. Beim Auslaufen abends schwere Ausschreitungen, nur „Posen" ausgelaufen, Geschwader-Chef hat durch Zusicherung, daß Schiffe liegenbleiben sollen und inhaftierte Leute von „Thüringen" und „Helgoland" freigelassen werden sollen, Zusammenstoß vermieden.

III. Geschwader hat auf Anfrage von 9.30 Uhr abends bisher nicht geantwortet.

Kleine Kreuzer keine besonderen Meldungen.

U-Boote Brunsbüttel haben unter Druck I. Geschwader Auslaufen verzögert.

„Schlesien" „anscheinend in Ordnung, übrige Ostseeschiffe noch nicht feststellbar."
Konnte aus den Analysen der Lage und ihren Deutungen eine angemessene Strategie der Gegenwirkung entwickelt werden? Schon in der ersten Meldung Wilotzkis vom 30. Oktober 1918 wurde eine Reaktion angeregt: „Einheitlich vom Oberbefehl veranlaßte Aufklärung der Mannschaften müßte m. E. sogleich einsetzen, damit diese nicht das Opfer der Ausstreuungen linksradikaler Kreise werden."[73] Die Flottenleitung regte am 2. November 1918 in ihrem Bericht an die Seekriegsleitung einen Katalog von „Gegenmaßnahmen" an.

Als erstes sollte die Regierung auf den bolschewistischen Charakter der Bewegung hingewiesen werden, der gegen die Regierung gerichtet sei, sie selbst sollte erklären, daß die Disziplin in der Flotte eine Vorbedingung für erfolgreiche Friedenspolitik sei und daß alle Anordnungen in ihrem Sinne und Auftrag erfolgten. Die Flottenleitung, die den Flottenvorstoß gerade nicht im Auftrag der Regierung geplant und eingeleitet hatte[74], suchte sich nun der Rückendeckung der Reichsregierung zu versichern.

Zum zweiten sollten die Schiffe von unzuverlässigen Elementen gesäubert werden. Da die Arrestanstalten als nicht geeignet für deren Aufnahme angesehen wurden, sollte „geeigneter Platz" geschaffen werden, als äußerstes Mittel wurde die Außerdienststellung der Schiffe erwogen, und schließlich hielt man einen umfangreichen Offizierswechsel für unbedingt erforderlich.[75] Der letzte Vorschlag stand im Einklang mit dem Befehl des Chefs der Ostsee-Station der Marine, Admiral Bachmann, der die gesunkene Manneszucht durch Erinnerung an die Pflichten eines Offiziers wiederherstellen wollte.[76] Offiziere, die ihrer Aufgabe nicht gewachsen seien, müßten entfernt werden.

---

71) Vgl. Schubert, S. 231, datiert diese Kluft vom 26. 10. 1918 an.
72) Vgl. BA-MA RM 47/v. 547.
73) BA-MA RM 47/v. 559, Bl. 52.
74) Vgl. Deist, Politik der Seekriegsleitung, S. 357 f.; Huber, Verfassungsgeschichte, Bd V, S. 644 f. vertritt den entgegengesetzten Standpunkt.
75) Vgl. BA-MA RM 47/v. 547, abgedruckt in: Militär und Innenpolitik, Nr. 501.
76) Vgl. Militär und Innenpolitik, Nr. 486. Der Befehl stammte vom 18. 10. 1918.

Das Repertoire der Gegenmaßnahmen umfaßte damit:
- Rückendeckung für Disziplinmaßnahmen durch Regierung erreichen;
- Mannschaften von unzuverlässigen Elementen säubern;
- Offiziere, die versagt haben, auswechseln.

Alle drei Maßnahmen, so richtig sie sein mochten, behandelten die Vorgänge in der Flotte allerdings nur im Rahmen disziplinären Versagens bei Offizieren wie Mannschaften. Ein neuer Gedanke, der der singulären Lage Rechnung trug, ist nicht zu erkennen. Am 4. November 1918, in der erwähnten großen Lagebeurteilung, war dann in den Richtlinien für die Belehrung der Mannschaften von „Aufklärungsarbeit" die Rede.[77] Sie sollte unter folgenden Gesichtspunkten vorgenommen werden:

- Offiziere wie Mannschaften treiben als Soldaten keine Politik. Die Flotte erhält ihre Befehle von der Regierung, sie müssen befolgt werden; ein Gegensatz zwischen Offizierskorps und Regierung besteht nicht.
- Das Kommando der Hochseestreitkräfte wird den Kampf fortsetzen, bis der Waffenstillstand befohlen ist.
- Die Offiziere sind der Regierung für das Kampfinstrument Flotte verantwortlich.
- Den Einsatz der Flotte befiehlt die Regierung, ebenso ihren geographischen Wirkungskreis.
- Jeder Vorgesetzte - nicht nur der Offizier - ist für die Ausführung der Befehle verantwortlich.
- Widerstand gegen Befehle der Vorgesetzten muß mit allen Mitteln gebrochen werden, damit der Wille der Regierung durchgesetzt werden kann.

Es folgten Hinweise für das Verhalten der Offiziere:
- entschlossene Vorgesetzte mit eisernem Willen können den Widerstand brechen;
- Führer und Offizierskorps müssen geschlossen auftreten und sich gegenseitig unterstützen; kein „Paktieren" mit widersetzlichen Elementen;
- das Offizierskorps muß der Führer der Mannschaften und Vollstrecker des Willens der Regierung sein und sich dieser „großen und schönen Verantwortung" bewußt sein;
- keine langen Reden an die Gesamtheit halten, Mannschaften ihre Auffassung vortragen lassen, nötigenfalls berichtigen und widerlegen;
- zuverlässige Leute vorher informieren und durch sie die Lagebeurteilungen der Führung weitergeben lassen.

Bei den „Richtlinien" fällt auf, daß die rein disziplinären Maßnahmen gleichsam abgetrennt sind, vorausgesetzt wurden, dagegen das eher politische Argument, der Einklang mit den Zielen der Regierung und die völlige Unterordnung unter ihre Weisungen, breit entfaltet wurde. In keiner der Einzelanleitungen fehlte die Berufung auf die Regierung, in jeder wurde der Primat der politischen Führung betont. Die Verantwortung für die Durchführung *ihrer* Befehle trat hervor, *ihr* Wille sollte durchgesetzt werden. Wäre das alles acht Tage vorher gesagt worden, die Flotte wäre kaum in diese Lage geraten. Trotzdem war das alles nicht falsch, und auch die „Hinweise" waren es nicht.
Aber konnte damit noch eine Wende erreicht werden?

---

77) Vgl. WUA 4/10/I, S. 208.

„Mir graut vor den nächsten Tagen", schrieb Hipper am 2. November 1918[78], und nachdem er erste Nachrichten aus Kiel am 4. November 1918 (!)[79] erhalten hatte:
„Die nächsten Tage werden sehr schlimm werden und das Alles ist ausgelöst durch den unglücklichen Vorstoß der Flotte, den die O.S.K.Ltg. befohlen hatte."[80]
Nach der Betrachtung der Maßnahmen, die mehr auf die Wiederherstellung der Manneszucht und Disziplin und die Zurückgewinnung des Vertrauens gerichtet waren, müssen die konkreten Entscheidungen der Flottenleitung und der Seekriegsleitung ins Auge gefaßt werden, die der Eindämmung der revolutionären Bestrebungen galten.

Das offenbar schwierigste Problem, das drei Tage lang die verschiedenen militärischen Kommandostellen[81] beschäftigte, war die Verwahrung der am 31. Oktober 1918 inhaftierten Flottenmannschaften. Am 3. November 1918 unterrichtete die Seekriegsleitung aus dem Großen Hauptquartier die Flottenleitung von dem Ersuchen an das Kriegsministerium, die rund sechshundert Mann aus Wilhelmshaven abzutransportieren. Die Oberste Heeresleitung hatte erklärt, sie halte es für nicht angebracht, „die Leute im besetzten Gebiet zu verwenden"[82], und vorgeschlagen, sie in der Heimat unterzubringen. Da die Marine für den Abtransport über keine eigenen Truppen verfügte, sollte die Armee die Transportkommandos stellen. Aber wohin mit den Leuten? Das Hochseekommando hatte für sie in den Arrestanstalten der Marine keinen Platz[83] und bat um Bereitstellung von Arrestzellen im Bereich des X. Armeekorps' in Hannover. Am 4. November 1918 abends informierte die Seekriegsleitung den Flottenchef darüber, daß sie den sofortigen Abtransport der Verhafteten aus Wilhelmshaven durch Armeetruppen und Platz für etwaige weitere Gefangene gefordert habe. Einen Tag später traf die Antwort auf das dringende Telegramm ein: Das X. Armeekorps setzte die Lehr-Abteilung mit sechs Offizieren und einhundertfünfzig Unteroffizieren und Mannschaften ab Munsterlager nach Wilhelmshaven in Marsch, um die Marinesoldaten in das Gefangenenlager Lichtenhorst bei Rethem (Aller) zu überführen. Nach Mitternacht traf die Abteilung in Wilhelmshaven ein und fuhr noch in derselben Nacht mit den Arrestanten in Richtung Hannover ab.[84] Der Transport kam allerdings nur bis Bremen. Als sich am 6. November 1918 morgens die Gefangenen weigerten, die Fahrt ins Lager fortzusetzen, ordnete das Generalkommando des X. Armeekorps' an, daß der Transport in Bremen bleiben solle.[85] Hipper wurde gefragt, ob er damit einverstanden sei, daß man die Gefangenen laufen ließe.[86] Er widersprach zwar, aber die Transportmannschaften hatten offensichtlich keine Möglichkeiten mehr, der Gefangenen Herr zu werden. Diese machten sich auf dem Bremer Hauptbahnhof selbständig, marschierten in die Stadt, befreiten Gefangene und vereinigten sich mit dem Demonstrationszug der Ar-

---

78) Hipper-Tagebuch, S. 12.
79) Die ersten Unruhen waren am 1. 11. 1918 eingetreten.
80) Hipper-Tagebuch, S. 14; sollte Hipper vergessen haben, daß die Pläne zum letzten Einsatz der Flotte in seinem Stab entstanden und von ihm gebilligt worden waren? Vgl. ebd., S. 1 f., Eintragung vom 7. 10. 1918.
81) KdH, SKL, RMA, Kriegsministerium, 9./10. AK, Nordsee-Station, Ostsee-Station.
82) BA-MA RM 47/v. 547. Das Ersuchen war durch das RMA vermittelt worden.
83) BA-MA RM 47/v. 547, FS vom 4. 11. 1918.
84) BA-MA RM 47/v. 552, Telegramm vom 5. 11. 1918 um 19.18 Uhr durch KdH aufgenommen; vgl. StA Aurich, Rep. 21a-9574, Bericht von Saldern vom 7. 11. 1918; Saldern berichtete, daß die Räumung der Arrestanstalten am 6. 11. 1918 morgens vor 5 Uhr erfolgte; Kolb, S. 79, nennt als Aufnahmelager Munsterlager.
85) Vgl. Kolb, S. 79; Revolution und Räterepublik in Bremen. Hrsg. von Peter Kuckuck. Frankfurt 1969. (edition suhrkamp 367), S. 9.
86) Vgl. Hipper-Tagebuch, S. 14, Eintragung vom 5. 11. 1918; die Datierung muß ein Irrtum sein, ebenso die Notiz, daß der Abtransport „noch in der Nacht vom 4. auf den 5. 11." erfolgt sei, irrtümlich auch in: Militär und Innenpolitik, S. 1373, Anm. 6.

beiter auf dem Marktplatz.[87] Wenn man die Fülle der Bemühungen vieler Kommandostellen, die Meuterer vom 31. Oktober 1918 aus Wilhelmshaven zu entfernen und anderswo unterzubringen, überblickt und das Unvermögen der beteiligten Stellen von Tag zu Tag wachsen sieht, ist die Reaktion des Generalkommandos am 6. November 1918 und die Anfrage bei Hipper keine Überraschung mehr.

Ein weiteres Problem für Marine und Armee bildete die Zuführung von Armeetruppen zur Unterstützung der Marinegarnisonen Kiel und Wilhelmshaven.[88] Auffällig ist zunächst, daß die Befehlsinitiative von der Flottenleitung auf die Seekriegsleitung übergegangen war. Die entscheidenden Befehle und Impulse gingen vom Großen Hauptquartier aus, das Hochseekommando reagierte nur noch, war zu eigenen Handlungen nicht mehr in der Lage.

Am 4. November 1918 morgens telegraphierte die Seekriegsleitung nach Wilhelmshaven,
> die Rädelsführer müßten sofort energisch bestraft werden, um dem weiteren Umsichgreifen des Aufruhrs zu steuern; Massenverhaftungen wären auf die Dauer eine Gefahr. Die Umkommandierungen der Offiziere müßten ohne Verzug eingeleitet werden.[89]

Das sah noch so aus, als glaubte die Seekriegsleitung, mit eigenen Mitteln auskommen zu können. Am Abend des gleichen Tages wurden vom Kriegsministerium für den Fall von Unruhen in Wilhelmshaven sofort tausend Mann zuverlässige Armeetruppen angefordert, da die Nordsee-Station nur über zweihundert zuverlässige Marinesoldaten und fünfzehn Maschinengewehre verfügte. Der Bestand an Maschinengewehren sollte auf dreißig erhöht werden.[90] Am 5. November 1918, vierzehn Uhr, teilte das Generalkommando des X. Armeekorps' der Nordsee-Station mit, daß auf Befehl des Kriegsministeriums vier Kompanien mit möglichst vielen Maschinengewehren dem Hochseekommando zur Verfügung gestellt würden. Die zwei Kompanien aus Oldenburg seien noch nicht in Marsch zu setzen, sondern sollten sich auf Abruf bereithalten.[91] Am Nachmittag fand eine Besprechung in der Kommandantur Wilhelmshaven statt, auf der über die Lage in Kiel berichtet wurde und das Vorgehen in Wilhelmshaven zur Debatte stand.[92] Der Chef des Stabes der Hochseeflotte, von Trotha, schlug vor, die Armeetruppen in Wilhelmshaven von einer Stelle, der Station, aus einzusetzen. Der Stabschef bemerkte, daß die Zahl der Armeetruppen nicht groß genug sein könnte und riet dringend, weitere Verstärkungen anzufordern. „Erst wenn Wilhelmshaven fest in unserern Händen sei", so die Niederschrift der Besprechung, „verspräche ein Vorgehen gegen die anderen Marinegarnisonen vollen Erfolg".[93] Kurze Zeit später (19.18 Uhr) wurde das Hochseekommando durch Telegramm vom X. Armeekorps über die geplanten Schritte ins Bild gesetzt. Danach waren aus Oldenburg zwei Kompanien zu je einhundertfünfzig Mann mit je vier leichten Maschinengewehren, zwei weitere Kompanien vom Ausbildungsregiment in Munsterlager bereitgestellt, die durch direkten Abruf vom Kommando der Hochseeflotte herangeholt werden konnten. Aus Aurich sollte sich eine Abteilung mit acht schweren Maschinengewehren nach Sande in

---

87) Vgl. Kolb, S. 79.
88) Für Kiel und das Hin und Her der Überlegungen vgl. Militär und Innenpolitik, Nr. 503, Anm. 24, 26, 34; Nr. 504, Anm. 3,4,5; Volkmann, S. 25-34; vgl. Die Regierung des Prinzen Max von Baden. Bearb. von Erich Matthias und Rudolf Morsey. Düsseldorf 1962. (Quellen zur Geschichte des Parlamentarismus und der politischen Parteien, Erste Reihe, Bd 2), Nr. 122, 123 und 129.
89) BA-MA RM 47/v. 547.
90) Ebd.
91) Vgl. BA-MA RM 47/v. 552.
92) Ebd. Die Besprechung war um 17 Uhr.
93) Ebd.

Marsch setzen, wo sie übernachten konnte. Der Führer der militärischen Operation, Major Rabe von Pappenheim vom 10. Jäger-Ersatzbataillon, wollte am 5. November 1918 in Oldenburg eintreffen. Vom Reichsmarineamt hatte die Reichswerft Wilhelmshaven Befehl bekommen, zweiundvierzig Maschinengewehre an die Nordsee-Station abzugeben. Der Einsatzbefehl der Seekriegsleitung an das Kommando der Hochseestreitkräfte gegen die sich ausbreitende Meuterei lag seit 18.30 Uhr in Wilhelmshaven vor:[94]

> *1. Jeder Widerstand ist sofort zu brechen, die Rädelsführer sind aufs strengste zu bestrafen, Mitläufer milde zu behandeln, Massenverhaftungen sind möglichst zu vermeiden.*
>
> *2. . . .*
>
> *3. Hochseekommando sorgt sofort für völlige Absperrung Kiels nach See zu durch zuverlässige Streitkräfte und für das Unbrauchbarmachen der FT-Stationen in Kiel innerhalb des abzusperrenden Gebietes.*"[95]

An dem Befehl vom Vortage morgens hatte sich nichts geändert, unverändert war von Rädelsführern und Massenverhaftungen die Rede. Der zweite Befehl ging von der Voraussetzung aus, daß der Flottenchef noch immer über das III. Geschwader, das seit dem 1. November 1918 in Kiel lag, verfügen könne.[96] Das war allerdings nicht mehr der Fall. Die Vorgänge in Kiel hatten inzwischen einen völlig selbständigen Verlauf genommen und waren der Einwirkung des Flottenchefs ganz entzogen. Seit dem 4. November 1918 abends, der Verhandlung des Arbeiter- und Soldatenrats mit dem Stationschef in Kiel, war die Hochseeflotte nicht mehr unter einheitlichem Kommando.

Ein drittes Problem für die militärischen Stellen bestand darin, die Meuterei mit ihren Folgen für die Beendigung des Krieges der Reichsleitung zur Kenntnis zu bringen, ohne den Anlaß für sie allzu deutlich hervortreten zu lassen.[97] Schon in dem Bericht über das Ausmaß der Meuterei vom 2. November 1918 hatte Hipper gefordert, die Regierung müsse durch schriftlichen Erlaß unzweideutig erklären, daß eine Vorbedingung für den Erfolg ihrer Friedenspolitik unbedingte Disziplin in Heer und Marine sei und daß alle Anordnungen und Maßnahmen der Kommandostellen im Sinne und Auftrage der Regierung erfolgten.[98] Scheer unterstützte bei Hindenburg die Forderung Hippers und drängte während des Vortrages beim Kaiser darauf, „daß die Regierung auch ihrerseits etwas unternähme, um der Zersetzung des Geistes unserer Wehrmacht entgegenzuarbeiten!"[99] In der Kabinettssitzung am 4. November 1918 wurde, nachdem der Staatssekretär des Reichsmarineamtes am 2. November 1918 die Forderung Hippers schon einmal vorgetragen hatte, ein weiteres Mal über das Ersuchen der Flottenleitung gesprochen. Der Text gelangte, nach Genehmigung des Kabinetts und des Reichskanzlers, noch in der Nacht nach Wilhelmshaven, wo er in der Druckerei von Paul Hug gedruckt und

---

94) Vgl. BA-MA RM 47/v. 547, 5. 11. 1918.
95) Die anderen Befehle betrafen die Operationen der Armeetruppen und Formalia.
96) Das III. Geschwader hatte am 4. November 1978 nachmittags den Hafen auf Befehl Hippers verlassen und war in See gegangen; es lief am 6. November 1978 wieder in Kiel ein, nachdem eine Vereinbarung zwischen dem Stationschef und dem Arbeiter- und Soldatenrat getroffen war. Vgl. Militär und Innenpolitik, S. 1371.
97) Vgl. Deist, Politik der Seekriegsleitung, S. 366 f.
98) Vgl. Militär und Innenpolitik, Nr. 501.
99) Ebd., Anm. 13.

am 5. November 1918 in der Festung als Flugblatt verteilt wurde.[100] Dem Wunsch nach Rückenstärkung für das Offizierskorps entsprach die Reichsregierung in dem erwähnten Flugblatt mit jeder wünschenswerten Klarheit.[101]
Sie erklärte darin, daß
> eine Untersuchung der Ordnungsstörungen eingeleitet sei;
> alle Umstände ihres Anlasses geprüft würden;
> Gerüchte die Erregung hervorgerufen hätten;
> die Behauptungen über die Offiziere nicht stimmten und die Vorwürfe gegen sie unberechtigt seien;
> sie mit Menschenleben sparen werde, solange der Waffenstillstand noch nicht eingetreten sei;
> sie den Bürgerkrieg nicht an Stelle des Völkerkrieges setzen lassen wolle;
> sie die Ordnung aufrechterhalten müsse.

Sie erinnerte die Seeleute und Arbeiter an ihre Verantwortung vor den Volksgenossen, die ihnen auferlegte, „ohne blutige Wirren unsere inneren Angelegenheiten in gesetzlicher Freiheit" zu ordnen.
Nur ein Punkt in dem Aufruf konnte der Marineleitung Ärger bereiten: daß alle Umstände beim Ausbruch der Meuterei geprüft würden. Das mußte Fragen nach der Politik der Seekriegsleitung auslösen; die Antworten darauf galt es vorsichtig zu formulieren. Trotha und Levetzow hatten schon am 3. November 1918 die Argumentation festgelegt, deren sie sich in der Berichterstattung beim Reichskanzler am 6. November 1918 bedienen wollten. Deist faßt die Absichten des Stabschefs so zusammen:
> *„In . . . der Aufzeichnung wird das Bestreben deutlich, jegliche Angriffsabsichten der Marine überhaupt, insbesondere aber der Flotte zu leugnen und jeden Verdacht, daß bei den Überlegungen der Marineführung andere wie rein militärische Gesichtspunkte eine Rolle gespielt haben könnten, den Boden zu entziehen."*[102]

Am Abend des 5. November 1918 sah die Lage in Wilhelmshaven so aus:
> die rund sechshundert Gefangenen kurz vor dem Abtransport nach Lichtenhorst;
> Armeetruppen in Stärke von vier Kompanien mit acht leichten Maschinengewehren in Oldenburg und Munsterlager bereitgestellt;
> eine Abteilung mit acht schweren Maschinengewehren auf dem Marsch nach Wilhelmshaven;
> zweiundvierzig Maschinengewehre von der Reichswerft zum Einsatz an die Nordsee-Station abgegeben;
> die Flugblätter mit der Rückendeckung durch die Reichsregierung verteilt;
> der Einsatzbefehl der Seekriegsleitung an die Hochseeflotte ausgegeben.

Wer würde seine Machtmittel schneller heranbringen und einsetzen können: das Flottenkommando und die Station oder Teile der Flottenmannschaften?

---

100) Kliche, S. 7, spricht von 50.000 Exemplaren, datiert die Textübermittlung irrtümlich auf den 5. 11. 1918 und die Verteilung auf den 6. 11. 1918; Text des Aufrufs der Reichsregierung bei Kliche, S. 8; als Faksimile in WUA 4/9/I, S. 439.
101) Vgl. Hipper-Tagebuch, S. 12.
102) Deist, Politik der Seekriegsleitung, S. 367.

2.2. „Die erste Schanze":
Demonstrationen in Wilhelmshaven/Rüstringen am 6. November 1918

Nachdem am 31. Oktober 1918 die Meuterei der Flottenmannschaften auf „Thüringen" und „Helgoland" durch Androhung von Gewalt unterdrückt und die Meuterer in der Festung Wilhelmshaven inhaftiert worden waren, konnte es scheinen, als wenn die Flottenleitung und die Nordsee-Station Herren der Lage wären. Zwar notierte Hipper am 2. November 1918 in seinem Tagebuch, die „bolschewistische" Bewegung gehe weiter, und am Abend solle irgendwo in der Stadt eine Versammlung stattfinden, wo man auch die Torpedoboots- und U-Bootsleute gewinnen wolle, um dann bei einem demnächst einsetzenden allgemeinen Putsch alles kurz und klein zu machen[1], aber die Versammlungen und Umzüge haben dann doch nicht stattgefunden, jedenfalls letztere nicht.[2] Ob auch die geplanten Versammlungen nicht stattgefunden haben, läßt sich nicht mit Sicherheit sagen; die „erheblichen Vorsichtsmaßregeln" - Verstärkung der Polizei, Bereitstellung von Truppen und Maschinengewehren - mochten ihre Wirkung noch einmal nicht verfehlt haben.[3] Auch in der Presse - den Wilhelmshavener Blättern - war von Aufsehen erregenden Demonstrationen nichts zu finden. Die Lage in Wilhelmshaven wurde als „noch ruhig" beschrieben.[4]

Das änderte sich in der Nacht vom 5. November auf den 6. November 1918. Gegen drei Uhr morgens gelangte zu den verschiedenen Einheiten der Marine die Nachricht, „daß sich alle Militärpersonen zwischen acht Uhr und neun Uhr vormittags auf einem verabredeten Sammelplatz treffen sollten, um einen Demonstrationszug zu unternehmen."[5] Da der Kommandantur diese Aufforderung bekannt wurde, traf sie noch in der Nacht - zwischen drei und fünf Uhr - ihre Gegenmaßregeln, die für den Fall von Unruhen vorgesehen waren. Sie verstärkte die Polizei durch rund einhundertachtzig Militärpersonen und zwei Maschinengewehre und sperrte die Zugänge zur Prinz-Adalbert-Straße und zum Stationsgebäude. Die Station selbst sowie Kommandantur und andere Orte[6] wurden durch Truppenteile bewacht.[7] Gegen acht Uhr sammelten sich auf verschiedenen Aufstellungsplätzen Marinemannschaften und ordneten sich zu großen Demonstrationszügen.[8] Eine größere Abteilung marschierte zum Fort Schaar, „um das dortige Militärgefängnis zu öffnen".[9] Andere Züge, sich ständig aus den Kasernen verstär-

---

1) Vgl. Hipper-Tagebuch, S. 12, Eintragung vom 2. 11. 1918.
2) StA Aurich, Rep. 21a-9574, Bl. 206, Bericht v. Saldern vom 4. 11. 1918.
3) Ebd.; vgl. Kraft, S. 77, der den Bericht v. Salderns kennt, ihm aber eine Eindeutigkeit der Aussage unterstellt, die dieser nicht hat.
4) Nachrichten vom 6. 11. 1918.
5) StA Aurich, Rep. 21a-9574, Bl. 262, Bericht v. Saldern vom 7. 11. 1918. Übereinstimmend wird in der Literatur berichtet, daß für den 6. 11. 1918 etwas Besonderes erwartet wurde, so Lammertz, W.: Die Marine von der Revolution bis zum Flottengrab bei Scapa Flow. Duisburg 1919, S. 19; Kliche, S. 9.
6) Nachrichtenzentrale, Schleusen; so Bericht des Stabschefs vom 6. 11. 1918, BA-MA RM 47/v. 557; nach Kliche, S. 9, auch das Amtsgebäude Rüstringen und allgemein „öffentliche Gebäude".
7) StA Aurich, Rep. 21a-9574, Bl. 262; so auch Lammertz, S. 20, der weiter berichtet, daß auf Kasernenhofplätzen Maschinengewehre aufgebaut worden waren.
8) Nach dem Bericht des Stationschefs von den Kasernen des II. Ersatz-Seebataillons aus, BA-MA RM 47/v. 557; nach Kliche, S. 9, von der Torpedodivisionskaserne aus; nach Stumpf-Tagebuch, S. 303, von der alten Hafenkaserne aus.
9) StA Aurich, Rep. 21a-9574, Bl. 264; der Zug soll 4.000 Mann stark gewesen sein. Die Gefangenen waren wenige Stunden vorher abtransportiert worden.

kend, zogen in und durch die Stadt.[10] Folgt man einem der am Hauptzug Beteiligten, so verlief die Demonstration etwa so:[11]

An der alten Hafenkaserne, gegenüber den Liegeorten der Schiffe „Wittelsbach" und „Lothringen", vereinigten sich die Besatzungen der genannten Schiffe mit den Seesoldaten. Nach einigem Hin und Her unter ständigem Zuzug von Menschen zogen die Scharen zu dem in der Nähe liegenden Flottenflaggschiff „Baden", um die Besatzung zum Anschluß an die Demonstration aufzufordern.[12] Nachdem etwa ein knappes Drittel sich den Demonstranten angeschlossen hatte, marschierten die Matrosen durch die Werft, an der Spitze inzwischen die Musikkapellen der II. Werft-Division und der II. Matrosen-Division, die „alte Soldatenlieder und Märsche" spielten.[13] Eine „Offizierspatrouille"[14] am Ausgang der Werft an der Peterstraße wurde ohne Gegenwehr in den Strom hineingezogen. Das Tor der See-Bataillons-Kaserne, das nächste Ziel, war im Nu aus den Angeln gehoben, die Massen drängten sich hindurch und füllten bald den Kasernenhof. Nach einigen Ansprachen, die beifällige Aufnahme fanden, in denen auch Forderungen nach Ordnung und straffer Disziplin nicht fehlten, setzte sich der Zug in Richtung Torpedo-Division wieder in Bewegung. Die Mannschaften der Torpedo-Boote erklärten sich solidarisch mit der Demonstration, ohne sich allerdings anzuschließen. Über die Marktstraße, Wilhelmshavener Straße, den Metzer Weg nahm der Zug weiter seinen Weg, um über die Peterstraße wieder zurückzukehren und vor dem Stationsgebäude in der Prinz-Adalbert-Straße sich zu sammeln. Die wenigen Versuche, Widerstand zu leisten, etwa an Absperrungen oder vor Kasernen waren zum Scheitern verurteilt. Teils waren die Truppen bereits unzuverlässig[15], teils wurden sie gewaltsam in den Zug hineingerissen.[16] Da inzwischen der Befehl erteilt worden war, keinen Gebrauch von der Schußwaffe zu machen, konnte an eine Absperrung des Stationsgebäudes nicht mehr gedacht werden. So drängte sich schließlich eine unübersehbare Menschenmenge - fast ausschließlich Militärpersonen[17] - auf dem Platz vor dem Stationsgebäude.[18] Einer Forderung der Führer und Organisatoren der Demonstration nachkommend, erklärte sich der Stationschef bereit, eine Deputation zu empfangen. In der Mittagsstunde des 6. November 1918 verhandelte eine zwölfköpfige Marinedelegation mit dem Stationschef und seinem Stab.[19]

Während der Verhandlungen traf die schwere Maschinengewehr-Kompanie aus Aurich, die in Sande übernachtet hatte, in Stärke von achtzig Mann auf dem Bahnhof in Wilhelmshaven ein. Die anderen Truppenteile aus Oldenburg und Munsterlager waren noch nicht angekommen.

---

10) Ebd.; Bericht des Stationschefs; wie die Kasernen in die Hand der Revolutionäre gerieten, schildert, nach einem ungenannten Augenzeugen, Lammertz, S. 20; vgl. Kliche, S. 10.
11) Stumpf-Tagebuch, S. 303-305.
12) Den „Kampf" zwischen dem Kommandanten und einigen „Deputierten" der Demonstranten um die Besatzung schildert Stumpf, S. 303 f., sehr anschaulich. Die Kontrahenten machten ihre Sache schlecht.
13) Stumpf merkt ausdrücklich an, daß keine Sozialistenmärsche gespielt wurden, was Kliche, S. 10, behauptet.
14) Gemeint ist eine von einem Offizier geführte Patrouille, besser wohl Sperrwache.
15) So der Bericht des Stationschefs.
16) StA Aurich, Rep. 21a-9574, Bl. 264.
17) Ebd.
18) Nach Kliche, S. 11, waren es „Zehntausende", eine Angabe, die etwas sehr Summarisches an sich hat; v. Saldern bezifferte die Stärke des Hauptzuges zur Station auf ca. 6.000; Stumpf nennt keine Zahlen, sondern spricht von „gewaltigem Zug" oder „schier endlos scheinendem Zug", vgl. Tagebuch, S. 304; Hipper-Tagebuch, S. 14, nennt 35.000 Mann.
19) Kliche, S. 11, berichtet von einer fünfköpfigen Delegation; die Angabe nimmt wohl die sog. Fünfer-Komission, die später gebildet wurde, vorweg; die Angabe des Stationschefs in dem Bericht vom selben Tage dürfte korrekt sein.

Der Stationschef entschloß sich, die Truppe aus Aurich nicht einzusetzen, einerseits, weil es bereits zu spät, andererseits, weil ihre Zahl viel zu gering war gegenüber der „Menschenansammlung, die außerdem unbewaffnet war und sich ruhig verhielt".[20] Die Infanterie-Kompanien aus Oldenburg erreichten erst am Nachmittag die Festung Wilhelmshaven, hatten aber mit dem Ausgang des Machtkampfes nichts mehr zu tun. Eine kurze, heftige Beunruhigung löste am Abend des 6. November 1918 gegen zwanzig Uhr die Alarmmeldung im nun schon gebildeten 21er Rat aus, daß drei Maschinengewehr-Züge nach Wilhelmshaven unterwegs seien, um die Demonstration niederzuwerfen. Das Protokoll der Sitzung fuhr fort:

> „Die Meldung erfordert rasche Entschlüsse. Die Wichtigkeit der Angelegenheit ruft eine lange Debatte hervor, schließlich erfolgt Abstimmung über einen Antrag des Genossen Hartung, sofort drei Mitglieder des Fünfer-Ausschusses zum Stationschef zu entsenden, um Aufklärung zu fordern."[21]

Die Aufklärung ergab, daß die gemeldete Truppe sich tatsächlich auf dem Marsche von Bremen nach Wilhelmshaven befand, aus Munsterlager stammte und inzwischen vom Stationschef angehalten worden war. So hatte in dem Gewirr von Befehlssträngen und Kompetenzen der Marine und der Armee, in dem jede klare Einsatzlinie fehlte, im Verlaufe von etwa vier Stunden mit einem Demonstrationszug „die Revolution unblutig gesiegt".[22]

Wie reagierten das Kommando der Hochseeflotte und das Offizierskorps auf die revolutionären Bestrebungen am 6. November 1918? Als die Stammbesatzung der „Wittelsbach" sich am Morgen des 6. November 1918 zur Demonstration bereitmachte, „(sagte der Erste Offizier traurig): ‚Ich kann Euch nicht hindern.'"[23] Eine andere Reaktion, die er als „direkte Unterstützung der Unruhebewegung"[24] bezeichnete, schilderte der Sachverständige Alboldt in seinem Gutachten: Der Erste Offizier des Schlachtkreuzers „Hindenburg" habe am 6. November 1918 die Besatzung, die ganz besonders gut und bis dahin gänzlich unberührt geblieben war, zusammengerufen und zu den Leuten gesagt: „*Sie kommen nun bald; und wenn sie kommen* (die Demonstranten; der Verf.), *so können wir* (die Offiziere des Schiffes) *Sie* (die Besatzung der „Hindenburg") *nicht halten!*" Und als der Zug dagewesen, von der ganzen Besatzung aber keiner, trotz dringendster Aufforderung aus dem Zuge sich anzuschließen, mitgegangen wäre, habe dieser Erste Offizier die Besatzung noch einmal zusammentreten lassen und zu ihr gesagt: „*Wir wollen doch lieber eine Abordnung hinschicken, sonst haben wir schließlich noch Unannehmlichkeiten!*"[25] Zu einem Akt des Widerstandes, wie er vom Kommandanten des Linienschiffes „König", dem Ersten Offizier und einem Leutnant am 5. November 1918 in Kiel berichtet wurde, kam es in Wilhelmshaven nicht.[26] Dagegen versuchten

---

20) BA-MA RM 47/v. 557, Bericht des Stationschefs vom 6. 11. 1918; unbewaffnet waren die Demonstranten keineswegs: Übereinstimmend berichten v. Saldern (StA Aurich, Rep. 21a-9574, Bl. 264), Stumpf (Tagebuch S. 303 f.) und Kliche (S. 10), daß eine Anzahl Soldaten Gewehre trug, teils eigene Ausrüstung, wie bei den Seesoldaten, teils den Absperrkommandos weggenommene Gewehre.
21) Protokollarische Aufzeichnungen (künftig: P.A.), abgedruckt in WTBl vom 28. 12. 1922 bis 9. 3. 1923, insgesamt 46 Sitzungen; Sitzung vom 6. 11. 1918, WTBl vom 28. 12. 1922.
22) Stumpf-Tagebuch, S. 305; die Plan- und Ziellosigkeit der Kieler Befehlshaber ist dokumentiert in: Militär und Innenpolitik, S. 1360-1372; auch in: Die Regierung des Prinzen Max von Baden, Nr. 122, 127 a, 129, und hat viel Ähnlichkeit mit der in Wilhelmshaven drei Tage später.
23) Stumpf-Tagebuch, S. 303.
24) WUA 4/10/I, Gutachten Alboldt, S. 216.
25) Ebd., Hervorhebungen im Original.
26) Ebd., vgl. auch Lammertz, S. 19; Volkmann, S. 35; Forstner, G. G. Freiherr von: November-Spuk. Erlebnisse 1918 bis 1920. Berlin (1939), S. 12.

viele Kommandanten von Kriegsschiffen, sich und das Schiff dem Einfluß von Soldatenräten durch Auslaufen aus den Häfen[27], durch Internierung im Ausland, durch Außerdienststellen der Schiffe[28] zu entziehen.[29] Eine weitere Variante des Verhaltens wurde vom Kommandanten des Kleinen Kreuzers „Nürnberg" bekannt. Dieser hatte am 6. November 1918 als Zeichen der Befehlsgewalt seinen Kommandantenwimpel nach dem Hissen der roten Flagge niedergeholt, weil er keine Kommandogewalt mehr hatte oder zu haben glaubte. Auch auf Bitten einer Mannschaftsabordnung und nach dem Wiederhissen der Kriegsflagge ließ er ihn nicht wieder setzen und entzog sich einer befürchteten Zwangslage, in die er durch einen Soldatenrat gebracht werden konnte, dadurch, daß er von Bord ging, den Offizieren aber befahl,

solange an Bord zu bleiben wie möglich,
beim Hissen der roten Flagge das Schiff zu verlassen,
nach Verlassen des Schiffes auf Berlin zu sammeln.[30]

Wie er dem Flottenchef schrieb, wolle er keine unwürdige Marionette des Soldatenrats sein. Alle guten Versprechungen der Mannschaft, die sie bei ihrer guten Gesinnung zu halten willens seien, blieben jedoch wertlos, da die Leute unter dem Einfluß des Terrors stünden und die radikalen Elemente an Einfluß gewönnen.[31]

Wir haben es, faßt man alle Berichte zusammen, mit vielfältigen Reaktionen von kommandierenden Offizieren in diesen entscheidenden Tagen zu tun: Von Resignation über Unterstützung aus Unsicherheit oder Furcht reicht die Skala der Verhaltensweisen bis zur Flucht aus dem Machtbereich der Soldatenräte, dem Verlassen der Schiffe aus eigenem Entschluß und ohne Zwang und dem Akt des Widerstandes unter Einsatz der eigenen Person. Die am meisten praktizierte Reaktion war die von den Spitzen der militärischen Befehlsgewalt vorexerzierte: die Verhandlung, das Arrangement. In Hippers Tagebuch liest sich das so:

„*Am Vormittag verläßt ‚Baden'-Besatzung zum größten Teil das Schiff, um an einem Demonstrationszug teilzunehmen. Ich versamelte sämtliche Offiziere und die wenigen noch treuen Mannschaften auf Baden um Verteidigung einzurichten. Die Station hatte sich indessen in die Hände der Revolutionäre begeben, da sie keine Mittel zur Verteidigung hatte. Mittags kam eine Kommission der Baden-Leute zu mir, um Verhandlungen anzuknüpfen. Da ihre Forderungen verhältnismäßig milde, ein Widerstand doch zwecklos blos ungeheures Blutbad angerichtet hätte, ging ich auf die Wünsche ein, auch schon deshalb, um die Revolution in gewissen Grenzen zu halten und um die sogenannten Scheidemänner, die noch in der Überzahl sind, nicht ganz in das Lager der U.S.P. zu treiben. Ein sog. Soldatenrat ließ sich dabei nicht vermeiden.*"[32]

Dabei hatten die Befehle von oben, von der Seekriegsleitung, noch ganz anders gelautet: Um 13.19 Uhr ließ der Hochseechef an die Flotte folgendes Signal absetzen:

„*SKL hat in Einvernehmen mit Regierung befohlen, daß Widerstand mit allen Machtmitteln zu brechen und rote Flagge als feindliche zu behandeln ist*"[33],

---

27) Linienschiff „Schlesien", Torpedoboote, U-Boote.
28) IV. Aufklärungsgruppe.
29) Vgl. Militär und Innenpolitik, Nr. 508, Anm. 2.
30) Vgl. BA-MA RM 47/v. 551.
31) Ebd.
32) Hipper-Tagebuch, S. 14 f.; über Kieler Verhandlungen vgl. Militär und Innenpolitik, Nr. 502, Anm. 8, 503, 508, Anm. 2, S. 1382. Unter „Scheidemänner" sind Anhänger der MSPD zu verstehen.
33) BA-MA RM 47/v. 555; 6. 11. 1918.

und um 14.48 Uhr signalisierte Hipper ein weiteres Mal, daß Schiffe unter roter Flagge als feindliche zu behandeln seien. Um 18.40 Uhr lautete das Signal an die Flotte bereits:

„Habe Abordnung empfangen und Prüfung ihrer Wünsche und Weitergabe an Regierung zur Entscheidung zugesagt. Außer Demonstrationsumzügen keine besonderen Ereignisse. Habe Deputation bekanntgegeben, daß rote Flagge als feindlich gilt"[34],

und um Mitternacht meldete der Hochseechef der Seekriegsleitung:

„Die mir hier zur Verfügung stehenden Machtmittel reichen nicht mehr aus, um den Befehl, Widerstand zu brechen, auszuführen. In Übereinstimmung mit Stationschef werde ich nunmehr versuchen durch Einwirkung und ggf. Unterstützung der besonnenen Elemente, solange sie sich auf den Boden der Regierungssozialisten stellen und Gewaltmaßnahmen unterlassen zur Aufrechterhaltung der Ordnung beizutragen."[35]

Damit war die Linie des von der Seekriegsleitung befohlenen Widerstandes von der Flottenleitung aufgegeben, der Weg der Verhandlungen beschritten. Diesen Weg hatte vor Hipper schon der Stationschef, Admiral von Krosigk, eingeschlagen, als er die Deputation empfangen hatte.[36]

Worüber wurde seit dem Mittag des 6. November 1918 verhandelt? Nach dem Bericht des Stationschefs umfaßte der Forderungskatalog der Deputation sieben Punkte:[37]

1. Die Mannschaft bat um Einführung selbstgewählter Vertrauenskommissionen, die den Vorgesetzten ihre Wünsche unmittelbar vortragen sollten.
2. Der Grußzwang in der Stadt sollte aufgehoben werden.
3. Die Gefangenen, die wegen politischer Vergehen in Untersuchungshaft waren, sollten freigelassen werden, auch solche, die im Verdacht standen, Fahnenflucht und unerlaubte Entfernung von der Truppe begangen zu haben.
4. Die Armeetruppen auf dem Bahnhof sollten zurückgezogen werden; die Abordnung versicherte, sich für die Ruhe und Ordnung verbürgen zu können. Jeder Bürgerkrieg müsse vermieden werden, auch im Hinblick auf den äußeren Feind und den anzustrebenden Friedensschluß.
5. Alle Reichstagsabgeordneten sollten freien Zutritt zur Festung haben.
6. Gleiche Verpflegung für Offiziere und Mannschaften.
7. Abschaffung der Zensur.

Der Stationschef machte geltend, daß die Punkte 1 und 2 nicht lokal geregelt werden könnten, sondern nur einheitlich, deshalb wollte er die Forderung der Regierung vortragen. Den Punkt 5 versprach er ebenfalls vorzutragen. Den Punkten 3 und 4 stimmte er zu, soweit er in Punkt 3 als Gerichtsherr zuständig sei. Der Punkt 6, so der Stationschef, verbessere zu seiner Freude die Rationssätze der Offiziere, die in Wilhelmshaven nur die geringeren Sätze der bürgerlichen Bevölkerung bezögen, er wolle auch diesen Wunsch der Regierung übermitteln. Den Punkt 7 beantwortete er mit der Bekanntgabe des Erlasses vom 4. November 1918, der in der Presse am 5. November 1918 schon abgedruckt, aber noch fast unbekannt geblieben war. Von den sieben Forderungen sollten also vier der Regierung zur Entscheidung vorgelegt werden, zwei

---

34) Ebd.
35) BA-MA RM 47/v. 547.
36) Nach Horn „(scheint) das Hauptstreben (Krosigks; d. Verf.) gewesen zu sein, sich friedlich vom Dienst zurückzuziehen", vgl. Horn, Daniel: The German Naval Mutinies of World War I. New Brunswick 1969, S. 261. (Übersetzung vom Verf.).
37) Vgl. BA-MA RM 47/v. 555; Kliche, S. 11.

wurden bewilligt und eine offenbar als überholt angesehen. Das war für den Stationschef kein übles Verhandlungsergebnis, denn die Zustimmung in zwei Fällen war angesichts der tatsächlichen Machtverhältnisse im Augenblick unvermeidbar.

Auf dem Flugblatt, das noch am selben Tag[38] in Wilhelmshaven verteilt wurde, waren indessen einige Verschiebungen eingetreten.[39] Der Punkt 1 wurde als bewilligt aufgeführt, der Punkt 5 hatte eine Veränderung erfahren: „Allen Abgeordneten und Arbeiterdelegationen ist der Zutritt zur Festung ohne Paßzwang zu gestatten". Der Punkt 6 werde, wie die drei anderen, zur „sofortigen Genehmigung der Regierung übermittelt". Wo der Stationschef gesagt hatte, er wolle den Wunsch der Regierung übermitteln oder vortragen, stand nun „zur sofortigen Genehmigung übermittelt". Auf dem Papier hatte die Deputation einen weiteren Sieg errungen. Wie das Ergebnis der Verhandlungen den wartenden Marinemannschaften bekanntgegeben wurde, schilderte Stumpf so:

> „Atemlose Stille trat ein als sich wiederum ein Redner aus der Menge heraushob und eine Botschaft des Admirals Krosigk verkündete, daß die Forderungen des Kieler Soldatenrats auch hier gelten. Brausender Jubel, Freilassung der politischen Gefangenen soweit sie im Machtbereich der Festung sind. Hier erhob sich Widerspruch. Alle frei Alle!! Nieder mit Wilhelm! Sehr geschickt wußte der Redner den Widerspruch zu ignorieren bzw. zu dämpfen . . ."[40]

Nach dem Redner, welcher der spätere Präsident Kuhnt gewesen sein könnte[41], ergriff ein Werftarbeiter das Wort, der die sofortige Einführung der Sowjet-Republik forderte, was von der Menge beklatscht wurde.[42]

Ob diese Forderung tatsächlich schon am 6. November 1918 mittags erhoben wurde, ist schwer zu entscheiden. Stumpf, der sein Tagebuch zu dieser Zeit nicht täglich führte, trug die Ereignisse des 6. November 1918 erst am 8. November ein, so daß eine Verwechslung mit einer der vielen Reden und Forderungen an diesem und den folgenden Tagen nicht auszuschließen ist. Ebenso unsicher ist die Mitteilung über die Forderungen des Kieler Soldatenrats. An keiner Stelle sonst ist hiervon die Rede. Tatsächlich hat erst am Abend des 6. November 1918 der inzwischen gebildete 21er Rat über die vierzehn Kieler Forderungen beraten.

Waren in den Demonstrationszügen am Vormittag kaum Zivilisten bemerkt worden[43], so änderte sich das am Nachmittag. Um vierzehn Uhr „legte die Arbeiterschaft der Kaiserlichen Werft die Arbeit nieder. Es erfolgten nunmehr gemeinsame Umzüge der Marinepersonen und der Arbeiter."[44] Über die Anzahl der Teilnehmer liegen nur Schätzungen vor; von Saldern steckte mit seiner Angabe 20-40.000 nur einen sehr ungefähren Rahmen ab. Auf dem großen

---

38) So in StA Aurich, Rep. 21a-9574, Bl. 261; nach Kliche, S. 11, am 7. 11. 1918; bei Stumpf-Tagebuch, S. 305 f., erfolgte die Verteilung am Morgen des 7. 11. 1918.
39) BA-MA RM 47/v. 555, Bl. 87, jetzt in MSG/v. 1753; StA Aurich, Rep. 21a-9574; abgedruckt bei Kliche, S. 12; Cramer, S. 37-39; WTBl vom 9. 11. 1918.
40) Stumpf-Tagebuch, S. 305.
41) Vgl. Stumpf-Gutachten, WUA 4/10/I, S. 56.
42) Vgl. Stumpf-Tagebuch, S. 305.
43) So v. Saldern, StA Aurich, Rep. 21a-9574, Bl. 264; nach Kliche, S. 10 f., nahmen bereits Arbeiter am Umzug teil. Stumpf berichtete von einem Werftarbeiter, der eine Rede hielt.
44) StA Aurich, Rep. 21a-9574, Bl. 264, Bericht v. Saldern; Kraft, S. 78, behauptet, am 6. 11. 1918 hätten sich Werftarbeiter an den Umzügen noch beteiligt. Da er sich aber, das geht aus den zum Teil wörtlich übernommenen Formulierungen hervor, auf den Bericht v. Salderns stützte, kann es sich bei ihm nur um einen Irrtum handeln. Nach Kliche, S. 11, wurde der Werftbetrieb durch Vertrauensposten ganz geschlossen.

Torpedo-Exerzierplatz fand eine der großen Massenversammlungen von Soldaten und Arbeitern statt, letztere stellten sich nach Ressorts der Werft geordnet auf. In Ansprachen forderten „beherzte Männer" die Arbeitsgenossen auf, mit den Soldaten gegen die herrschenden Schichten zusammenzustehen. „Hierauf wurden durch Zuruf und Händehochheben die Wahlen zum Arbeiterrat vorgenommen, der gemeinsam mit dem Soldatenrat das Weitere in die Hand nehmen sollte."[45] Das „Norddeutsche Volksblatt" vom 7. November 1918 berichtete über die Wahl „von Vertrauensmännern, aus denen sich der Arbeiter- und Soldatenrat zusammensetzt". Da keine genaueren Schilderungen über die Vorgänge am Nachmittag des 6. November 1918 vorliegen, muß offenbleiben, wie im einzelnen die Wahl von Vertrauensmännern verlaufen ist; bei der großen Zahl der Versammelten hat das improvisierte Verfahren, wie Kliche es beschreibt, wohl angewandt werden müssen. Das Ergebnis jedenfalls war ein Arbeiterrat, zwar nicht der zweite in Deutschland nach Kiel[46], sondern nach Hamburg der dritte.[47]

Über die Bildung des Soldatenrats gibt es nur spärliche Mitteilungen. Der Stationschef erfuhr von der Deputation, daß die Mannschaft selbstgewählte Vertrauenskommissionen forderte, die bei jeder Kompanie oder entsprechenden Einheiten aus einem Unteroffizier und zwei Gemeinen bestehen sollten. Die gewählten Vertrauensleute sollten dann je Abteilung oder Division aus ihrer Mitte einen Obmann bestimmen, der die Wünsche der Mannschaften bei den Vorgesetzten vortragen könnte. Eine Abordnung von fünfzehn Mann der „Baden"-Besatzung bat mittags den Flottenchef, „Abordnungen zu einer für heute nachmittag stattfindenden Versammlung entsenden zu dürfen, in der über Formulierung ihrer Wünsche und etwaige Bildung (eines) Soldatenrats verhandelt werden sollte . . .".[48] Der Kommandant des Kleinen Kreuzers „Karlsruhe" meldete um zwanzig Uhr dem Flottenchef, daß die Mannschaft neben einigen anderen Bitten auch die nach der Wahl eines Soldatenrats vorgetragen habe. Dieser sollte eine bessere Verbindung zwischen Kommandanten und Mannschaft herstellen, jedoch keine Befehlsgewalt haben.[49] Stumpf, der sonst ein getreuer Chronist der Ereignisse war, hat über die Bildung eines Soldatenrats nichts aufgezeichnet, auch bei Lammertz, einem weiteren Augenzeugen, findet sich nur der lakonische Satz: „Nachmittags wurde dann der Arbeiter- und Soldatenrat gewählt, nach russischem Vorbild."[50]

Legt man die verschiedenen Meldungen und Berichte zugrunde, dann sind in den Nachmittagsstunden bis etwa siebzehn Uhr überall in der Festung Wilhelmshaven und auf den im Hafen liegenden Schiffen Vertrauensleute gewählt worden, die dann gegen achtzehn Uhr im Parkhaus-Hotel[51] als Soldatenrat zusammentraten.[52] Die Versammlung, die aus einigen hundert Mitgliedern bestand, wählte aus ihrer Mitte ein ausführendes Organ[53], einen Exekutivrat, nach der Anzahl der Mitglieder 21er Rat genannt, und einen Vorstand, der aus vier Mitgliedern bestand. Zu diesem 21er Rat traten Vertreter des Arbeiterrats, der inzwischen ebenfalls gebildet worden war.[54]

---

45) Kliche, S. 11.
46) So Kliche, S. 13.
47) Vgl. Kolb, S. 78.
48) BA-MA RM 47/v. 547, Fernschreiben KdH vom 6. 11. 1918 an Seestabamt Nord.
49) Vgl. BA-MA RM 47/v. 551.
50) Lammertz, S. 22.
51) Vgl. Kliche, S. 13.
52) P.A., 6. 11. 1918, WTBL vom 28. 12. 1922; die Soldatenräte der Flotte fehlten noch, sie traten erst am 8. 11. 1918 dazu.
53) Vgl. NVBl vom 10. 11. 1918.
54) P.A., 6. 11. 1918, WTBl vom 28. 12. 1922; vgl. Kraft, S. 78.

Bevor jedoch dieser neue Machtfaktor genauer untersucht wird, sollen die Demonstrationen des 6. November 1918 charakterisiert werden.

> *„An der Spitze des Zuges wurden rote Fahnen getragen, um so den sozialistischen Geist zu kennzeichnen, der die Demonstranten beseelte . . . Die Teilnehmer, zum weitaus größten Teil Matrosen, hatten sich rote Zeichen an die Brust gesteckt. Die Farbe des Sozialismus kam zu einer Ehre, wie es noch nie geschehen . . ."*[55]

Nimmt man zunächst die Tatsachen in den Blick, so ergibt sich:

Rote Fahnen wehten dem Zug voran und über ihm[56], aus allen möglichen Materialien gefertigt.[57]

Autos mit roten Flaggen durchfuhren seit den Vormittagsstunden die Straßen der Städte; die Insassen sorgten für Ordnung[58] oder hielten kurze Reden an geeigneten Haltepunkten.[59]

Auf den großen Plätzen, die der Hauptzug berührte, wurden von schnell improvisierten Rednertribünen aus Ansprachen gehalten.[60]

Musikkapellen marschierten an der Spitze des Zuges und spielten Soldatenlieder und Märsche.[61]

In allen Gefängnissen und Arrestanstalten wurden die Gefangenen befreit.[62]

Abends fanden in verschiedenen Stadtteilen kleinere Versammlungen statt.[63]

Noch am Abend des 6. November 1918 und am nächsten Morgen wurden Flugblätter verteilt.[64]

Nun stellt sich die Frage, wie Marinemannschaften und Zivilisten auf die Demonstranten reagiert haben.

Der Zug wurde von den Marinesoldaten „mehr oder minder begeistert begrüßt"; der Anschluß an ihn, der Zulauf erfolgte spontan[65]; die unterschiedlichsten Forderungen fanden Beifall; es fehlte nicht an häufigen Ermahnungen und Aufforderungen, Ruhe, Ordnung und straffe Disziplin zu halten; gelegentlich gab es schon Anzeichen, daß einige die Schranken der Disziplin durchbrachen; von eigentlichen Ausschreitungen war jedoch nichts zu bemerken; die Freudenkundgebungen der Zivilbevölkerung waren selten.[66] Nach Stumpfs Aufzeichnungen war es eine riesige, durch Aufforderung zustande gekommene, aber im übrigen improvisierte Demonstration für die „Rechte" der Flottenbesatzungen, die in leidlicher Ordnung verlief. Die Anteilnahme der Zivilbevölkerung scheint nicht groß gewesen zu sein, jedenfalls deutlich geringer als die der Marinesoldaten. Was nun die „Rechte" anging, so gab das Flugblatt darüber Auskunft und erläuterte Anlaß und Verlauf der Demonstration.

---

55) Kliche, S. 9 f.
56) Stumpf-Tagebuch, S. 304; StA Aurich, Rep. 21a-9574, Bl. 264, Bericht v. Saldern; übereinstimmend Lammertz, S. 21.
57) Nach Lammertz, S. 21, entstammte viel Material den Beständen der Militärverwaltung, „die reichlich Stoff zum Abblenden gegen Fliegergefahr hatte rot färben lassen".
58) StA Aurich, Rep. 21a-9574, Bl. 264, Bericht v. Saldern.
59) Lammertz, S. 25.
60) Stumpf-Tagebuch, S. 304.
61) Ebd.
62) StA Aurich, Rep. 21a-9574, Bl. 264, Bericht v. Saldern.
63) Ebd.
64) Kliche, S. 11.
65) Stumpf sprach von „Hammelherdeninstinkten", Stumpf-Tagebuch, S. 304.
66) Ebd.; Stumpf marschierte als Musiker an der Spitze des Zuges.

Die militärischen Vorbereitungen der Nordsee-Station in der Nacht zum 6. November 1918 hätten unter den Kameraden eine „Mißstimmung" hervorgerufen, die zu einer öffentlichen Kundgebung geführt habe. Durch eine „imposante Kundgebung" sollten dem Stationschef die berechtigten Beschwerden und Forderungen vorgetragen werden. *Diese hatten dreierlei zum Ziel:* einmal die schlimmsten Mißstände des inneren Dienstbetriebes abzustellen, zum anderen die inhaftierten Kameraden der „Thüringen" und „Helgoland" vor dem Schicksal der Verurteilten des Sommers 1917 zu bewahren, und zum dritten, ihre Bewegung vor militärischen Gegenmaßnahmen zu schützen und den Anschluß an die revolutionäre Bewegung herzustellen.

Die Kundgebung sei ohne jede Ausschreitung verlaufen, so das Flugblatt, in einem Geiste, der der sprichwörtlichen Besonnenheit und Kaltblütigkeit der Marinemannschaften zu verdanken sei. Ruhe und Besonnenheit müßten wie bisher bewahrt, weiteres Blutvergießen vermieden werden. Nun folgte eine Stelle, die aufhorchen läßt:

> *„Vor allem sorgt dafür, daß Hetzer und Aufwiegler, die nichts mit unserer Sache zu tun haben, unschädlich gemacht werden . . ."*

Mit einer erneuten Aufforderung, Ruhe und Ordnung bewahren, und einigen Bekanntmachungen schloß das Flugblatt.[67]

Man sieht also nicht recht, worin der sozialistische Geist sich ausgedrückt haben sollte. In den sieben Forderungen war keine, die auch nur an allgemeine politische Fragen heranreichte. Der einzige Hinweis, daß unterschiedliche Auffassungen über die Forderungen und Vorgehensweisen bestanden, war die Stelle, wo von „Hetzern und Aufwieglern" die Rede war.

Am 4. November 1918 hatte der landrätliche Hilfsbeamte gemeldet, daß Zusammenhänge mit der USPD im Gegensatz zu 1917 in dem revolutionären Ausbruch nicht festgestellt worden seien. Aus den Reden auf Versammlungen und den Gesprächen mit Teilnehmern der Demonstrationen, Werftarbeitern, am Abend des 6. November 1918 entnahm er folgendes:[68]

> Viele Demonstranten betrachteten diese Umzüge lediglich als Abwechslung; an den aufgestellten Forderungen zeigten sie überhaupt kein Interesse; der Zweck der Vorkommnisse scheine ihnen nicht klar zu sein.
>
> Als Beschwerdepunkte der Marinemannschaften notierte er: Klagen über Behandlung durch jüngere Offiziere; durch Vertrauenskommissionen sollte das Verhältnis zwischen Offizieren und Mannschaften auf eine andere Grundlage, die letzteren ein größeres Mitbestimmungsrecht wahrte, gestellt werden; Klagen über bessere Verpflegung und „Schlemmerei" der Offiziere.
>
> Ferner sei eine große Kriegsmüdigkeit zum Ausdruck gekommen, auch sei die Meinung vertreten worden, daß es ohne dieses Zutun der Soldaten zu keinem Friedensschluß kommen werde.
>
> Die Vertrauenskommission stelle in Abrede, durch unabhängige Sozialdemokraten zu ihrem Vorgehen veranlaßt worden zu sein oder mit diesen gemeinsame Sache zu machen.
>
> Seiner Meinung nach gebe es bereits zwei Strömungen in der Bewegung, und es erscheine ihm fraglich, ob die ruhigen Elemente die Oberhand behielten.

---

67) Vgl. BA-MA RM 47/v. 555, Bl. 87.
68) Vgl. StA Aurich, Rep. 21a-9574, Bl. 265.

Nach diesen Zeugnissen muß die Interpretation Kliches, die Demonstration sei von sozialistischem Geist beseelt gewesen, stark relativiert werden. Zweifellos waren auch politisch engagierte Soldaten beteiligt, die sicher die roten Fahnen als ihr Symbol betrachteten, aber die Masse der Marinemannschaften war von solchem Geist unberührt, wenn sie ihm nicht geradezu ablehnend gegenüberstand. Daß nicht gut die Kriegsflagge oder die Reichsfarben einer Demonstration gegen Offiziere und Behörden vorangetragen werden konnten, hat schon Rosenberg plausibel erklärt.[69]

Im übrigen zeigt der lange, erbitterte Kampf um die Flagge auf den einzelnen Schiffen und Geschwadern der Hochseeflotte, daß die rote Fahne nicht von allen Soldaten der Marine ohne weiteres hingenommen wurde.[70]

2.3. Die Kapitulation der Marinekommandos vor dem Arbeiter- und Soldatenrat: Ausbau der Erfolge zur Alleinherrschaft

Am Abend des 6. November 1918 war die Marinedemonstration eine weithin unpolitische, gegen die Fortdauer der zum Teil unerträglichen Zustände des inneren Dienstes gerichtete, für einen schnellen Friedensschluß eintretende Bewegung. Als Leitungsorgan war ein 21er Rat gewählt worden, der sich auf den Soldatenrat, bestehend aus den Vertrauensleuten und Obmännern der Militäreinheiten, stützte. Er war im Besitz von Waffen und Fahrzeugen, hatte mit dem Stationschef ein Abkommen geschlossen, das seine Stellung stärkte, und begann in den von Vorgesetzten teilweise geräumten Befehlsapparat, zunächst als Sicherungs- und Ordnungsdienst, einzudringen. An seiner Seite stand ein provisorisch gewählter Arbeiterrat. War damit der Machtkampf zwischen den Revolutionären und den bisherigen Inhabern der Herrschaft entschieden?

Der Stationschef schien nicht der Meinung zu sein, daß die Revolution gesiegt habe. Am Morgen des 7. November 1918 telegraphierte er nach Berlin, das Stationskommando habe die Stadt noch völlig in der Hand, es habe zwar in der letzten Nacht leichte Unruhen gegeben, zu besonderen Ereignissen sei es aber nicht gekommen.[1]

In der oldenburgischen Presse las man es anders. Das „Wilhelmshavener Tageblatt" enthielt sich noch völlig der Kommentierung, und selbst die Information nahm einen geringen Teil ein. In wenigen Zeilen berichtete das Blatt von dem Demonstrationszug am Vortage, erwähnte die Abordnung, welche Wünsche beim Stationschef vorgetragen hatte, betonte die Gewaltlosigkeit der Demonstration und schloß: „... der Zug verlief sich später"[2], so, als habe es sich zwar um einen auffallenden Umzug, aber eben um einen Umzug wie manchen anderen gehandelt. Die „Nachrichten" machten bereits mit der Unterzeile „Die Herrschaft der roten Fahne" auf und berichteten detailliert über die Wilhelmshavener Vorgänge. Auch sie betonten den ruhigen Verlauf der „Volksbewegung" an der Küste, hoben den Verteidigungswillen auch bei

---

69) Vgl. Rosenberg, Arthur: Entstehung und Geschichte der Weimarer Republik. Hrsg. von Kurt Kersten. Frankfurt 1955, S. 280; Rosenberg urteilte: „Der rebellierende deutsche Soldat mußte, um irgendeine ideologische Rechtfertigung seines Handelns zu finden, mindestens als Sozialist auftreten: Die schwarzweißrote Fahne wurde durch die rote ersetzt."
70) Vgl. BA-MA RM 47/v. 551 „Karlsruhe", F 3811/62 386, KTB I. Geschwader.

1) Vgl. Auswirkungen, Bd IV, S. 1766; das Telegramm muß am Vormittag schon in Berlin, und zwar im RMA, eingegangen sein, denn ein Marineoffizier machte davon Meldung auf einer Sitzung, zu der das RdI eingeladen hatte.
2) WTBL vom 7. 11. 1918.

den neuen Machthabern, den Arbeiter- und Soldatenräten, hervor und urteilten abschließend:
„*Ihre Erregung (der Matrosen; der Verf.) ist wirklich zu einem Teil auf die Annahme zurückzuführen, daß die Marine* nicht *der Reichsgewalt, dem Kanzler, unterstellt sei.*"[3]
Immerhin hatte das Blatt von den „neuen Machthabern" gesprochen, die dann wohl die bisherigen abgelöst haben mußten. Das „Norddeutsche Volksblatt" schließlich kam mit der Überschrift „Der große Umschwung" heraus, deren Unterzeile lautete: „Der Sieg der Revolution in Norddeutschland". Weiter war da von einem „vollkommenen Umschwung" die Rede, davon, daß die Arbeiter- und Soldatenräte die „Herren der Verwaltung", daß die „Vorgänge zweifellos revolutionärer Natur" seien.[4]

War die Beurteilung richtig?

Der 21er Rat hatte sich nach seiner Konstituierung am frühen Abend des 6. November 1918 sofort zu einer Sitzung zusammengefunden, um die notwendigsten Beschlüsse zu fassen. Bernhard Kuhnt[5], der zum Vorsitzenden gewählt worden war, leitete die Verhandlungen. Die Tagesordnung umfaßte folgende Punkte:[6]

1. Stellungnahme zu den Forderungen an Hand der Kieler vierzehn Punkte.
2. Die nächsten Aufgaben des 21er Rates:
    1. Wahl eines Vollzugsausschusses.
    2. Beschaffung von Geld, Material; Requisition eines großen Verwaltungsgebäudes.
    3. Vorsorge für Menage und Ernährung der Zivilbevölkerung.
    4. Regelung des Sicherheits- und Wachdienstes.

Zunächst wurden die „Forderungen der Kieler Genossen" verlesen.[7] Schon beim ersten Punkt, der zu den Vorforderungen gehörte, entspann sich eine Diskussion um die Glaubwürdigkeit der Marinekommandos. Gegenstand des Mißtrauens bei einem Teil des 21er Rats war der Funkspruch Hippers am 6. November 1918 um 9.30 Uhr, mit dem er befahl: „Alle Offiziere und jeder, der der Regierung und ihren Offizieren treu bleiben will, sofort auf ‚Baden' sammeln . . ."[8] Ein Mitglied meldete als Stellungnahme der Flotte, Hipper habe sich verpflichtet, nicht mit dem Arbeiter- und Soldatenrat zu verhandeln, ein zweites Mitglied riet zur Vorsicht unter Hinweis auf das Beispiel Kiel und meinte, „daß man sich auf die Zusagen des Stationschefs nicht unbedingt verlassen könne".[9] Dagegen berichtete der Genosse Thomas, der mit vierzehn anderen mit Hipper verhandelt hatte, der Admiral habe die Zusicherung gegeben, daß er sich auf die Seite der Regierung stelle; seinen Funkspruch habe der Admiral abgeleugnet, auf dem Telegramm habe gestanden: „alle königstreuen und regierungstreuen" usw.; Thomas schloß seinen Bericht mit der Mahnung, in den Forderungen mäßig zu sein.[10]

---

3) Nachrichten vom 7. 11. 1918, Hervorhebung im Original.
4) NVBl vom 7. 11. 1918.
5) Kuhnt war schon als Redner vor dem Stationsgebäude hervorgetreten, jedenfalls läßt die Aussage Stumpfs vor dem Untersuchungsausschuß diese Annahme zu.
6) P.A., 1. Sitzung vom 6. 11. 1918; WTBl vom 28. 12. 22; eine Tagesordnung fehlt, sie ergibt sich aber aus dem Verlauf der Sitzung.
7) Sie wurden der „Weser-Zeitung" vom 6. 11. 1918 entnommen, die sie ihrerseits der „Kieler Zeitung" vom 5. 11. 1918 entnahm; dort die fehlerhafte Aufzählung, vgl. Buchner, S. 42. Offenbar durch einen Übermittlungsfehler schon in Kiel war der Punkt 8 in der „Weser-Zeitung" nicht abgedruckt, der Punkt 9 an die achte Stelle gerückt und der Punkt 9 als fehlend bezeichnet. Dadurch - durch Zusammenfassung zweier Punkte und durch die Ergänzung um zwei neue Punkte - blieb im Wilhelmshavener Forderungskatalog die Zahl vierzehn erhalten. Die 14 Kieler Punkte in: Die deutsche Revolution 1918/19. Hrsg. von Gerhard A. Ritter und Susanne Miller. Frankfurt 1968. (Fischer-Bücherei 879), S. 44.
8) Militär und Innenpolitik, S. 1374; vgl. Hipper-Tagebuch, S. 16; dort die verkürzte und sinngemäße Wiedergabe des Funkspruchs.
9) P.A., 6. 11. 1918, WTBl vom 28. 12. 1922.
10) Vgl. Hipper-Tagebuch, S. 17, über die Verhandlung mit der Deputation.

Ohne weitere Debatte wurden die ersten vier Vorforderungen angenommen. Ehe der Rat die Debatte über die eigentlichen vierzehn Kieler Punkte fortsetzen konnte, mußte er sich mit der Frage des Flaggenwechsels befassen. Der Kurier einer Vorpostenflottille, der die Diskussion ausgelöst hatte, erhielt den Bescheid, daß den Besatzungen in dieser Frage vorläufig freie Hand gelassen werde.[11]

In der wiederaufgenommenen Debatte wurden die meisten Punkte ohne Diskussion angenommen. Der Punkt 6, der die Ausfahrt der Flotte „unter allen Umständen" untersagte, erhielt eine mildere Form: „Auslaufen der Flotte nur mit Genehmigung der 21er Kommission", alle anderen Forderungen aus Kiel wurden unverändert übernommen. Als neue, „über das Kieler Programm hinausgehende Forderungen" wurden gestellt: Punkt 13 „Besetzung der Bahn, Post und Station durch den Arbeiter- und Soldatenrat"; Punkt 14 „Truppentransporte von und nach der Festung dürfen ohne Genehmigung des Arbeiter- und Soldatenrates nicht stattfinden."[12] Sieht man von dem letzten Punkt, der im Kieler Programm ebenfalls enthalten war[13], ab, so ist die Forderung des Punktes 13 die einzige Wilhelmshavener Zutat.

Der zweite Punkt der Tagesordnung brachte zunächst einen praktischen Vorschlag: die Wahl einer Fünfer-Kommission, der die Vollziehungsgewalt und die Aufgabe der Verhandlungsführung übertragen werden sollte, wohl mit der Überlegung, daß ein Gremium von einundzwanzig Mitgliedern für diese Aufgabe wenig geeignet war. Unter Hinzuziehung eines Arbeitervertreters wurde der Vollzugsausschuß, wiederum mit Kuhnt an der Spitze, gewählt. Die restlichen Punkte der Tagesordnung wurden mehr als Sammlung von Wünschen und Vorstellungen behandelt denn als Diskussion mit dem Ziel der Beschlußfassung. Zwischendurch mußte der 21er Rat sich immer wieder mit Meldungen befassen, die eine rasche Erledigung verlangten.[14] Die Meldungen zeigten, daß der 21er Rat inzwischen eine Art Zentrale für alle militärischen Angelegenheiten geworden war, und die dazu gefaßten Beschlüsse bewiesen, daß er sich rasch zur Befehlszentrale entwickelte. Nachdem der Wachdienst für den nächsten Tag und die Nachtwache geregelt worden waren, wurde die Sitzung gegen zweiundzwanzig Uhr beendet.

Faßt man die Ergebnisse dieser Sitzung zusammen, so ergibt sich:

Die vierzehn Kieler Forderungen waren als Verhandlungsgrundlage mit dem Stations- und Flottenchef übernommen worden.

Der 21er Rat hatte sich einen Vollzugsausschuß geschaffen.

Die allernächsten Aufgaben waren genannt worden.

Für alle militärischen Angelegenheiten verstand sich der 21er Rat als Befehlszentrale an Stelle der Station.

Am Morgen des 7. November 1918 wurden, dem Beschluß des 21er Rats zufolge, die wichtigsten öffentlichen Gebäude wie Bahnhof, Post, Telephonamt, Telegraphenamt vom Arbeiter- und Soldatenrat besetzt, eine Kontrolle der Abreisenden, die Wilhelmshaven nur mit einem Erlaubnisschein des Arbeiter- und Soldatenrats verlassen konnten, eingerichtet sowie eine scharfe Überwachung der nach Wilhelmshaven zufahrenden Züge vorgenommen.[15] Die Ar-

---

11) Vgl. die Signale des KdH vom 6. 11. 1918, wonach rote Flaggen als feindliche zu behandeln waren.
12) P.A., 6. 11. 1918, WTBl vom 28. 11. 1922.
13) Es war der 8. Punkt, der in etwas eingeschränkterer Form lautete: „Zurückziehung sämtlicher nicht zur Garnison gehörigen Truppen"; er war in Wilhelmshaven allerdings nicht bekannt.
14) Meldungen von der Anfahrt auswärtiger Truppen: von der Grodenbatterie, der Auricher MG-Kompanie.
15) Vgl. NVBl vom 7. 11. 1918; StA Aurich, Rep. 21a-9574, Bl. 266.

beit auf der Werft ruhte, weil die Eingangstore durch Marineposten besetzt waren, die die Arbeiter zurückhielten.[16] Am Vormittag fand nach Demonstrationszügen durch die Stadt eine große Versammlung von Marinemannschaften und Arbeitern auf dem großen Exerzierplatz statt.[17] Wieder wurden rote Fahnen im Umzuge mitgeführt, zahlreicher und „in besserem Zustande" als am Vortage[18], aber auch schon Schilder mit der Aufschrift „Soziale Republik" (sic).[19] Mehrere Redner gaben die Beschlüsse der letzten Nacht bekannt und legten eine Resolution zur Abstimmung vor. Sie forderte „den Weltfrieden und die Abschaffung aller Monarchien".[20] Sie wurde angenommen.[21] Gegen elf Uhr war die Massenkundgebung beendet. „Auf einer Reihe von Kasernen wehen rote Fahnen".[22]

Etwa zur gleichen Zeit erschien „das Komitee der roten (sic)", das mit dem Stationschef verhandelt hatte, beim Flottenchef, um mit ihm hauptsächlich über zwei Punkte zu verhandeln:

    Flottenbereitschaft und -verwendung,

    Ablösung unbeliebter Offiziere.[23]

Die Debatten dauerten den ganzen Tag und brachten keine Übereinstimmung. Beim ersten Punkt bestand der Flottenchef darauf, daß die Flotte wieder in verwendungsbereiten Zustand, der den Vorpostendienst ermögliche, versetzt werde, während der 21er Rat die Flotte nicht auslaufen lassen wollte, es sei denn, der Gegner griffe an. Bei der Diskussion des zweiten Punktes zeigten sich Differenzen innerhalb der Verhandlungskommission. Während der Soldatenrat das Ausscheiden von Offizieren nicht wünschte, sprachen sich die Mitglieder der USPD für „die radikalsten Mittel" aus.[24]

Hippers Hauptziel bei den Verhandlungen war, die Flotte verwendungsbereit zu machen oder zu erhalten, das hieß für ihn, mindestens den Küstenschutz aufrechtzuerhalten, die Deutsche Bucht sichern, angreifende Gegner bekämpfen und keine roten Flaggen auf den Kriegsschiffen zuzulassen. Diesem Ziel hat er manche Zugeständnisse untergeordnet.[25] Er erklärte sich damit einverstanden, daß die Flottenbesatzungen Vertreter in den Soldatenrat entsandten, daß bei jeder Dienststelle ein Soldatenrat gebildet wurde, daß einlaufende Einheiten Abordnungen zum Soldatenrat an Land schickten, kurz: er nahm die Rätebildung und Räteherrschaft in Kauf. Aus dem Bericht des Stationschefs vom 7. November 1918 abends ergab sich diese Lage sehr klar:

    Der Arbeiter- und Soldatenrat hat sich und die Mannschaften bewaffnet.

    Der Arbeiter- und Soldatenrat ist vorläufig „Herr der Bewegung".

    Das Stationskommando ist ohne Einwirkungsmöglichkeit, es kann nur die gemäßigten

---

16) Ebd.
17) Vgl. NVBl vom 7. 11. 1918; StA Aurich, Rep. 21a-9574; Stumpf-Tagebuch, S. 306.
18) Stumpf-Tagebuch, S. 306.
19) StA Aurich, Rep. 21a-9574, Bl. 266.
20) Kliche, S. 13; so auch Lammertz, S. 27; v. Saldern nennt nur die Abdankung des Kaisers; Stumpf damit übereinstimmend.
21) Nach Kliche, S. 13, einstimmig, nach Stumpf-Tagebuch, S. 306, stimmte etwa die Hälfte dafür; eine Zählung oder Schätzung dürfte im einen wie im anderen Falle sehr schwer gewesen sein bei der Anzahl der Teilnehmer. OB Lueken berichtete am gleichen Tage dem Minister Scheer. Vgl. StA Ol 131-106.
22) NVBl vom 7. 11. 1918.
23) Vgl. Hipper-Tagebuch, S. 15.
24) Ebd.; unter radikalen Mitteln wird man die Ablösung von Offizieren und die Abschaffung des Vorgesetztenverhältnisses zu verstehen haben. Hipper meint offenbar die USPD-Leute des 21er Rats.
25) Vgl. BA-MA RM 47/v. 547.

Kräfte unterstützen, um den Ausbruch von Blutvergießen und Bürgerkrieg zu vermeiden.

Alle Kommunikationsmittel stehen unter der Kontrolle des Arbeiter- und Soldatenrats.[26]

In zwölf Stunden hatte sich das Blatt vollständig gewandelt, ohne Widerstand ließ die Marine- und Flottenleitung die Herrschaft des Arbeiter- und Soldatenrats zu. Am 8. November 1918 wurde in einer „Benachrichtigung" die neue Herrschaft bekanntgemacht.

„*Über die Befehlsverteilung ist nachstehende Regelung von dem Soldatenrat getroffen:*
1. Anordnungen grundsätzlicher Art . . . mit bindender Kraft zu erlassen ist nur der Vollzugsausschuß berechtigt.
2. . . .

gez. v. Krosigk"[27]

Was verschlug es da, wenn in den Verhandlungen über die vierzehn Wilhelmshavener Punkte nicht alle berücksichtigt waren?[28] So fehlten die Punkte über die Flottenverwendung, über die Schutzmaßnahmen, die der 21er Rat ohnehin schon allein regelte, über das Privateigentum, der im Augenblick nicht wichtig war; der Punkt über die Ablösung von Offizieren war weniger rigoros als in Kiel formuliert. Auch die Wilhelmshavener Zusätze waren entbehrlich, die Besetzung der wichtigsten öffentlichen Gebäude war bereits erfolgt, die Kontrolle über Truppentransporte in der Hand des 21er Rates.

Faßt man die Ergebnisse des ersten Revolutionstages zusammen, so ergibt sich:

Mit der Demonstration am 6. November 1918 vor dem Stationsgebäude und den Verhandlungen zwischen Stationschef und der Soldaten-Deputation war der Durchbruch bereits gelungen.

Die Bildung von Soldatenräten und des 21er Rates sicherte der Bewegung die Basis wie die einheitliche Leitung.

Die militärischen Befehlshaber ergaben sich ohne Widerstand in die neue Lage in dem Bestreben

- die Flotte verwendungsbereit zu halten und
- Blutvergießen und Bürgerkrieg zu vermeiden.[29]

Die weitere Entwicklung in Wilhelmshaven/Rüstringen und auf der Flotte wurde durch die beiden Ziele

Sicherung des Erreichten durch Ausbau der Organisation zur Alleinherrschaft auf Seiten des Arbeiter- und Soldatenrats und

Vermeidung von Blutvergießen und Bürgerkrieg auf der Seite der Marinebefehlshaber

bestimmt.

---

26) BA-MA RM 47/v. 557.
27) Ebd.
28) Flugblatt vom 8. 11. 1918, abgedruckt in NVBl vom 9. 11. 1918; auch in Kliche, S. 14.
29) Nach der Aussage des Ingenieurs Weber am 20. November 1918 wäre auch ein anderer Verlauf denkbar gewesen: In Wilhelmshaven habe ein kleiner Trupp von ca. 20 Mann es in kurzer Zeit fertiggebracht, eine große Menge mit sich zu reißen und gewaltige Züge zu formieren; dies sei nur möglich gewesen, weil die Unzufriedenheit allgemein war; die Regierung habe deshalb wohl die Parole ausgegeben, daß kein Widerstand geleistet werden solle. Nach seiner Meinung hätte man mit 20 Mann das Eindringen in die Seebataillonskaserne verhindern können. Vgl. BA-MA RM 33/v. 283.

Dem Ziel des 21er Rats dienten die Aufforderungen im Befehlston an die Dienststellen im Bereich der Nordsee-Station am 9. November 1918 zur Bildung von Soldatenräten, soweit dies noch nicht geschehen war.[30] Von Borkum im Westen über Helgoland bis nach List auf Sylt im Norden reichte die Kette der Stützpunkte, die sich der 21er Rat in Wilhelmshaven unterstellte. Ob hier sich bereits die Vorstellung von einem Herrschaftsgebiet, das Oldenburg und Ostfriesland mit allen Inseln umfassen könnte, abzeichnete, läßt sich nicht mit Sicherheit sagen[31], daß die Vorarbeit der am folgenden Tage gegründeten Republik Oldenburg-Ostfriesland zugute kam, steht außer Frage. So wie es gelang, die Herrschaft über die Außendienststellen der Nordsee-Station zu errichten, gelang es dem 21er Rat auch, sich die Soldatenräte der Flotte anzugliedern. Ein Soldatrat von einundzwanzig Mitgliedern vereinigte sich mit dem 21er Rat an Land.[32] Nach dem Vorbild des Vollzugsausschusses wählte der Flottensoldatenrat einen Fünfer-Ausschuß, der die einzelnen Flottenverbände vertrat.

In der Flut der Telegramme, Funksprüche und Signale, die von allen Seiten in diesen Tagen beim Flottenkommando, bei der Nordsee-Station, beim Arbeiter- und Soldatenrat eingingen, nahm sich ein Signal vom 8. November 1918 mittags merkwürdig fremd aus:

„An Front und Heimat. Die einige deutsche Flotte blickt mit Stolz auf die Kameraden an der Front, die in unerschütterlichem Ringen gegen Feindesübermacht Großes geleistet haben. Die deutsche Flotte steht vereint hinter der Volksregierung . . ."[33]

Das Treuebekenntnis zur Volksregierung war noch verständlich, reiht sich auch in die Verlautbarungen anderer Rätegremien und in die Aussagen von Marinemannschaften seit dem 30. Oktober 1918 ein, der Stolz auf die großen Taten der Kameraden an der Front indessen steht singulär da.

Der Flottensoldatenrat, vertreten durch den Fünfer-Ausschuß, legte am 8. November 1918 Hipper und dem Flottenstab seine Forderungen vor, über die den ganzen Tag, nach Hippers Zeugnis, unter günstigen Bedingungen verhandelt wurde.[34] Sehr skeptisch beurteilte Hipper allerdings die Möglichkeiten des Soldatenrats, getroffene Vereinbarungen bei den Flottenbesatzungen auch durchzusetzen.

„Wenn sie (die Kommission; d. Verf.) zehnmal die schönsten Zusicherungen gemacht hat, ist sie nicht im Stande, sie durchzuführen. Es wächst ihr alles über den Kopf; die Schiffe tun doch, was sie wollen."[35]

Der Forderungskatalog, der am 9. November 1918 vom Hochseekommando veröffentlicht und anerkannt wurde[36], enthielt indessen wenig, was man als Zusicherung oder Zugeständnis an die Flottenleitung bezeichnen könnte. In achtzehn Artikeln wurden Dienst, Strafgewalt, Urlaub, Wach- und Postendienst, Verpflegung, militärische Disziplin und Manneszucht sowie spezielle Bordverhältnisse so geregelt, daß ohne die Mitwirkung der Vertrauenskommission -

---

30) Vgl. BA-MA RM 47/v. 546.
31) Fikentscher, S. 19 f., behauptet, der spätere Präsident Kuhnt habe als Oberheizer und Hilfsschreiber bei der Werftdivision in Wilhelmshaven im Winter 1917/18 die Pläne für ‚seine' Republik bis in alle Einzelheiten ausgearbeitet; Belege für seine Behauptung gibt Fikentscher nicht an.
32) Vgl. BA-MA RM 47/v. 555; das geschah am 8. 11. 1918.
33) Ebd.
34) Vgl. Hipper-Tagebuch, S. 16.
35) Ebd.
36) Unterzeichnet war die Veröffentlichung von zwei Mitgliedern des Fünfer-Ausschusses und dem Chef des Stabes, Kapitän Zenker, nicht von Hipper.

der Soldatenräte - buchstäblich nichts angeordnet werden konnte. Im Vergleich zu den Vereinbarungen an Land war hier dem Flottensoldatenrat eine umfassende Regelung der militärischen Angelegenheiten gelungen, die später von den Landmarineteilen der Nordsee-Station übernommen wurde.[37] Das Vorgesetztenverhältnis blieb aber noch ausgespart. In der Vereinbarung mit dem Stationschef hieß es dazu, die Befehlsgewalt werde ausgeübt von den Vorgesetzten, er erlasse seine Anordnungen nach Anhörung des Vertrauensmannes. Offiziere, die das Vertrauen ihrer Untergebenen hätten, könnten auch ohne Anhörung des Vertrauensmannes ihre Anordnungen treffen.[38] Das Flugblatt, das am 8. November 1918 von dem 21er Rat verbreitet wurde, enthielt die Formulierung:

> *„Die bisherigen Vorgesetzten bleiben im Dienst Vorgesetzte, ihren Anordnungen ist Folge zu leisten. Die Waffen sind ihnen zu belassen . . ."*[39]

An dieser grundsätzlichen Regelung ist auch später festgehalten worden.

Eine Streitfrage zwischen Flottenchef und Soldatenrat blieb die Flaggenfrage. Dem strikten Befehl vom 6. November 1918, Schiffe mit roter Flagge als feindliche zu behandeln, folgte am nächsten Tage die lange Verhandlung zwischen Flottenchef und Kommission des 21er Rates über die „Hauptpunkte". Wie aus Hippers Tagebucheintragungen hervorgeht, scheint er in der Frage der Ablösung unbeliebter Offiziere zu Zugeständnissen bereitgewesen zu sein, wenn als Gegenleistung das Hissen roter Flaggen auf den Schiffen der Flotte unterbliebe.[40] Diese Gegenleistung scheint zugesichert worden zu sein.[41] Am 8. November meldete Hipper der Seekriegsleitung, das Kommando halte die Aufrechterhaltung des Befehls der Seekriegsleitung vom 5. November 1918, besonders betreffend rote Flagge bei jetziger Lage nicht mehr für zweckmäßig.[42] Diese Meldung ist in doppelter Hinsicht unverständlich: Erstens enthielt der Befehl der Seekriegsleitung überhaupt keinen Hinweis auf die rote Flagge, und zweitens hatte das Kommando der Hochseeflotte am Vortage so zäh um die Zusicherung des Soldatenrats gerungen, damit gerade keine roten Flaggen gehißt würden. Das Signal des Hochseechefs vom 6. November 1918 an die Flotte hatte den Hinweis auf die rote Flagge allerdings und offenbar als eigenen Zusatz enthalten.[43] Ob Hipper sich dabei auf das Telegramm des Reichsmarineamtes vom gleichen Tag, das diese Formulierung enthielt, gestützt hat, muß offen bleiben.[44] Jedenfalls wird der 21er Rat, dessen Kontrolle schon zu dieser Zeit das gesamte Nachrichtenwesen unterlag[45], daraus seine Schlüsse gezogen haben. Am Vormittag des 9. November 1918 beschloß der 21er Rat, daß auf allen im Hafen liegenden Schiffen und auf sämtlichen Türmen die rote Flagge wehen sollte. Mittags wurden überall die Kriegsflaggen niedergeholt und rote gehißt. Hipper, der sich vom Soldatenrat hintergangen fühlte[46], holte daraufhin seine Admiralsflagge auf „Baden" nieder und ging von Bord. Am Abend setzte ein Funkspruch des Ar-

---

37) Am 11. 11. 1918 von den Landmarineteilen übernommen.
38) Vgl. BA-MA RM 47/v. 547.
39) NVBl vom 9. 11. 1918; Kliche, S. 14.
40) Vgl. Hipper-Tagebuch, S. 15.
41) Ebd., S. 16.
42) Vgl. BA-MA RM 47/v. 547.
43) Vgl. BA-MA RM 47/v. 555, SL 4489.
44) Vgl. Militär und Innenpolitik, S. 1372, Anm. 3; in diesem Sinne: RMA an Kriegsmarineschule Sonderburg und ähnlich an Kaiserliche Werft Danzig; auch noch am 7. 11. 1918.
45) Vgl. BA-MA RM 47/v. 557, Bericht des Stationschefs vom 7. 11. 1918.
46) Hipper-Tagebuch, S. 16.

beiter- und Soldatenrats Kiel, der auch für die Nordsee-Station und die Hochseeflotte, soweit sie in Wilhelmshaven lag, galt, den Schlußpunkt unter die Entwicklung:

> „An Alle, an das internationale Proletariat: Über der deutschen Flotte weht das rote Banner der Freiheit. Die Arbeiter und Soldaten haben in ganz Deutschland die Macht in Händen . . ."[47]

2.4. Die öffentliche Meinung: „Kaiserfrage" und Ausbruch der Revolution

Nachdem die amerikanische Antwort auf die dritte deutsche Note vom 20. Oktober 1918[1] die Frage nach der Abdankung des Kaisers aufgeworfen hatte, veröffentlichte der „Vorwärts" am 31. Oktober 1918[2] unter der Überschrift „Was wird der Kaiser tun?" einen Artikel, der weithin Aufsehen erregte und, gestützt auf eine historische Analyse der Hohenzollernmonarchie seit 1890, dem Kaiser die Abdankung mit der Frage „Wann wird er es tun?" nahelegte.[3]
Das „Norddeutsche Volksblatt" nahm seinerseits eine bekanntgewordene Treuekundgebung des preußischen Herrenhauses für den Kaiser zum Anlaß, die „Kaiserfrage" zu kommentieren.[4] Der Kommentar läßt sich in vier Punkten zusammenfassen:[5]
1. Grundsatz: Die SPD sei bisher für die republikanische Staatsform gewesen und bleibe es auch jetzt.
2. Anlaß der Diskussionen: Die Erörterungen über Wilhelm II. seien durch die Wilson-Note hervorgerufen worden und würden seitdem in der Presse und am Stammtisch überall in Deutschland geführt.
3. Taktik der Regierung: Die Reichsregierung müsse darüber entscheiden, wie das deutsche Volk aus den Schwierigkeiten herauskomme, in die es die „Monarchisten" gebracht hätten. Dabei habe als oberster Leitsatz zu gelten: die Interessen des Reiches und Volkes wahren, nicht aber die Interessen einer einzelnen Person oder Familie.
4. Was wird der Kaiser tun?: Der Kaiser werde in dieser Frage seine persönlichen Interessen zurückstellen; er habe seit dem 30. September 1918 ein tiefgehendes Verständnis für die Bedürfnisse des Deutschen Reiches bekundet und werde das auch weiter tun.

Der Tenor des Kommentars entsprach dem des „Vorwärts"-Artikels, war aber doch eher gedämpfter und zurückhaltender. Am 5. November 1918 wurde in der Zeitung das Thema zum zweitenmal aufgeworfen[6], jetzt im Zusammenhang mit dem Waffenstillstand und dem Friedensschluß.[7] Der Streit um die Staatsform halte noch an, bisher sei aber noch keine Entschei-

---

47) BA-MA RM 47/v. 555; Horn, S. 266, faßt die Entwicklung zu folgendem Gesamturteil zusammen: „Am 9. 11. 1918 starb das Deutsche Reich einen unrühmlichen Tod - einen Tod, dem ein eher noch unwürdigeres Ende der einst so stolzen Marine vorhergegangen war und ihn zu einem Teil verursacht hatte." (Übersetzung vom Verf.).

1) Schulthess, 1918, I, S. 390; Text bei Schulthess, 1918, II, S. 613-616 in der englischen Originalfassung.
2) Am 24. Oktober 1918 noch hatte der Obermilitärbefehlshaber an das Gouvernement Wilhelmshaven ein Telegramm gerichtet, in dem die Erörterung der Abdankungsfrage als unter die bisherigen Zensurverfügungen fallend bezeichnet wurde. Vgl. Militär und Innenpolitik, S. 1333 f.
3) Schulthess, 1918, I, S. 402-406 mit den Stellungnahmen der großen Blätter.
4) Schulthess, 1918, I, S. 396-406.
5) NVBl vom 2. 11. 1918.
6) NVBl vom 5. 11. 1918.
7) Nach der Antwort auf die 4. deutsche Note an Wilson und dessen Antwort am 5. 11. 1918; Schulthess, 1918, I, S. 417, Schulthess, 1918, II, S. 616 f.

dung erfolgt. Man müsse jetzt abwarten, welchen Eindruck die Verfassungsänderungen und die Beseitigung der kaiserlichen Kommandogewalt im Ausland machten. Der Kaiser habe zwar im Erlaß über die Verfassungsänderungen[8] einen Ton gefunden, der zeige, daß der „Absolutismus" in Deutschland vorüber sei, aber diese Sinnesänderung komme um ein Haar zu spät. Vor Jahren hätte sie für Kaiser und Reich Besseres bewirken können. Die SPD werde nicht dulden, daß der Kaiser ein Hindernis für den Frieden bilde, sie würde die Verantwortung dafür nicht übernehmen. In den drei Tagen hatte sich der Ton verschärft, war die Verzichtsforderung sehr viel deutlicher ausgesprochen worden.

An demselben Tage griff das „Wilhelmshavener Tageblatt" in die Debatte ein.[9] Die Argumentation lautete etwa so: Die Obrigkeitsregierung ist beseitigt und durch eine Volksregierung ersetzt. Die deutsche Verfassung ähnelt jetzt der englischen, die dem Parlament sehr weite Befugnisse einräumt, den König aber als Herrscher beibehält. Alle bürgerlichen Parteien sind für ein Verbleiben des Kaisers als einer „Staatsnotwendigkeit", nur die SPD sieht im Rücktritt des Kaisers eine zwingende Notwendigkeit. Das Blatt schloß:

„*Durch dieses schwere Opfer* (der Verfassungsänderung; d. Verf.) *hat der Kaiser in selbstloser Weise auf alle Kronrechte Verzicht geleistet und sich unumwunden auf den Boden der Volksregierung gestellt. Ein größeres Entgegenkommen ist wohl kaum jemals gezeigt worden.*"

Was das eine Blatt als historisch längst überfällige und notwendige politische Entscheidung, die noch nicht einmal weit genug ging, interpretierte, deutete die andere Zeitung als schweres Opfer des Kaisers, durch das er sich den Thron gesichert habe.

Ein letztes Mal, schon etwas unwirklich, tauchte die Kaiserfrage im „Norddeutschen Volksblatt" am 9. November 1918 auf.[10] Neben der Meldung über die Ausrufung der sozialen Republik (!) in Bayern kommentierte das Blatt die Weigerung Wilhelms II. abzudanken. Der Kaiser sei das größte Hindernis für einen Dauer- und Rechtsfrieden; heute werde nur die Abdankung gefordert - eines Tages werde auch die Absetzung möglich sein. Eines Tages! Welch ein Beleg für die Ungleichzeitigkeit des Gleichzeitigen. Dafür gibt es gerade in dieser Zeit ein weiteres Beispiel. Am 8. November 1918 schrieb das „Norddeutsche Volksblatt" als Kommentar zur Eröffnung des Landtages, es sei sehr zu wünschen, daß die zu erwartenden Anträge zur Verfassungsänderung noch in dieser Session Gesetz würden. Und bei der Konstituierung des Landtagspräsidiums forderte es, die Fraktion werde aus Gründen der Parität Anspruch auf Vertretung im Präsidium - ein Schriftführer - erheben.[11]

Die Oldenburger Regierung befaßte sich mit der Abdankungsfrage auf einer Kabinettssitzung am 2. November 1918 und beschloß auf die Anfrage des Reichskanzlers: „Wenn SM der Kaiser sich entschließt, freiwillig abzudanken, werden dann die Bundesfürsten Widerspruch erheben?" die Antwort: „Oldenburg wird eintretendenfalls keinen Widerspruch erheben."[12]

Über die ersten Anzeichen einer Revolution erfuhren die Leser der „Nachrichten" am 5. November 1918 unter der Überschrift „Unruhen und Kundgebungen".[13] Aus Kiel berichtete das

---

8) Schulthess, 1918, I, S. 398; dort der Wortlaut vom 28. 10. 1918.
9) WTBl vom 5. 11. 1918.
10) Vgl. NVBl vom 9. 11. 1918.
11) Vgl. NVBl vom 8. 11. 1918.
12) StA Ol 131-3, Bl. 2.
13) Nachrichten vom 5. 11. 1918.

Blatt über den Demonstrationszug und den blutigen Zusammenstoß zwischen Marinemannschaften und Zivilpersonen und einem Absperrkommando am 3. November 1918. Aus München wurde eine Friedensaktion und der Versuch einer Gefangenenbefreiung in Stadelheim gemeldet, aus Stuttgart eine Kundgebung mehrerer tausend Arbeiter, deren Abordnung dem Innenminister ein „bolschewistisches Programm" vorgelegt hätte, aus Bremen schließlich eine öffentliche Versammlung der USPD, die nach Inhalt und Form, so die Zeitung, die Kommune von 1871 und den Bolschewismus in Rußland als Vorbild habe. Die Meldungen entbehrten des Kommentars, der Wortwahl aber konnte und mußte der Leser entnehmen, daß die gemeldeten Ereignisse eine gefährliche Entwicklung nehmen könnten.

Am nächsten Tag stand die Berichterstattung über die Kieler Vorgänge im Mittelpunkt.[14] Neben der Meldung über „rote Flaggen über der Marine", die Bildung eines Soldatenrats, dessen Führer der Abgeordnete Noske sei, und dem Abdruck der vierzehn Kieler Punkte stand der Aufruf der Reichsregierung: „Seeleute! Arbeiter!". Die Zeitung kommentierte die Berichte in Anlehnung an Begriffe aus der Dienstagausgabe als „Abklatsch russischer Verhältnisse, die zu denken geben sollten", und der Folgerung, die bolschewistische Propaganda habe ihre Früchte reifen lassen.

Im „Norddeutschen Volksblatt" fanden sich am 6. November 1918 ebenfalls Meldungen über die Unruhen in Kiel, und die Zeitung verbarg ihre Besorgnisse ebensowenig wie das bürgerliche Blatt.[15] Sie sah die Gefahr der Anarchie und des blutigen Bürgerkrieges, warnte vor inneren Wirren, die ein Verbrechen am Volk wären, vor Putschen, die nur der Reaktion dienten und wies auf „Putschereien" der USPD und linker Utopisten (Stuttgart, München) hin, die das Gegenteil des Beabsichtigten hervorriefen. Im Augenblick dürfe es keine Diskreditierung der neuen Regierung geben; besser sei die Unterstützung der SPD.[16] Sieht man den Kommentar im Zusammenhang mit den mehrfachen großen Stellungnahmen zu Strategie und Taktik der MSPD, zu Sozialismus und Demokratie[17], so wird deutlich, daß es nicht um die abstrakte Position gegenüber der „Revolution" ging, sondern um die Verhinderung des Bürgerkrieges, der aus unmarxistischen „Putschereien" folgen konnte.

Am 7. November 1918 standen die Wilhelmshavener Ereignisse des Vortages im Vordergrund. In dem ausführlichen Kommentar dazu hieß es im Tone besorgter Ermahnung, die Soldaten seien keine Utopisten, nirgends sei ziellose Anarchie zu sehen. Die Matrosenbewegung sei eine typisch proletarische, Proletarier seien ihre Träger und ihre Führer, daraus ergebe sich, daß die Sozialdemokratie ihr nicht gleichgültig gegenüberstehen dürfe, in Kiel habe es sich schon gezeigt. Der Kommentar, zu einem großen Ausblick geweitet, schloß:

> „Es ist ein Stück des Befreiungskampfes der Arbeiterklasse, . . . und darum sind die Sympathien des ganzen klassenbewußten Proletariats nicht nur in Deutschland sondern der Welt ihnen sicher . . . Es wäre verfehlt, heute sagen zu wollen, wo die Umwälzung aufhören wird, wie sie weiter verläuft. Sie ist jetzt in vollem Zuge und wir wünschen von ihr, daß sie zum Segen der deutschen Arbeiterschaft, zum Wohle der breiten Massen des deutschen Volkes, ja zum Segen der Kulturmenschheit verlaufen möge."

---

14) Nachrichten vom 6. 11. 1918.
15) NVBl vom 6. 11. 1918.
16) Berlin, S. 25, will in diesem Kommentar die Position der MSPD gegenüber der Revolution ausmachen, der Kommentar des Blattes vom nächsten Tag zu der Position der MSPD darf dabei aber nicht übersehen werden.
17) Vgl. oben Kap. 1, S. 28-32.

Damit hatte das Blatt Richtung und Ziele angegeben: Soldaten und Arbeiter zusammen tragen die Bewegung, eine proletarische Umwälzung. Und: Diese Bewegung reiht sich in die Geschichte der Arbeiterbewegung ein, ihre Ziele sind die der breiten Massen des deutschen Volkes. Mit dieser Deutung, die eine starke Unterstützung war, konnten die Wilhelmshavener Revolutionäre wohl zufrieden sein.

Dieser klaren Favorisierung stand in den „Nachrichten" eine eher zurückhaltende Kommentierung gegenüber.[18] Die Zeitung betrachtete die Unruhen zunächst unter dem Gesichtspunkt der Friedensverhandlungen und fürchtete, daß die deutschen Aussichten dadurch verschlechtert werden könnten. Sich dann der Innenpolitik zuwendend, mahnte sie mit Front gegen alldeutsche Blätter, die einen letzten Widerstand im Sinne Yorcks[19] gefordert hatten, zur „Ruhe und Besonnenheit, Einigkeit und Festigkeit im Inneren" und verlangte energisch die Unterstützung der Volksregierung.

2.5. Der Ausbruch der Revolution in Oldenburg

2.5.1. Die Gründung und der Ausbau des Soldatenrats: 7. bis 10. November 1918

Welchen Einfluß die Ereignisse in Wilhelmshaven/Rüstringen seit den Flottenunruhen auf die revolutionäre Strömung in Oldenburg hatten, ist schwer auszumachen. Von den Vorgängen auf der Hochseeflotte wurde in den Zeitungen nicht oder nur vorsichtig andeutend berichtet.[1] Über die Kieler Bewegung las man seit dem 5./6. November 1918 in Oldenburg bzw. Wilhelmshaven. Wieweit auf anderen Wegen der Kommunikation Nachrichten aus Wilhelmshaven nach auswärts gelangten, ist nicht zu ermitteln, soweit es sich nicht um amtliche Mitteilungen handelt.[2]

Am 6. November 1918 nachmittags soll bereits zuverlässig bekanntgewesen sein, daß für den nächsten Tag eine Versammlung und Umzüge der Soldaten in der Stadt Oldenburg geplant würden.[3] Tatsächlich teilte der Abgeordnete des Oldenburger Landtages Heitmann (SPD) seinem Kollegen Paul Hug am Morgen des 7. November 1918 mit, daß gegen Mittag eine Versammlung von Soldaten stattfinden werde, auf der ein Soldatenrat gebildet werden sollte. Die gleiche Meldung erhielt Hug eine Stunde später vom Amtshauptmann des Amtes Oldenburg, v. Rössing, dem Stadtsyndikus Fimmen und dem Oberbürgermeister Tappenbeck, der ebenfalls dem Landtag angehörte. Die Herren befürchteten, daß aus den geplanten Demonstrationen und Aktionen Gefahren für die Lebensmittelversorgung entstehen könnten.[4] Hug bedeutete ihnen, daß einige Sozialdemokraten an der Versammlung teilzunehmen die Absicht hätten, eine Mitteilung, welche die Herren beruhigt haben soll.[5]

---

18) Nachrichten vom 7. 11. 1918.
19) General v. Yorck gab durch die von ihm und General v. Diebitsch geschlossene Konvention von Tauroggen (30. 12. 1812) den Anstoß zur Erhebung Preußens gegen die napoleonische Herrschaft.

1) Bis zum 5. 11. 1918 überhaupt nicht, am 6. 11. 1918 in den Nachrichten.
2) Erster Bericht über Marinemeuterer von Amtshauptmann Hillmer, Rüstringen, am 2. November 1918; vgl. StA Ol 136-2768, Bl. 1.
3) Nachrichten vom 8. 11. 1918.
4) Vgl. StA Ol 131-89, Anlage zu Bl. 5.
5) Ebd.

In einer Besprechung der politischen Lage, die Hug und einige seiner Abgeordnetenkollegen abhielten[6], wurde dann wohl über das Vorgehen in der Soldatenversammlung beraten.[7] Am Vormittag nahmen die militärischen und zivilen Behörden[8] untereinander Fühlung auf, um durch geeignete Maßnahmen die Bewegung in ruhige Bahnen zu lenken; als Ziel hatten sie dabei im Auge, „jegliches Blutvergießen und schroffes Vorgehen" zu vermeiden.[9] Aus Wilhelmshaven und Ahlhorn waren inzwischen Marinesoldaten eingetroffen, die eine vielfältige Agitation begonnen hatten; zwei von ihnen wurden vorübergehend verhaftet. Gegen dreizehn Uhr war das Versammlungslokal dicht gefüllt mit Soldaten aller Waffengattungen, darunter besonders vielen Matrosen und Seesoldaten. Die SPD-Abgeordneten Heitmann, der die Versammlung leitete, Meyer und Behrens sowie der Unteroffizier Hoopts, ebenfalls SPD-Mitglied, bildeten das Tagungsbüro.[10] Der Abgeordnete Meyer, Bezirkssekretär der MSPD aus Rüstringen, hielt das Einleitungsreferat über die politische Lage „unter besonderer Beziehung auf die Vorgänge der letzten Tage".[11] Er arbeitete zunächst den Standpunkt der Soldaten scharf heraus: Sie wollten den Frieden, seien gegen alles, was die Verhandlungen stören könnte, sie würden notfalls Gewalt gegen Störer anwenden, betrachteten den Kaiser als Friedenshindernis, hielten Aufrufe zur nationalen Verteidigung jetzt für verderblich.[12] Sie forderten deshalb den Rücktritt des Kaisers und des Großherzogs, eine Formulierung, die Beifall auslöste.[13] Meyer vertrat dann die Forderungen der Soldaten, wie sie in Kiel, Hamburg, Bremen, Emden, Wilhelmshaven, Ahlhorn erhoben wurden. Seine Ausführungen gipfelten in der Forderung, einen Soldatenrat zu gründen, dessen Aufgaben er in zehn Punkten zusammenfaßte. Ein Vergleich mit dem Kieler und Wilhelmshavener Forderungskatalog ergibt, daß die Modifikationen, die auf spezielle Marineverhältnisse Bezug nahmen[14] und einige mehr allgemein-politische[15] fehlten. Alle übrigen waren entweder ausdrücklich oder implizit in den Oldenburger Forderungen enthalten. Der Punkt 10 enthielt eine Besonderheit: die Überwachung des Ver-

---

6) Meyer, Behrens
7) StA Ol 131-89, Anlage zu Bl. 5.
8) Stadtverwaltung, städtische Polizei, Amt Oldenburg, Garnisonskommando; vgl. Nachrichten vom 8. 11. 1918.
9) Ebd.
10) Kluges Aussage, in Oldenburg hätte sich eine politische Strömung, getragen von Militärangehörigen und einigen SPD-Landtagsabgeordneten, bemerkbar gemacht, die den sofortigen Rücktritt des Großherzogs gefordert hätte, ist nicht ganz korrekt: Meyer faßte die Forderungen der Soldaten zusammen und trug sie präzise vor; die Meinung der SPD-Abgeordneten war das nicht. Vgl. Kluge, Ulrich: Soldatenräte und Revolution. Studien zur Militärpolitik in Deutschland 1918/19. Göttingen 1975, S. 60; Hug-Denkschrift, S. 4.
11) Nachrichten vom 8. 11. 1918.
12) Nachrichten vom 5. 11. 1918 berichteten über alldeutsche Kundgebung in Berlin; Nachrichten vom 7. 11. 1918 brachten einen Bericht über alldeutsche Forderungen in verschiedenen Blättern nach einem Yorck; das oldenburgische Blatt lehnt diese Forderungen ab.
13) Paul Hug berichtete in seiner Ende Februar 1919 verfaßten Denkschrift, S. 4 f., Meyer habe die Abdankung des Kaisers und seine Flucht nach Holland mitgeteilt und, auf einen fragenden Zwischenruf nach dem Verbleib des Großherzogs Friedrich August, auch dessen Abdankung als zwangsläufige Folge bezeichnet. Hug muß hier irren: Am 7. 11. 1918 hatte der Kaiser noch nicht abgedankt; das geschah erst am 9. 11., die Flucht am 10. 11. 1918 morgens. Reichhold, Helmut: Bismarcks Zaunkönige. Duodez im 20. Jahrhundert. Eine Studie zum Förderalismus im Bismarckreich. Paderborn 1977, S. 253, folgt der Hugschen Darstellung mit der Abdankungsmeldung, glaubt aber deshalb, die Versammlung habe erst am 9. 11. 1918 stattgefunden. Selbst diese Verschiebung des Termins würde die Meldung über die Flucht des Kaisers noch nicht erklären; konsequenterweise wäre der Termin auf den 10. 11. 1918 anzusetzen. Das Datum der Versammlung ist für den 7. 11. 1918 gesichert. Vgl. auch den Bericht darüber in der „Leipziger Volkszeitung" vom 8. 11. 1918 (zur gleichen Zeit wie in den Nachrichten!), der mit dem in den Nachrichten inhaltlich übereinstimmt, in: Buchner, S. 83; vgl. NVBl vom 9. 11. 1918; Kliche, S. 16, läßt Meyer den Rücktritt des Großherzogs fordern; so auch Kluge, S. 60; anders jedoch in Anm. 174, in der Kluge die Abdankungsforderungen als von der Versammlung erhoben darstellt.
14) Straffreie Rückkehr der Kameraden an Bord, Ausfahrt der Flotte.
15) Rede-, Pressefreiheit, Aufhebung der Briefzensur.

kehrs und der gemeinnützigen Einrichtungen.[16] Die Aussprache, die sehr stürmisch verlief, von Heitmann aber umsichtig geleitet wurde, endete mit dem Beschluß, einen Soldatenrat zu gründen, dem Vertrauensleute aller Abteilungen angehören sollten und dessen Konstituierung abends im Gewerkschaftshaus stattfinden sollte. Im Anschluß an die Versammlung begann ein Umzug ohne Musik und Gesang sowie ohne Waffen, der vom Pferdemarkt über den Markt zum Schloß und zu den Kasernen führte; deren Belegschaften schlossen sich zu einem Teil den Demonstranten an, während ein anderer Teil sich nicht beteiligte. Der Zug, oder besser die Züge, die sich bis zum Dunkelwerden durch die Straßen bewegten, entwaffneten die Hauptwache, zogen die Posten ein, befreiten - mit Genehmigung des Garnisonskommandos - militärische und politische Gefangene und nahmen die Munition unter Verschluß. Auf dem Bahnhof, der stark besetzt war, wurden aus Aurich und Osnabrück ankommende Truppen entwaffnet und ohne Munition zurückgesandt.[17]

Am Abend konstituierte sich der Soldatenrat, faßte erste Beschlüsse und ließ im Einvernehmen mit dem Garnisonskommando ein Flugblatt verteilen, das sich an Soldaten, Arbeiter und Bürger richtete[18], und vom Soldatenrat zusammen mit dem Garnisonskommando und dem Gewerkschaftskartell unterzeichnet war.[19] Darin teilten die Unterzeichner zunächst die erfolgte „Umgestaltung des militärischen Kommandos" mit, das nun vom engeren Soldatenrat in Gemeinschaft mit dem Garnisonskommando ausgeübt wurde. Beide garantierten die öffentliche Ruhe und Ordnung, ließen die Offiziere, soweit sie sich der Neuordnung fügten, in ihren Kommandos, forderten die Behörden zu ungehinderter Weiterarbeit, die Bürger zur Fortsetzung ihrer Arbeit auf, warnten alle, Soldaten wie Zivilisten, vor Plünderung und Gewalttätigkeit und vergaßen nicht, die Lebensmittelversorgung als eine besondere Aufgabe herauszustellen. Die Einzelabmachungen in zwölf Punkten zwischen dem Garnisonsältesten und dem Soldatenrat regelten sehr Unterschiedliches: vom Zapfenstreich und der weißen Binde für Soldatenratsmitglieder bis zur obersten örtlichen Befehlsgewalt. Was diese betraf, so lag sie in den Händen des Soldatenrats, dessen Anordnungen sich sowohl Militär- wie Zivilpersonen zu fügen hatten. Zur technischen und praktischen Durchführung bediente sich dieser des Garnisonskommandos und des militärischen Apparates sowie der staatlichen und kommunalen Behörden. Für den militärischen Bereich ordnete die Vereinbarung das Vorgesetztenverhältnis[20], die Verpflegung[21], Bewaffnung[22], Haftstrafen[23] und Ausgang[24], für den zivilen nur die oberste Befehlsgewalt und den öffentlichen Verkehr.[25] In einem Punkt nahm die sonst sehr gemäßigte Befehlssprache einen drohenden Ton an: „Plünderungen werden standrechtlich abgeurteilt".

---

16) Diese Forderung war verständlich, da über Oldenburg zur Eindämmung der revolutionären Bewegung die Truppentransporte an die Küste geleitet werden mußten.
17) Nach Hug hat Heitmann die Aktion auf dem Bahnhof geleitet; Hug-Denkschrift, S. 5.
18) Das Flugblatt wurde am 8. 11. 1918 morgens verteilt; Nachrichten vom 8. 11. 1918; also noch vor dem Flugblatt vom 8. 11. 1918 in Wilhelmshaven; Kliche S. 13.
19) Der Soldatenrat unterzeichnete durch fünf Mitglieder, die beiden anderen Mitverantwortlichen nur durch den Institutionennamen.
20) Vorgesetzte nur im Dienst, kein Grußzwang außerhalb des Dienstes, aber Beibehaltung der Offiziersattribute: Achselstücke, Degen.
21) Gemeinsame Kontrolle durch Soldatenrat und Garnisonsältesten, möglichst gleiche Beköstigung für Offiziere und Mannschaften.
22) Verwahrung von Waffen und Munition durch eine Kommission des Soldatenrats, Verbot des Tragens von Schußwaffen für Militär- und Zivilpersonen.
23) Haftentlassung der wegen politischer und kleiner Disziplinarvergehen Bestraften.
24) Zapfenstreich 24 Uhr.
25) Aufrechterhaltung des Dienstes bei Eisenbahn, Post und Telegraphie.

Vergleicht man den Text der Flugblätter aus Oldenburg und Wilhelmshaven vom 8. November 1918 miteinander, so fallen neben vielen Gemeinsamkeiten in den Einzelpunkten der Abmachungen einige Unterschiede auf. Das begann schon bei der Anrede. Hier waren die Formulierungen so gewählt, daß sich alle Staatsbürger, seien sie nun Arbeiter oder Bürger im engeren Sinne, angesprochen fühlen konnten, dort wurden nur die Kameraden und Genossen angesprochen; hier traten neben den Soldatenrat als Verantwortliche für die neue Ordnung das Garnisonskommando und das Gewerkschaftskartell, also wiederum eine viel breitere Basis, dort stand der 21er Rat, ein auf die militärischen Verbände gestütztes Gremium, allein; hier wurde angeordnet, dort wurde der Befehlston, wie er immer üblich war, unverändert beibehalten. Was die Einzelregelungen anging, so ähnelten sie sich, waren auch zum Teil identisch; in der Frage der obersten Befehlsgewalt reichte die Oldenburger Vereinbarung sogar weiter, da sie für Militär- und Zivilpersonen galt. Allerdings bedeuteten Formulierungen da wenig, die tatsächlichen Machtverhältnisse jedoch alles. Und die Macht lag in Wilhelmshaven auch ohne den ausdrücklichen Wortlaut beim 21er Rat.

Am 8. November 1918 morgens sammelte sich die gesamte Garnison auf dem Pferdemarkt, wo ihr Instruktionen über das Verhalten erteilt wurden, die Offiziere die Auflage bekamen, sich im Laufe des Tages über ihre Stellung klarzuwerden, die Dienstaufnahme für den folgenden Tag angekündigt wurde. Am Vormittag erschienen einige Matrosenmaate aus Wilhelmshaven im Elisabeth-Anna-Palais, um die rote Fahne auf Schloß und Palais zu hissen. Der Großherzog erteilte „wohl oder übel"[26] die Erlaubnis.[27] Dabei kam auch die „Revolution" zur Sprache und, aufgefordert, „erzählten sie ihm sehr offen und freimütig, weshalb sie die Umordnung hier betrieben hätten und berichteten namentlich viel über Mißstände beim Militär." Die Soldaten sollen sich nach vollbrachter Tat sehr anerkennend über den Großherzog und seine ganze Art geäußert haben.[28] Da der Oldenburger Soldatenrat von der Aktion nicht in Kenntnis gesetzt worden war, veranlaßte er, daß auf dem Elisabeth-Anna-Palais die rote Fahne wieder eingezogen wurde.[29]

> *„Auf dem alten Schlosse der oldenburgischen Großherzöge aber weht die rote Fahne weiter als Symbol einer anderen Zeit."*[30]

Abends tagte das Gewerkschaftskartell, um über die Vorgänge zu beraten. Im Unterschied zu Wilhelmshaven schlossen sich die Arbeiter nicht den Umzügen an, die Leitung der Arbeiterorganisationen behielt die Initiative in der Hand. Ein Versuch der USPD, Einfluß auf die Bewegung zu gewinnen, mißlang. Die Gewerkschaften lehnten es ab, sich zu Putschen hinreißen zu lassen.[31] Eine Kommission sollte die Wünsche der Arbeiter und Angestellten dem Magistrat der Stadt und dem Amtsvorstand unterbreiten. Am 9. November 1918 nahm der Soldatenrat zur Verbreiterung der Grundlage und zur „Unterstützung der ruheerhaltenden Absichten"[32]

---

26) Nachrichten vom 9. 11. 1918.
27) Hug schreibt, der Großherzog habe „protestierend, aber der Gewalt weichend", das Vorgehen geduldet; Hug-Denkschrift S. 5; Kliche, S. 16, berichtet, zwei Matrosen hätten vor den Augen der Dienerschaft ihre Gewehre geladen und vom Großherzog die Erlaubnis gefordert.
28) Vgl. Nachrichten vom 9. 11. 1918.
29) Hug und Heitmann empfahlen dem Soldatenrat, der sie um ihre Meinung gebeten hatte, die Fahne entfernen zu lassen; Hug-Denkschrift S. 5; auch Minister Scheer erhielt die Nachricht von dem Flaggenwechsel von „unbefugter Seite" und verwandte sich beim Soldatenrat in demselben Sinne.
30) Nachrichten vom 9. 11. 1918.
31) Vgl. Nachrichten vom 9. 11. 1918.
32) Nachrichten vom 10. 11. 1918.

den Landtagsabgeordneten Tantzen-Heering und den Vorsitzenden des Oldenburger Stadtrates, Dr. Meyer, als Beiräte auf. Die Aussprache des Soldatenrats mit dem Offizierskorps brachte eine vollständige Einigung: Das Offizierskorps stellte sich auf den Boden der Neuordnung. Der Soldatenrat hielt eine Gegenbewegung für ausgeschlossen und völlig erfolglos, wie andererseits eine Verhinderung des Bolschewismus für geboten. In Zusammenarbeit mit der Garnisonsverwaltung und den Gewerkschaften gedachte er der Schwierigkeiten Herr zu werden. In einem Aufruf hieß es: Die Arbeit sei fortzusetzen, die militärischen Obliegenheiten zu erfüllen, die Landbevölkerung solle wie vorgeschrieben abliefern, die gesetzlichen Bestimmungen blieben in Kraft. Der Magistrat ergänzte, die Lebensmittelversorgung für die Zivilbevölkerung und das Militär sei gesichert, wenn Ruhe und Ordnung nicht gestört würden.

2.5.2. Der Konflikt zwischen dem 21er Rat in Wilhelmshaven/Rüstringen und dem Soldatenrat Oldenburg

Der Eingriff Wilhelmshavener Marineangehöriger in die Zuständigkeiten des Oldenburger Soldatenrats am 8. November 1918 anläßlich des Flaggenwechsels war ein erstes Anzeichen für einen sich anbahnenden Konflikt zwischen den beiden Revolutionsgremien, bei dem es darum ging, die Form des Übergangs von der konstitutionellen Monarchie zu einer neuen Staatsordnung zu finden.[33] In Wilhelmshaven herrschten darüber andere Auffassungen als in Oldenburg.
In der Sitzung des 21er Rats am 8. November 1918 bezeichnete der Vorsitzende Kuhnt als Ziel der Bewegung „die Stürzung des Systems", aber ohne Rachegedanken, Ausschreitungen und Blutvergießen.[34] Was darunter zu verstehen war, stand in einem Flugblatt, das die Wilhelmshavener am Morgen des 10. November 1918 vor ihren Türen fanden; darin hieß es, der erste Sieg sei errungen, die erste Schanze sei genommen.

> „Das Ziel unserer Vorkämpfer Marx und Lassalle, es ist in diesen wenigen Tagen uns tausendmal nähergerückt, als in einem ganzen Jahrhundert voller Kämpfe. Die Freiheitsgöttin, sie schwebt über uns! Aber, Genossen und Genossinnen, wir wollen es bei dem Erreichten nicht bewenden lassen! Die große Stunde der Völkerbefreiung hat geschlagen, das Feuer der Revolution wird übergreifen auf die ganze Welt!..."[35]

So fordere nun der Arbeiter- und Soldatenrat alle, Männer und Frauen, zu einer imposanten Massenversammlung auf. Die Leser des Flugblattes konnten sich nun doch wenigstens eine Vorstellung von dem machen, was kommen sollte: die Verwirklichung der Ziele von Marx und Lassalle, die Völkerbefreiung, die Weltrevolution.[36]
Am späten Vormittag des 10. November 1918 strömten die Menschen zum Versammlungsort auf dem Grodenschulplatz hinter der Seebataillonskaserne. Der Arbeiter- und Soldatenrat hatte durch einen Befehl die Teilnahme der Soldaten an der Kundgebung sicherzustellen gewußt.

---

33) Am Sonnabend, 9. 11. 1918, versuchte wiederum eine größere Anzahl von Marineangehörigen auf dem Palais eine rote Fahne zu hissen, was vom Oldenburger Soldatenrat verhindert wurde und beinahe zu einer Schießerei geführt hätte; Hug-Denkschrift, S. 5.
34) P.A., 8. 11. 1918, WTBl vom 28. 12. 1922.
35) Stadtarchiv Wilhelmshaven, Best. 7040; auch abgedruckt in Kliche, S. 16 f.
36) Meldungen, wonach in den Ententeländern England und Frankreich bei Heer und Flotte revolutionäre Bewegungen sich bemerkbar machen sollten, füllten in diesen Tagen die Spalten der Zeitungen. Vgl. Buchner, S. 139 f., Stumpf-Tagebuch, S. 308; Hipper-Tagebuch, S. 16; Fikentscher, S. 31; Lammertz, S. 27 f.; WUA 4/10/I, S. 57, Gutachten Stumpf.

Sämtliche Truppenteile hatten sich um zehn Uhr mit Musik auf ihren Standorten zu sammeln, nur das zur Aufrechterhaltung des Betriebes notwendige Personal blieb zurück. Die Küchen erhielten die Anweisung, besonders gutes Essen zu kochen. Auf allen Gebäuden und Schiffen waren rote Flaggen bereitzuhalten, damit um Punkt zwölf Uhr der Flaggenwechsel bzw. die Flaggenparade vorgenommen werden konnte.[37] Gegen elf Uhr war der Platz mit über zehntausend Menschen gefüllt, zu denen Kuhnt von der Haupttribüne aus sprach:[38]

Große Umwälzungen hätten sich in den letzten Tagen vollzogen, heute solle der letzte Stoß an dem alten morschen Staat ausgeführt werden. Es gelte, ein herrliches Deutschland zu gestalten, und dazu gebe es nur einen Weg: alle Volkskräfte müßten sich zusammenfinden und aufbauen auf der Grundlage der sozialistischen Republik. Er würdigte dann die Verdienste der Marine um die Revolution, erinnerte an die Tat der Matrosen Reichpietsch und Köbis, in deren Nachfolge er sich und die Revolutionäre stellte, die nun alle Macht an sich gerissen hätten. Nach langwieriger und eingehender Beratung, so fuhr er fort, hätte der 21er Rat in der letzten Nacht einstimmig beschlossen, die Nordsee-Station und alle umliegenden Inseln und Marineteile sowie das dazu gehörige ganze Oldenburger Land als sozialistische Republik zu erklären.

> *„Der Großherzog ist abgesetzt! Das ist es, was wir wollen. Proletarier aller Länder, vereinigt Euch! . . ."*

Mit einem Appell, die Aufbauarbeit zu beginnen, und einem Hoch auf die sozialistische Republik schloß er seine Rede. Von Nebentribünen sprachen verschiedene Redner zu den Massen, so der Abgeordnete Meyer, der Redakteur des „Norddeutschen Volksblattes", Oskar Hünlich, die dem Arbeiter- und Soldatenrat „die volle Sympathie der Partei (bekundeten)"[39], der Vorsitzende des Arbeiterrats, Emil Zimmermann, der die Versammelten aufforderte, der Reaktion die Stirn zu bieten, und ein weiterer Redner, der Karl Marx in warmen Worten feierte und ein Hoch auf ihn ausbrachte.[40] Nach den Reden

> *„intonierte die Musik den Sozialistenmarsch. Entblößten Hauptes hörten die Anwesenden diesen an. Um diese Zeit wurden von allen staatlichen Gebäuden, den Kasernen und den im Hafen liegenden Schiffen die alten Reichsfarben und die Kriegsflagge heruntergezogen, an ihrer Stelle stieg gleich darauf das rote Freiheitsbanner. Auf der Reede gaben die Schiffskanonen ihren Salut. Signalraketen zischten hoch. Eine Anzahl Kampfflieger warfen Flugblätter auf die Massen. Ein großer erhebender, überwältigender Augenblick! . . ."*[41]

Daß nicht nur Sympathisanten der Revolution so empfanden oder empfunden haben könnten, sondern auch Menschen, die seit dem Ausbruch am 6. November 1918 sich der Revolution gegenüber eher skeptisch oder zumindest abwartend-distanziert verhielten, von der Massenversammlung und ihrem Szenario beeindruckt waren, bekundete der Matrose Richard Stumpf, der den 10. November 1918 „vielleicht als einen der bedeutsamsten Tage (in der Geschichte dieses Krieges)" bezeichnete.

---

37) Vgl. BA-MA RM 47/v. 553, Telegramm des Arbeiter- und Soldatenrats; so auch Lammertz, S. 27.
38) Kliche, S. 18 f.; Hipper-Tagebuch, S. 17, spricht von 60-70.000 Mann, meist Matrosen.
39) Gemeint war die MSPD.
40) Vgl. WZ vom 12. 11. 1918 und WTBl vom 12. 11. 1918; Kliche, S. 19, spricht von „andere(n) Arbeiterführer(n)"; Grundig, . . . Wilhelmshaven, Bd II, S. 120, nennt Meyer und Hünlich als Redner.
41) Kliche, S. 19; im Stumpf-Tagebuch, S. 308, findet sich die Bestätigung der Angaben Kliches durch einen Augenzeugen der Kundgebung; ebenso, nur viel knapper, bei Lammertz, S. 27.

> *„Zum ersten Male wurde es mir etwas feierlich zu Mute. Geradezu frühlingshaft lachte die Sonne vom Himmel, und festlich fröhliche Gesichter gaben Zeugniß, daß das Heraufkommen einer neuen Zeit auf fruchtbaren Boden fiel . . ."*

Nachdem er die Einzelheiten geschildert hatte, fuhr er in reflektorisch-kritischer Haltung fort:

> *„Die Massensuggestion gegen die ich immer ankämpfte, nahm mich nun doch gefangen . . ."*[43]

Kurz nach zwölf Uhr verließ der 21er Rat mit dem Präsidenten Kuhnt den Platz.[43] Dieser wurde auf den Schultern zweier Soldaten durch die Stadt und zum Offizierskasino, dem Sitz des „republikanischen Volksrates"[44], getragen. Dort dankte der Genosse Schneider vom 21er Rat im Namen des Präsidenten, „der sich abgespannt fühlte"[45], für die „treue Mitarbeit am heiligen Werk"[46] und teilte „als erstes positives Resultat aus der weltumwälzenden Bewegung mit, daß der Waffenstillstand an allen Fronten abgeschlossen ist . . ."[47]

Eine Stunde später wurde überall ein Flugblatt angeschlagen, das die Mitteilungen Kuhnts und die Beschlüsse des 21er Rats schwarz auf weiß enthielt.[48] Darin hieß es:

> *„Die 21er Kommission, als ausführendes Organ des Arbeiter- und Soldatenrats der Nordseestation und aller ihm unterstehenden Landesteile und Inseln Preußens, sowie ganz Oldenburgs und der gesamten Flotte hat . . . folgendes rechtskräftig beschlossen:*
> *Der Großherzog von Oldenburg ist abgesetzt!*
> *Die oben angeführten Landesteile und Marineformationen erklären ihren zugehörigen Bezirk zu einer sozialistischen Republik . . ."*[49]

Dieser Zustand sei ein vorläufiger, bis der zur Zeit die ganze Welt beherrschende Gedanke des Sozialismus in Deutschland die Grundlage einer festen, einheitlichen Staatsform geschaffen haben werde. Das bedeutete die sozialistische Republik Oldenburg-Ostfriesland als Vorgriff und Bestandteil einer deutschen Einheitsrepublik, beschlossen vom 21er Rat der Nordsee-Station und der Flotte.

Dieser zog nun sofort die Konsequenzen aus der Proklamation, indem er eine bewaffnete Mannschaft nach Oldenburg schickte, die den Anschluß Oldenburgs herbeiführen und den

---

42) Stumpf-Tagebuch, S. 308.
43) Die Wahl Bernhard Kuhnts zum Präsidenten der Republik Oldenburg-Ostfriesland nahm der 21er Rat in der Nacht zum 10. 11. 1918 vor; nach Stumpf-Tagebuch, S. 308, stellte sich Kuhnt selbst als Präsident vor.
44) So WZ und WTBl vom 12. 11. 1918.
45) WTBl vom 12. 11. 1918.
46) Ebd.
47) WZ vom 12. 11. 1918. Im Nachlaß Noske, Archiv der sozialen Demokratie, Bonn-Bad Godesberg, befindet sich ein handschriftliches Manuskript von 20 Seiten, in dem Noske unter dem Titel „Kuhnt als Führer der Revolution in Wilhelmshaven" die Vorgänge aufgrund von Augen- und Ohrenzeugenberichten, die ihm zugänglich gemacht wurden, im Jahre 1922 schilderte. Darin wird, S. 6, die obige Schilderung bestätigt; Rudolf Wissell, der vom 10. 11. 1918 an in Wilhelmshaven war, hat die Schilderung 1948 für unmöglich erklärt, weil Kuhnt seiner Erinnerung nach erst in späteren Tagen zum Präsidenten gemacht wurde; darin irrte Wissell jedoch; BA, Nachlaß Wissell 10632/4. Der Wortlaut der Waffenstillstandsbedingungen wurde nicht mitgeteilt; im Gegenteil verbot der Arbeiter- und Soldatenrat die Verbreitung der Sonderdrucke der WZ, gab den Verkauf jedoch später mit der Begründung eines Versehens und falscher Gerüchte frei; WZ vom 12. 11. 1918; so auch Lammertz, S. 27, und Fikentscher, S. 32.
48) Stadtarchiv Wilhelmshaven, Best. 7040; abgedruckt bei Kliche, S. 20.
49) Zum Festungsbereich Wilhelmshaven gehörten die Ämter Rüstringen, Jever, Varel; vom Amt Butjadingen der westlich der Gemeinde Stollhamm liegende Teil; vom Kreis Wittmund der östlich der heutigen Bundesstraßen 437 und 461 gelegene Teil; vgl. Grundig, Wilhelmshaven, Bd II, S. 66 f. Die Marinestation der Nordsee war verantwortlich für Küstenschutz- und verteidigung und umfaßte, gestützt auf den Hauptkriegshafen Wilhelmshaven, die Befestigung an der deutschen Nordseeküste von Borkum über Helgoland bis nach Sylt.

Großherzog gewaltsam entthronen sollte.[50] Dem Oldenburger Soldatenrat gelang es nur mit Mühe und „nach heftigen Kämpfen"[51], einen Aufschub und eine „vorläufige Verständigung auf der Grundlage herbeizuführen, daß über die Entthronung zunächst der Landtag gehört werden solle."[52] Am nächsten Tag hieß es in den „Nachrichten" dazu:

> „Der Soldatenrat stellte sich jedoch (gegenüber der Anschlußforderung; d. Verf.) *auf den Standpunkt, eine solche Bewegung sei für die Bürger nur dann fruchtbringend durchzuführen, wenn sie in der gesamten Bevölkerung vertreten sei und nicht einseitig von außen hereingetragen werde. Er lehnte es ab, der Entschließung in Rüstringen Folge zu leisten, und beschloß, mit den bürgerlichen Parteien Fühlung zu nehmen und Verständigung zu suchen. Der Landtag wird sich dann vermutlich mit der Angelegenheit befassen. Dadurch erledigt sich einstweilen die durch WTB verbreitete Mitteilung von der Absetzung des Landesfürsten.*"[53]

Der Soldatenrat selbst brachte seine Auffassung auf die bündige Formel:

> „Die Proklamation Rüstringens ist einseitig ohne vorherige Verständigung mit dem Soldatenrat Oldenburg vorgenommen worden."[54]

Worum ging es bei diesem Konflikt?

Um die Entthronung des Großherzogs, über den sich die Matrosen so anerkennend geäußert hatten?

Um den Sturz der Monarchien, deren eine die Oldenburger war, um die politische Revolution also?

Um die Umwälzung der Gesellschaft? Um die soziale Revolution?

Der 21er Rat und die politische Führungsgruppe in Wilhelmshaven/Rüstringen suchten ihrer Revolution einen sozialen und politischen Inhalt und ihrer revolutionären Gesinnung einen deutlichen Ausdruck zu geben. Dazu genügte es nicht, den Stationschef und Gouverneur, den Festungskommandanten und den Bürgermeister zu entmachten und sich selbst an ihre Stellen zu setzen. Das traf die alten Mächte nicht nachhaltig genug, entschied noch nicht über den „Sturz des Systems". Andererseits war der Sturz der Hohenzollern-Monarchie in Berlin von Wilhelmshaven aus undurchführbar. So bot sich als geeignete Revolutionsmaßnahme der Sturz der benachbarten Monarchie in Oldenburg an. Nicht nur unter symbolischen und das Bewußtsein der Menschen beeindruckenden Gesichtspunkten, sondern unter strategischen schien das eine räsonable Aktion: sicherte sie doch neben dem Küstenstreifen von der Ems bis zur Weser auch die Tiefe des Hinterlandes für die Revolutionäre des Kriegshafens, der leicht von Land aus einzuschließen und abzuschnüren war.[55]

Was den sozialen und politischen Inhalt der revolutionären Bewegung anbetraf, so ging es dem 21er Rat darum,

> das politische und gesellschaftliche System, das durch Begriffe wie Monarchie, Militarismus, Marinismus, kapitalistische Gesellschaft umschrieben wurde, zu beseitigen und eine neue Welt, angefangen bei der deutschen sozialistischen Republik, aufzubauen.

---

50) Vgl. Scheer-Denkschrift, S. 4 f.
51) Ebd., S. 5; so lautete die Mitteilung Heitmanns, Mitglied des Oldenburger Soldatenrates.
52) Ebd.
53) Nachrichten vom 11. 11. 1918; vgl. Schulthess, 1918, I, S. 467.
54) Nachrichten vom 11. 11. 1918.
55) Diese Befürchtungen hegte der 21er Rat, wie Wissell in einem Brief vom 15. 11. 1948 schrieb; BA, Nachlaß Wissell 10632/4.

Dabei hatte die Überzeugung, in der Tradition der Emanzipationskämpfe im 19. Jahrhundert und besonders der Arbeiterbewegung zu stehen und damit eine historische Mission zu vollziehen, eine hohe Bedeutung.[56]

Für den Oldenburger Soldatenrat, der von Anfang an mit dem Gewerkschaftskartell und Vertretern anderer sozialer Verbände und Gruppen zusammenarbeitete, handelte es sich darum,

    das Kriegsende zwar nicht in die Auflösung jeder staatlichen, kommunalen und militärischen Ordnung auslaufen zu lassen,

    aber die errungenen Machtbefugnisse in militärischem wie zivilem Bereich zu sichern und

    die „Forderungen des Tages" zu erfüllen, die drängendsten und dringenden Tagesprobleme zu lösen (Existenzsicherung, Erhaltung des Kommunikationssystems).

Das bedeutete, so viel an staatlicher und politischer Kontinuität zu erhalten wie nötig und so viel an Veränderung innerhalb des politischen Systems vorzunehmen wie möglich, einmal durch Erhaltung politischer Institutionen, zum anderen durch Verbreiterung der politischen Basis und Einbeziehung der politischen Kräfte und Parteien.

Ansetzend bei den konkreten Aufgaben, deren Ausmaße und Schwierigkeiten die im Lande Tätigen besser beurteilen konnten als zufällig Anwesende, suchte der Oldenburger Soldatenrat die Mitarbeit vieler und die Zustimmung möglichst aller und überließ die großen Gestaltungsaufgaben in Staat und Gesellschaft der Zukunft, während der 21er Rat, fremd im Lande, im Großen ansetzend in Rede und Entwurf, gleichsam in einem revolutionären Aufschwung die widrigen Alltagsprobleme in den fundamentalen Umwälzungen aufzulösen sich anschickte.

2.5.3. Das Ende der konstitutionellen Monarchie und die Proklamation des Freistaates Oldenburg

Am 7. November 1918 hatte der Oberbürgermeister der Stadt Rüstringen dem Minister des Inneren den Ausbruch der Revolution, als deren Hauptziel er die deutsche Republik bezeichnete, gemeldet und um Anweisungen gebeten, wie er sich verhalten sollte.[57] Der Minister Scheer antwortete am 9. November 1918 abends:

„Geehrter Herr Oberbürgermeister!
Ihre Anfrage vom 7. ds. Monats gelangt erst soeben in meine Hände. Unsere Stellungnahme zu der Forderung der Einführung der Republik im Reich und in den Bundesstaaten ist durch die Verfassung gegeben. Nach dem oldenburgischen Staatsgrundgesetz ist bei uns die Regierungsform die monarchische, eine Änderung kann und darf nur auf verfassungsmäßigem Wege herbeigeführt werden."[58]

Aber was war die oldenburgische Verfassung am Abend des 9. November 1918?[59]

---

56) Im NVBl wurde ebenfalls diese Auffassung publizistisch engagiert vertreten, wobei es zu Wechselwirkungen gekommen sein mag: Der Revolutionär inspirierte den Publizisten, der ersteren wiederum mit historischen Vergleichen, Analogien und dergleichen versah.
57) StA Ol 131-106, Bl. 1/3.
58) StA Ol 131-106, Bl. 1/4; in seiner Denkschrift vom 12. 3. 1919 liest sich das etwas anders: „Ich schrieb ihm, daß für die Beamten das Staatsgrundgesetz allein maßgebend sei und daß Beschlüsse revolutionärer Marinemannschaften für das oldenburgische Land ohne Bedeutung seien"; Scheer-Denkschrift, S. 4.
59) Die Verfassungen des Deutschen Reiches, der Königreiche Preußen, Bayern, Württemberg, Sachsen und vieler anderer Bundesländer waren bereits aufgehoben; für die einzelnen Bundesstaaten vgl. Kittel, S. 51-55.

Der „vorläufigen Verständigung" zwischen den Soldatenräten Oldenburgs und Wilhelmshavens vom 10. November 1918 nachmittags war keine lange Geltung beschieden: Der 21er Rat lehnte sie ab.[60] Noch am selben Tage, Sonntag, begab sich der Minister Scheer, über den Konflikt unterrichtet und von Heitmann gebeten, dem Großherzog die Abdankung nahezulegen, ins Palais und erstattete Meldung. Der Großherzog erklärte seine Bereitschaft zum Thronverzicht, sofern der Landtag diesen für erforderlich halte, „um einen Bürgerkrieg und Blutvergießen zu vermeiden".[61] Am Montag, dem 11. November 1918, kam der Landtagsabgeordnete Paul Hug, der die Proklamation der Republik Oldenburg in Wilhelmshaven miterlebt hatte, nach Oldenburg, „um die Staatsumwälzung in Wirklichkeit zu vollenden."[62] Von Heitmann über die Vorgänge am Vortage ins Bild gesetzt, ging er zusammen mit Julius Meyer zu Minister Scheer und verlangte die sofortige Abdankung des Großherzogs, indem er kurz und bündig erklärte, daß, wenn der Großherzog nicht sofort abdanke, er gewärtig sein müsse, von einer Abteilung Soldaten aus dem Schloß geholt zu werden. Der Minister riet nunmehr dem Großherzog zu einem freiwilligen Verzicht, und dieser unterzeichnete die Abdankungsurkunde. Um Unheil von den oldenburgischen Landen fernzuhalten, hieß es darin, sähe er sich durch die Umwälzungen der letzten Tage veranlaßt, die Regierung des Großherzogtums niederzulegen. Das Staatsministerium solle einstweilen die Regierungsgeschäfte weiterführen, die Beamten sollten auf ihren Posten bleiben. Er bitte die gesamte Bevölkerung dringend, sich in das Unabänderliche zu schicken und Ruhe zu bewahren.[63] Damit war das Staatsgrundgesetz als Verfassung der konstitutionellen Monarchie des Großherzogtums Oldenburg aufgehoben. Während die Verzichtsurkunde unterzeichnet und veröffentlicht wurde, verhandelte Paul Hug im Landtage über die Regierungsbildung: zunächst mit dem Abgeordneten Tantzen-Heering (FVP), der sich bereit erklärte, in die provisorische Regierung einzutreten und die von Hug entworfenen Richtlinien billigte, dann mit dem Abgeordneten Dr. Driver (Z), der sich ebenfalls zur Übernahme eines Postens in der Regierung bereitfand. Gegen Mittag des 11. November war das „Landesdirektorium"[64], wie die provisorische Regierung sich nannte, gebildet: Sie bestand aus den Repräsentanten der drei stärksten Fraktionen des Landtages, den Abgeordneten Paul Hug, Karl Heitmann, Julius Meyer (MSPD), Theodor Tantzen-Heering (FVP) und Dr. Franz Driver (Z), zu denen als Fachminister die Minister Hermann Scheer und Otto Graepel traten.

Als Hug den Landtag auf den Nachmittag zu einer vertraulichen, interfraktionellen Sitzung berufen hatte, um ihn mit den Geschehnissen bekanntzumachen, erhielt er die Nachricht, der Präsident Kuhnt werde in Oldenburg erscheinen, um die Regierung zu bilden.[65] Um fünfzehn Uhr erschien Kuhnt, begleitet von den Reichstagsabgeordneten Rudolf Wissell und Oswald Schumann[66] in der Fraktionssitzung der MSPD. Nachdem Hug die Vorgänge in Oldenburg

---

60) StA Ol 131-89, S. 5.
61) Ebd.
62) Hug-Denkschrift, S. 7.
63) StA Ol 131-3, Bl. 3.
64) Der Vorschlag, der provisorischen Regierung den Namen Direktorium zu geben, stammte von Minister Scheer; Scheer-Denkschrift, S. 6.
65) Kliche, S. 19, setzte die Landtagssitzung irrtümlich auf den 10. 11. 1918 an; der Abg. Tantzen-Heering war kein „Volksparteiler", wie Kliche meinte, sondern Mitglied der Fortschrittlichen Volkspartei; nach der Neugründung der Parteien gehörte er der DDP an.
66) Rudolf Wissell, MdR für den Wahlkreis 6 Potsdam seit 1918; Ende Dezember bis Februar 1919 Mitglied des RdV; Oswald Schumann, MdR für den Wahlkreis 8 Frankfurt/Oder; vgl. Hug-Denkschrift, S. 8.

und die Regierungsbildung geschildert hatte, forderte Wissell mit Rücksicht auf die Verhältnisse in Wilhelmshaven-Rüstringen eine sozialdemokratische Mehrheit im Landesdirektorium.[67] Dieser Forderung widersetzten sich zunächst die Abgeordneten Jordan und Schmidt aus Delmenhorst; nach einer Beratung mit den bürgerlichen Mitgliedern Tantzen-Heering und Dr. Driver kam es jedoch zu einer Vereinbarung, nach der noch der Abgeordnete Jordan und der Präsident Kuhnt dem Direktorium beitraten.[68] Um siebzehn Uhr traten die Mitglieder des Landtages zu der Besprechung zusammen, die der Landtagspräsident Schröder leitete. Er verlas zunächst ein Schreiben des Ministers Scheer an den Landtag, in dem das Staatsministerium die Abdankung des Landesfürsten anzeigte.[69] Als Begründung dieses Schrittes führte Scheer aus:

> *„. . . die politischen Verhältnisse hatten sich im Laufe des gestrigen Sonntag und heute so zugespitzt, daß der Großherzog seine Absicht, sich vor der endgültigen Entschließung mit dem Landtage ins Benehmen zu setzen, nicht ausführen konnte, da die Landtagsausschüsse am heutigen Vormittag nicht tagten. Eine auch nur kurze Hinausschiebung der Verzichtserklärung war unter den obwaltenden Umständen nicht zu verantworten . . ."*[70]

Der Abgeordnete Hug teilte sodann die Bildung der „provisorischen Regierung des nunmehrigen Freistaates Oldenburg" mit, „dessen Präsident einstweilen der Marineangehörige Kuhnt sein werde".[71] Er ersuchte den Landtag, sich auf den Boden dieses Beschlusses zu stellen und sein Einverständnis zu der Bildung des Landesdirektoriums zu erklären. Nachdem die Abgeordneten Tantzen-Heering und Dr. Driver sich im gleichen Sinne ausgesprochen hatten, wiesen die Minister Scheer und Graepel

> *„noch ausdrücklich darauf hin, daß die aus Wilhelmshaven drohende Gefahr dazu zwinge, vor allem Ruhe und Ordnung im Lande aufrecht zu erhalten und die Ernährung der Bevölkerung sicher zu stellen".*[72]

Der Landtag beschloß darauf einstimmig, die vorgeschlagenen Abgeordneten als Mitglieder des Landesdirektoriums zu bestätigen, die Minister um ihre Mitarbeit zu ersuchen und den Marineangehörigen Kuhnt als „zeitige(n)" Präsidenten des Freistaates[73] Oldenburg anzuerkennen. Auf Anregung des Abgeordneten Hug stellte sich sodann der „neue Präsident Kuhnt" dem Hause vor.

> *„. . . Nachdem die Minister von diesem Vorhaben unterrichtet waren, erschien der ,Präsident Kuhnt' in Matrosenuniform im Sitzungssaale, reichte den Ministern und dem Landtagspräsidenten die Hand und erhielt von diesem das Wort zu einer Ansprache, in der er hervorhob, daß es sein Bestreben sein werde, Ruhe und Ordnung aufrecht zu erhalten."*[74]

---

67) Sieht man von den Fachministern ab, die als politische Repräsentanten nicht in Betracht kamen, so hatte die MSPD eine Mehrheit von 3:2.
68) Neben dem Argument, die MSPD müsse die Mehrheit besitzen, scheint es in der Kontroverse darum gegangen zu sein, dem vom 21er Rat gewählten Präsidenten der Republik Oldenburg-Ostfriesland einen Platz in der Regierung zu verschaffen. Die Denkschrift Hugs enthält darüber keine Angaben. Die Aussage Kluges, S. 60, über die Besprechung in der Fraktion ist verkürzt, da sie die vorherigen Verhandlungen Hugs mit Tantzen und Driver nicht erwähnt.
69) StA Ol, Best. 39, Conv. I, Bl. 9, Protokoll der Sitzung vom 11. 11. 1918.
70) StA Ol 131-3, Bl. 4.
71) StA Ol, Best. 39, Conv. I, Bl. 9.
72) Ebd.
73) Der Begriff Freistaat wurde von der Mehrheit des Landtags als beste Verdeutschung des Begriffs Republik angesehen; vgl. Hartong, S. 71; unrichtige Datierungen bei Huber, Verfassungsgeschichte, Bd V, S. 1053.
74) StA Ol, Best. 39, Conv. I, Bl. 9.

Damit war der Übergang von der Staatsform der konstitutionellen Monarchie zur Republik, vom Großherzogtum Oldenburg zum Freistaat auf revolutionärem Wege, wenn auch unter Zustimmung des Landtages, der aber weder die Konstituierung der Republik noch die Regierungsbildung legitimieren konnte, vollzogen. An der Spitze des neuen Freistaates stand ein revolutionäres Organ, die Schöpfung der Revolution.[75]

Über den Umfang der neuen Republik war zunächst nichts Sicheres auszumachen. Daß der Freistaat Oldenburg dazugehörte, war unbestritten; ob er den einzigen Bestandteil bildete, blieb offen. Die Namensgebung war unterschiedlich genug: Das „Norddeutsche Volksblatt" kam am 12. November 1918 mit der Hauptschlagzeile heraus: „Ausrufung der oldenburgisch-ostfriesischen Republik"[76], am 14. November 1918 meldete die Zeitung aus Oldenburg, ein Landesdirektorium habe sich konstituiert, Präsident der „nordwestdeutschen Republik" sei Kuhnt.[77] Die Unsicherheit rührte daher, daß niemand sagen konnte, wie sich der preußische Teil der Doppelrepublik, also Ostfriesland, und die preußische Regierung zu der staatsrechtlichen Veränderung verhalten würden. Vorläufig war die Zugehörigkeit Ostfrieslands nur eine proklamatorische, aber keine wirkliche, und daran hat sich im Grunde nichts geändert, bis ostfriesische Arbeiter- und Soldatenräte und die preußische Regierung die Ansprüche des 21er Rats für nichtig erklärten.[78] Hug hielt die Bildung einer Republik Oldenburg-Ostfriesland von Anfang an „für eine inhaltlose Demonstration", „der Präsident Kuhnt (hatte) in Ostfriesland gar keine Regierungsgewalt".[79]

Von der revolutionären Umwälzung erfuhr die Bevölkerung durch eine amtliche Bekanntmachung vom 12. November 1918[80] und einen Aufruf des Direktoriums vom 13. November 1918, worin es hieß:

> „In Oldenburg ist geschehen, was überall im Reiche unvermeidlich wurde. Die alte Staatsform ist zerbrochen. Neues wird lebendig. Ein Direktorium von 9 Männern hat in Vereinbarung mit den Soldatenräten und dem Landtag die Regierung in Oldenburg übernommen."[81]

Die vielfältigen, miteinander verschlungenen Ereignisse, Entwicklungen und Entscheidungen der ersten Revolutionswoche lassen sich nun wie folgt ordnen:

1. Der Ausbruch der Revolution wurde durch das Flottenunternehmen am 30./31. Oktober 1918 hervorgerufen. Die militärischen Behörden waren nicht in der Lage, der revolutionären Bewegung in den Jadestädten Herr zu werden.
2. Am 6. November 1918 brach das militärische Befehlssystem zusammen, das Revolutionsorgan übernahm die oberste Befehlsgewalt. Es stützte sich dabei auf die bewaffnete Macht der Marinemannschaften, während die politischen Kräfte der Arbeiterschaft zwar bereitwillig aufgenommen wurden, aber zunächst kaum Einfluß besaßen.

---

75) Pleitner, Vom Großherzogtum zum Freistaat, S. 13, fand die Bezeichnung Direktorium „fremdartig"; sie hat im „Direktorium" der Französischen Revolution des Jahres 1795 einen Vorläufer.
76) NVBl vom 12. 11. 1918.
77) NVBl vom 14. 11. 1918.
78) Telegramm des preußischen Ministeriums des Innern an den Regierungspräsidenten in Aurich vom 17. 11. 1918, worin erklärt wurde, daß Ostfriesland zu Preußen gehöre, StA Aurich, Rep. 21a-9574.
79) Hug-Denkschrift, S. 6.
80) StA Ol 131-106, Bl. 2.
81) StA Ol 131-107, Anlage zu Bl. 1.

3. Von Wilhelmshaven aus wurde die Revolution nach Oldenburg importiert. Der bewaffneten Macht der Marine mußten sich die Kräfte der Armee beugen.
4. Einem geordneten Übergang von der konstitutionellen Monarchie in ein anderes politisches System, wie ihn die politischen Kräfte in Oldenburg vorgezogen hätten, kam die importierte Revolution zuvor. Sie zwang die Oldenburger Politiker zum Handeln und zum Vollzug der Revolution.
5. Die Proklamation der Republik Oldenburg-Ostfriesland am 10. November 1918, die vom 21er Rat vorgenommen wurde, sowie die Einmischung desselben in Angelegenheiten des Oldenburger Soldatenrats (Flaggenhissung) lösten einen Konflikt zwischen beiden Revolutionsorganen aus.
6. Der Ausgleich des Konflikts, dem fundamentale Unterschiede in Zielen und Methoden der Revolutionierung zugrunde lagen, wurde dadurch erzielt, daß der Exponent der Marinerevolutionäre als Präsident des neuen Freistaates und als Vorsitzender vom Landesdirektorium kooptiert und vom Landtag anerkannt wurde.
7. Die Republik Oldenburg-Ostfriesland war keine in Wirklichkeit Bestehende, sondern nur in ihrem ersten Bestandteil real existierend.

3. DIE TRÄGER DER REVOLUTION: DIE ARBEITER- UND SOLDATENRÄTE

3.1. Die Bildung der Arbeiter- und Soldatenräte

Die oldenburgischen Arbeiter- und Soldatenräte kommen in der Geschichte nicht vor: nämlich nicht im „Europäischen Geschichtskalender" von Schulthess! Jeder der ehemaligen Bundesstaaten wird in diesem Nachschlagewerk mit der Eintragung aufgeführt, daß die Arbeiter- und Soldatenräte die Herrschaft übernommen hätten. Aus Oldenburg wird unter dem 10. November 1918 der Thronverzicht des Großherzogs Friedrich August angezeigt und die Übernahme der Präsidentschaft für die Republik Oldenburg-Ostfriesland durch Bernhard Kuhnt gemeldet; aber mit keiner Silbe werden die Arbeiter- und Soldatenräte erwähnt, und so bleibt es in den beiden Bänden 1918 und 1919.[1]

Wenn E. H. Carr[2] recht hat, daß nur diejenigen Fakten als historische anerkannt werden, die von den Historikern in einem langwierigen Prozeß der Erhebung und Interpretation zu solchen erklärt würden, dann wäre mit dem „Schulthess" die oldenburgische Rätegeschichte vergessen. Die in den 50er Jahren einsetzende Forschung zur Revolutionsgeschichte hat diese Lücke gefüllt: Wenigstens in Fußnoten, und für Wilhelmshaven sogar im Text, ganz so wie Carr den Prozeß beschreibt, sind die oldenburgischen Orte in die Geschichtsschreibung eingedrungen. Oldenburg, Jever, Delmenhorst und Wilhelmshaven/Rüstringen wurden in dem ersten, die Geschichte der Arbeiterräte zusammenfassenden Werk von Eberhard Kolb genannt und mit kurzen Erläuterungen versehen. Vorher waren schon einige kleinere Arbeiten über die Revolution in Oldenburg erschienen.

Eine kurze Darstellung der ersten „Vier Monate Revolution in Wilhelmshaven" erschien noch während der politischen Auseinandersetzung zwischen den Räten und der Regierung. *Josef Kliche*, verantwortlicher Redakteur[3] des „Norddeutschen Volksblattes", am 20. November 1918 in „Republik" umbenannt[4], veröffentlichte Anfang März[5] eine kleine Schrift, in der er eine Bilanz der vier Monate zog. In seinem Büchlein[6] schilderte er, gestützt auf die Veröffentlichungen seines eigenen Blattes und auf seine Kenntnisse als Augen- und Ohrenzeuge mancher wichtiger Ereignisse, den Ausbruch der Revolution in Wilhelmshaven/Rüstringen, die weitere Entwicklung der Rätebewegung, ihre inneren Differenzen und die schließliche Absetzung des 21er Rats Ende Februar 1919. Von großem revolutionären Pathos getragen und durchdrungen von der Überzeugung, daß die Revolution und ihre Träger eine historische Mission zu erfüllen hätten, ergriff er energisch Partei für die Einheit der Rätebewegung und der sozialistischen Kräfte[7], konnte jedoch die Spaltung nicht verhindern. Von dieser Überzeugung war auch das Büchlein geprägt. Sein Wert als Quelle wurde durch den Abdruck wichtiger Flugblätter, Aufrufe und Reden noch bedeutend erhöht.[8] Kliches Schrift liegt vielen Darstel-

---

1) Vgl. Schulthess, 1918, I, S. 467.
2) Vgl. Carr, Edward H.: Was ist Geschichte? Stuttgart 1963, S. 11 ff.
3) Seit 15. 11. 1918 für Allgemeines und Politik verantwortlich; NVBl vom 15. 11. 1918.
4) Titel „Republik" seit 20. 11. 1918.
5) Die „Nachrichten" vom 4. 3. 1919 brachten eine Anzeige der Schrift von Kliche.
6) 32 Seiten.
7) Häufige entschiedene Stellungnahme in diesem Sinne, besonders im Dezember/Januar in der „Republik".
8) Auch einige sachliche Unrichtigkeiten, besonders am Anfang, mindern nicht den Wert.

lungen der Revolutionsgeschichte, soweit sie Wilhelmshaven/Rüstringen und Oldenburg betreffen, zugrunde.[9]

Emil Kraft hat in seinem Buch „Achtzig Jahre Arbeiterbewegung zwischen Meer und Moor" die Revolutionszeit auf vier Seiten behandelt und sich dabei auf die Schilderung der Ereignisse, für die er einiges Material aus dem Staatsarchiv Aurich heranzog, beschränkt.

Fünfzig Jahre nach der Revolution von 1918/19 brachte *Johann Cramer* eine Broschüre heraus[10], in der die Dokumente aus Kliches Schrift abgedruckt und wesentliche Teile seines Textes übernommen sind; eine Reihe von Reproduktionen zeitgenössischer Photographien machen das Bändchen zu einer wertvollen Hilfe, das an Stelle der sehr selten gewordenen Schrift von Kliche treten kann. Ein nützliches Nachschlagewerk ist *Edgar Grundigs* „Chronik der Stadt Wilhelmshaven"[11], das die Revolutionszeit auf zehn Seiten, gestützt auf Kliche und die Zeitung „Republik"[12], bietet.

Nur wenige Bemerkungen zur Rätebewegung finden sich bei *Lammertz* wie auch bei *Helmerichs*[13], zweier Augenzeugen der Revolution in Wilhelmshaven, die ihr kritisch und den Räten ablehnend gegenüberstehen.

Für den oldenburgischen Hauskalender steuerte *Emil Pleitner* eine kurze Geschichte[14] der Revolutionsmonate bei, in der besonders auf die Ereignisse in Wilhelmshaven und Oldenburg Bedacht genommen wird und es an Kritik gegenüber dem 21er Rat und dessen Vorsitzenden Bernhard Kuhnt nicht fehlt.

Die 50. Wiederkehr der Revolutionstage des Jahres 1918 hat wie überall so auch in Oldenburg Gedenkartikel inspiriert. *Th. Murkens* Artikel[15] enthält nichts Neues, ruft aber dem breiten Publikum, durch Bilder und Flugblattzitate bereichert, die Ereignisse von damals in Erinnerung. Das gleiche gilt von den beiden Beiträgen *Bodo Schultes* in der „Nordwest-Zeitung"[16] und *Heinz Jacobs'* in der „Wilhelmshavener Zeitung".[17] Damit ist die Übersicht über die gedruckten Arbeiten schon abgeschlossen.

Von den ungedruckten Arbeiten beschäftigt sich die eine nur mit den Arbeiter- und Soldatenräten[18], die andere mit der Novemberrevolution und ihren Auswirkungen in Wilhelmshaven.[19] Die Arbeit von *Grotelüschen*, die sich auf einschlägige Bestände des Staatsarchivs Oldenburg und publizistische Quellen stützt, ist eine Anwendung der Fragestellungen und Interpretationen von Rosenberg und Kolb auf die Oldenburger Verhältnisse, und ihre regionalen Ergebnisse bestätigen die von Kolb gewonnenen Einsichten. *Berlin* folgt in seiner Arbeit den Thesen, die in der Novemberrevolution einen Versuch der proletarischen Massen zur Errichtung einer sozialistischen Gesellschaft sehen, der aber von den politisch führenden Kräften, besonders der MSPD, gemeinsam mit den alten Eliten unterdrückt wurde.

---

9) Berlin, Grundig, Kluge, Kolb, Neu, Zeisler.
10) Cramer, Johann: Der rote November 1918. Revolution in Wilhelmshaven. Wilhelmshaven 1968.
11) Grundig, . . . Wilhelmshaven, Bd II.
12) Wenn auch nicht ausschließlich, gelegentlich zieht Grundig das „Wilhelmshavener Tageblatt" mit heran.
13) Vgl. Lammertz; Helmerichs, K.: Von der 1.000-Mann-Kaserne zur Marine-Brigade Ehrhardt. In: Salomon, Ernst von: Das Buch vom Freikorpskämpfer. Berlin 1938.
14) Vgl. Pleitner, Vom Großherzogtum zum Freistaat.
15) Wilhelmshavener Presse, 2. 11. 1968, 10. 1. 1969.
16) Nordwest-Zeitung vom 2. und 9. 11. 1968.
17) Wilhelmshavener Zeitung vom 19. 10. 1968.
18) Vgl. Grotelüschen, Heike: Die Arbeiter- und Soldatenräte des Oldenburger Landes im Spiegel der zeitgenössischen Kritik als Frage nach ihrer politischen Stellung und Wirksamkeit. (Staatsexamensarbeit, Oldenburg 1965).
19) Vgl. Berlin.

3.1.1. Die beiden „Vororte" Wilhelmshaven und Oldenburg

Die beiden wichtigsten Zentren der Rätebewegung in den ersten vier Revolutionsmonaten waren Wilhelmshaven und Oldenburg. Von ihnen wurden die Bildungen der anderen Arbeiter- und Soldatenräte angeregt, manchmal sogar vorgenommen, und ihre weitere Entwicklung mitbestimmt. Daher soll ihre Entstehung und Organisation am Anfang der Rätedarstellung stehen.

Der Arbeiter- und Soldatenrat Wilhelmshaven, aus den Demonstrationen am 6. November 1918 und aus der Vereinigung des Soldatenrats mit dem Arbeiterrat entstanden, war ein Gebilde, das nie recht ins Licht der Geschichte getreten ist. Über seine Größe gab es nur sehr ungefähre Angaben[20], eine Zeitung nannte als Größenordnung annäherungsweise „einige Hundert Mitglieder".[21] Seine Organisation, seine Meinungsbildung und Beschlüsse, seine Entwicklung und seine Neuwahlen, seine Ergänzungen, Schrumpfungen und sein schließliches Ende blieben im dunkeln. Hervortraten allein seine beiden Bestandteile, die immer eine relativ große Selbständigkeit bewahrten: der 21er Rat und der Arbeiterrat.

Der 21er Rat, aus der Wahl durch den Soldatenrat, der wiederum durch Obmänner und Vertrauensleute der militärischen Einheiten gebildet wurde, hervorgegangen[22], war das eigentliche Lenkungs- und Exekutivorgan der revolutionären Soldaten. Er konnte sich, wenigstens theoretisch, auf die im Festungsbereich Wilhelmshaven stationierten Truppen, zusammen mit den Mannschaften der Hochseeflotte waren das mehr als 100.000 Soldaten[23], stützen. Ob nun Wirklichkeit oder nur Anspruch, die militärische Macht gab ihm in den ersten Monaten eine unbedingte Vormachtstellung gegenüber dem Arbeiterrat, der anfangs nur durch zwei Delegierte im 21er Rat vertreten war[24], von denen einer dem Plenum des Rats, der andere der Fünfer-Kommission, dem engeren Verhandlungsausschuß mit den militärischen und zivilen Behörden, angehörte. Auch als im Januar[25], nach der Demobilisierung eines beträchtlichen Teils der Marinemannschaften[26], auf einer stürmischen Sitzung beider Räte die paritätische Besetzung des 21er Rats beschlossen wurde, änderte sich an der tatsächlichen Vorherrschaft der soldatischen Mitglieder wenig. Die Anzahl der Mitglieder dieses Gremiums schwankte sehr stark: Schon von Anfang an hatte es dreiundzwanzig Mitglieder[27], nach vierzehn Tagen sechsundzwanzig[28]; trotz häufiger Rücktritte von Mitgliedern erhöhte sich die Zahl durch Nachwahl oder Kooptation im Laufe der nächsten Wochen auf annähernd vierzig.[29] Aus „historischen

---

20) In den Protokollarischen Aufzeichnungen der Sitzungen fehlen Angaben am Anfang ganz, später, am 15. 1. 1919, werden 214 abgegebene Stimmen bei einer Abstimmung gezählt.
21) NVBl vom 10. 11. 1918.
22) Am 6. 11. 1918 am späten Nachmittag.
23) Die Zahlenangaben sind ebenfalls summarisch: Grundig, . . . Wilhelmshaven, Bd II, S. 39, nennt rd. 80.000 Garnisonsangehörige; ders., S. 183 über 100.000 Marineangehörige, die von Wilhelmshaven versorgt wurden. Hug spricht von 100.000 Bajonetten, Hug-Denkschrift, S. 7; mit den Flottenmannschaften können es 140.000 gewesen sein, so NVBl vom 10. 11. 1918; übereinstimmend Scheer-Denkschrift.
24) Zimmermann in der Fünfer-Kommission, Henneicke im 21er Rat.
25) Sitzung des 21er Rats am 6. 1. 1919; P.A., 21. 1. 1919.
26) Berlin, S. 45, nennt die Zahl von 16.000 ohne Beleg; S. 52, 800 täglich.
27) Nach ca. 2 Stunden, während der 1. Sitzung.
28) WTBl vom 24. 11. 1918.
29) Sitzung am 6. 1. 1919: 37 Mitglieder.

Gründen"[30] behielt der Rat aber den Namen bei, und er hat ihn bis zu seiner Auflösung geführt.[31]

Die Leitung des 21er Rats lag in den Händen Bernhard Kuhnts, der am 6. November zum Vorsitzenden gewählt wurde und dieses Amt bis zu seiner Beurlaubung am 30. Januar 1919 innehatte. Der Vorstand des 21er Rates, anfangs aus vier Mitgliedern bestehend[32], wechselte sich in der Leitung der Sitzungen ab, wenn Kuhnt, was häufig vorkam, abwesend war.

Vom Flottensoldatenrat, der ebenfalls 21er Rat genannt wurde[33], und der sich nach dem Einlaufen der Flotte gebildet hatte[34], ist wenig bekannt geworden; in den Protokollen tauchten die Namen seiner Mitglieder nicht auf.[35] Der Fünfer-Ausschuß des Flottensoldatenrats, analog zur Fünfer-Kommission an Land, trat am 8. November 1918 als Verbindungsglied zwischen Flottenmannschaften und Landmarineteilen zum 21er Rat[36], seine Mitglieder nahmen regelmäßig an den Sitzungen teil.[37]

Der Arbeiterrat stand bis in den Februar 1919 hinein im Schatten des 21er Rats, in dem er allerdings von Anfang an vertreten war: zuerst durch zwei Vertreter, später durch weitere drei Mitglieder.[38] Seine Wahl erfolgte noch am 6. November 1918 nachmittags während der Massenversammlung durch „Zuruf und Händehochheben".[39] In den nächsten Tagen wurde das durch die sehr improvisierte Wahl nur vorläufig konstituierte Gremium ergänzt. Am 10. November wählte eine Versammlung von Gewerkschaftsmitgliedern, die aus zweihundert Betrieben stammten, zwei Vertreter zum Arbeiterrat[40], auch die MSPD delegierte später sieben Vertreter in den Arbeiter- und Soldatenrat.[41] Die anfängliche Anzahl betrug achtundzwanzig[42], Mitte Februar, nach den Neuwahlen, gehörten achtundfünfzig Mitglieder dem Arbeiterrat an.[43]

Der Arbeiter- und Soldatenrat Oldenburg bildete sich nicht wie in Wilhelmshaven/Rüstringen auf einer Massenversammlung improvisiert und beide Räte gleichzeitig wählend, sondern vorbereitet und nacheinander. Am Abend des 7. November 1918 konstituierte sich der Soldatenrat, nach dem Beschluß der Soldatenversammlung vom Mittag, bei „Gramberg", nachdem sich die Räume des Gewerkschaftshauses als zu klein erwiesen hatten. Danach muß die Versammlung aus einer erheblichen Anzahl von Teilnehmern, Vertrauensmänner aller Abteilungen der in Oldenburg stationierten Truppen, bestanden haben.[44] Auf dieser Sitzung wurde ein

---

30) Sitzung der Delegierten der Arbeiter- und Soldatenräte am 6. 12. 1918 in Oldenburg.
31) 21. 2. 1919.
32) Kuhnt, Bartels, Albers, Schmitz; WTBl vom 24. 11. 1918.
33) WTBl vom 13. 11. 1918, diese Bezeichnung führt leicht zu Verwechslungen; ich benutze die Bezeichnung 21er Rat nur für das Exekutivorgan des Arbeiter- und Soldatenrats; den Soldatenrat der Flottenmannschaften nenne ich Flottensoldatenrat.
34) Ein Teil der Flotte war schon am 8. 11. 1918 in Wilhelmshaven eingelaufen, nämlich die I. AGr; vgl. Hipper-Tagebuch, S. 16; das I. Geschwader lief am 10. 11. 1918 um 6 Uhr ein; vgl. BA-MA RMF 3811/62 386.
35) Nur im Zusammenhang mit den Verhandlungen über die Ausführung des Waffenstillstandsvertrages werden drei Namen genannt: Wengora, Jans, Mohrmann.
36) Der Fünfer-Ausschuß war gleichzeitig Vorstand des Flottensoldatenrats.
37) Jans, Seiffert, Strohmeyer, Kahle.
38) P.A., 17. 12. 1918, WTBl vom 20. 1. 1919.
39) Kliche, S. 11.
40) WZ vom 12. 11.1918; Reuther, Ohlendorf.
41) „Republik" vom 5. 12. 1918; am 4. 12. 1918.
42) WTBl vom 17. 11. 1918.
43) „Republik" vom 5. 2. 1919.
44) An der ersten Sitzung des oldenburgischen Soldatenrats am 13. 11. 1918 nahmen etwa 80 Personen teil; vgl. Nachrichten vom 14. 11. 1918.

engerer Ausschuß des Soldatenrats gebildet, der zunächst elf Mitglieder hatte[45], von denen mindestens drei der MSPD angehörten.[46] Knapp eine Woche später, am 13. November, erweiterte sich der Ausschuß nach dem Muster des 21er Rats[47] auf einundzwanzig Mitglieder; ein Vorstand von fünf Soldaten trat zur Leitung des Gremiums zusammen. Der Arbeiterrat entstand in mehreren Schüben aus den verschiedenen sozialen Verbänden und Gruppen. Am 8. November 1918 tagten die Funktionäre der freien Gewerkschaften und beschlossen die Einsetzung einer Kommission, welche die Wünsche der Arbeiter und Angestellten dem Magistrat der Stadt Oldenburg und dem Amtsvorstand des Amtes Oldenburg vortragen sollten. Am vorhergehenden Abend hatte bereits das Gewerkschaftskartell seine Unterschrift unter das Flugblatt des Soldatenrats gesetzt und damit seine Bereitschaft zur Mitwirkung an der Umgestaltung der öffentlichen Dinge bekundet, wie umgekehrt die Hinzuziehung der Gewerkschafter durch den Soldatenrat dessen Willen zur Verbreiterung der Basis bewies. Am 9. November bildete die am Vortage gewählte Kommission einen sechsköpfigen Arbeitsausschuß, der aus vier Vertretern der freien Gewerkschaften, einem Vertreter des Sozialen Ausschusses und einem Vertreter der übrigen sozialen Verbände bestand. Schließlich konstituierte sich am 12. November ein Arbeiterrat von siebzehn Mitgliedern[48], von denen die freien Gewerkschaften zehn, der Soziale Ausschuß drei, die Beamtenorganisation zwei und die Angestelltenverbände zwei stellten.[49] Diesem engeren Arbeiterrat[50] trat ein erweiterter Ausschuß von Vertretern der größeren Betriebe und Organisationen zur Seite, der den Arbeiterrat beraten und unterstützen sollte.[51] Der Arbeiterrat, zu dessen Vorsitzendem Diedrich Peters gewählt wurde, bestellte einen besoldeten Geschäftsführer, der im Schloß ein Geschäftszimmer zugewiesen erhielt.[52]

3.1.2. Die Bildung der „Filialen" und der anderen Arbeiter- und Soldatenräte im Freistaat Oldenburg

Die beiden „Vororte" der Arbeiter- und Soldatenräte griffen unmittelbar nach ihrer Bildung über ihren Zuständigkeitsbereich hinaus und gliederten sich „Filialen" an: der 21er Rat in Wilhelmshaven/Rüstringen mit dem Anspruch, die Zentrale für das Gebiet der Nordseestation und des Festungsbereichs Wilhelmshaven, der Soldatenrat Oldenburg in der gleichen Überzeugung als hauptstädtisches Revolutionsorgan die Zentrale für Oldenburg zu sein. Für den 21er Rat kam noch das nicht von der Hand zu weisende Argument hinzu, das Hinterland der Festung in die Hand bekommen zu müssen, um, solange die Revolution nicht überall im Reich und besonders in dessen Zentrum Berlin gesiegt habe, einer Abschnürung zu begegnen und

---

45) Nachrichten vom 15. 11. 1918.
46) Heitmann (Abg.), Behrens (Abg.), Hoopts.
47) So auf der Sitzung des Soldatenrats vom 13. 11. begründet, Nachrichten vom 14. 11. 1918.
48) Nachrichten vom 13. 11. 1918.
49) Nachrichten vom 15. 11. 1918.
50) Der Ausgabenvoranschlag des Arbeiterrats für den Monat Dezember 1918 bezog sich auf 21 Mitglieder; StA Ol 262, 1-3389, Bl. 4.
51) Ebd.
52) Ebd., die Geschäftsunterlagen in StA Ol 262, 1-3389.

einer militärischen Gegenaktion vorzubeugen.[53] Deshalb besetzte er sofort nach seiner Machtergreifung außerhalb Wilhelmshavens zwei Stützpunkte: Jever und Varel.[54]

Schon am 6. November abends, im Anschluß an die Demonstrationen in Wilhelmshaven/Rüstringen, fand in Jever eine vorbereitende Versammlung zur Gründung eines Arbeiter- und Soldatenrats statt, der am nächsten Abend eine von über tausend Personen besuchte Massenkundgebung, die der 21er Rat einberufen hatte, folgte.[55] Man schritt unverzüglich zur Wahl eines Arbeiterrats für Jever, Schortens und Heidmühle. Für die Stadt Jever wurden fünf Mitglieder durch Zuruf bestimmt, die Wahl eines Soldatenrats wurde verschoben. Die Versammlung endete mit einer einstimmigen Resolution, in der die Beseitigung der Monarchie und die Errichtung einer sozialistischen Republik gefordert wurden. Am nächsten Morgen stellte der Arbeiterrat Post, Bahnhof, Amt, Rathaus und Kämmerei unter seine Kontrolle und das „Jeversche Wochenblatt" unter Vorzensur.[56] Das Vorgehen und die Forderungen glichen so sehr dem Wilhelmshavener Vorbild, daß Initiative und Durchführung dieser Aktion unbestreitbar beim 21er Rat lagen.

Zur gleichen Zeit wie in Jever begann die revolutionäre Bewegung in Varel. Am Abend des 6. November fand eine Demonstration statt, die mit mehreren Reden, in denen dieselben Forderungen wie in Wilhelmshaven/Rüstringen erhoben wurden, schloß.[57] Am 7. November nachmittags formierte sich erneut ein Demonstrationszug, gebildet aus Arbeitern der Vareler Werke, Marineangehörigen und Werftarbeitern, der mit der Wahl eines Arbeiter- und Soldatenrats von zwölf Mitgliedern endete.[58] Auch hier lagen Initiative und Organisation in der Hand des 21er Rats.

Der Soldatenrat Oldenburg leitete die Bildung eines Soldatenrats in Brake am 9. November dadurch ein, daß seine Vertreter dem Amtshauptmann erklärten, die Befugnisse des Soldatenrats Oldenburg erstreckten sich auch auf Brake, wie auch die dort geltenden Vorschriften hier Anwendung fänden. Aus einigen militärischen Einheiten[59] wurde ein fünfköpfiger Soldatenrat gebildet, dem die örtliche Herrschaft - so seine Aussage - zustünde.[60] Ein Arbeiterrat bildete sich erst am 11. oder 12. November aus dem Gewerkschaftskartell.

In Elsfleth, der „Hochburg der Vaterlandspartei"[61], trafen die Bestrebungen Wilhelmshavens und Oldenburgs zusammen. In einer stark besuchten Versammlung am 12. November[62] wurde die Konstituierung eines Arbeiter-, Bauern- und Soldatenrats beschlossen, dessen zwei soldatische Mitglieder sofort gewählt wurden, während die Wahl der anderen Vertreter erst in den nächsten Tagen erfolgen sollte.[63] Wie der Führer der Oldenburger Delegation in der Sitzung des oldenburgischen Soldatenrats am 13. November lobend hervorhob, habe Wilhelms-

---

53) Diesem Zweck dienten auch die Aufklärungsflugzeuge, die der Arbeiter- und Soldatenrat von der Station und dem Flottenkommando forderte; vgl. BA-MA RM 47/v. 555, Vermerk vom 7. 11. 1918 des Stationskommandos; Kliche, S. 13; StA Ol 136-2768, Bl. 2.
54) Amt und Stadt Jever wie auch Amt und Stadt Varel gehörten zum Festungsbereich Wilhelmshaven, vgl. Grundig, ... Wilhelmshaven, Bd II, S. 66 f.
55) Nachrichten vom 10. 11. 1918.
56) Vgl. Nachrichten vom 10. 11. 1918.
57) Vgl. Nachrichten vom 8. 11. 1918.
58) Die Addition der aufgezählten Mitglieder ergibt allerdings nur 11; ebd.
59) Hafenwache, Krankenhaus.
60) Vgl. StA Ol 136-2767, Bl. 162, Amtshauptmann Weber.
61) So Obltn. Ranke auf einer Versammlung des oldenburgischen Soldatenrats; vgl. Nachrichten vom 14. 11. 1918.
62) Das NVBl beziffert sie auf 400 Personen; vgl. NVBl vom 15. 11. 1918.
63) Nachrichten vom 13. 11. 1918.

haven von sich aus vorgeschlagen, den Elsflether Rat Oldenburg zu unterstellen, ein Verhalten, das den Verdacht einer Gegnerschaft zwischen Wilhelmshaven und Oldenburg auszuräumen beabsichtigte.[64] Der Amtshauptmann fügte sich der Neuorientierung und erklärte sich zur technischen Mitarbeit für das Wohl der Allgemeinheit bereit.[65] Die Unterstellung Elsfleths unter den Soldatenrat Oldenburg hat dann in der Tat bis zum Ende der Rätebewegung Bestand gehabt.[66]

In Cloppenburg kamen die Oldenburger zu spät.[67] Am 12. November bildete sich, ehe die Oldenburger tätig wurden, „auf Einwirkung auswärtiger Soldatenräte"[68] ein Arbeiterrat aus Vertretern der christlichen Gewerkschaften, des Handwerks und der Beamten, der seine Wünsche dem Amtshauptmann vortrug.[69] In den nächsten Wochen allerdings ging die Anleitung und Betreuung an den Arbeiter- und Soldatenrat Oldenburg über.[70]

Ähnlich doppelgleisig verlief die Gründung in Vechta. Dort hatte sich am 11. November ein Arbeiterrat für den Amtsbezirk, bestehend aus sieben Personen, gebildet[71], von dem das Amt glaubte, er sei Oldenburg unterstellt.[72] Eine Woche später jedoch wurde auf Veranlassung des Soldatenrats Ahlhorn erneut ein Arbeiter- und Soldatenrat in Vechta gewählt, Rivalitäten sind indessen nicht überliefert. Die anderen Räte in den oldenburgischen Städten und Gemeinden entstanden ohne erkennbare auswärtige Mitwirkung.

Um den 20. November 1918 herum bestanden in allen dreizehn oldenburgischen Ämtern, jeweils am Amtssitz, und in den vier Städten I. Klasse[73] Arbeiter- und Soldatenräte.[74]

3.1.3. Die Delmenhorster Variante

Eine von den „Vororten" abweichende Form der Rätebildung vollzog sich in Delmenhorst. Lag die Initiative in Wilhelmshaven/Rüstringen und Oldenburg vollständig bei den Soldaten, die den militärischen Herrschaftsapparat entmachteten und sich an dessen Stelle setzten, während die Arbeiter dem Vorstoß sich in Wilhelmshaven/Rüstringen sofort, in Oldenburg mit einer erheblichen Verzögerung anschlossen, so ging in Delmenhorst der Anstoß zur Revolution zwar von Soldaten und Arbeitern gemeinsam aus, aber die Führungsrolle übernahmen schon am ersten Tag die Repräsentanten der Arbeiterschaft.

Von wem die revolutionäre Bewegung ausgelöst wurde, ob sie, wie das „Delmenhorster Kreisblatt" berichtete, durch Matrosen „eingeschleppt" wurde[75], ob die Vorgänge am 6. No-

---

64) Zu diesem Zweck ist der Vorschlag offenbar von Wilhelmshaven gemacht worden, denn Mißhelligkeiten bestanden seit dem 8. 11. 1918.
65) Der Betroffene, Amtshauptmann Ahlhorn, schilderte das so: „Eines Tages fuhr vor dem Amtshause ein großer Wagen vor, dem fünf Männer in grauer Uniform, ohne Abzeichen, entstiegen; zwei davon sollen Offiziere gewesen sein; sie setzten sich in meinem Dienstzimmer mir gegenüber, legten Revolver auf den Tisch, erklärten den Großherzog für abgesetzt und stellten mir einen Arbeiter- und Soldatenrat zur Seite . . ."; StA Ol 297-D 31, S. 51.
66) StA Ol 136-2767, Bl. 178, 179, 182.
67) Sie wollten, so Ranke am 13. 11., „nächstens" nach Cloppenburg gehen.
68) Nachrichten vom 13. 11. 1918.
69) Aus dem Kontext geht hervor, daß der Soldatenrat Ahlhorn, der mit dem 21er Rat in Verbindung stand, hier eingewirkt hat. Amtshauptmann war Friedrich Cassebohm.
70) StA Ol 136-2767, Bl. 251.
71) StA Ol 136-2767, Bl. 243.
72) StA Ol 136-2767, Bl. 212. Amtshauptmann war der Geh.-Regierungsrat Kückens.
73) Oldenburg, Delmenhorst, Jever, Varel.
74) Daneben sind Arbeiter- und Soldatenräte in folgenden Orten belegt: Ahlhorn, Augustfehn, Barßel, Blexen, Bockhorn, Dinklage, Einswarden, Lohne, Löningen, Neuenburg, Nordenham, Rastede, Schortens, Zetel, Zwischenahn; insgesamt dazu StA Ol 136-2767.
75) Delmenhorster Kreisblatt vom 9. 11. 1918.

vember in Bremen, also in unmittelbarer Nachbarschaft Delmenhorsts, den Anstoß gaben oder ob die Ereignisse in Oldenburg am 7. November sich ausgewirkt haben, wird kaum noch zu klären sein. Die Bedeutung dieser Frage tritt auch hinter die der anderen zurück, wie sich der Umsturz vollzogen hat und von wem er eingeleitet und ausgeführt wurde.

Am 7. November faßten sämtliche Arbeiterausschüsse den Beschluß, am folgenden Tag eine Kundgebung und Volksversammlung abzuhalten.[76] Diese begann am 8. November ab 8.30 Uhr auf dem Marktplatz, der sich bald mit etwa zehntausend Menschen gefüllt hatte[77], mit Reden von Gewerkschaftssekretär Eduard Schömer und dem Landtagsabgeordneten August Jordan.[78] Schömer trug zunächst die Forderungen vor, die stark von den in Oldenburg und Wilhelmshaven/Rüstringen erhobenen abwichen. Waren es dort solche, welche die Machtübernahme durch die Soldatenräte sicherten und die öffentliche Ordnung aufrecht erhielten, Grundfragen der revolutionären Umgestaltung aber unerwähnt ließen, so bildeten letztere gerade den Kern der Delmenhorster Forderungen. Die erste war die nach dem allgemeinen, gleichen, direkten Wahlrecht für Männer und Frauen vom 20. Lebensjahr ab nach dem Verhältniswahlsystem, die zweite nach Beseitigung sämtlicher Dynastien und die Demokratisierung der Regierung und Verwaltung, was auf die demokratische Republik mit parlamentarischem Regierungssystem hinauslief. Die dritte und vierte zogen die Folgerungen aus der „Demokratisierung" für Delmenhorst: Unterstellung sämtlicher Gewalt unter den gewählten Vertrauensrat[79] und die Einrichtung der Institution eines Beigeordneten für den Bürgermeister. Die fünfte und sechste betrafen die Freilassung der militärischen und politischen Gefangenen und die sofortige Beendigung aller Einberufungen und Musterungen.

Die dritte und vierte Forderung sollten nicht als Widersprüche angesehen werden, sie bedeuteten, daß zwar die oberste exekutive und legislative Gewalt in Delmenhorst beim Vertrauensrat lag, die Verwaltung wie bisher jedoch vom Bürgermeister und dem Apparat, durch den Beigeordneten kontrolliert, ausgeübt wurde. Nachdem die sechs Forderungen „allseitig anerkannt"[80] worden waren, sprach August Jordan von dem 8. November als dem Wendepunkt im Leben Delmenhorsts. An die Stelle des gescheiterten Obrigkeitsstaates solle nun das Selbstbestimmungsrecht treten, Ruhe und Ordnung müßten gewahrt werden, Unruhestifter seien Feinde der Arbeiterbewegung. Auf Vorschlag aus der Versammlung wurde Jordan zum Beigeordneten bestimmt. Zusammen mit sechs weiteren Mitgliedern des Vertrauens- und Soldatenrats begab er sich dann zum Bürgermeister Dr. Hadenfeldt, um von ihm die Anerkennung seiner, Jordans, Wahl zum Beigeordneten zu fordern. Der Bürgermeister stimmte dem Beschluß der Versammlung zu. Sodann wurde vereinbart, daß sämtliche Beamten und Angestellten, die sich mit dieser Regelung einverstanden erklärten, im Amt bleiben, die übrigen als entlassen gelten sollten. Nachdem Jordan und seine Begleiter die anderen Forderungen, deren Anerkennung jedoch nicht in die Kompetenz des Bürgermeisters fiel, vorgetragen hatten, unterzeichneten sämtliche Anwesenden das aufgenommene Protokoll.[81] Jordan gab der wartenden Men-

---

76) Ebd.
77) Stadtarchiv Delmenhorst K-V 6, Bl. 1.
78) Da nur diese beiden Redner auftraten, spricht viel dafür, daß die Vorbereitung der Kundgebung in den Händen von SPD und Gewerkschaftskartell lag.
79) Delmenhorster Kreisblatt vom 9. 11. 1918 nannte diese Bezeichnung; ebenso die Niederschrift des Bürgermeisters Dr. Hadenfeldt vom 8. 11. 1918, Stadtarchiv Delmenhorst, K-V 6, Bl. 1; das NVBl vom 10. 11. 1918 sprach von einem Arbeiter- und Vertrauensrat; in den Anordnungen des Soldatenrats hieß er Arbeiter- und Soldatenrat, ab 13. 11. 1918 wieder Volks- und Soldatenrat.
80) Delmenhorster Kreisblatt vom 9. 11. 1918.
81) Stadtarchiv Delmenhorst, K-V 6, Bl. 1.

ge das Ergebnis der Verhandlungen bekannt, versicherte, daß er die Macht nach bestem Gewissen gebrauchen werde, bat um das Vertrauen der Bevölkerung und schloß mit einem Hoch auf die Volksverbrüderung; die Versammelten veranstalteten anschließend mit der Bataillonskapelle an der Spitze einen Umzug durch die Stadt.[82]

Am Nachmittag tagten der Vertrauensrat und der Soldatenrat nacheinander, und letzterer erließ Anordnungen, in denen, wie in Oldenburg, Einzelheiten des militärischen Dienstes und der öffentlichen Sicherheit geregelt wurden. Sie glichen in neun Punkten den Oldenburger Bestimmungen, drei Punkte, die lediglich technische Anordnungen enthielten, fehlten. Im Gegensatz zu Oldenburg, wo die Ausübung der militärischen Gewalt klar geregelt war, blieb in Delmenhorst eine Unklarheit bestehen. In Punkt 2 hieß es, die militärische Gewalt werde zur Vermeidung von Unruhen durch den Garnisonsältesten und den Arbeiter- und Soldatenrat ausgeübt[83], während der Punkt 3 besagte, sie werde vom Soldatenrat zur Aufrechterhaltung der Ordnung ausgeübt.[84] Damit war an einem Tag[85] die Bildung eines Vertrauens- und Soldatenrats vollzogen; dieser hatte die oberste Gewalt ergriffen, die Kontrollinstanz etabliert, Anordnungen für die öffentliche Ordnung und die militärischen Angelegenheiten erlassen und seine Vorstellung über die Grundfragen der staatlichen Umgestaltung formuliert. Die Führung lag dabei eindeutig bei den Repräsentanten der Arbeiterschaft, die für die Verhandlungsdelegation sechs von sieben Mitglieder stellten.

Vergleicht man die *Bildung* der Arbeiterräte in Oldenburg mit den von Kolb beschriebenen Typen der Entstehung[86], so ergibt sich, daß die hiesigen drei Arbeiterräte am ehesten dem Typus entsprechen, den Kolb für die kleinen und mittleren Städte herausgearbeitet hat. Diesem Typus war eigentümlich, daß die Initiative zur Bildung von Arbeiterräten von der SPD und der Gewerkschaftsbürokratie ausging und die Wahl sich in einer Volksversammlung oder Demonstration durch Zuruf oder Abstimmung vollzog.[87]

Der Einfluß der USPD in Wilhelmshaven/Rüstringen stellt allerdings schon eine von der Norm abweichende Variante dar. Was die *Zusammensetzung* und deren Repräsentationscharakter angeht, so ergaben sich deutliche Unterschiede zwischen den oldenburgischen Arbeiterräten. Während Oldenburg und Delmenhorst eher dem Typus zuzuordnen sind, der als Ausschuß von Vertretern der Partei- und Gewerkschaftsorganisationen zu bezeichnen ist - in beiden Städten übrigens durch Repräsentanten anderer sozialer Organisationen und Gruppen ergänzt -, kam der Wilhelmshaven/Rüstringer Arbeiterrat dem Typ nahe, der einen Ausschuß von Betriebsdelegierten und Berufsvertretern darstellte. Das ist bei der beherrschenden Stellung, welche die Reichswerft im Wirtschafts- und Sozialgefüge der Städte einnahm, nicht verwunderlich.[88] Im Arbeiterrat waren Mitte November die Delegierten der Werft mit etwa zwanzig von achtundzwanzig Mitgliedern, das sind mehr als zwei Drittel, vertreten.

---

82) Ebd., Bericht des Bürgermeisters an das Ministerium des Innern vom 9. 11. 1918, Konzept von Jordan gebilligt, abgeschickt am 11. 11. 1918.
83) Wie in Oldenburg.
84) Delmenhorster Kreisblatt vom 12. 11. 1918.
85) Kolb, S. 81, spricht von einem 2-Phasen-Ablauf des revolutionären Umsturzes, der sich meistens in zwei Tagen vollzogen habe.
86) Kolb, S. 88-99.
87) Ebd., S. 88.
88) Nach Grundig, ... Wilhelmshaven, Bd II, S. 27, betrug die Zahl der Beschäftigten der Reichswerft am 1. 11. 1918 20.032.

3.2. Die Räte als Träger der politischen Revolution

Kolb unterscheidet in seinem Buch zwei Gruppen von Arbeiterräten: die radikalen und die demokratischen.[1] Die demokratischen Arbeiterräte betrachteten sich als Übergangsorgane der neuen politischen Ordnung und nicht als deren dauerhafte und konstitutive Elemente; sie erkannten daher die Souveränität der Nationalversammlung an und befürworteten deren Wahl in absehbarer Zeit. Ebenso unterstützten sie die Regierung der Volksbeauftragten, wenn sie auch nicht alle Einzelheiten der Regierungsmaßnahmen guthießen. Die radikalen Arbeiterräte waren dadurch charakterisiert, daß in ihnen die Vertreter der Räteherrschaft die Mehrheit besaßen, welche die Räte als eine politische Dauerinstitution ansahen. Diese waren deshalb gegen sofortige Wahlen zur Nationalversammlung, und auch nach dem Beschluß des Rätekongresses über die Abhaltung der Wahl gaben sie ihre weiterreichenden Pläne für das Rätesystem nicht auf. Mit der Politik der Reichsregierung waren sie selten einverstanden, weshalb sie sich auch manchen Anordnungen widersetzen. Was die parteipolitische Orientierung betrifft, so läßt sich sagen, daß die demokratischen Arbeiterräte eine Mehrheit von MSPD- und rechten USPD-Vertretern aufwiesen, während in den radikalen Arbeiterräten eine solche von linken USPD-Vertretern dominierte.[2]

Legt man diese Rätetypologie mit ihren einfachen Kriterien zugrunde, so lassen sich die oldenburgischen Räte relativ leicht zuordnen. Von den „Vororten" gehört Wilhelmshaven/Rüstringen zu den radikalen und Oldenburg zu den demokratischen Räten. Die genaue parteipolitische Zuordnung jedes einzelnen Mitgliedes ist sehr schwierig, immerhin gibt es soviele Hinweise, daß sich die Mehrheiten erkennen lassen.

3.2.1. Die politische Zusammensetzung der Arbeiter- und Soldatenräte

Die erste Liste des *21er Rats* vom 8. November 1918 enthielt die Namen von achtundzwanzig Mitgliedern, von denen dreizehn ganz sicher zur USPD, und zwar zu ihrem linken Flügel, gezählt werden müssen. Die Zusammensetzung hatte sich nach vierzehn Tagen schon erheblich verändert, sieben Männer der ersten Stunde waren nicht mehr vertreten, drei, die ebenfalls nicht mehr als Mitglieder genannt wurden, tauchten später wieder auf. Von den neuen achtundzwanzig Mitgliedern gehörten dreizehn zur USPD und eines zur MSPD. Eine Übersicht über die Mitglieder vor der Neuwahl des 21er Rats Ende Januar ist nicht erhalten, so daß es auch wegen der starken Fluktuation der Mitglieder und des, wie es scheint, nicht streng gehandhabten Anwesenheits- und Rederechts unmöglich ist, die genaue Zusammensetzung des wichtigsten Arbeiter- und Soldatenrats zu rekonstruieren.[3]

Nach der Neuwahl des Arbeiter- und Soldatenrats Anfang Februar 1919[4] wurde durch Delegation von Mitgliedern des Arbeiterrats und des Soldatenrats der 21er Rat neu gebildet. Ihm

---

1) Kolb, S. 285; daß es innerhalb dieses Schemas mannigfaltige Abschattierungen gab, hebt Kolb ebenso hervor wie die Feststellung, daß radikal und demokratisch relative Begriffe sind.
2) Kolb, S. 286; Kommunisten waren nur selten in Arbeiterräten vertreten.
3) In der Zeit vom 8. 11. 1918 bis zum 21. 1. 1919 kommen insgesamt 59 verschiedene Redner in den Protokollaufzeichnungen vor; die Mitgliederzahl wird aber kaum mehr als jeweils 40 betragen haben.
4) Der neukonstituierte 21er Rat setzte sich aus 8 Delegierten des neugewählten „Großen Soldatenrats" und aus 13 des ebenfalls neugewählten Arbeiterrats zusammen; er kam damit erstmalig auf die „historische Zahl" von 21.

gehörten nur noch ein Mitglied der „ersten Stunde" und drei Mitglieder, die Ende November in den Rat eintraten, an. Von den einundzwanzig Mitgliedern zählten fünf zur USPD und sechs zur MSPD, drei weitere dürften bürgerlichen Parteien nahegestanden haben.[5] Das parteipolitische Profil des 21er Rats tritt aber stärker hervor, wenn man sich die Zusammensetzung der wichtigen Fünfer-Kommission und des die Sitzungen des Plenums vorbereitenden Vorstandes, also der Leitungs- und Verhandlungsorgane, ansieht. Von den vier Vorstandsmitgliedern Ende November gehörten alle der USPD-Richtung an, von der Fünfer-Kommission, die aus sechs Mitgliedern bestand[6], alle bis auf einen. Ein weiteres Indiz für die parteipolitische Orientierung ist die Verhandlungsaktivität der einzelnen Mitglieder. Diese findet ihren Niederschlag in den Protokollen der insgesamt sechsunddreißig Sitzungen, von denen allerdings nur achtundzwanzig im strengen Sinne Sitzungen des 21er Rats waren.[7]

Von den rund zwanzig Mitgliedern des 21er Rats, die ihm von der Bildung bis zu seiner Neu-Konstituierung angehörten und den Kern bildeten, wurden 1.034 Wortbeiträge geleistet.[8] Davon entfielen auf die elf Mitglieder mit den meisten Beiträgen allein 919 (89 %), auf die anderen neun Mitglieder 11 %. Die elf Vertreter, die am häufigsten das Wort ergriffen, gehörten alle zur USPD-Richtung; auf die fünf bedeutendsten Protagonisten dieser Richtung[9] entfielen dabei allein 674 Beiträge (65 %), also zwei Drittel aller Beiträge. Von der Gesamtzahl der nominativ erhobenen Beiträge (=1.163) entfielen 84 % auf die Vertreter der USPD-Richtung und 3 % auf die MSPD-Mitglieder, die KPD-Vertreter hatten einen Anteil von 0,5 %, der Rest läßt sich nicht eindeutig auf eine parteipolitische Richtung festlegen. Nach dieser Analyse ist die Feststellung gerechtfertigt, daß der 21er Rat in Wilhelmshaven vom 6. November 1918 bis zu seiner Neu-Konstituierung am 10. Februar 1919 von den Vertretern der USPD-Richtung, und zwar in ihrer linken Ausprägung, beherrscht wurde; von einem Einfluß der MSPD in diesem Gremium konnte keine Rede sein, dagegen gewann der Einfluß spartakistischer Vertreter wegen der offenen oder latenten Sympathisanten unter den USPD-Vertretern im Dezember 1918 und Januar 1919 an Bedeutung.[10]

Die parteipolitische Zugehörigkeit der Mitglieder im Großen Soldatenrat, der die Obleute der einzelnen Truppenteile umfaßte, ist nicht mehr festzustellen; es ist nicht einmal die genaue Anzahl der Mitglieder bis Mitte Januar 1919 zu ermitteln. In der Vollversammlung, welche die Neuwahlen zum Soldatenrat vorbereiten sollte, waren zweihundertvierzig Delegierte anwesend, das ist die erste Zahl, die eine genaue Vorstellung von der Größe des Soldatenrats ermöglicht.[11] Nach der Neuwahl wurde diese Zahl drastisch reduziert, eine Liste des neugewählten Soldatenrats enthielt nur noch sechsunddreißig Mitglieder[12], von denen acht in den 21er Rat

---

5) Wenn hier von der „Zugehörigkeit" zu bestimmten Parteien gesprochen wird, dann ist nicht so sehr die formale Mitgliedschaft als vielmehr die Betätigung für und die Argumentation im Sinne einer bestimmten Partei, also die Unterstützung der jeweiligen Partei gemeint.
6) Aus fünf Soldatenvertretern und einem Arbeitervertreter, der hinzutrat, ohne daß dadurch der Name geändert wurde.
7) Der Rest waren Vollsitzungen des Arbeiter- und Soldatenrats, Sitzungen von Delegierten der Arbeiter- und Soldatenräte aus dem Freistaat Oldenburg und Sondersitzungen.
8) Die Skala der Wortbeiträge reicht von einem kurzen Satz bis zu Reden von einigen Minuten Dauer, etwa Berichte von Versammlungen, Kongressen und dergl.; eine genauere Quantifizierung der Beiträge nach ihrer Dauer oder Länge (Wortzahl) kann für diesen Zweck entfallen, die Aussage wird schon durch die Grob-Analyse erhärtet.
9) Darunter der Vorsitzende, Präsident Kuhnt, der Schriftführer, ein weiteres Vorstandsmitglied sowie der Agitationsleiter des 21er Rats.
10) Die Formulierung Berlins, S. 30, die Mehrheit des 21er Rats sympathisierte mit der USPD, beschreibt die tatsächlichen Verhältnisse nicht klar genug; Horn, S. 263, rechnet Kuhnt irrtümlich zu den Mehrheitssozialisten, dadurch werden seine Urteile mitunter etwas problematisch.
11) P.A., 15. 1. 1919, WTBl vom 20. 2. 1923.
12) WTBl vom 11. 2. 1919.

delegiert wurden. Da von den bekannten und von Beginn an tätigen Mitgliedern nur noch vier in den Soldatenrat zurückkehrten, die prominentesten dagegen nicht wieder gewählt wurden, kann vermutet werden, daß die parteipolitische Orientierung sich verändert und statt des USPD-Übergewichts eine MSPD-Orientierung Platz griff. Eine Aufgliederung der Mitglieder nach Diensträngen könnte diese Annahme stützen: Von den sechsunddreißig Mitgliedern gehörten acht zum Mannschaftsstand, siebzehn hatten Maaten-/Obermaaten-Rang und elf Bootsmann-/Oberbootsmann (Feldwebel)-Rang. Der relativ hohe Anteil der letzeren, meist länger dienenden Deckoffiziere, ist daher ein deutliches Indiz.[13] Für die parteipolitische Orientierung des Flotten-Soldatenrats gilt das über den Soldatenrat Gesagte: Bis auf ein Mitglied, das sich im Vorstand und im 21er Rat im Sinne der USPD betätigte, läßt sich für alle übrigen nichts feststellen.

Etwas besser steht es mit dem Arbeiterrat. Von seinen achtundzwanzig Mitgliedern[14] lassen sich elf politisch eindeutig zuordnen: sechs der USPD und fünf der MSPD[15]; von den siebzehn übrigen dürften die meisten, da sie fast alle Angehörige der Reichswerft[16] und damit gewerkschaftlich organisiert waren, der MSPD verbunden gewesen sein.[17] Immerhin fällt auf, daß die Schlüsselpositionen im Arbeiterrat, Vorstand[18], Büroleitung, d. h. ständige Anwesenheit und Vertretung im 21er Rat, von den USPD-Vertretern besetzt waren.[19] Bei dem zahlenmäßigen Übergewicht der MSPD wäre diese Machtverteilung unverständlich; wenn man aber berücksichtigt, daß im November und Dezember 1918 die alte SPD-Organisation in Wilhelmshaven/Rüstringen die USPD-Sympathisanten und potentiellen USPD-Mitglieder umfaßte, dann läßt sich das Übergewicht der USPD-Vertreter damit erklären, daß einmal die MSPD-Mitglieder, um die Einheit der Organisation zu erhalten und Vorwänden für eine Spaltung den Boden entziehen, auch ihre linken Opponenten mit Ämtern und Parteifunktionen bedachten und zum anderen die Dissidenten sich durch ihre starke Aktivität bei Zurückhaltung in grundsätzlichen Streitfragen zur Wahl empfahlen. Da von den meist wöchentlichen Plenumssitzungen des Arbeiterrats keine Protokolle überliefert sind, läßt sich die parteipolitische Profilierung des Gremiums aufgrund der Diskussions- und Verhandlungsaktivität nicht belegen. Von den fünf Vertretern des Arbeiterrats im 21er Rat, die zum Kern gerechnet werden können, gehörten vier zur USPD-Richtung, und diese bestritten wiederum 92 % der Beiträge im Plenumg des 21er Rats, während der MSPD-Vertreter sich mit 8 % begnügte. Deshalb scheint es nicht ungerechtfertigt - und das aus zwei Gründen: Besetzung der Schlüsselpositionen im Arbeiterrat; enge Verzahnung des Arbeiterrats mit dem 21er Rat und dessen politische Dominanz; - auch beim Arbeiterrat von einer deutlichen USPD-Orientierung zu sprechen, obwohl die Sitzverteilung, faßt man sie rein numerisch auf, eine andere Qualifizierung nahelegte.

---

13) Die Argumente der DO im 21er Rat seit dem 11. 1. 1919 sowie die politische Haltung des DO-Bundes in Wilhelmshaven sind eindeutig: Die Stützung der MSPD-Regierung in Berlin, und namentlich Noskes, war erklärtes Ziel.
14) WTBl vom 17. 11. 1918 enthält die Mitgliederliste vom 14. 11. 1918.
15) Berlin, S. 30, der sich auf eine mündliche Mitteilung eines „Veteranen der Wilhelmshavener Arbeiterbewegung" stützt, rechnet der USPD fünf, den Linksradikalen zwei und die restlichen Mitglieder der MSPD zu.
16) Mehr als zwei Drittel der Mitglieder waren Angehörige der Reichswerft, vom Rest läßt sich nichts Sicheres sagen.
17) Rickels, K.: Die wirtschaftliche und soziale Lage der Wilhelmshavener Werftarbeiter unter besonderer Berücksichtigung der Kriegs- und Nachkriegszeit. Rer. pol. Diss. Münster 1921, S. 129, weist auf die Doppelmitgliedschaft im Arbeiterrat und Arbeiterausschuß des ADGB der Werft hin.
18) 1. und 2. Vorsitzender und Schriftführer.
19) Nach Berlin, S. 30, hatte das Finanzressort ein USPD-Vertreter inne; da der Ressortleiter vom Gewerkschaftskartell aus dem Holzarbeiterverband vorgeschlagen wurde, halte ich das für unwahrscheinlich.

Für die Räteorganisation in Wilhelmshaven/Rüstringen ergab sich damit das Paradoxon, daß die MSPD zwar die Parteiorganisation beherrschte und die Funktionsämter in der Hand hatte und behielt, die Gewerkschaften mit ihren Vertrauensleuten ihr eng verbunden blieben, aber die Rätegremien dank des Übergewichts der Soldaten, die sich auf ihre Revolutionserfolge stützten und sie bis in den Januar hinein zur Geltung bringen konnten, von der USPD dominiert wurden. Daraus sollten sich schwere Konflikte ergeben.

Der Oldenburger Arbeiter- und Soldatenrat als Plenum der Vertreter der militärischen und zivilen Bevölkerung blieb - wie der Wilhelmshavener - im dunkeln. Außer approximativen Angaben über seine Größe - der Soldatenrat hatte rund achtzig Mitglieder[20], der Arbeiterrat eher noch mehr - ist nichts überliefert. Hervor trat nur der engere Ausschuß von neununddreißig Mitgliedern des Soldatenrats und Arbeiterrats, für den sich bald und ausschließlich der Name Arbeiter- und Soldatenrat einbürgerte, als Leitungsorgan der Rätebewegung in der Stadt Oldenburg und darüber hinaus. Im Vergleich zum 21er Rat und dem Arbeiterrat Wilhelmshaven/Rüstringen hatte er indessen ein weniger scharf ausgeprägtes politisches Profil.

Unter den zweiundzwanzig Mitgliedern des Soldatenrats[21] befanden sich wenigstens zwei Vertreter der MSPD, der Landtagsabgeordnete Karl Behrens[22] aus Eversten, zuständig für die Demobilisierung, und Karl Hoopts[23], dem die Sicherheitsabteilung unterstand. Behrens gehörte auch dem fünfköpfigen Vorstand des Soldatenrats als Beisitzer an. Über die politische Einstellung der anderen Mitglieder liegen keine Angaben vor; gelegentliche Stellungnahmen oder Kommentare des Soldatenrats, besonders von dessen Vorstandsmitgliedern, lassen zwar erkennen, daß sie die Aufgaben der Soldatenräte ernst nahmen und ihre Befugnisse verteidigten, von einem Anklang an USPD-Verlautbarungen oder gar einer Identifikation mit dem parteipolitischen Programm oder der Strategie kann keine Rede sein.

Von den siebzehn Mitgliedern des Arbeiterrats lassen sich beinahe die Hälfte parteipolitisch eindeutig zuordnen: fünf der MSPD, je eines der FVP/DDP, dem Zentrum und der bürgerlichen Mitte.[24] Die Zugehörigkeit weiterer Mitglieder des Arbeiterrates, die von den freien Gewerkschaften delegiert wurden, zur MSPD ist sehr wahrscheinlich, so daß ihr die Mehrheit sicher war. Den Vorsitz führt das MSPD-Mitglied Diedrich Peters, die hauptamtliche Geschäftsführung lag in den Händen von Diedrich Brinkmann, der ebenfalls der MSPD angehörte. Auch dieses Gremium, das eng mit dem Soldatenrat zusammenarbeitete, war wie dieser so zusammengesetzt, daß man die Bezeichnung „demokratischer Arbeiter- und Soldatenrat" mit Fug und Recht anwenden kann.

Die anderen Arbeiter- und Soldatenräte[25] im Freistaat Oldenburg sind bis auf wenige leicht einzustufen: In Delmenhorst, der dritten größeren Stadt, besaß die MSPD die Mehrheit, und ebenso war es bei den Arbeiter- und Soldatenräten in den nordoldenburgischen Ämtern, während in den südoldenburgischen die Mehrzahl der Mitglieder dem Zentrum angehörte oder ihm nahestand. Eine gewisse Schwierigkeit beim Zuordnen bieten lediglich die Arbeiter- und

---

20) Nachrichten vom 14. 11. 1918 über die erste Sitzung des Soldatenrats am 13. 11. 1918.
21) Nachrichten vom 15. 11. 1918 nannte 17 Namen, am 17. 11. 1918 22 Namen.
22) Abgeordneter seit dem 32. Landtag 1911; Mitglied des Landtags bis 1923.
23) Hoopts war seit 1897 Mitglied der SPD; StA Ol 136-2767, Bl. 18.
24) Fritz Albers (DDP), Wilhelm Sante (Zentrum), Wilhelm Nieberg, ab 1920 MdL für die DVP, 1961-64 Oberbürgermeister der Stadt Oldenburg.
25) Auch wenn ihre Bezeichnungen im einzelnen Fall differierten, werden die Räte unter dem Sammelnamen zusammengefaßt.

Soldatenräte Jever und Varel. Beide waren ja vom 21er Rat in Wilhelmshaven/Rüstringen gegründet worden, lagen im Festungsgebiet und damit in seinem Zuständigkeitsbereich, und eine Reihe von Mitgliedern war auf der Marinewerft in Wilhelmshaven tätig.[26] Der tägliche Umgang mit den Arbeitskollegen auf der Werft, die Einflußmöglichkeiten der verschiedenen Rätegremien der Jadestädte, die zeitweise bedeutende Stellung des 21er Rats im Festungsgebiet haben wohl bewirkt, daß beide Arbeiter- und Soldatenräte dem radikalen Vorbild stärker zuneigten als es die parteipolitische Zusammensetzung der jeweiligen Mitgliedschaft gefordert hätte. In Jever gehörten von den zehn Mitgliedern des Arbeiter- und Soldatenrats mindestens sechs der MSPD an; aber wie schon die Analyse des Arbeiterrats Wilhelmshaven/Rüstringen zeigte, war die bloße Mitgliedschaft in der MSPD, selbst wenn diese in dem betreffenden Gremium die Mehrheit besaß, zweitrangig neben der Tatsache, daß sich die Schlüsselpositionen in der Hand der USPD befanden und diese ihren Rückhalt im 21er Rat fand. Deshalb ist es nicht ungerechtfertigt, wenn die Arbeiter- und Soldatenräte Varel und Jever als radikale bezeichnet werden.[27]

Zuordnungen, wie sie von staatlichen Behörden (Amtshauptmännern) gelegentlich vorgenommen wurden[28], mögen wohl eher dem Unmut über unbequeme Kontrolle und Forderungen der Arbeiter- und Soldatenräte entsprungen sein als parteipolitisch eindeutiger Betätigung.

3.2.2. Die Ziele der Arbeiter- und Soldatenräte

Die ersten Ziele, die sich die revolutionären Soldaten setzten, waren aus den Erfordernissen des Augenblicks hervorgegangen:
>   Beendigung des Krieges,
>   Übernahme und Kontrolle der obersten militärischen Befehlsgewalt,
>   Aufrechterhaltung von Sicherheit, Ordnung, Existenzgrundlagen,
>   Beseitigung derjenigen Reglementierungen, die dem Soldatendienst und -leben die „militaristischen" Züge aufgeprägt hatten („Demokratisierung der Wehrverfassung").[29]

Sie wurden schon im ersten Zugriff und am ersten Tage erreicht. Auffällig ist indessen, und das spricht für den „Improvisationscharakter", der den Räten eigen gewesen ist[30], daß alle im engeren Sinne politischen Ziele - außer der Abschaffung der Monarchie[31] - in den ersten Tagen fehlten, obwohl doch das politische Programm, welches das „Norddeutsche Volksblatt" am 3. November 1918 veröffentlichte, einen brauchbaren Anhalt hätte geben können. Daß die Soldaten davon keinen Gebrauch machten, scheint ein Beweis dafür zu sein, daß sie außer der Neuregelung ihrer eigenen Verhältnisse nur den ungestörten Abschluß des Waffenstillstandes

---

26) Der Arbeiter- und Soldatenrat Jever bestand überwiegend aus Angehörigen der Marinewerft; StA Ol 136-2767, Bl. 117.
27) So auch Groteluschen, S. 12.
28) Amtshauptmann Münzebrock rechnete den Vorsitzenden des Arbeiterrats Zwischenahn den Unabhängigen zu; auch Amtshauptmann Haßkamp, Friesoythe, betrachtete den Arbeiter- und Soldatenrat Barßel als radikal. StA Ol 136-2767, Bl. 36, 255, 258.
29) Kluge, S. 113 f., nennt unter politischer Zielsetzung der Soldatenräte neben anderen Forderungen auch sozialpolitische Ziele; diese fehlen beim Oldenburger Soldatenrat völlig.
30) So Kolb, S. 85; dies gilt aber ebenso für die Soldatenräte und die Kombination beider zu Arbeiter- und Soldatenräten, wenn nicht besondere Voraussetzungen vorlagen.
31) Diese hing so eng mit dem „Friedenshindernis", das der Kaiser in der Vorstellung der Soldaten bildete, zusammen, daß der politische Charakter deutlich hinter dem „Schluß-mit-dem-Krieg-Wunsch" zurücktrat.

sichern wollten, die Ausgestaltung des Staates im Sinne der Demokratisierung aber nicht oder noch nicht als Aufgabe erfaßt hatten. Jedenfalls galt das für die Soldatenräte, die wie der Oldenburger, sich auf kein Parteiprogramm verpflichtet fühlten.
Eine andere Zielvorstellung herrschte dort vor, wo neben Soldaten politisch engagierte Arbeiter die Initiative zur Revolution ergriffen, wie etwa in Delmenhorst. Dort standen gerade die politischen Ziele im Vordergrund, die als Forderungen der SPD in der Presse erhoben worden waren.
Eine dritte Variante des Zielkatalogs - jeweils in einer der drei größeren Städte im Freistaat Oldenburg ausgebildet - lag in Wilhelmshaven/Rüstringen im 21er Rat vor. Seine Ziele waren umrissen mit den Stichworten:
>   Beseitigung des Kapitalismus („Systemänderung"),
>   Aufbau einer sozialistischen Gesellschaft („Sozialismus"),
>   Sozialisierung von Großbetrieben und Großgrundbesitz („Enteignung"),
>   Internationalismus („Menschheit").

Obwohl das Programm auf den ersten Blick mit dem des Spartakusbundes identisch zu sein scheint, gibt es dennoch ein Unterscheidungsmerkmal: Gipfelten dort alle Forderungen in der Formel von der Diktatur des Proletariats, so optierte hier das Rätegremium für die Demokratie unter Wahrung der sozialistischen Ziele.
Als Beispiel soll die Rede des Vorsitzenden des 21er Rats herangezogen werden, in der er vor dem Großen Soldatenrat in Oldenburg am 13. November 1918 seine Vorstellungen darlegte.[32] Es sei nötig, so begann Kuhnt, die dringenden Aufgaben der Zeit zu verstehen. Die Revolution, in deren Mitte sie stünden, habe die Aufgabe, die bisherigen politischen Formen[33] und die „treuesten Stützen" des Kapitalismus, nämlich Militarismus und Marinismus[34] auf andere Grundlagen zu stellen, wobei alles Handeln auf Demokratisierung beruhen solle.[35] Die Revolution habe weiter die Geister in andere Bahnen zu lenken und die Sittlichkeit, die vollständig verfallen sei, wieder aufzurichten. Die Hauptsache sei nun der Aufbau, nachdem die Umwälzung geschehen sei. Dazu begrüße er alle Volksgenossen aus allen Schichten. Das Ziel sei ein „neues herrliches Deutschland", alle Revolutionäre wollten nur, was im Interesse für die gesamte Menschheit liege. Wörtlich fuhr er dann fort: „Wir kämpfen nicht für die Soldaten, nicht für Oldenburg, nicht für Deutschland, sondern für die Welt und die Menschheit. Sie muß befreit werden von den Fesseln der Jahrhunderte." Am Schluß seiner Rede nannte er die dringenden Aufgaben, die zu lösen seien: Ernährung sicherstellen, Demobilisierung abwickeln, Verkehr aufrechterhalten, Umstellung auf den Frieden in die Wege leiten. Der politische Kern, sieht man von den Tagesforderungen, die überall die gleichen und überall unabweisbar waren, ab, war die sozialistische Republik, in der aber die demokratische Willensbildung und Entscheidung gewährleistet sein sollte, ergänzt um einige utopisch-enthusiastische Weltbeglückungszutaten.[36]

---

32) Nachrichten vom 14. 11. 1918, NVBl vom 16. 11. 1918; mit dieser Rede wollte Kuhnt auch die Spannungen, die zwischen dem 21er Rat und dem Oldenburger Soldatenrat seit dem 8. 11. 1918 herrschten, mildern; um so glaubwürdiger sind seine inhaltlichen Ziele.
33) Gemeint waren der Obrigkeitsstaat des Kaiserreichs und die dazugehörigen politisch-gesellschaftlichen Verhältnisse.
34) Mit Marinismus werden Bestrebungen, eine starke Flotte zu schaffen, bezeichnet; von Kuhnt wohl eher analog zum Begriff Militarismus gebraucht: Ausdruck für die Bestrebungen, der Marine einen bestimmten Einfluß auf die Politik zu verschaffen.
35) Gemeint war, daß alle Maßnahmen und Anordnungen demokratisch zustande kommen sollten.
36) Das NVBl vom 15. 11. 1918 nannte den Vorsitzenden des 21er Rats „den von den revolutionären Zukunftsdrange am weitesten getragenen Genossen Kuhnt".

Fast ebenso weit wie Kuhnt ging auch das „Norddeutsche Volksblatt", das am 13. November die Aufgaben der sozialen Republik umriß, nachdem am 10. November als Hauptziel die „Sozialisierung des gesamten politischen und öffentlichen Lebens" genannt worden war.[37] Nicht nur die staatliche Umwälzung, sondern auch die Umwälzung des kapitalistischen Systems seien die Ziele der sozialen Republik, in der es keine unproduktiven Ausgaben, keine ungeheuren Vermögen weniger Großkapitalisten, keine Ausbeutung, kein Privateigentum an Bodenschätzen mehr geben dürfe, in der vielmehr die provisorische Regierung beginnen müsse, die kapitalistische Produktionsweise in die sozialistische umzuwandeln. Neben den schon bekannten dringenden Aufgaben nannte das Blatt zwei konkrete Konsequenzen, die aus den allgemeinen Forderungen der Revolution gezogen werden müßten:

> Nationalisierung des Finanzkapitals und Sozialisierung des Bankwesens,
> Volkserziehung und soziale Fürsorge.[38]

Im Land Oldenburg lassen sich jetzt drei Typen von Zielkatalogen in den Arbeiter- und Soldatenräten unterscheiden:

1. die „improvisierten" Ziele für den Tag und die Stunde (Soldatenrat Oldenburg);
2. die „sozial-demokratischen" Ziele für die Gestaltung von Staat und Gesellschaft (Arbeiterräte Delmenhorst)[39];
3. „sozialistisch-revolutionäre" Ziele für die Umwälzung der gesamten gesellschaftlichen Verhältnisse (Arbeiter- und Soldatenrat Wilhelmshaven/Rüstringen).[40]

Wo politisch geschulte Arbeiter und Soldaten die Bildung von Räten vornahmen und ihre Ziele formulierten, hatten diese keinen Improvisationscharakter, sondern gründeten auf traditionellen politischen Programmen, wo politisch Ungeschulte und nicht Engagierte überwogen, traten die improvisierten an die Stelle der neu aktualisierten Ziele.

Von den drei Kategorien, die Kluge für die Soldatenräte gebildet hat, entsprach der 21er Rat allen dreien: Er war politische und militärische Führungsinstanz und außerdem noch bürokratische Abwicklungsinstanz in einem[41], während die Soldatenräte Oldenburg und Delmenhorst der zweiten Kategorie entsprachen und eine Reihe von Soldatenräten in kleineren Orten der dritten am ehesten glichen.

Was die nächstliegenden Ziele betraf, so bot sich allen Räten das gleiche Aufgabenfeld:

> Sicherstellung der *Ernährung*, Sorge für die Ablieferungsquote der Ernte, Kontrolle der Lebensmittelverteilung,
> Überwachung des Lebensmittelhandels, Bekämpfung des Schleichhandels und der Geheimschlachtungen,
> Verteilung der freigegebenen Vorräte aus militärfiskalischen Beständen,
> Überwachung der *Preise* für die Nahrungsmittel und Produkte des täglichen Bedarfs (Kleidung, Brennstoffe),
> Aufrechterhaltung der *Ordnung und Sicherheit* (Patrouillendienst, Wachdienst),
> Sorge für die Verkehrsverbindungen, Demobilisierungsaufgaben.

---

37) NVBl vom 10. 11. 1918.
38) NVBl vom 13. 11. 1918.
39) Dieser Typ fällt aus dem Kolbschen Kategorienschema heraus, weil er seine Ziele aus alten Programmforderungen der Arbeiterbewegung ableitet.
40) Auch dieser Typ entspricht nicht dem Kriterium „Improvisationscharakter".
41) Vgl. Kluge, S. 107-113.

3.2.3. Die Organisation der Räte

Wo nicht die Wahrnehmung der Räteaufgaben sich auf wenige ständig Beschäftigte beschränkte, wie es bei den meisten Räten am Sitz des Amtes oder in den Gemeinden der Fall war, bildete sich eine differenzierte Organisation heraus. So hatte der Soldatenrat Oldenburg eine Woche nach seiner Gründung elf Abteilungen, die sich der zu bewältigenden Arbeit annahmen:
1. Kontrolle des Garnisonskommandos (um die errungene militärische Befehlsgewalt zu sichern und sich vor unliebsamen Überraschungen zu schützen),
2. Sicherheitsabteilung (Wach- und Patrouillendienst),
3. Waffenkommission (Kontrolle der Ausgabe, sonst Verschluß),
4. Gericht (Militärstrafsachen),
5. Bahnhofskommandantur,
6. Auskunft (eine Art sozialpolitischer Abteilung, die Löhne, Urlaub, Verpflegung und dergleichen regelte),
7. Verpflegung der zureisenden Soldaten,
8. Truppenkontrolle,
9. Demobilisierungskommission.
10. Finanzen (Verkauf von Heeresgut),
11. Aufklärung und Presse (politische Bildung, Information).

Alle Abteilungen, außer der Auskunft[42] und der Presseabteilung, der auch die Mitwirkung in Theaterangelegenheiten oblag, waren mit einem Mitglied des Soldatenrats besetzt.[43] Die Leitung des Soldatenrats und die Koordinierung seiner Arbeit übernahm der fünfköpfige Vorstand, der, mit zwei Ausnahmen, keiner Abteilung zugeordnet war.

Noch differenzierter war die Organisationsstruktur des Arbeiterrats in Wilhelmshaven/Rüstringen. Dreizehn Hauptabteilungen, die den Sachgebieten einer öffentlichen Verwaltung entsprachen - von den Finanzen über Ernährung, Bekleidung, Verkehr, Wohnungs- und Bausachen bis zu Kirche und Schule und einer Enteignungsabteilung -, wurden eingerichtet und teils einfach, teils doppelt besetzt. Die vierzehnte, die sozialpolitische Abteilung war beinahe ebenso groß wie die übrigen zusammen; sie umfaßte sieben Referate:
1. Arbeiterschutz und Wohlfahrt,
2. Lohnfragen,
3. Exekutive,
4. Arbeitsnachweis, Einstellung, Entlassung,
5. Mieterschutz,
6. Sozialversicherung,
7. Mutterschutz, Armen- und Säuglingswesen,

in denen insgesamt dreizehn Mitglieder arbeiteten.[44] Ein geschäftsführender Vorstand[45], der auch die Büroleitung innehatte und während der Dienststunden anwesend war, vertrat den Arbeiterrat nach außen und im 21er Rat.

---

42) Die Auskunft hatte 3, die Presseabteilung 4 Mitglieder.
43) Nachrichten vom 15. 11. 1918.
44) WTBl vom 17. 11. 1918.
45) Er hatte 3 Mitglieder.

Am weitesten ausgebildet war die Organisation des 21er Rats, jedenfalls was die Bereiche Militär, öffentliche Ordnung, Sicherheit, Kommunikation betraf; die mehr kommunalen und sozialen Obliegenheiten bearbeitete der Arbeiterrat.

Offenbar am Vorbild der militärischen Behörde (Station) orientiert, richtete der 21er Rat seine Organisation nach dem Ressortprinzip ein. Während in den Abteilungen des Arbeiterrats die einzelnen Mitglieder die Arbeit selbst erledigten und der Mitarbeiterstab sehr klein war, verfügten die Chefs an der Spitze der - zunächst - vierzehn Ressorts über einen ansehnlichen Behördenapparat, der die Arbeiten nach Weisung ausführte.[46] Die Gesamtorganisation war in folgende Ressorts gegliedert:

1. Chef des Sicherheitswesens, mit den Abteilungen
    a) Polizei,
    b) Kriminalpolizei,
    c) Wachen und Patrouillen,
    d) Munition und Bewaffnung,
    e) Reklamationen, Beurlaubungen, Beschwerden und dergleichen,
2. Chef des Verkehrswesens,
3. Chef des Postwesens,
4. Chef des Justizwesens (dem ein Rechtsanwalt vorstand),
5. Chef des Flugwesens,
6. Chef des Nachrichtendienstes,
7. Chef des Ernährungswesens,
8. Chef der Pressekommission,
9. Chef der Agitationsabteilung (innen),
10. Chef der Agitation (außen),
11. Chef der Registratur (mit Organisations-, Personal-, Materialverwaltung, Autokontroll-Abteilung),
12. Chef der Auskunft,
13. Chef der Bahnhofskommandantur,
14. Chef der Paß-, Urlaubs-, Entlassungsabteilung.[47]

Die Chefs leiteten ihre Ressorts selbständig, waren Vorgesetzte des Personals, das sie einstellen und entlassen konnten, und nur dem 21er Rat für ihre Handlungen verantwortlich.

Für die Kontrolle des Stationskommandos war ein weiteres Mitglied des 21er Rats zuständig, das den anderen Ressortchefs gleichgestellt war. Die Gesamtarbeit leitete und koordinierte der Vorstand des 21er Rats und in den ersten Wochen die Fünfer-Kommission. Im Laufe der Zeit stellte sich heraus, daß diese Aufgabe schwer zu bewältigen war: Einerseits verlangten die täglichen Eingaben und Anforderungen sofortige oder baldige Entscheidungen[48], für die eine Prozedur der Diskussion und Abstimmung im Plenum des 21er Rats oft zu langwierig war, andererseits trachteten die Ressortchefs zunehmend nach autonomen Entscheidungsbefugnissen und entwickelten dabei einen beachtlichen Ressortegoismus. Besonders deutlich traten

---

46) Selbst wenn die Zahl von 1.200 Angestellten des Arbeiter- und Soldatenrats, die in der Sitzung am 15. 1. 1919 genannt wurde, aus wahltaktischen Gründen übertrieben sein sollte, gibt sie einen ungefähren Anhalt über die Größe des Apparats, der dem 21er Rat zuarbeitete; P.A., 15. 1. 1919, WTBl vom 17. 2. 1923.
47) Vgl. WTBl vom 24. 11. 1918.
48) Urlaub, Entlassung, Löhnung, Pässe.

diese Bestrebungen bei Besoldungsfragen und Personalentscheidungen (Entlassung, Einstellung) hervor. Bei ersteren neigten die Chefs dazu, die Wünsche des Personals nach Erhöhung der Besoldung (Tagegelder, Vergütungen) auch gegen vorher beschlossene niedrigere einheitliche Sätze zu unterstützen, bei letzteren vertraten sie die Ansicht, sie seien unter Wahrung gerechter Maßstäbe zwar allein entscheidungsberechtigt, aber auch gegenüber dem 21er Rat allein verantwortlich.[49] Autonomiebestrebungen und Ressortegoismus führten bald dazu, daß der 21er Rat als Exekutivorgan die Übersicht über die Entscheidungen und den Geschäftsgang verlor. Deshalb sann er auf Abhilfe und fand sie in zwei Maßnahmen:

einer Geschäftsordnung und

einer besonderen Kommission (Kontrollkommission),

die umstrittene Probleme sowohl zur Vorberatung als auch zur nachträglichen Rechenschaftseinforderung sowie die Ausarbeitung von Richtlinien zugewiesen erhielt. Mit beiden war der Rat nicht sehr erfolgreich. Zwar lag schon nach wenigen Wochen ein ausgearbeiteter „Organisationsplan"[50], der Personal-, Material- und Geschäftsordnungsfragen detailliert, kenntnisreich und funktional regelte, vor, aber er stellte doch wohl zu hohe Anforderungen an das „befehlende" und „ausführende Personal"[51], als daß nach ihm hätte verfahren werden können.[52] Als die Bewältigung der anfallenden Probleme und Arbeiten immer schwieriger, die Koordination immer fragmentarischer wurde und die Übersicht rein zufällig zustande kam, nahm das Plenum gleichsam in einem Kraftakt zur Selbstdisziplinierung einen ad hoc-Antrag auf Ausarbeitung einer Geschäftsordnung an.[53]

Was die Kontrollkommission anging, so war sie als eine Art Eingreif-Instanz für die Fälle gebildet worden, in denen es zu Konflikten zwischen Ressorts, Vernachlässigung dringender Arbeiten gekommen und mangelnde Zusammenarbeit zu beklagen war. Um „keine Anarchie eintreten"[54] zu lassen, hatte die Kommission Richtlinien ausgearbeitet, die offenbar wiederum mit Dr. Berger abgestimmt worden waren und nun einstimmig angenommen wurden.[55] In einigen Fällen persönlichen Streits zwischen Mitgliedern des 21er Rats wurde sie tätig und griff schlichtend oder vermittelnd ein; eine Koordination der Organisation und Arbeit ist ihr nicht gelungen. So kann das Wort eines Ressortchefs, das er mit Bezug auf die Intendantur sprach, mutatis mutandis auf die Ressorts des 21er Rats und ihrer Chefs angewandt werden: „Ein Apparat ... ohne geschultes Personal funktioniert (nicht)."[56]

Nachdem die am weitesten ausgebauten Organisationen der Räte so ausführlich dargestellt worden sind, sollen noch zwei Beispiele für einen bescheidenen Aufwand angeführt werden.

---

49) Vgl. P.A., 17. 12. 1918, WTBl vom 19. 1. 1923.
50) Wissell-Bericht vom 3. 12. 1918 an den Parteivorstand der MSPD; BA Koblenz, NS 26/86, S. 9-17; der Plan stammte von einem Assessor Dr. Berger, der den 21er Rat in Fragen der Organisation, Besoldung und dergl. beriet.
51) Ebd.
52) Wissell berichtete zwar, nach diesem Plan sei in Wilhelmshaven gearbeitet worden, aber das war mehr eine Erwartung für die Zukunft als eine Beschreibung der Wirklichkeit.
53) Der Antrag beweist, daß nach dem o. a. Plan nicht gearbeitet wurde. Der Registratur war schon vor dem 20. 12. 1918 der Auftrag erteilt worden, das Buch „Die Geschäftsordnung des Reichstages" zu bestellen, um hiernach eine Geschäftsordnung ausarbeiten zu können. Die turbulente Entwicklung in Wilhelmshaven/Rüstringen hat aber dieses Problem in den Hintergrund gedrängt; aus den Protokollen des 21er Rats läßt sich keine Änderung der Geschäftsführung im Plenum feststellen.
54) P.A., 17. 12. 1918, WTBl vom 20. 1. 1923.
55) Die Richtlinien sind in den P.A. nicht abgedruckt. Ihre Wirkung in der Geschäftsführung ist nicht nachweisbar.
56) P.A., 9. 12. 1918, WTBl vom 11. 1. 1923.

Der Arbeiter- und Soldatenrat Jever hat mit zehn Mitgliedern nach folgendem Plan die Aufgaben wahrgenommen:
1. Kontrolle der Amtsgeschäfte,
2. Kontrolle und Verteilung der Lebensmittel,
3. Kontrolle der Stadtgeschäfte,
4. Verteilung von Brennstoffen,
5. Sicherheitswesen,
6. Delegation für zentrale Tagungen, gleichzeitig Vorsitzender des Arbeiter- und Soldatenrats.[57]

Der Arbeiter- und Soldatenrat Delmenhorst richtete durch seinen Aktionsausschuß[58] vier Kommissionen oder Unterausschüsse für
   Fabrikwesen,
   Presse und Propaganda,
   Amtswesen (Kontrolle des Amtes Delmenhorst) und
   Verkehrswesen
ein.[59]

Aus praktischen Gründen, um die Aufgaben und Arbeiten zu verteilen, schufen sich die Arbeiter- und Soldatenräte Organisationen, die, je nach der Fülle der Arbeit und der Zahl der Mitglieder, verschieden differenziert waren. Allen gemeinsam waren Abteilungen oder Funktionsstellen für die öffentliche Sicherheit und Ordnung, alle sorgten sich in mehr oder weniger aufwendiger Form um die Bedürfnisse der Bevölkerung, und alle hatten Kontrollstellen für die amtliche Tätigkeit. Der 21er Rat hatte darüber hinaus einen vollständigen Behördenapparat aufgebaut, der, wenn nicht als Ersatz für die militärischen Behörden (Station und Festungskommandantur), so als ihre Oberbehörde und ihr Kontrollapparat sich verstehend, eine rege Wirksamkeit entwickelte und bei zureichender Ausstattung mit Leitungspersonal diesen eine ernste Konkurrenz und der Anfang einer eigenen Militärverwaltung hätte werden können.

3.3.   Räte und kommunale Selbstverwaltung

3.3.1. Die Bildung der Arbeiter- und Soldatenräte in den Gemeinden

Der revolutionäre Umschwung vollzog sich grosso modo überall auf ähnliche Weise.[1] Als besonders markantes Beispiel für den mit Verve durchgeführten Umschwung soll das Beispiel Wildeshausen hervorgehoben werden: Am 8. November wurden rote Fahnen gehißt, die aber am 9. November durch Matrosen wieder eingeholt wurden.[2] Am Montagabend, dem 11. November, fand eine Versammlung von Arbeitern und Bürgern statt, auf der sechs Bevollmäch-

---

57) StA Ol 136-2767, Bl. 120.
58) Er bestand aus 10 Mitgliedern.
59) Vgl. Grundig, Delmenhorst, Bd IV, S. 72.

1) Die Vororte, „Filialen" und Delmenhorst sind schon oben behandelt worden; sie bilden wegen der Beteiligung der Soldaten eine eigene Gruppe.
2) StA Ol 136-2767, Bl. 207.

tigte gewählt wurden, die den Arbeiterrat bildeten. Dieser gab sich eine Reihe von Grundsätzen, die strikt einzuhalten er ankündigte.

1. „Der Arbeiterrat ist die erste Gewalt"[3]; ein Vorgesetztenverhältnis bestehe nicht mehr, die bisherigen Vorgesetzten müßten auf Verlangen dem Arbeiterrat als Berater beistehen; jede Veröffentlichung sei von der Zustimmung des Arbeiterrats abhängig, dies gelte für jedes der einzelnen „Verwaltungsfächer" (Gericht, Gendarmerie).
2. Der Arbeiterrat übernehme die Sicherheit des fiskalischen und des Privateigentums; er werde bei Ausschreitungen unnachsichtig vorgehen.
3. Ruhe und Ordnung müßten bewahrt werden.
4. Denunzianten und diejenigen, die seinen Anordnungen entgegenarbeiteten, werde er standrechtlich aburteilen.
5. Entlassungsgesuche aus dem Militärverhältnis, Beurlaubungen und Beschwerden seien an den Arbeiterrat zu richten.
6. Der Arbeiterrat werde für die Verbesserung der Löhne und Gehälter und für bessere Lebensmittelzuteilung sorgen.
7. Der Amtshauptmann habe einen geeigneten Raum mit Telefon und Schreibutensilien bereitzustellen.
8. Der Arbeiterrat verlange für seine Mitglieder die Vergütung des bisherigen Lohnes und einen Zuschlag von 150 %.

Der ultimative Charakter der „Grundsätze", der schon in den Ziffern 1 und 4 deutlich hervortrat, erhielt seine letzte Schärfe durch den Nachsatz: Der Amtshauptmann bekomme eine Frist von drei Tagen eingeräumt, um die nötigen Anordnungen zu erlassen, im Falle der Weigerung oder Nichterfüllung erfolge sofortige Absetzung. Der Amtshauptmann[4] schickte die „Grundsätze" am 14. November an das Landesdirektorium und bat um Verfügung, auf welche Kasse die Kosten zu übernehmen seien. Da er nicht abgesetzt wurde, er auch nicht um seine Entlassung oder Versetzung eingekommen ist, darf angenommen werden, daß die „Grundsätze" beachtet oder deren Erfüllung in Aussicht gestellt wurden. Das war bei den eher allgemein gehaltenen oder rein technischen Punkten (2, 3, 5) sicher nicht kontrovers, bei den Punkten 1, 6, 7 und 8 ergibt sich aus den Akten[5], daß sie teils ganz, teils abgemildert erfüllt wurden[6], allerdings nur vorübergehend. Der Machtanspruch jedoch, die Elemente der direkten Demokratie (Aufhebung der Gewaltenteilung, Ersetzung des Repräsentativsystems, Abschaffung einer Fach-Verwaltung), die in ihm einschlägig waren, war indessen zu groß, als daß er hätte auf Dauer behauptet werden können.

Nicht überall wurde der Herrschaftsanspruch derart bestimmt geäußert und für eine kurze Zeit auch wohl durchgesetzt wie in dem geschilderten Fall; die meisten Ämter meldeten eine weniger einschneidende Änderung der Behördentätigkeit. In den drei südoldenburgischen Ämtern[7] wurden keine Friktionen aktenkundig, wohl wegen der anderen, stark bürgerlichen, Zusammensetzung der Räte; in den Ämtern Oldenburg, Westerstede, Butjadingen, Brake,

---

[3] StA Ol 136-2767, Bl. 208 f.
[4] Dr. Mutzenbecher.
[5] StA Ol 136-2767, Bl. 208-218.
[6] Über den 4. Punkt ist nichts aktenkundig geworden.
[7] Vechta, Cloppenburg, Friesoythe.

Elsfleth, Delmenhorst wiesen die Berichte zwar Formen von Kontrolle aus, ebenso aber solche von Kooperation, in keinem aber den umfassenden Anspruch auf die vollziehende Gewalt mit eigener Jurisdiktionsmöglichkeit, polizeilichen Aufgaben, weitgehender Alimentierung der Ratsmitglieder und Weisungsbefugnissen in privatrechtlichen Verhältnissen (Löhne, Gehälter).[8]

In der Regel wurde die Kontrolle der Regierungsorgane (Ämter) oder kommunalen Behörden so gehandhabt, daß entweder Beigeordnete in dem jeweils höchsten Regierungs- oder Verwaltungsorgan sie ausübten (Beispiel Stadt Delmenhorst) oder die Überwachung der Verwaltung durch die Mitglieder der örtlichen Räte erfolgte (Beispiel Amt und Stadt Jever) oder eine sehr milde und abgeschwächte Form der Beaufsichtigung geübt wurde (südoldenburgische Ämter) bei relativ selbständiger Amtsführung der Behörden.

In einem Amt kam es allerdings zu einem Kompetenzkonflikt zwischen dem Arbeiter- und Soldatenrat und dem Amtshauptmann, der zuungunsten der staatlichen Behörden ausging. Auf Beschwerden des Arbeiter- und Soldatenrats in Jever wurde der Amtshauptmann[9] am 20. Dezember 1918 abberufen und dem Direktorium „zur Hilfeleistung" zugewiesen.[10] Dies ist die einzige Absetzung oder Versetzung eines Chefs der unteren Staatsbehörde während der Revolution in Oldenburg, die auf Druck der Räte geschah.[11]

3.3.2. Die Tätigkeiten der Räte in den Gemeinden

Wo - wie in Wilhelmshaven/Rüstringen und Oldenburg - die Arbeiter- und Soldatenräte eine hochdifferenzierte Organisationsstruktur mir Ressort- oder Abteilungsprinzip entwickelten, gibt diese schon einen ersten Hinweis auf die Tätigkeitsfelder der Räte.[12] Die Aktivitäten konzentrierten sich hier in den Bereichen Sicherheit, öffentliche Ordnung, Militärisches und Öffentlichkeitsarbeit.

Zu den Aufgaben der Sicherheitsabteilung, die in Zusammenarbeit mit der Polizei wahrgenommen wurden, gehörten in den ersten Tagen nach dem revolutionären Umschwung die Überwachung der Verkehrswege (Eisenbahnen, Straßen), um den Gefahren einer vermuteten Konterrevolution zu begegnen, später, ab Januar 1919, die Abwehr von Putschversuchen und Aufständen linksradikaler Gruppen, die Einrichtung von Sicherheits- und Streifendiensten gegen Plünderungen und massenhaften Felddiebstahl, von nächtlichen Patrouillengängen zum Schutze vor steigender Kriminalität und zur Beruhigung der Bürger.

Das Tätigkeitsfeld öffentlicher Ordnung, abhängig auch von den Sicherheitsmaßnahmen, umfaßte die Regelung von Versammlungen, Umzügen und Demonstrationen und reichte bis zum

---

8) Vgl. StA Ol 136-2767, Bl. 1-301 und 2768, Bl. 1-55.
9) Amtshauptmann Mücke; der Anlaß für die Forderung des Arbeiter- und Soldatenrats Jever war ein Beschluß einer Versammlung des Arbeiter- und Soldatenrats Schortens, an der ca. 500 Personen teilnahmen, auf Amtsenthebung des Amtshauptmanns; der Arbeiter- und Soldatenrat Schortens hat dann wohl zu der Initiative des Arbeiter- und Soldatenrats Jever beigetragen; vgl. Nachrichten vom 20. 11. 1918.
10) StA Ol 131-107, 13. und 14. Sitzung des Direktoriums vom 16. und 20. 12. 1918.
11) Der Abberufene ist später Amtshauptmann in Oldenburg geworden. Daß eine Reihe von Staatsbeamten (Oberlehrer, Schulaufsichtsbeamte) ihre Ämter aufgeben mußten, ist häufig auch unter Rückendeckung durch die örtlichen Räte erfolgt.
12) Vgl. S. 107 f.

Verbot des Alkoholausschanks, der Festsetzung der Polizeistunde und der Regelung der Tanzlustbarkeiten.

Die Sparte Militärisches bearbeitete, wo Garnisonen bestanden oder Truppenteile vorübergehend stationiert waren, Fragen der Demobilmachung, Urlaubserteilung, sorgte für den Schutz des militär- und staatsfiskalischen Eigentums, betrieb den Verkauf von Heeres- und Marinebeständen[13] und regelte den inneren Dienstbetrieb.

Die Öffentlichkeitsarbeit widmete sich der Aufgabe, die Bevölkerung über Aufgaben, Rechte und Zuständigkeiten der Räte aufzuklären, ihr Selbstverständnis zu artikulieren, kritische Anfragen zu kommentieren und zu beantworten, kurz: Aufgaben und Leistungen der Arbeiter- und Soldatenräte darzulegen und durch entsprechende Kommentare ein der Rätearbeit wohlwollendes und günstiges Gesamtklima herzustellen.

Wo, wie in den meisten Gemeinden, die Arbeiter- und Soldatenräte nur über wenige Mitglieder verfügten, beschränkten sich die Tätigkeiten auf Gebiete, die mit den alltäglichen Sorgen und Bedürfnissen zu tun hatten: mit der Existenzsicherung im weitesten Sinne. Dazu gehörte die Verteilung, und zwar die möglichst gerechte, von Lebensmitteln, Brennstoffen, Kleidung. In engem Zusammenhang damit stand die Bekämpfung von Schleichhandel, Schiebungen großen Stils und Hamsteraktionen kleineren Ausmaßes[14], die Unterbindung von Geheimschlachtungen durch Haussuchungen, Beschlagnahmen, Rechnungsprüfungen, Getreide- und Vorrats-Registrierungen. Schließlich überwachten die Räte die Preise und erließen Vorschriften gegen Preiswucher und Preistreibereien. Die Kontrolle der Verwaltungstätigkeit in Gemeinden und Ämtern und die Teilnahme von Mitgliedern der örtlichen Räte an Sitzungen von Gemeinderäten und Amtsverbandsvorständen, die jedoch nur selten vorkam und erbittert bekämpft wurde, sollen noch erwähnt werden.[15]

Sieht man von weiteren, weil sie Einzelfälle sind, ab, so zeigt die Liste der Tätigkeiten, daß in den Gemeinden die Räte der politischen Funktionen völlig ermangelten, sie sich vielmehr nur der Wahrnehmung von Aufgaben widmeten, die als wirtschaftliche und soziale Interessenvertretung der breiten Bevölkerungsschichten zu klassifizieren sind. Als Anzeichen einer veränderten gesellschaftlichen und politischen Lage und einer veränderten Einstellung kann lediglich eine freiere, bisweilen energische und kurz angebundene Art, mit den Behörden umzugehen, gedeutet werden. Als Basis und Beförderer einer gründlichen und dauerhaften Umgestaltung der politischen und gesellschaftlichen Strukturen im Sinne einer Demokratisierung[16] kamen die örtlichen Räte in Oldenburg kaum in Frage.

---

13) In einer Art Rechenschaftsbericht, der eine Antwort auf eine kritische Anfrage in den „Nachrichten" war, führte der Arbeiter- und Soldatenrat Oldenburg an, daß z. B. sein Mitglied Thiele, zuständig für den Pferdeverkauf, in 8 Wochen etwa 8.000 Pferde im Gesamtwert von 5-6 Mill. Mark verkauft und die Summe nach Hannover überwiesen habe (wohl an die Intendantur des X. AK); vgl. Nachrichten vom 29. 1. 1919.
14) StA Ol 136-10898, Bl. 89, gibt Auskunft über eine Hamsteraktion und die Beschlagnahme der Waren, die durch Soldaten wieder rückgängig gemacht wurde. Die Mengen, die in Löningen aufgekauft wurden: ca. 50 kg im Werte von rund 900 Mark.
15) Im Dezember 1918 nahm ein Mitglied des Arbeiterrats Wildeshausen an den o. a. Amtsvorstandssitzungen teil; auf Anfrage des Amtshauptmanns, Dr. Mutzenbecher, ob dies zulässig sei, teilte das Direktorium mit, dem Arbeiterrat stehe die Überwachungsbefugnis zu, daher sei der Teilnahme kaum zu widersprechen; StA Ol 136-2767, Bl. 216.
16) Vgl. Kolb, S. 359-383.

3.3.3. Die Auseinandersetzungen um die Bezahlung der Arbeiter- und Soldatenräte als Ausdruck des Kampfes um ihre Anerkennung

Fragt man mit Blick auf die örtlichen Räte, ob deren Tätigkeiten von den Behörden anerkannt, vielleicht begrüßt, die Leistungen gewürdigt wurden, so stößt man auf folgenden Tatbestand: Von wenigen Ausnahmen abgesehen, fanden die Räte nicht nur keine Anerkennung, sondern erfuhren vielfache Ablehnung durch Gemeinderäte und -behörden. An Versuchen, ihre Arbeit zu behindern, hat es schon bald nach der revolutionären Umwälzung nicht gefehlt. Ein geeignetes Mittel hierfür sahen viele Gemeinden in der Geldmittelbewilligung für die Räte, die ohne ausreichende Vergütung des Lohnausfalls ihrer Mitglieder ihre Tätigkeiten einstellen mußten. Diese ihrerseits leiteten aus ihrer Arbeit „für die Errungenschaften der Revolution"[17] einen Anspruch auf Bezahlung ab und sahen mit Recht in der Mittelzuweisung oder ihrer Verweigerung einen Gradmesser für die Bereitschaft, die Veränderungen durch die Umwälzung anzuerkennen oder bei der alten vorrevolutionären Einstellung zu bleiben.

Die Richtlinien, nach denen die Vergütungsforderungen der einzelnen Räte behandelt werden sollten, erließ das Direktorium am 23. November 1918.[18] Der Erlaß bestimmte zunächst, die Tätigkeit der Arbeiterräte sei ehrenamtlich, die Kosten trügen die Wahlorganisationen. Falls aber nicht genügend Mittel vorhanden seien, müßten sie öffentlichen Fonds (Staats- und Gemeindekassen) entnommen werden, wobei der Hinweis nicht fehlte, daß es sich dann um öffentliche, durch Steuern aufzubringende Gelder handele. Die Einzelheiten wurden wie folgt geregelt: Mitglieder der Arbeiterräte, die in größeren Betrieben beschäftigt seien, erhielten von diesen die Lohnfortzahlung[19]; im übrigen trage diejenige Stelle, bei der das Mitglied tätig sei, die Kosten; falls die Tätigkeit sich auf staatliche wie kommunale Behörden erstrecke, seien die Kosten angemessen zu verteilen. In dem Falle sei der tatsächliche Lohnausfall zu vergüten und eine mäßige Aufwandsentschädigung zu zahlen; forderungsberechtigt seien dauernd bei der Dienststelle Tätige, deren Zahl tunlichst zu beschränken sei. Als Vergütung wurde ein Betrag von 100 Mark monatlich genannt.[20] An diese Richtlinien hat sich das Direktorium im großen und ganzen gehalten, die Gemeinden haben sie vielfach zu umgehen versucht. An zwei Beispielen sollen die Auseinandersetzungen der kommunalen Behörden mit den Räten dargestellt und das Verhalten des Direktoriums in diesen Konflikten gezeigt werden.

Da es zwischen dem Arbeiterrat Zwischenahn und der Gemeinde zu keiner Einigung über die Vergütung kam, trug der Vorsitzende des Arbeiterrats dem Amt Westerstede als zuständiger Behörde den Fall in Form einer Beschwerde vor. Auf dessen Bericht antwortete das Direktorium am 27. Dezember 1918 dem Arbeiterrat, die Erledigung der Kostenfrage sei dadurch verzögert, daß er die erbetene Auskunft über seine Wahl und Legitimation bisher nicht gegeben habe.[21] Das Direktorium habe inzwischen dem Gemeindevorstand Kenntnis von der Sachlage

---

17) Mit diesem Ausdruck, der die Qualität eines geflügelten Wortes angenommen hatte und von Räten in der kleinsten Gemeinde bis zum Volksbeauftragten Scheidemann benutzt wurde, soll gemeint sein: bürgernahe statt obrigkeitliche Verwaltung, Teilnahme und -habe an politischer Willensbildung und politischen Entscheidungen in überschaubaren Bereichen; vgl. Kolb, S. 402.
18) StA Ol 136-2768, Bl. 7; auch in 136-2767, Bl. 244.
19) Dies traf für die Reichswerft Wilhelmshaven zu, andere Fälle sind nicht bekannt.
20) Der Hilfsverein Rüstringen zahlte 1918 einer Frau mit zwei Kindern, deren Ernährer im Militärdienst stand, eine Unterstützung von 105 Mark; vgl. Grundig, . . . Wilhelmshaven, Bd II, S. 78.
21) StA Ol 136-2767, Bl. 31-42.

gegeben und nehme an, daß der Antrag erledigt sei. Gleichzeitig bedeutete das Direktorium dem Amt, daß die baldige Erledigung im Interesse der Gemeinde liege, was als Anweisung zum Eingreifen des Amtes aufgefaßt werden kann. Das Amt scheint den Fall tatsächlich an sich gezogen zu haben, indem es den Arbeiterrat Zwischenahn als beim Amt tätig und für den Amtsbezirk zuständig behandelte, denn von der Gemeinde Zwischenahn war hinfort nicht mehr die Rede. Damit war der Konflikt aber nicht gelöst, sondern nur auf die nächsthöhere Ebene verlagert. Als Ende Januar 1919 das Amt statt der beantragten Summe von 275 Mark nur 100 Mark für entgangenen Arbeitsverdienst anwies, gelangte der Streit erneut vor das Direktorium.[22] Der Vorsitzende machte geltend, daß er einen täglichen Verdienstausfall von 12,50 Mark, wofür der Nachweis erbracht sei, habe, das Amt jedoch nur 4,54 Mark pro Tag anrechne. Nachdem mehrere Schreiben an das Amt unbeantwortet geblieben waren, bemerkte der Vorsitzende in einem Schreiben an den Landesarbeiterrat bitter:„Lasse man die Dienststellen doch wenigstens ehrlich sein und sich ohne Umschweife zu der Angelegenheit erklären."[23] Auf Intervention des Landesarbeiterrats beim Direktorium wies letzteres das Amt in scharfem Ton an, die Kostenfrage sofort zu erledigen und in Sachen Arbeiterrat Zwischenahn unverzüglich Bericht zu erstatten. Der Bericht des Amtsvorstandes des Amtsverbandes[24] Westerstede vom 1. März 1919 ist in vieler Hinsicht sehr aufschlußreich:[25]

Zunächst wurde der Arbeiterrat Zwischenahn durch drei Bemerkungen, die seine politische Position und seinen Wert betrafen, charakterisiert. Im Gegensatz zu dem tüchtigen und unterstützungswürdigen Augustfehner Soldatenrat, so schrieb der Amtshauptmann, sei die Tätigkeit des Zwischenahner Arbeiterrats kaum in Erscheinung getreten. In dem Wahlkampf habe der wohl zu den Unabhängigen zu rechnende Vorsitzende eine eifrige Wühlerei betrieben und sich dadurch eine Beschäftigung verschafft. Im übrigen habe der hiesige spartakistische Soldatenrat für die mit starkem Selbstbewußtsein gewürzte Untätigkeit des Arbeiterrats nur Worte des Spottes und Hohns. Den Augustfehner Soldatenrat tüchtig und unterstützungswürdig zu nennen, kostete buchstäblich nichts, denn Soldatenräte wurden für ihre Tätigkeit durch die zuständigen Intendanturen der Armeekorps bezahlt und ihre Tätigkeit berührte die kommunalen oder staatlichen Behörden in den Gemeinden kaum. Die Berufung auf den spartakistischen Soldatenrat, der zwar nicht tüchtig genannt wurde, entbehrt nicht des doppelten Bodens: Hohn und Spott vom Spartakus bedeutete in dieser Zeit für den Getadelten eher Lob und Anerkennung als Kritik.[26]

Was die Kostenvergütung anging, so räumte der Amtshauptmann ein, daß jede Tätigkeit, für die er einige Beispiele nannte, bezahlt werden müsse, bestritt hingegen, daß der Vorsitzende dauernd als Arbeiterrat tätig sei. Bei strenger Anwendung der bestehenden Vorschriften käme kein nennenswerter Betrag heraus, aber um des lieben Friedens willen seien 100 Mark monatlich bewilligt worden. Das sei zwar viel zu viel, aber durch die herrschenden Umstände einigermaßen zu entschuldigen, eine Erhöhung ginge jedoch gegen Eid und Gewissen.

Was ist an dem Bericht aufschlußreich?

---

22) Vgl. ebd., Bl. 34.
23) Ebd.
24) Der Amtsvorstand war der Amtshauptmann Münzebrock.
25) StA Ol 136-2767, Bl. 36.
26) Die zunehmende Kritik, später sogar der Boykott der Arbeiterräte durch die KPD begann schon Ende Januar 1919; vgl. Kolb, S. 304, 321-324.

Einmal die politische Qualifizierung des Arbeiterrats als unabhängig, owohl der Vorsitzende Mitglied der MSPD war und bei der Wahl am 23. Februar 1919 zum Landtag kandidiert hatte, zum anderen das sehr geringe Verständnis für die Tätigkeit des Arbeiterrats, die kaum nach Bürostunden gemessen werden konnte, und zum dritten die Einstellung zu dem revolutionären Umschwung überhaupt, der die Anwendung bestehender Vorschriften erschwere, wenn nicht verhindere („herrschende Umstände") und die alleinige Zuständigkeit der Behörden für das Gemeinwohl angetastet habe.

Ob die geforderten Beträge nachgezahlt worden sind, ist den Akten nicht zu entnehmen. Im September 1919 ergaben sich erneut Differenzen bei der Abwicklung der Tätigkeit des Arbeiterrats bis zum 15. August 1919 in Höhe von rund 100 Mark. Nach langen Verhandlungen zwischen Arbeiterrat, Amtsvorstand und Staatsministerium des Innern wurde im September 1920 der geforderte Betrag nachbewilligt und angewiesen.

Der Konflikt in Wildeshausen[27] verlief so:

Von der ursprünglichen Forderung von 500 Mark[28] monatlicher Vergütung ging der Arbeiterrat im Dezember ab und handelte für drei vollbeschäftigte Mitglieder je 300 Mark nebst Reisekosten und Aufwandsentschädigung von 100 Mark ab 1. Januar 1919 mit dem Amt aus. Das Direktorium billigte, unter Außerachtlassung seines eigenen Ansatzes von 100 Mark, die Ausgaben unter der Voraussetzung, daß der Amtsverband die Hälfte der Kosten übernehme. Dieser lehnte in der Sitzung des Amtsrates am 14. Januar 1919 die Übernahme des Anteils ab, „da die Arbeiterräte als Stütze der Revolution lediglich im Interesse des Staates zur Beaufsichtigung der Behörden wirken".[29] Die Begründung, die Arbeiterräte seien ausschließlich Kontrollorgane des Staates, veranlaßte eine Rückfrage des Direktoriums, ob der Arbeiterrat nicht auch in Kommunal- und Ernährungssachen ebensoviel tätig sei. Auf die bejahende Antwort des Amtes hin faßte das Direktorium am 24. Februar 1919 als schärfste Maßnahme gegen den Amtsverband die „Zwangsetatisierung" ins Auge. In einem langen Schreiben an den Amtsvorstand erläuterte das Direktorium seinen Standpunkt. Unter Bezugnahme auf die Verordnung über das Finanzgebaren der Arbeiter- und Soldatenräte vom 13. Januar 1919 der Volksbeauftragten[30], in der in Ziffer 6 die Verteilung der Kosten geregelt war[31], erklärte das Direktorium, es sei unerheblich, ob die Kommunen die Einrichtung für zweckmäßig hielten oder nicht, entscheidend sei, ob der Arbeiterrat tätig sei. Die Geltung von Regierungsverordnungen sei weder in der Literatur noch in der Rechtsprechung umstritten. Wenn schon keine verfassungsmäßige Grundlage bestehe, so beruhe doch ihre verbindliche Kraft auf der Unterordnung der überwiegenden Mehrheit des deutschen Volkes sowie der deutschen Beamten unter die vorläufige Reichsregierung. Die Verordnung vom 13. Januar 1919 sei nicht minder gültig als die über die Wahlen zur Nationalversammlung vom 30. November 1918. Da der Arbeiterrat in Kommunalsachen ebensoviel tätig sei wie in Staatsangelegenheiten, sei der Amtsverband verpflichtet, die Hälfte der Kosten zu tragen. Der Amtsvorstand wolle eine Erklärung darüber

---

27) StA Ol 136-2767, Bl. 217-240.
28) Der Präsident des Freistaats Oldenburg erhielt mtl. 600 Mark Entschädigung, die übrigen Mitglieder des Direktoriums, mit Ausnahme der Minister, erhielten 500 Mark; vgl. StA Ol 131-107, 2. Sitzung d. Direktoriums am 15. November 1918.
29) StA Ol 136-2767, Bl. 222.
30) Vgl. Reichsgesetzblatt 1919, Nr. 19, S. 37.
31) „Soweit Arbeiter- und Soldatenräte nicht ausschließlich in Reichssachen tätig sind, tragen die Behörden (Staat, Gemeinde), für die sie tätig sind, die Kosten".

im Amtsrat herbeiführen, da das Direktorium den Weg der zwangsweisen Etatisierung vermeiden möchte. Das Amt bat darauf um eine Fristverlängerung bis zur Amtsratssitzung Ende Mai. Ende Juli 1919 meldete das Amt, der Amtsrat habe auch in seiner neuen Zusammensetzung die Übernahme eines Teils der Kosten einstimmig abgelehnt, weil der Arbeiterrat gegen den Willen des Amtsverbandes errichtet und tätig gewesen sei. Nun hätte die Zwangsetatisierung vorgenommen werden müssen. Tatsächlich fertigte am 28. August 1919 der Kommunalreferent des Staatsministeriums des Innern eine Stellungnahme zu dem Fall und legte sie dem Ministerpräsidenten vor: Die Kosten des Arbeiterrats Wildeshausen seien mit insgesamt 8.236 Mark, bezahlt bisher von der Amtsgeschäftskasse[32], im Verhältnis zu den anderen Ämtern sehr hoch, die Verteilung nicht einheitlich geregelt. Die Zwangsetatisierung stütze sich auf Art. 84 und 85 der Gemeindeordnung; die Regierungsverordnung vom 13. Januar 1919 könne durchaus, wie durch das Direktorium geschehen, so begründet werden, aber auch anders. Falls die staatliche Maßnahme angefochten werde, müsse das Oberverwaltungsgericht entscheiden. Die Durchsetzung der Kostenerstattung jedenfalls sei schwierig, zum einen entstünde, wenn der Amtsverband durchkomme, ein Gegensatz zu den übrigen Amtsverbänden, zum anderen sei dies keine einfache und klarliegende Sache, bei der der Staat seinen Anspruch mit aller Schärfe durchsetzen könne. Daher sollte der Vorsitzende des Amtsvorstandes gehört, die Mitglieder des Amtsvorstandes vorgeladen und zur Anerkennung der Staatsforderung veranlaßt werden. Dies geschah dann, und Ende September 1919 konnte das Amt mitteilen, daß sowohl der Amtsvorstand wie der Amtsrat die Erstattung des Kostenanteils beschlossen hätten.

Was zeigt der Fall Wildeshausen? Im Unterschied zu Westerstede, wo der Konflikt langsam eskalierte und nie um den Grundsatz selbst geführt wurde, lehnte der Amtsverband a limine jede Beteiligung prinzipiell und mit politischer Begründung ab. In diesem Fall griff auch das Direktorium sofort zur schärfsten Drohung und ließ erst nach der Änderung der Gesamtlage[33] und einer gutachtlichen Äußerung des zuständigen Referenten davon ab, durch drastische Mittel doch zum Ziele zu kommen. In beiden Fällen zeigt sich, wie in vielen anderen, daß die örtlichen Räte von den bestehenden Selbstverwaltungsorganen nicht nur nichts zu erwarten hatten, sondern abgelehnt wurden, jedenfalls dort, wo noch politisch konservative Gremien herrschten.[34] Hier handelte es sich durchaus um ein Verhalten, das dem von Kolb aus den preußischen Provinzen, besonders den östlichen, berichteten, glich.[35] Im Gegensatz zur preußischen ministeriellen und Behördenpraxis jedoch muß festgestellt werden, daß in den Kompetenz- und Kostenstreitigkeiten in den Amtsverbänden das Direktorium für die örtlichen Räte eintrat, und zwar nicht nur in den ersten Monaten nach der Revolution, sondern auch noch bis in den Sommer 1919 hinein, als die Machtstellung der Räte bereits sehr geschwächt war. Als ein Beispiel für ein in der Kostenfrage wie in anderen einvernehmliches Zusammenarbeiten

---

32) Staatliche Kasse im Gegensatz zur Amtsverbandskasse.
33) Inzwischen war die Verfassung des Deutschen Reiches, in der eine politische Mitwirkung der Räte nicht vorgesehen war, in Kraft getreten. Im Falle des Freistaats Oldenburg wurden den Räten die staatlichen Mittel nur noch bis zum 15. 8. 1919 zugewiesen; vgl. StA Ol 136-2767, Erlaß vom 1. 8. 1919.
34) Dies ist nicht parteipolitisch im engeren Sinne gemeint; es waren Gremien, in denen Nationalliberale und Vertreter des Bundes der Landwirte die Mehrheit hatten; vgl. Hartenstein, Wolfgang: Die Anfänge der Deutschen Volkspartei 1918-1920. Düsseldorf 1962. (Beiträge zur Geschichte des Parlamentarismus und der politischen Parteien, Bd 22), S. 243 ff.
35) Vgl. Kolb, S. 272-281 und 379-382.

sollen die Stadt und das Amt Oldenburg angeführt werden. Von November 1918 an haben städtische Gremien[36] und Amtsvorstand die beantragten Kosten bewilligt, angemessen verteilt und die Vergütungen bis zum Ende des Jahres 1919 gezahlt. Dem Arbeiterrat bescheinigte der Stadtmagistrat Ende Oktober 1919, er habe gut gewirtschaftet und die Beträge nicht immer verbraucht.[37]

Wenngleich dieses Urteil auch nicht für jeden einzelnen Arbeiterrat im Freistaat Oldenburg zutreffen mag, die Tendenz bezeichnete es dennoch richtig. Das geht aus der Zusammenstellung der Kosten für die Arbeiter- und Soldatenräte im Freistaat Oldenburg hervor, wie sie aufgrund der Berichte der Ämter im Juli 1919 vorgenommen wurde.[38] Weil über das Finanzgebaren der Arbeiter- und Soldatenräte mehr Gerüchte als verläßliche Nachrichten in den Monaten nach der Revolution[39] wie auch noch Ende des Jahres 1919 umliefen und sich in zahlreichen Anfragen von Parlamentariern an die Reichsregierung niederschlugen[40], sollen die Oldenburger Ausgaben genannt werden, zumal auch bei Kolb detaillierte Angaben fehlen.[41] Auf die Bundesstaaten entfielen nach Angabe des Reichsfinanzministeriums 22 Millionen, auf Preußen davon 19 Millionen. Die restlichen drei Millionen verteilten sich auf die anderen Bundesstaaten mit Ausnahme von Bayern, Sachsen, Hessen und Braunschweig, die nicht gemeldet hatten.[42] Die Summen nahmen sich sehr bescheiden aus neben der ersten in Umlauf gesetzten Summe von 800 Millionen Mark für die ersten vierzehn Tage.[43] Für den Freistaat Oldenburg betrugen die Kosten für die Arbeiterräte vom 9. November 1918 bis 31. März 1919, also für knapp fünf Monate, einer Zeit, in der die Räte zahlenmäßig am stärksten besetzt waren, 127.409 Mark. Davon trugen die Kommunen und kommunalen Verbände (Amtsverbände) 91.895 Mark, die Staatskasse 35.514 Mark. Wie der Bericht der Oldenburger Regierung an den Reichsminister der Finanzen am 11. Juli 1919 vermerkte, hätten sich bei der Rechnungslegung Fehlbeträge nicht ergeben. Die Höhe der Kosten für die Soldatenräte wurde in Oldenburg nicht ermittelt.[44] Sieht man sich die Aufstellung näher an, so ergibt sich, daß mit Ausnahme der Ämter und Städte Jever und Varel und der Stadt Delmenhorst die Summen unter 10.000 Mark blieben. Varel mit rund 29.200 Mark hielt mit Abstand die Spitze, gefolgt von Delmenhorst mit rund 16.000 Mark und Jever mit rund 14.500 Mark. Die Erklärung liegt darin, daß, etwa in Varel, durchschnittlich zehn bis zwölf vollbeschäftigte Arbeiterratsmitglieder bezahlt wurden. Teilt man die Gesamtsumme durch die Anzahl der Tage, so ergibt sich ein Tagessatz von rund 910 Mark, selbst ohne die Sonn- und Feiertage beliefen sich die Tagesausgaben auf 1.061 Mark für alle Mitglieder von Arbeiterräten im Freistaat Oldenburg. Bei einem Tagesverdienst von 12 Mark ergibt der Quotient die Zahl der Beschäftigten: 75. Die drei mitgliederstärksten Körperschaften nicht gerechnet, waren das durchschnittlich vier Mitglieder für die anderen zehn Ämter und die Stadt Oldenburg, die alle zusätzlichen Arbeiten, die durch

---

36) Magistrat, Finanzkommission und Gesamtstadtrat.
37) Vgl. StA Ol 262, 1-3389.
38) StA Ol 136-2768, Bl. 32-40.
39) Vgl. Kolb, S.191-196; die ersten Gerüchte tauchten schon Anfang Dezember 1918 auf, Kolb, S. 191; vgl. Nachrichten vom 4. 12. 1918, Erwiderung des Arbeiter- und Soldatenrats vom 21. 12. 1918.
40) Die Akte 136-2768 enthält allein sieben Anfragen aus dem Zeitraum vom 23. 9.-15. 12. 1919 in der Nationalversammlung.
41) Kolb, S. 195, gibt nur die amtlichen Summen an, die der Reichsfinanzminister Erzberger am 18. 8. 1919 auf Anfrage der Abgeordneten Schiffer, Hartmann, Koch, Nuschke und Petersen mitteilte.
42) StA Ol 136-2768, Bl. 44.
43) Vgl. Kolb, S. 191.
44) Der Reichsminister der Finanzen nannte als Summe der Kosten für Armee und Marine 102 Millionen; StA Ol 136-2768, Bl. 44.

Demobilisierung, Existenzsicherung im Winter 1918/19, öffentliche Ordnung und Sicherheitsaufgaben entstanden, geleistet haben. Bei einer Bevölkerung von 420.000 entfielen auf je 5.600 Einwohner ein Arbeiterrat mit einem Aufwand pro Kopf von 0,30 Mark.[45]

Viel billiger hätte die Staats- und Kommunalverwaltung die zusätzlichen Aufgaben auch nicht erfüllen können, die kaum zu ermittelnden Werte, die durch die Räte gerettet wurden, nicht gerechnet. Deshalb müssen die Meldungen über Verschwendung von öffentlichen Geldern durch die Räte, wie sie immer wieder in der Presse auftauchten[46] und von Abgeordneten aufgenommen wurden[47], als Versuche gewertet werden, mit Hilfe von Fälschungen die Arbeit der Räte zu diskreditieren.[48]

Das Ergebnis der systematischen Analyse der Räte läßt sich in folgenden sechs Punkten zusammenfassen:

1. Die Träger der politischen Revolution waren die Arbeiter- und Soldatenräte, deren „Vororte" die beiden Typen der deutschen Rätebewegung - radikal der 21er Rat, demokratisch der Oldenburger Rat - verkörperten.
2. Die örtlichen Räte boten für die Etablierung eines Rätesystems keine politische Basis.
3. Die Tätigkeiten der örtlichen Räte umfaßten neben der Kontrolle und Beaufsichtigung der Behörden in erster Linie solche, die als soziale und wirtschaftliche Interessenvertretung der breiten Bevölkerungsschichten zu bezeichnen sind.
4. Der Kampf um die Bezahlung der Arbeiterräte war in den Gemeinden und Kommunalverbänden weit verbreitet. Für die Räte war er eine Frage der Existenz und ein Prüfstein für die veränderte Einstellung der Selbstverwaltungsorgane und -behörden, für die Gemeinden ein Mittel, die politische Tätigkeit der Arbeiterräte einzuschränken. In dieser Auseinandersetzung fanden die Räte Unterstützung durch das Direktorium, sofern sie sich an die verbindlichen Richtlinien hielten.
5. In den Gremien der Selbstverwaltung, deren unveränderte Zusammensetzung ihre politische Einstellung, besonders in stark agrarisch geprägten Regionen, bestimmte, erwuchs den Räten ein Gegner aus prinzipiell-politischen und praktischen Gründen.
6. Im Vergleich zu den preußischen Verhältnissen fanden die Oldenburger Räte wesentlich bessere Bedingungen vor.

---

45) Bevölkerung nach Holthaus, Franz: Bevölkerungsentwicklung und Bevölkerungsbewegung Oldenburgs 1886-1935. Wirtschafts- und sozialwiss. Diss. Köln 1938, Peine (o. J.), S. 25; für 1919 geschätzt vom Verf.
46) Vgl. Kolb, S. 192 f.
47) Abgeordnete der DVP sprachen in der parlamentarischen Anfrage vom 15. 12. 1919 davon, man müsse die öffentlichen Kassen vor Drohnen schützen; vgl. StA Ol 136-2768, Bl. 54.
48) Der einzige Fall, in dem Kosten von bedeutender Höhe entstanden, ist der des 21er Rats, der bis Ende Februar 1919 rund 392.000 Mark verbraucht haben soll; vgl. WTBl vom 27. 2. 1919; nach den preußischen Bestimmungen vom 16. 11. 1918 hätten sie ca. 50.000 Mark betragen dürfen, nicht, wie der Kptltn. Andler irrtümlich errechnet hatte, 26.775 Mark. Die preußischen Sätze in StA Ol 262,1-3389, Bl. 4, Mitteilung des Arbeiter- und Soldatenrates Hannover vom 30. 11. 1918 an Arbeiter- und Soldatenrat Oldenburg.

4. DER HERRSCHAFTSANSPRUCH DER RÄTE VERSUS REGIERUNGSMACHT

4.1. Der Grundkonflikt I: Räteherrschaft oder Direktorium?

4.1.1. Der Herrschaftsanspruch der Räte

So wie sich die Räte nach ihrer parteipolitischen Zusammensetzung unterschieden und dadurch in die Typologie einordnen lassen, so gab es auch unterschiedliche Auffassungen in der Frage ihres Herrschaftsanspruchs. Das Differenzierungsmerkmal, das mit hinreichender Trennschärfe angelegt werden kann, ist dabei das politische Selbstverständnis der Räte, das sich in ihren Vorstellungen über die Verfassungsrelevanz, das Kompetenzausmaß und die Dauer ihres Bestehens - besonders deutlich werdend in der Frage der Einberufung einer Nationalversammlung - ausdrückte.[1] Rätegremien, die, löst man die Unterscheidungskriterien in Fragen auf, für alle drei eine weite und bejahende Auslegung gaben - nach der Kolbschen Typologie radikale Räte - haben in Oldenburg der politischen Entwicklung ihren Stempel ebenso aufgeprägt wie jene, deren Antworten und Auslegung ihrer historischen Rolle viel bescheidener ausfielen.

Zu Beginn ihrer Tätigkeit hatten die Räte keine oder nur in Ansätzen vorhandene Vorstellungen über ihre Funktion, Position und Verfassungsrolle.[2] In einem „Prozeß der Bewußtwerdung"[3], der unterschiedlich rasch verlief, klärten sich indessen ihre Ansichten und ihre Ansprüche. Im Arbeiter- und Soldatenrat Oldenburg herrschten nur sehr allgemeine Vorstellungen über die historischen Aufgaben der Räte, allerdings sah der Oldenburger Rat sein und der Räte Wirken von vornherein im Rahmen der deutschen parlamentarischen Republik. Am 20. Novemberer 1918 war von der Arbeit „an hohen Zielen und Aufgaben" die Rede, bis die Nationalversammlung die Verfassung festgelegt habe[4], in einer Stellungnahme des Soldatenrates hieß es, beide Räte (Soldatenrat und Arbeiterrat) stünden auf dem Standpunkt der sozialen Republik gemäßigter Richtung[5], und einen Tag später nahm der Arbeiter- und Soldatenrat einstimmig die Entschließung an, in der es hieß, er stehe auf dem Boden der jetzigen Regierung und strebe die Einberufung der Nationalversammlung an.[6] Ende Januar 1919, schon am Ende des „Bewußtwerdungsprozesses", äußerte sich der Arbeiter- und Soldatenrat zur Frage der Dauer seiner Tätigkeit. Zwar erwarteten die Arbeiter- und Soldatenräte keine Lobeshymnen dafür, daß sie das „Staatsschiff ruhig durch die Revolution geleitet" hätten, sie würden ihre Pflicht tun, bis die Regierung gezeigt hätte, daß sie die Errungenschaften der Revolution verwirkliche. Dafür würden die Arbeiter- und Soldatenräte bis auf weiteres bestehen bleiben; inwieweit sie aufgelöst oder verkleinert oder in den Regierungsapparat eingegliedert würden, werde die Zeit lehren.[7]

---

1) Die drei Merkmale lassen sich als Gegensatzpaare beschreiben: konstitutives Element der gesellschaftlichen und politischen Verfassung - Begrenzung als Verfassungselement auf bestimmte Gebiete; weitreichende Zuständigkeit in Legislative und Exekutive - eingeschränkte Kompetenzen in der Exekutive; Dauereinrichtung - vorübergehende, zeitlich befristete Institution.
2) So auch Kolb, S. 85: „keine Zeit für grundsätzliche Erörterungen".
3) Kolb, S. 86.
4) Nachrichten vom 22. 11. 1918.
5) Ebd.
6) Ebd., 23. 11. 1918.
7) Ebd., 26. 1. 1919.

Wie man sieht, zog der Arbeiter- und Soldatenrat die vierte Möglichkeit, die Dauerinstitution der Räte als Verfassungselement, nicht in Betracht, und auch die vorhergehenden Äußerungen zeigen, daß er mit den Vorstellungen zur Repräsentativverfassung, die von allen politischen Parteien mit Ausnahme der Spartakisten und Teilen der linken USPD geteilt wurden, übereinstimmte.

Der 21er Rat in Wilhelmshaven/Rüstringen debattierte dagegen schon recht früh, Ende November 1918, über grundsätzliche Fragen: Räteherrschaft oder Nationalversammlung und Sozialisierung.[8] Der Anlaß für die Grundsatzdebatte war die Konferenz der „deutschen Freistaaten"[9] am 25. November 1918 in Berlin, an der vier Vertreter des Freistaates Oldenburg teilnahmen[10], und die mit einer Resolution endete, in der einer baldigen Berufung der Nationalversammlung „mit überwältigender Mehrheit" zugestimmt wurde.[11] Einer der wenigen, die dieser Entschließung ihre Zustimmung versagten, war der Präsident des Freistaates Oldenburg und Vorsitzender des 21er Rats, Bernhard Kuhnt.[12] Für seine Entscheidung suchte und fand er im 21er Rat nun Unterstützung. Nach seiner Auffassung bestünden zwei Forderungen: die Diktatur des Proletariats in der Form der dauernden Räteherrschaft, wie sie von den Spartakusleuten gefordert würde, und die Demokratie unter Wahrung der sozialistischen Ziele. In der Ablehnung der Diktatur war sich der 21er Rat ganz überwiegend einig, um die Form der Demokratie entspann sich eine längere Diskussion. Kuhnt und seine Anhänger wollten zuerst die „Befreiung vom kapitalistischen Joch" durch die Sozialisierung der Großbetriebe in der Montanindustrie, als deren Garanten und Vollstrecker die Arbeiter- und Soldatenräte anzusehen seien; nach der Sicherung der sozialistischen Grundlagen der Republik und der gründlichen politischen Aufklärung der Massen könne man an die Einberufung der Nationalversammlung, die von der Mehrheit des Volkes verlangt werde, denken. Aber selbst nach der Konstituierung der Nationalversammlung würden die Räte nicht überflüssig sein, sondern als Kontrollorgane der Regierung und Bewahrer der revolutionären Errungenschaften ihre Aufgaben behalten. Nur eine kleine Minderheit sprach sich gegen die Einberufung der Nationalversammlung und für eine rigorose Verstaatlichung aus, ohne jedoch expressis verbis die Diktatur des Proletariats zu fordern. Die Resolution, auf die sich der 21er Rat schließlich einigte, hatte folgenden Wortlaut:

„Die am 28.11. in Oldenburg zusammengetretenen Arbeiter- und Soldatenräte fordern die Delegierten auf, Stellung zur Regierung zu nehmen, daß die Sozialisierung soweit durchgeführt wird, ehe wir zur Nationalversammlung schreiten."[13]

Vergleicht man die Mehrheits- und Minderheitspositionen im 21er Rat mit den großen und grundsätzlichen Lösungsalternativen in der deutschen Revolution, so wird man die Mehrheit um Kuhnt als Anhänger der „Kombinationstheorie", nach welcher Elemente des Repräsentationssystems mit solchen des Rätesystems verbunden waren, die Minderheit als Vertreter der „Eliminierungstheorie", nach der durch den Ausbau des Rätewesens das parlamentarische Sy-

---

8) P.A., 27. 11. 1918, WTBl vom 2. 1. 1923.
9) StA Ol 131-106, Bl. 10; so der Text des Einladungstelegramms der Reichsregierung.
10) Präsident Kuhnt, die Mitglieder des Direktoriums Paul Hug und Theodor Tantzen-Heering, Minister Hermann Scheer.
11) Vgl. Schulthess, 1918, I, S. 521.
12) Vgl. P.A., 27. 11. 1918, WTBl vom 2. 1. 1923.
13) Ebd. Die Resolution sollte am nächsten Tag in der Versammlung der Arbeiter- und Soldatenräte vorgelegt werden. Unter „Delegierten" sind die Vertreter des 1. Rätekongresses, der am 16. 12. 1918 zusammentreten sollte, zu verstehen.

stem abgeschafft werden sollte, bezeichnen können.[14] Wie das Ergebnis der Grundsatzdebatte zeigt, kann von einem „Prozeß der Bewußtwerdung", wie Kolb ihn für die Arbeiterräte festgestellt hat[15], im 21er Rat nicht gesprochen werden, im Gegenteil, dieser hatte von Anfang an deutliche Vorstellungen in grundsätzlichen wie praktischen Fragen. Und das wird überall dort der Fall gewesen sein, wo die Räte aus Mitgliedern bestanden, die politisch geschult und an einer Parteiprogrammatik ausgerichtet waren, während der „Improvisationscharakter" und „Prozeß der Bewußtwerdung" nur dort sichtbar wurde und Platz griff, wo Rätemitglieder einer politischen Bindung oder Orientierung ermangelten.[16]

Was nun den Herrschaftsanspruch des 21er Rats im politischen Alltag betraf, so läßt er sich so umschreiben: Die militärische Gewalt und die politische Exekutivgewalt wird von den Arbeiter- und Soldatenräten ausgeübt, die Verwaltung bleibt bestehen, wird aber „mit sozialistischem Geist befruchtet" und außerdem von den zentralen Rätegremien (21er Rat) kontrolliert. In der Tagesarbeit muß der einzelne Arbeiter- und Soldatenrat seine Machtbefugnisse selbst bestimmen, in großen Fragen darf er, der örtliche Rat, nur in Verbindung mit der Zentrale handeln.[17] Welches Ausmaß der Herrschaftsanspruch eines örtlichen Rates annehmen konnte, hat der Fall des Arbeiterrats Wildeshausen gezeigt[18], daß es nicht nur Ansprüche waren, sondern tatsächliche Machtbefugnisse, die von der Behörde anerkannt wurden, bezeugte der Stadtmagistrat in Varel, nach dessen Meinung die Arbeiterräte vermöge der faktischen Gewalt ohne Rücksicht auf die vorhandene Gesetzgebung Verwaltungstätigkeiten ausübten.[19]

Während nun die Exekutivgewalt vom 21er Rat und seiner „Filiale" Varel ausdrücklich in Anspruch genommen wurde, hüllte er sich in Fragen der Legislative in Schweigen. Sei es, daß er den noch bestehenden Landtag als politisch unbedeutend ansah, oder sei es, daß er der Exekutivgewalt in der Übergangszeit auch die Gesetzgebung als zugehörig betrachtete, bis Mitte Januar 1919 jedenfalls nahm er von der Legislative keine Notiz.

Anders dagegen verhielt er sich in Fragen der Rechtsprechung. Bereits am 22. November 1918 forderte Kuhnt die Einsetzung eines Notstandsgerichts, das aufgrund des Standrechts Verbrechen und Vergehen gegen die öffentliche Ordnung, Ruhe und Sicherheit aburteilen sollte.[20] Als Begründung führte er an, das Wort Freiheit sei falsch verstanden worden, in Revolutionszeiten gebe es als wirksamstes Mittel nur den Schrecken. Bisher habe es noch keine große Verbrechen gegeben, aber nachdem man erkannt habe, daß sie keine Schreckensmänner seien, sei es anders geworden, und man habe mit größeren Verbrechen zu rechnen. Die Debattenredner teilten diese Ansichten des Vorsitzenden, wollten aber die Todesstrafe unbedingt ausgeschlossen wissen. Darauf beschloß der 21er Rat einstimmig die Einsetzung einer Kommission, die die Bildung eines Notstandsgerichts vorbereiten sollte. Am 3. Dezember 1918 gab der 21er

---

14) Vgl. Fraenkel, Rätemythos, S. 14 f. Fränkel ordnet Vertreter der rechten USPD (Haase) und der linken SPD (Cohen-Reuß, Sinzheimer), die ihrerseits wieder drei Gruppen bildeten, der Kombinationstheorie zu, während er die linke USPD (Däumig) und die Kommunisten (Spartakisten) der Eliminierungstheorie zurechnet.
15) Vgl. Kolb, S. 86.
16) Daß die parteipolitische Bindung die wesentlichste Rolle spielte, in den zentralen Rätegremien (Land, Provinz) besonders deutlich, zeigt das Beispiel Schleswig-Holstein; hier lag schon Anfang Dezember 1918 für die Arbeiter- und Soldatenräte ein vollständiges Programm für die Rätearbeit, wenn auch im SPD-Sinne, vor. Vgl. IISG Amsterdam, AZR, B 58-II.
17) P.A., 6. 12. 1918, WTBl 6./8. 1. 1923.
18) Vgl. Kap. 3, S. 110 f.
19) StA Ol 136-2768, Bl. 4, Bericht an das Direktorium vom 16. 11. 1918.
20) Vgl. P.A., 22. 11. 1918, WTBl vom 30. 12. 1922.

Rat die Bildung bekannt.[21] Neben den Vergehen gegen die öffentliche Ordnung waren nun auch neue Tatbestände aufgeführt wie Zuwiderhandlungen gegen Anordnungen des Soldatenrats, der Obmänner und Delegierten, Anmaßung der Rechte eines Mitglieds des Arbeiter- und Soldatenrats bzw. seiner Organe, Zuwiderhandlungen gegen die vom Chef des Sicherheitswesens erlassenen Anordnungen, aber auch Amtsmißbrauch durch Angehörige des Arbeiter- und Soldatenrats. Deutlich wird daraus, daß sich das Revolutionsorgan gegen Bestrebungen sichern wollte, ,,die sich gegen unsere Bewegung richten".[22] Die Strafdrohungen waren sowohl gegen Militärangehörige, was zur Not verständlich gewesen wäre, da die Kriegsgerichte nicht mehr tätig waren[23], als auch gegen Zivilpersonen gerichtet. Die prozessualen Bestimmungen klangen nicht wenig martialisch: Das Notstandsgericht habe innerhalb vierundzwanzig Stunden zusammenzutreten, die Verhandlungen seien öffentlich, die Sprüche sofort rechtskräftig und umgehend zu vollstrecken. Eine beunruhigend unklare Formulierung enthielt die Bestimmung über die Strafen, die ,,aufgrund der bestehenden gesetzlichen Bestimmungen bzw. in entsprechender Anwendung derselben" verhängt werden sollten. Immerhin war eine Möglichkeit, dem Sondergericht zu entgehen, dadurch gegeben, daß dieses Strafsachen ,,an die ordentlichen Zivil- und Militärgerichte" abgeben konnte. Gegen diesen Griff nach der Rechtsprechung, mit dem der Inhaber der Exekutivgewalt zu einer unumschränkten Macht werden konnte, gab es erstaunlicherweise kaum Proteste. Die öffentliche Meinung begnügte sich mit dem kommentarlosen Abdruck des Aufrufs, das Amtsgericht Rüstringen bat das Direktorium um Anweisung, ob Streitfälle an das ,,Standgericht" abzugeben seien[24], lediglich der Magistrat der Stadt Rüstringen hielt die Anordnung des 21er Rats für ungesetzlich und die Rechtssicherheit schwer gefährdend.[25] Das Direktorium verhielt sich abwartend: Von Vorstellungen beim 21er Rat solle zur Zeit abgesehen werden, da es, zumal nach dem Erlaß der Reichsregierung nicht wahrscheinlich sei, daß Zivilpersonen des oldenburgischen Gebiets vor das Gericht gezogen würden[26], dem Amtsgericht Rüstringen antwortete es allerdings deutlich, die Strafverfolgungsbehörden und Gerichte hätten ihre Tätigkeit ohne Rücksicht auf Einsetzung des Notstandsgerichts in Wilhelmshaven auszuüben und unverzüglich über stattfindende ,,Collisionen" mit der oldenburgischen Strafrechtspflege zu berichten.[27] Derartige Fälle scheinen indessen nicht vorgekommen zu sein, wie überhaupt die Tätigkeit des Notstandsgerichts keine sehr ausgedehnte gewesen sein kann.[28] Ein Prozeß gegen Offiziere der Garnison Wilhelmshaven, die eine rote Fahne von einem öffentlichen Gebäude entfernt hat-

---

21) Vgl. WTBl vom 5. 12. 1918.
22) Kuhnt in der Sitzung vom 22. 11. 1918; ursprünglich wollte er dafür eine ,,andere Gewalt" schaffen, er ist aber wohl mit seiner Absicht im 21er Rat nicht durchgedrungen.
23) StA Ol 133-860, Bl. 5, Bericht des Oldenburger Soldatenrats.
24) StA Ol 133-860, Bl. 4.
25) StA Ol 133-860, Bl. 6.
26) StA Ol 133-860, Bl. 2, am 13. 12. 1918.
27) StA Ol 133-860, Bl. 4, am 17. 12. 1918; die Reichsregierung hatte am 5. 12. 1918 in einem Rundschreiben festgestellt, daß Eingriffe in die Zuständigkeit des Reiches, wie kürzlich in der Strafgesetzgebung, rechtswidrig seien und die Einheit des Reiches gefährden könnten, ebd., Bl. 1; vgl. Schulthess, 1918, I, S. 562, wo zwei Bekanntmachungen der Reichsregierung vom 12. 12. 1918 genannt werden, deren eine sich gegen Eingriffe in die Zivil- und Strafrechtspflege wendet. Anlaß für den Erlaß vom 12. 12. 1918 könnte das am 30. 11. 1918 vollstreckte Todesurteil des Standgerichts beim Arbeiter- und Soldatenrat Forst/Lausitz an dem Deserteur Bernhard Seidel gewesen sein. Der Arbeiter- und Soldatenrat Forst bedauerte tief die Todesstrafe; da aber Polizei und Gerichte machtlos seien, habe man mit aller Schärfe gegen die beginnende Anarchie vorgehen müssen; vgl. IISG Amsterdam, AZR, B 1.
28) Von Prozessen gegen Zivilpersonen ist nichts bekannt geworden.

ten, verlief sehr enttäuschend für den 21er Rat, weil das Notstandsgericht „nach dem alten Schema" arbeitete und sich von dem Charakter als „Revolutionsgericht", wie es manchem Mitglied des 21er Rats vorschwebte, deutlich unterschied.[29] Im Freistaat Oldenburg war die Einwirkung der Arbeiter- und Soldatenräte auf die Rechtsprechung strikt auf die militärische Strafrechtspflege beschränkt[30], Übergriffe auf die Zivil- und Strafgerichtsbarkeit hat es nicht gegeben.

Versucht man ein Fazit des Herrschaftsanspruchs der Räte in Oldenburg zu ziehen, so wird es als erste Feststellung enthalten müssen, daß die Ansprüche im Freistaat unterschiedlich waren nach

> der jeweiligen politischen Zusammensetzung und Orientierung der Rätegremien und daraus folgend nach
>
> Umfang, Zuständigkeiten und grundsätzlichen Vorstellungen.

Die demokratischen Räte erhoben einmal den Anspruch auf die militärische Vollzugsgewalt und Kontrolle, zum anderen den auf Teilbefugnisse in der zivilen Exekutive (Sicherheit, Ordnung). Der radikale 21er Rat[31] beanspruchte für sich die gesamte Exekutivgewalt, militärisch wie zivil, auf politischem Gebiet, die eine legislative Komponente einschloß, und schuf sich mit dem Notstandsgericht ein eigenes Rechtsprechungsorgan, das aus der allgemeinen Strafrechtspflege herausgelöst wurde.

Wie weit der - verwirklichte - Anspruch auf All-Zuständigkeit und oberste Gewalt über den Festungsbereich Wilhelmshaven hinausging, hing von drei Faktoren ab, von denen der eine, die politische Entwicklung im Reich, seiner Einwirkung völlig entzogen war, die beiden anderen, das Direktorium und die Rätebewegung selbst, wenigstens teilweise beeinflußt werden konnten.

Damit sind wir bei dem Direktorium des Freistaates Oldenburg.

4.1.2. Das Direktorium: Staatsorgan durch die Revolution

Durch den Thronverzicht des Großherzogs Friedrich August am 11. November 1918 vormittags war die staatsrechtliche Grundlage der oldenburgischen Verfassung entfallen. Damit war eine verfassungsrechtliche und politische Situation eingetreten, die der in Berlin am 9. November 1918 entsprach. Hier wie dort lag das Gesetz des Handelns nun in den Händen der revolutionären Bewegung. Während in Berlin der letzte ernannte Reichskanzler Friedrich Ebert und die leitenden Vertreter der sozialdemokratischen Partei mit den Führern der USPD über die Bildung einer gemeinsamen Regierung verhandelten und am 10. November 1918 ihre Konstituierung erreichten, wandte sich in Oldenburg am Vormittag des 11. November 1918 Paul Hug, der Vorsitzende der MSPD, zunächst an die führenden Vertreter der linksliberalen Fraktion und der Zentrumsfraktion im Oldenburger Landtag, Theodor Tantzen und Dr. Franz Driver, um sie für die provisorische Regierung zu gewinnen.[32] Nachdem sie dem Regierungsprogramm Hugs zugestimmt und ihre Berufung in die Regierung angenommen hatten, war die

---

29) P.A., 18. 12. 1918, WTBl vom 25. 1. 1923. Eine Änderung der Prozeßführung und eine Annäherung an die „Revolutionstribunale" in Rußland, wie ein Mitglied sie vorschlug, ist jedoch nicht zustande gekommen.
30) Vgl. StA Ol 133-860, Bl. 5 und 6.
31) Dies gilt auch für seine „Filiale" Varel, von Jever ist kein so weitgehender Anspruch bekannt.
32) Vgl. Hug-Denkschrift, S. 8; eine Organisation der USPD gab es zu diesem Zeitpunkt im Bezirk Weser-Ems nicht.

Regierung gebildet. Sie bestand aus Vertretern der Parteien, die später als die „Weimarer Koalition" bezeichnet wurden und die in Berlin die erste Reichsregierung am 13. Februar 1919 etablierten. Schon in der politischen Zusammensetzung der Regierungskoalition lag der erste Unterschied zwischen Oldenburg und Berlin, und ein zweiter bedeutender kam hinzu: Bedurfte der Rat der Volksbeauftragten, wie die Reichsregierung genannt wurde, nach der Koalitionsvereinbarung zwischen MSPD und USPD noch der Bestätigung durch das oberste Revolutionsorgan, als das stellvertretend für das Gebiet des Deutschen Reiches der Groß-Berliner Arbeiter- und Soldatenrat gedacht war[33], so wurde die Regierung in Oldenburg, das Direktorium, durch einstimmigen Beschluß des Landtages am 11. November 1918 nachmittags um 17.30 Uhr anerkannt.[34]

Ein Machtkampf zwischem dem Rat der Volksbeauftragten und dem Berliner Vollzugsausschuß der Arbeiter- und Soldatenräte, wie er bis Ende Dezember 1918[35] geführt wurde, konnte in Oldenburg zwischen dem Direktorium und dem Landtag nicht ausbrechen. Das einzige Anzeichen, daß der Einfluß des 21er Rats, des stärksten Soldatenrats in Oldenburg und der Küstenregion zu dieser Zeit, sich auswirkte, war die Verstärkung der Regierung um einen sozialdemokratischen Abgeordneten und die Kooptation des „Präsidenten" Kuhnt in das Direktorium. Eine formelle Bestätigung des Direktoriums durch die oldenburgischen Arbeiter- und Soldatenräte im Sinne der Berliner Konstruktion hat es nicht gegeben, gleichwohl haben sie die provisorische Regierung von Anfang an anerkannt.

Vergleicht man die verschiedenen Lösungen, die in den deutschen Bundesstaaten für die Leitung der Staatsgeschäfte der revolutionären Übergangszeit gefunden wurden, miteinander, so zeigt sich, daß Oldenburg die drei Grundmodelle[36] um eine weitere Variante ergänzte. Neben der schon genannten Berliner Konstruktion - das Rätegremium ernannte oder bestätigte das republikanische Übergangskabinett -, der radikaleren Form - das Rätegremium übernahm die Regierungsgeschäfte selbst und löste die alte Regierung auf (Braunschweig, Gotha, Hansestädte) -, und der gemäßigten - das Rätegremium im Regierungszentrum beauftragte die amtierende Regierung mit der Weiterführung der Geschäfte unter Rätekontrolle (Schaumburg-Lippe) -, bot Oldenburg eine solche, die gleichsam die Verfassungsform, wie sie die Oktoberreformen im Reich geschaffen hatten, mit dem Räteelement verknüpfte: Die bisherige Landtagsopposition bildete die neue Regierung und kooptierte den Rätepräsentanten als Vorsitzenden des Kabinetts.

Wenn Walter Jellinek meint, bei jeder durch Revolution entstandenen Staatsgewalt werde die Frage ihrer Legitimität durch die Frage nach ihrer dauerhaften Durchsetzung ersetzt, und letztere erweise sich in dem allseitigen Vertrauen, das man der neuen Staatsgewalt entgegenbringe, so war das Direktorium in einer vergleichsweise günstigen Lage.[37] *Zunächst* konnte es sich auf

---

33) Der Reichstag, obwohl nicht ausdrücklich aufgelöst, übte seine Funktion nach dem 9. 11. 1918 nicht mehr aus; vgl. Jellinek, Walter: Revolution und Reichsverfassung. In: Jahrbuch des öffentlichen Rechts der Gegenwart 9 (1920), S. 18 f. In der Vereinbarung zwischen MSPD und USPD hieß es: „Die politische Gewalt liegt in den Händen der Arbeiter- und Soldatenräte, . . ."; vgl. Die deutsche Revolution 1918/19, S. 83.
34) Von einer Bestätigung im Sinne einer Legitimierung der Regierung durch den Landtag ist im Protokoll der Landtagssitzung nirgends die Rede; da die oldenburgische Verfassung bereits außer Kraft gesetzt war, konnte die Zustimmung zur Regierungsbildung nur eine politische Willenserklärung bedeuten, nicht aber einen verfassungsrechtlichen Akt. Das Datum des Beschlusses ist bei Hartong, S. 69, irrtümlich mit dem 12. 11. 1918 angegeben.
35) Erst die Einsetzung des Zentralrats der deutschen sozialistischen Republik am 19. 12. 1918 beendete den Machtkampf.
36) Vgl. Kluge, S. 120.
37) Vgl. Jellinek, Walter: Die Nationalversammlung und ihr Werk. In: Handbuch des Deutschen Staatsrechts. Hrsg. von Gerhard Anschütz und Richard Thoma. Bd 1. Tübingen 1930. (Das öffentliche Recht der Gegenwart, Bd 28), S. 121.

eine breite Mehrheit im Landtag stützen: Von fünfundvierzig Abgeordneten zählten nicht weniger als vierunddreißig zur Koalition aus Sozialdemokraten, Liberalen und Zentrumsangehörigen, das sind mehr als drei Viertel; die restlichen elf Abgeordneten, den Nationalliberalen und dem Bund der Landwirte angehörend, mochten der Revolution mit ihren Folgen und Begleiterscheinungen wohl eher zurückhaltend gegenüberstehen, gleichwohl waren sie in der Vertrauensfrage angesichts der möglichen Alternative nicht schwankend[38], so daß von breitester Zustimmung im Landtag gesprochen werden kann. Das will etwas heißen, war doch der oldenburgische Landtag seit der Wahlrechtsveränderung von 1909[39] eine Volksrepräsentation, die auf einem demokratischen Wahlrecht beruhte und damit adäquater Ausdruck der politischen Kräfteverhältnisse im Lande war.

Sodann fand es über die Fraktionen hinaus breiteste Zustimmung in den Koalitionsparteien, und selbst in den rechtsbürgerlichen Parteien war die Anerkennung durch gelegentliche zurückhaltende Kritik an seiner, des Direktoriums, Politik nicht in Frage gestellt. *Der dritte Faktor* im öffentlichen Leben, auf dessen Zustimmung das Direktorium rechnen konnte, war die Oldenburger Presse, und *schließlich* fand es Anerkennung, die sich in Vertrauen und verläßlicher Mitarbeit ausdrückte, in der Beamtenschaft der Staatsverwaltung.[40]

Wie war in diesem politischen Leitungsgremium, das durch die zwei Fachminister ergänzt wurde, die Stellung des Präsidenten? Konnte er sich außer auf den 21er Rat auch auf die vier sozialdemokratischen Mitglieder stützen? Paul Hug schrieb wenige Monate nach der Revolution[41], die Präsidentschaft Kuhnts habe lediglich auf den einhunderttausend Bajonetten in Wilhelmshaven beruht.[42] Das mußte keine schlechte Grundlage für einen Machtanspruch sein, aber tatsächlich reichte sie wohl nicht aus, um die Macht, die der Vorsitzende des 21er Rats in Wilhelmshaven/Rüstringen und wenigen umliegenden Orten ausübte, im Direktorium zur Wirkung zu bringen und Kuhnt zum wirklichen Präsidenten zu machen. Bei einigen MSPD-Abgeordneten war Kuhnts Mitgliedschaft im Direktorium von vornherein auf Widerstand gestoßen, und auch die Kollegen in der Regierung scheinen seine Mitglied- und Präsidentschaft nur geduldet, aber nicht gefördert und gestützt zu haben. Bei Hug war die Reserve gegenüber dem neuen Mann schließlich nicht verwunderlich. Er, der anerkannte Führer der Oldenburger Sozialdemokraten, der seine Wähler und Partei seit zwanzig Jahren im Landtag vertrat, der die Revolution an der Staatsspitze mit Umsicht und taktischem Geschick vorgenommen hatte, sollte nun einem unbekannten, landfremden Mann, der nicht einmal der MSPD angehörte, weichen?[43] Dasselbe galt für die übrigen MSPD-Mitglieder des Direktoriums, auch sie langjährige Abgeordnete im Landtage, im ganzen Lande geachtete Politiker. Was die bürgerlichen Mitglieder und die beiden Minister betraf, so konnte über deren Abneigung gegen den oktroyierten Präsidenten keinerlei Zweifel bestehen, kurz: Er war im Direktorium völlig isoliert. Daß er sich dennoch in seiner Stellung bis Ende Januar 1919 halten konnte, verdankte er der bewaffneten Macht im Kriegshafen Wilhelmshaven. Schon in der ersten Sitzung des Direkto-

---

38) Das zeigt sich im einstimmigen Beschluß am 11. 11. 1918.
39) Gesetz über die Änderung des Staatsgrundgesetzes vom 17. 4. 1909; in: OGS, Bd 37; die Klausel im § 3, wonach Wahlberechtigte über 40 Jahre eine Zusatzstimme hatten, war ohne nennenswerte Bedeutung für die Zusammensetzung des Landtages.
40) Vgl. Kommentare der Nachrichten vom 15. 11. 1918, die die Weiterarbeit der Beamtenschaft und die führende Stellung Hugs im Zusammenhang sieht; vgl. auch den Kommentar vom 31. 12. 1918 mit Lob für Hug, Heitmann und Genossen.
41) Ende Februar 1919.
42) Vgl. Hug-Denkschrift, S. 7.
43) Der Abgeordnete Albers (DDP) nannte Hug den „alten bewährten Führer der oldenburgischen Sozialdemokratie"; vgl. Albers, S. 228.

riums am 13. November 1918 wurde seine schwache Stellung offenbar, als die „Richtlinien" für die nächste Tätigkeit des Direktoriums beschlossen wurden.[44] Ihre Formulierungen stammten von Hug und, so wie er sie am 11. November 1918 entworfen hatte, so wurden sie angenommen.

Die Ziffer 1 enthielt die Regierungsübernahme durch das Direktorium, die Ziffer 2 ordnete die Fortsetzung der Landtagssession an. In der Ziffer 3 wurde das territoriale Problem, das durch die Proklamation der Republik Oldenburg-Ostfriesland aufgeworfen worden war, gelöst. Es hieß da: „Veränderungen des Gebiets des Freistaates Oldenburg können nur erfolgen nach Vereinbarung zwischen der Nationalversammlung des Deutschen Reiches und dem Landtag, unter Wahrung des Selbstbestimmungsrechts der beteiligten Bevölkerung".[45] Damit war an der Republik Oldenburg-Ostfriesland eine realistische Reduzierung auf das staatsrechtlich Mögliche und Sinnvolle vorgenommen, und mit dem Hinweis auf die Nationalversammlung vollzog das Direktorium ihre Anerkennung als verfassungsrechtlich zuständige Nationalrepräsentation. Die übrigen Punkte der Richtlinien regelten Wahlrecht und Gemeindeordnung und riefen zur verstärkten Produktion landwirtschaftlicher Erzeugnisse und zur Versorgung der Bevölkerung mit Lebensmitteln auf.

Das Verhältnis zwischen den Soldatenräten und dem Direktorium wurde in einem weiteren Beschluß so festgelegt, daß die „Polizeigewalt, die die Aufrechterhaltung der öffentlichen Sicherheit bedeutet", in den Händen der Soldatenräte ruhe, während die innere Verwaltung Aufgabe des Direktoriums sei und ein Eingreifen der Soldatenräte in diese Dinge unbedingt vermieden werden müsse. Zu diesem Zweck würden die Soldatenräte in nächster Zeit organisiert und instruiert werden. Es folgten weitere Beschlüsse über die Rechtsprechung[46], über eine Amnestie für alle wegen politischer Delikte Verurteilten und Angeklagten sowie über Demobilmachungsfragen.

Damit waren die politischen Verhältnisse im Freistaat Oldenburg übersichtlich geregelt: Die Exekutive, die Staatsregierung und die Staatsverwaltung, lag in den Händen des Direktoriums, das die „Polizeigewalt" mit den Soldatenräten teilte, die Legislative blieb unangetastet, wenngleich in ihrer Bedeutung geschmälert, in Funktion, und die Rechtsprechung wurde durch die unabhängigen Gerichte im Namen des Freistaates ausgeübt.

Diese Richtlinien blieben bis zur Bildung der neuen verfassungsmäßigen Regierung am 21. Juni 1919 in Kraft; wohl waren sie eine kurze Zeit im Januar 1919 umstritten, aber immer hat das Direktorium zäh an seiner Stellung als oberste Regierungsgewalt festgehalten. Es hat die Beachtung seines Primats behauptet gegen die Räte, wo diese sich Übergriffe erlaubten[47], und gegen Gemeinden und Kommunalverbände, wenn sie gegen seine Richtlinien verstießen.[48]

Seine Stellung war fast immer unangefochten, es war anerkannt von allen, gestützt von den Parteien und der öffentlichen Meinung. Und doch war die Entscheidung über die politische Hegemonie noch nicht für immer gefallen. So stark die Position des Direktoriums auch sein mochte, sie war zunächst nur ein Ergebnis der Machtteilung, bei der das Direktorium ein Übergewicht erhalten hatte. Ob es dabei bleiben würde, mußte von der Entwicklung der Rätebewegung abhängen.

44) StA Ol 131-107, Bl. 1, Anlage 2.
45) Ebd.
46) Sie erfolgte „nach den bestehenden Gesetzen im Namen des Freistaates Oldenburg".
47) So etwa bei Beschlagnahmen von Lebensmitteln, bei Inanspruchnahme behördlicher Befugnisse und dergl.; vgl. StA Ol 136-2767.
48) Vgl. Kap. 3, S. 114-117.

4.2. Die Auseinandersetzung innerhalb der Rätebewegung

4.2.1. Die vermeintliche Einigkeit: Der verschobene Ausbau der Räteorganisation

Gegen Ende November 1918 war die Bildung der Räte in Gemeinden, Amtsbezirken und Städten abgeschlossen, hatten sie ihre Arbeit aufgenommen, ihren Anspruch auf Kontrolle der Verwaltung und - in einigen Fällen - ihre Weisungsbefugnis für Kommunen und Amtsverbände durchgesetzt.[1] Aber noch war es eine Bewegung, kaum schon eine Institution, und erstere war von höchst unterschiedlicher Ausprägung und Wirkung, von eher lokalem als landesweit ausgedehntem Einfluß. Die Frage liegt nun nahe, wie die noch vereinzelten, häufig auf sich selbst angewiesenen Räte sich vereinigten, sich eine Organisation schufen, durch die sie ihren Einfluß an ihrem Wirkungsort verstärken und an der Staatsspitze durch Sammlung ihrer Energie voll entfalten konnten; es ist die Frage nach dem Ausbau der Räteorganisation.
In den deutschen Ländern[2] ging der Ausbau auf unterschiedliche Weise vonstatten: In Preußen entstand eine „gestufte Organisation", entsprechend den Verwaltungsinstanzen"[3], in der die Arbeiterräte der je höheren Stufe durch die Vorsitzenden und weitere Delegierte der je niedrigeren Stufe gebildet wurden und deren Aufbau bis Mitte Dezember abgeschlossen war.[4] In den südwestdeutschen Ländern Baden und Württemberg fehlte dagegen der gestufte Aufbau der Räteorganisation. Statt dessen etablierten sich in den Hauptstädten zentrale Rätegremien[5], die aus Wahlen durch eine Versammlung von Delegierten der örtlichen Räte hervorgingen.[6] In den kleinen thüringischen Staaten[7] sowie in Braunschweig und den Hansestädten war ein gestufter Aufbau nicht nötig, „weil der Arbeiterrat der Stadt zugleich als Landesarbeiterrat fungierte".[8] In Hessen, die einzige Ausnahme, gab es kein zentrales Rätegremium; die Funktion eines solchen übernahm der Darmstädter Arbeiter- und Soldatenrat „als eine Art hessischer Landesrat".[9] In Sachsen schließlich „war der Kampf um den Landesarbeiterrat der Kampf um die Macht zwischen SPD und USPD".[10]
Die Entwicklung in Oldenburg wich von allen angeführten Varianten der Räteorganisation ab: Weder gab es hier den „gestuften" Aufbau, jedenfalls nicht bis zur höchsten Stufe, noch fungierte der hauptstädtische Arbeiterrat als Zentralinstanz, noch gab es ein zentrales Rätegremium, wenigstens nicht bis Ende Januar 1919. Hätten nicht aber die Oldenburger Räte nach dem Selbstverständnis einiger von ihnen mindestens, analog zu der Berliner Konstruktion (Rat der Volksbeauftragten - Vollzugsrat) einen zentralen Arbeiter- und Soldatenrat einrichten müssen, der das Direktorium, wenn nicht dominieren - das war wegen der Richtlinien und der Beschlüsse der ersten Sitzung kaum noch möglich -, so doch kontrollieren und, wenn nötig, konterkarieren konnte? Dieser zentrale Arbeiter- und Soldatenrat wurde in der Tat gebildet -

---

1) Vgl. Kap. 3.
2) Gemeint sind die ehemaligen Bundesstaaten, die jetzt häufig die Bezeichnung „Freistaat" führten.
3) Kolb, S. 108.
4) So entstanden aus Orts-/Gemeinderäten die Kreisarbeiterräte, daraus Bezirks-, daraus Provinzarbeiterräte; vgl. Kolb, S. 108 f.
5) Sie hatten verschiedene Namen: „Landeszentrale" in Baden, „Landesausschuß" in Württemberg; vgl. Kolb, S. 102-104. Vgl. dazu jetzt: Kolb, Eberhard und Klaus Schönhoven (Hrsg.): Regionale und lokale Räteorganisationen in Württemberg 1918/19. Düsseldorf 1976. (Quellen zur Geschichte der Rätebewegung in Deutschland, Bd 2).
6) Über die „Sonderentwicklung" Bayerns vgl. Kolb, S. 104 f.
7) Sachsen-Gotha, Reuß, Sachsen-Weimar.
8) Kolb, S. 102.
9) Ebd., S. 106.
10) Ebd.; die Oldenburger Entwicklung wird bei Kolb nicht erwähnt.

am 22. Januar 1919 beschloß eine Delegiertenkonferenz der oldenburgischen Arbeiter- und Soldatenräte die Einsetzung eines Landesrats, drei Tage nach der Wahl zur Nationalversammlung. Warum kam es nicht früher dazu?

Ehe wir uns der oldenburgischen Lösung der Räteorganisation zuwenden, werfen wir einen kurzen Blick auf die unterste Stufe des Ausbaus, an der es hier nicht gänzlich fehlte. Im Amt Oldenburg nahm der hauptstädtische Arbeiter- und Soldatenrat für Stadt und Amtsbezirk zusammen die Geschäfte wahr.[11] In den drei südoldenburgischen Ämtern (Vechta, Cloppenburg, Friesoythe) wie in den Ämtern Butjadingen, Brake und Wildeshausen fungierten die Arbeiterräte[12] am jeweiligen Amtssitz für diesen und den Amtsbezirk zugleich, ohne daß Vertreter aus den Gemeinden hinzutraten. In Westerstede galt der Arbeiterrat Zwischenahn als für den Amtsbezirk zuständig.[13] In diesen acht Ämtern fehlte jede „gestufte Organisation". In den Ämtern Jever und Elsfleth waren die Räte am Amtssitz durch einige Mitglieder aus anderen Gemeinden verstärkt, und im Amt Varel bildeten die Arbeiterräte der Gemeinden als Plenum den Amtsarbeiterrat.[14] Am weitesten ausgebildet und dem preußischen Ausbau völlig entsprechend war die Räteorganisation im Amt Delmenhorst, wo der Amtsarbeiterrat aus je einem Vertreter der sechs Gemeinden und zwei ständigen Beisitzern bestand und damit die Idealform des Räteaufbaus auf der ersten Stufe erreichte.[15]

Was nun die Oldenburger Variante betraf, so ist zu sagen, daß der Ausbau der Räteorganisation über die erste Stufe nicht hinauskam - bis es zu spät war. Nicht, daß es an Versuchen gefehlt hätte, eine Zentralinstanz zu schaffen und Richtlinien für die Rätearbeit zu erlassen, daß sie aber scheiterten, lag - ähnlich wie in Sachsen - an dem Machtkampf zwischen MSPD und USPD, zwischen autochthonen und landfremden politischen Kräften, zwischen radikalen und gemäßigten Auffassungen.

Nach ersten Zerwürfnissen zwischen Oldenburg und Wilhelmshaven[16] wegen der Proklamation der Republik Oldenburg-Ostfriesland und den anzuwendenden Mitteln bei der Absetzung des Großherzogs war am 13. November 1918 auf einer Sitzung des Oldenburger Soldatenrats durch Bernhard Kuhnt in einer längeren Rede die Einigkeit der Rätebewegung beschworen worden und, da Vertreter des oldenburgischen Soldatenrats lebhaft zustimmten, auch hergestellt.[17] Um für die Zukunft Mißverständnisse auszuschließen, sollten schon in der nächsten Zeit die Soldatenräte des ganzen Landes zusammentreten, um Richtlinien für die Tätigkeit der Räte zu vereinbaren. Bereits fünf Tage später versammelten sich die Vertreter der Soldatenräte des „Freistaates Oldenburg-Ostfriesland"[18] im Schloß Oldenburg.[19] In der über

---

11) StA Ol 262, 1-3389, Bl. 5 und 6.
12) StA Ol 136-2767, Bl. 148-258.
13) Ebd., Bl. 31-35.
14) Ebd., Bl. 120, 178, 93.
15) Ebd., Bl. 203; das Amt Rüstringen fiel in den Bereich des 21er Rats in Wilhelmshaven.
16) Oldenburg und Wilhelmshaven stehen jeweils für die politisch bestimmenden Kräfte in den Soldatenräten, Arbeiterräten und Arbeiter- und Soldatenräten.
17) Nachrichten vom 14. 11. 1918, Beilage.
18) So die Nachrichten vom 19. 11. 1918; vgl. P.A., 13. 11. 1918, WTBl. vom 29. 12. 1922. Die Protokollarischen Aufzeichnungen berichten von „Einmütigkeit der Wilhelmshavener und Oldenburger Genossen"; von den „Richtlinien" hat Kuhnt anscheinend nicht berichtet.
19) Nach den P.A. der Sitzung vom 15. 11. 1918, WTBl vom 29. 12. 1922, hat Kuhnt für den 18. 11. 1918 eine Versammlung sämtlicher Arbeiter- und Soldatenräte Oldenburgs und Ostfrieslands einberufen; in der Berichterstattung der Nachrichten und des NVBl ist jedoch nur von den Soldatenräten die Rede; so auch der Bericht des Reichstagsabgeordneten Wissell, der vom 10. 11. 1918 bis Mitte Dezember in Wilhelmshaven tätig war mit einer Aufgabe, die an diejenige Noskes in Kiel denken läßt; vgl. BA Koblenz, NS 26/68, S. 5.

vierstündigen Sitzung, in der es „ziemlich bunt her(ging)"[20], standen als Hauptthemen die Richtlinien, die Nationalversammlung und die Stellung zur Reichsregierung zur Debatte. Der Zusammenschluß der Soldatenräte wurde ebenso bejaht wie die Notwendigkeit, nach einheitlichen Richtlinien zu arbeiten. Auffällig ist nur, daß die Diskussion der Richtlinien und deren Verabschiedung nicht sogleich stattfanden, sondern auf die nächste Sitzung am 24. November 1918 verschoben wurden. Mag sein, daß noch kein verabschiedungsreifer Entwurf vorlag[21], mag sein, daß die Konferenz in Abwesenheit Kuhnts nicht entscheiden wollte, mag aber auch sein, daß erste Differenzen zwischen Oldenburg und Wilhelmshaven sichtbar wurden. Beim zweiten und dritten Hauptthema wurde die Diskussion schon kontrovers, und zwar in erster Linie zwischen den Oldenburgern und den Bremer Vertretern, von denen Knief „seine wilden Ideen . . . propagierte".[22] Er bezeichnete die Regierung Ebert-Haase als „Verfechter der Interessen der kapitalistischen Clique"[23] und forderte, eine Revolution nicht mit der Demobilisation, sondern mit der Mobilisation zu beginnen. Gegen ihn vertraten Heitmann und Wissell[24] die Meinung, die Politik Kniefs, mehrfach als „Bremer Gefahr" apostrophiert, könne zu russischen Zuständen führen, was verhindert werden müsse. In der Frage der zentralen Instanz für die Räte und ihrer Direktiven war die Meinung ebenfalls geteilt. Mit dem Argument, daß es beim Landheer anders als bei der Marine sei, wurde der Wilhelmshavener Alleinanspruch bestritten, so daß es zur Aufteilung der Kompetenz kam: Wilhelmshaven sollte die Koordination der Soldatenräte obliegen, Oldenburg in Ernährungsfragen zuständig sein. Schließlich einigte sich die Versammlung gegen wenige Stimmen auf eine Resolution, in der es hieß, die Soldatenräte stellten sich hinter die jetzige Regierung und verlangten die baldige Einberufung der Nationalversammlung, sie lehnten jede Diktatur ab, begrüßten hingegen die Mitarbeit jedes Volksgenossen zum Aufbau einer sozialen Republik.

Zwei Tage später traten auf Einladung des Oldenburger Arbeiterrates Delegierte sämtlicher Arbeiterräte aus Oldenburg zusammen. Wieder wurde gefordert, Richtlinien über die einheitliche Tätigkeit der Räte festzulegen, ohne daß Vorschläge dafür vorgelegt oder solche auszuarbeiten in Auftrag gegeben worden wären. Der wichtigste Beschluß war jedoch, Oldenburg als Vorort der Räte zu wählen, eine „fünfgliedrige Kommission"[25] als Zentralinstanz einzusetzen und sie mit folgenden Aufgaben zu versehen: Als Vermittlungsinstanz zwischen Räten und dem Landesdirektorium

    hätte sie alle Fragen, die die Arbeiterräte angingen, zu prüfen;

    sollte sie Informationen und Aufträge an die einzelnen Arbeiterräte weiterleiten;

    hätte sie die Bezahlung und Entschädigung der Arbeiterräte zu regeln.

Dieser Beschluß fand unbeschadet „aller Meinungen und Parteischattierungen" allseitige Zu-

---

20) Wissell-Bericht, BA Koblenz, NS 26/68, S. 6.
21) Nach dem Wissell-Bericht, S. 2, hat Wilhelmshaven schon am 11. 11. 1918 Richtlinien für die Räte-Arbeit vorgelegt; daher konnte sicher auch die Herstellung eines Entwurfs nicht schwierig sein.
22) Wissell-Bericht, S. 6; Johann Knief, Führer der Bremer Linksradikalen, war am 18. 11. 1918 in Bremen eingetroffen und hat hier die Politik des radikalen Flügels maßgeblich bestimmt. Er setzte Abstimmungen für Bewaffnung des Proletariats durch, agierte im „Kommunist" gegen den Arbeiterrat und gegen die Nationalversammlung. Er erkrankte Anfang Januar 1919 schwer und starb am 6. 4. 1919; vgl. Illustrierte Geschichte der deutschen Revolution. Berlin 1929. (Nachdruck Frankfurt 1968), S. 337 f.; Kolb, S. 217 und 329; Engelsing, S. 260-262.
23) Nachrichten vom 19. 11. 1918.
24) Vgl. ebd.
25) Nachrichten vom 22. 11. 1918.

stimmung, eine Wirkung hat er indessen zunächst nicht gehabt. Am 22. November 1918 bekräftigte der Arbeiter- und Soldatenrat Oldenburg die von den Soldatenräten gefaßte Entschließung, indem er sich hinter die „jetzige Reichsregierung" zu stellen und die Einberufung der Nationalversammlung anzustreben versprach.[26]

Der erste Riß in der beschworenen Einigkeit der Rätebewegung wurde auf der Konferenz der Delegierten der Arbeiter- und Soldatenräte am 28. November 1918 sichtbar. Es war das erste Mal, daß der 21er Rat mit seinem Vorsitzenden Kuhnt auf einer Vertreterversammlung erschien und dementsprechend waren Vorbereitung und Aufwand.[27] Am Vortage legte der 21er Rat die Einzelheiten bündig fest: die Teilnahme möglichst aller Mitglieder[28], die Hinzuziehung weiterer fünf Obmänner des Großen Soldatenrats und von mindestens zehn Vertretern der Flotte, die Bereitstellung eines Extrazuges für die Wilhelmshavener Delegation, die Festlegung der Tagesordnung und der Versammlungsleitung.[29] Die Resolution, die als Antrag in Oldenburg vorgelegt werden sollte, war das Ergebnis einer kontrovers geführten Diskussion um die Nationalversammlung und die Sozialisierung, in der weitgehende Forderungen nach Verstaatlichung[30] und Ablehnung der Nationalversammlung in einem Kompromiß, den Kuhnt als Abwehrformel präsentierte, zurückgewiesen wurden.[31] Am nächsten Tag gelang es Kuhnt, diese Resolution gegen vier Stimmen durchzubringen.[32] Die Delegierten erklärten darin, der Rätekongreß[33] solle Stellung zur jetzigen Regierung nehmen und eventuell eine provisorische Regierung schaffen; bevor die Nationalversammlung einberufen würde, müsse die „Sozialisierung der deutschen Republik so weit durchgeführt (werden), als es die wirtschaftlichen Verhältnisse ermöglichten und bedingten".[34] Die Entschließung war eine deutliche Veränderung der vorher von den Soldaten- wie Arbeiterräten gefaßten Beschlüsse und ein Abrücken von dem Standpunkt des Arbeiter- und Soldatenrats Oldenburg, kurz: eine Verschärfung des politischen Kurses und eine Wendung gegen Oldenburg. Auch in der Frage der Zentrale, die nicht identisch war mit dem von den Arbeiterräten beantragten Zentralrat, drückte der 21er Rat die Delegiertenmehrheit in die von ihm vorgezeichnete Richtung. Mit dem Argument, Wilhelmshaven sei der Hort der Revolution, versuchte Schneider die Anerkennung als „Vorort" durchzusetzen, was aber offenbar nicht völlig gelang, da eine förmliche Abstimmung vermieden wurde. Immerhin lagen nun Beschlüsse konträren Inhalts vor: von Delgiertenkonferenzen der Soldaten- und der Arbeiterräte Bekenntnisse zur Reichsregierung und zur Nationalversammlung, von den Arbeiterräten ein Beschluß, Oldenburg als „Vorort" und dort einen Zentralrat zu etablieren, von der letzten Konferenz neben kritischen und dilatorischen Wendungen zur Reichspolitik, zur Landespolitik ein strikt widersprechender.

---

26) Nachrichten vom 23. 11. 1918, so auch „Republik" vom 23. 11. 1918.
27) Der 21er Rat zählte zu dieser Zeit etwa 33 Mitglieder.
28) Wenn alle Eingeladenen teilgenommen hätten, hätte der 21er Rat fast ein Drittel der Anwesenden gestellt: 48 von 150.
29) P.A., 27. 11. 1918, WTBl vom 2. 1. 1923.
30) Schneider, Chef des Pressewesens, wollte den Beginn der Verstaatlichung der Großbetriebe in Oldenburg bekanntgeben, obwohl in den Richtlinien, die Wissell entworfen hatte, eine örtliche oder begrenzte Sozialisierung ausgeschlossen worden war, weil sie nur von zentraler Stelle für das ganze Reich oder für bestimmte Bezirke angeordnet werden könnte. Vgl. Wissell-Bericht, BA Koblenz, NS 26/68, S. 3.
31) Vgl. S. 121.
32) Übereinstimmen erwähnten Nachrichten wie „Republik" die vier abweichenden Voten.
33) Am 23. 11. 1918 hatte der Berliner Vollzugsrat die Arbeiter- und Soldatenräte zum 16. 12.1918 zu einer Delegiertenversammlung berufen; vgl. Schulthess, 1918, I, S. 511 f.; Kolb, S. 198; in „Republik" erstmalig am 27. 11. 1918 bekanntgemacht.
34) Nachrichten vom 29. 11. 1918; übereinstimmend „Republik" vom 30. 11. 1918.

Nach dem großen Erfolg bei den Delegierten der Arbeiter- und Soldatenräte gelang es den Wilhelmshavenern auch auf der nächsten Konferenz der Arbeiterräte am 4. Dezember 1918, die Delegierten auf ihre Linie zu bringen. In der Resolution hieß es: Wirtschaftlich werde geschlossen gearbeitet und politisch stünde man auf dem Boden der Resolution vom 28. November 1918.[35] Da in dieser bereits eine Aussage zur Wirtschaft, nämlich zur Sozialisierung, enthalten war, kann die Hervorhebung dieses Teils der Resolution als eine Bekräftigung gerade dieser Meinung gedeutet werden; offen bleibt, ob damit gemeint war, in politischen Fragen könne es dagegen Abweichungen geben.

Bevor wir uns den entscheidenden Auseinandersetzungen innerhalb der Rätebewegung zuwenden, soll die politische Einstellung des wichtigen sozialdemokratischen Presseorgans, des „Norddeutschen Volksblattes" („Republik"), das in Wechselwirkung von Meinungsbildung bei den Lesern und Meinungsreflektion der Anhänger einen großen Einfluß auf die Entwicklung gewann, dargestellt werden.

4.2.2. Die Anstrengungen der „Republik" für die Einheit der Arbeiterbewegung: Die Lehre des Konstanzer Konzils

Ende Oktober hatte das sozialdemokratische Parteiblatt die Diskussion um die prinzipiellen und praktischen Unterschiede zwischen MSPD und USPD nach mehreren großen Artikeln und Kommentaren abgeschlossen.[36] Es war dabei der vom „Vorwärts" vorgezeichneten Argumentation, welche die Diktatur des Proletariats als Herrschaftsform einer Klasse wie die revolutionär-putschistische Praxis ablehnte, gefolgt. Als „die Revolution in Deutschland eine Tatsache" war[37], begrüßte sie das Blatt enthusiastisch. Mit feinem Sinn für die Bedeutung dieses Sieges wie für die historische Dialektik, welche die Zeitung in ihm ausgedrückt sah, knüpfte sie an das „Abschiedswort der Neuen Rheinischen Zeitung" vom 19. Mai 1849[38] an, in dem Ferdinand Freiligrath angekündigt hatte, das „Organ der Demokratie"[39] werde wiederkehren und, wenn die letzte Krone zerbreche, dem Volk allzeit eine treue Gesellin sein. Wenn auch nicht in Sprache und Stil, doch sicher in Vorsatz und Ziel mochte die Anknüpfung gelingen, und jedenfalls hielt sich der Kommentar auf der Höhe des Ereignisses: Nach langen Jahren der finstersten Reaktion, der kapitalistischen Ausbeutung der Arbeiterklasse, nach dem militärischen Verlust des größten Krieges der Welt sei die Reaktion sturmreif gewesen. Heute müsse das Volk den entscheidenden Schlag in Nord und Süd führen, jeder müsse die Revolution stützen, der es gut mit dem Volk meine. Für die SPD gelte es, das Volk von der Richtigkeit der sozialistischen Grundsätze zu überzeugen. „Das Zeitalter des Sozialismus hat begonnen... Nieder mit der Reaktion - hoch die Revolution!"[40] Das Programm der Revolution sei das Parteiprogramm der SPD, daher stünden SPD und Arbeiter- und Soldatenräte Schulter an Schulter, zumal diese Parteigenossen und Gesinnungsfreunde seien, die durch die Schule der Arbei-

---

35) „Republik" vom 7. 12. 1918, übereinstimmend Nachrichten vom 8. 12. 1918.
36) Vgl. Kap. 1, S. 28-32.
37) NVBl vom 10. 11. 1918.
38) Im NVBl irrtümlich auf den 9. 5. 1849 datiert.
39) So der Untertitel der „Neuen Rheinischen Zeitung"; vgl. das Faksimile in: Propyläen Weltgeschichte. Eine Universalgeschichte. Hrsg. von Golo Mann. Bd 8: Das neunzehnte Jahrhundert. Frankfurt, Berlin 1960, S. 320.
40) NVBl vom 10. 11. 1918.

terbewegung gegangen seien. Wie man sieht, war neben viel Appellativem auch manch praktischer Hinweis einschlägig, auf die Gesinnungsfreunde in den Räten etwa, mit denen die SPD zusammengehe.

Deutlicher wurde sie am 12. November 1918. Nachdem sie den Charakter der Revolution als grundsätzlich sozialistisch gekennzeichnet und als Ziel die soziale Republik umschrieben hatte, erwartete sie von den Arbeiter- und Soldatenräten, daß sie im allgemeinen das sozialdemokratische Parteiprogramm durchführten; soweit die wirtschaftlichen Vorbedingungen vorhanden seien, werde das ohne Schwierigkeiten zu bewerkstelligen, sonst würden Übergangsperioden notwendig sein. Dann folgte die bündige Formel, in die die Politik der nächsten Wochen gefaßt wurde: Das Gebot der Stunde sei die sozialistische Diktatur beider sozialistischer Parteien bis zur Berufung einer Nationalversammlung, also: „Kein Bruderkampf"[41], sondern Einigkeit. Drei Tage später nahm das Blatt das Thema in dem Leitartikel „Die Pflicht zur Einigkeit" bekräftigend wieder auf.[42] Die Revolution sei im ganzen Reich glänzend durchgeführt; durch die Wucht der proletarischen Aktion und die Einigkeit und Geschlossenheit der Arbeiter sei der Sieg erzwungen worden. Einigkeit der zwei sozialistischen Parteien aber bedeute gemeinsame Arbeit und Verantwortung. Bis zur Nationalversammlung werde die Diktatur des Proletariats bestehen bleiben, seine Geschlossenheit werde mögliche Rückschläge durch die Reaktion ebenso vereiteln wie Schutz vor dem Bolschewismus, vor dem Chaos gewähren. Nach diesen mehr allgemeinen Aussagen, die übrigens durch eine wesentlich radikalere Phrasierung als im Oktober auffallen, folgten praktische Vorschläge zur Herstellung der Einheit: Man müsse Genossen, die aus der Partei schieden, wiedergewinnen, sie seien nicht die schlechtesten, ihnen sei zum Teil der Sieg der Revolution zu verdanken. Daß eine einheitliche Politik nicht leicht zu haben sein werde, machten die folgenden Sätze deutlich.

> *„. . . wir billigen es nicht, wenn weit rechts stehende Genossen, deren Politik in kläglicher Weise von den Ergebnissen des Krieges widerlegt ist, heute nichts besseres (sic) wissen, als gegen die radikaler denkenden Genossen zu polemisieren . . . Aber ebensowenig vermögen wir es zu billigen, wenn heute, wo alles auf dem Spiele stehen kann, die einst von uns geschiedenen Genossen das noch nicht ganz eingescharrte Kriegsbeil wieder auszugraben suchen . . ."*[43]

Diese Mahnung an die beiden äußeren Flügel der augenblicklichen Regierungskoalition konnte sowohl an die Adresse der Berliner Parteizentralen als auch an die örtlichen und regionalen Parteispitzen und -gremien gerichtet sein[44], und tatsächlich war sie wohl besonders auf letztere gemünzt. Aber Namen örtlicher Parteiführer fehlten hier noch ganz, an ihre Stelle traten die der Berliner Protagonisten, mit denen die Zeitung ihren Appell verband: Scheidemänner und Haaseaner sollten friedlich im Dienste der gemeinsamen Sache arbeiten.

---

41) So drückte es der „Vorwärts" am 10. 11. 1918 aus; vgl. Buchner, S. 141 f., Kolb, S. 118.
42) NVBl vom 15. 11. 1918.
43) Ebd.
44) Paul Hug, auf dem Würzburger Parteitag (Oktober 1917) mit einer scharfen Rede gegen die Spalter der Partei, die er in den Unabhängigen erblickte, und für die Linie des Parteivorstandes hervorgetreten, galt als „Rechter". Vgl. Protokoll über die Verhandlungen des Parteitages der Sozialdemokratischen Partei Deutschlands 1917. Berlin 1917, S. 266-268; Groh, Dieter: Negative Integration und revolutionärer Attentismus. Die deutsche Sozialdemokratie am Vorabend des Ersten Weltkrieges. Frankfurt, Berlin, Wien 1973, S. 123, Anm. 143; umgekehrt galt Emil Geiger, der aus der SPD im April 1917 ausgeschieden war und einen Wiedereintritt der Ausgeschiedenen besonders energisch bekämpfte, als weit links stehend; vgl. P.A., 18. 12. 1918, WTBl vom 25. 1. 1923. Auf die Kräftegruppierungen innerhalb der Arbeiterparteien, deren Mittelachse zwischen linker MSPD und rechter USPD verlief, aber nicht unversöhnlich trennte, hat als erster Rosenberg aufmerksam gemacht; vgl. Rosenberg, S. 294 f. Eine Politik der Zusammenfassung der MSPD und des rechten Flügels der USPD, wie sie Rosenberg im nachhinein für richtig gehalten hat, verfolgte die Zeitung seit den Novembertagen 1918.

Vierzehn Tage später, nach der „Reichskonferenz"[45], sah sich die Zeitung durch die Ergebnisse der Beratung bestätigt, denn sie befand apodiktisch, die Geschlossenheit der Arbeiterbewegung habe sich bewährt, grundsätzliche Unterschiede zwischen Scheidemann und Haase gebe es nicht mehr, sie seien zwar im Kriege vorhanden gewesen, aber heute vergessen.[46] Was die Grundsätze betraf, so war die Behauptung sicher richtig, aber erstens war Haase nicht die ganze USPD und zweitens steckte, wie so oft, auch hier der Teufel im Detail. Das zeigte sich schon bald an der Einstellung zur Nationalversammlung und zu den Räten.

Auf die Nationalversammlung als das Legislativorgan einer repräsentativen Staatsform hatte die Zeitung schon am 12. November 1918 hingewiesen, an dieser Grundsatzentscheidung konnte kein Zweifel bestehen, umstritten waren jedoch der Zeitpunkt des Zusammentritts und die Vorentscheidungen der Zwischenzeit. Am 17. November 1918 schrieb das Blatt: „Wir gehören nicht zu denjenigen, die in diesen Tagen gar zu stürmisch auf baldigen Zusammentritt der Konstituante drängen", erst solle die Regierung der vereinigten Sozialisten das Besitztum der Revolution festigen. Gleichwohl bekräftigte es die Entscheidung für die Konstituante und lehnte die Spartakusforderung nach einem Kongreß der Rätedelegierten an Stelle der Nationalversammlung ab. Die Argumente waren teils prinzipiell, teils praktisch. Die Grundlage einer republikanischen Verfassung sei die Mehrheitsentscheidung aller Aktivbürger, dafür sei die SPD immer eingetreten[47], und zum Wiederaufbau würden alle Staatsbürger gebraucht, weshalb man niemanden von der Mitbestimmung ausschließen könne. Für die Verwirklichung des Sozialismus sei die Diktatur des Proletariats nicht notwendig, weil das Proletariat durch den Stimmzettel zur Herrschaft komme. Soviel hatte nun der Leser erfahren: Die Nationalversammlung würde das entscheidende Organ der Republik sein, und das Proletariat müßte und werde darin die Mehrheit haben, wenn es einig sei.

Wie stand es um die Vorentscheidungen? In dieser Frage vertrat das Blatt einen relativ radikalen Standpunkt: weitgehende Sozialisierung (Finanzkapital, Bankwesen), Beseitigung des Privateigentums an Bodenschätzen[48], Verstaatlichung der Großindustrie und des Großgrundbesitzes.[49] Wie diese Ziele zu erreichen waren, wurde nicht diskutiert, aber daß sie nicht im Handumdrehen zu verwirklichen waren, machte die Zeitung noch einmal am 22. November 1918 deutlich, als sie feststellte, daß sie kein Verständnis für das aufdringliche Betonen der „unverzüglichen" Einberufung der Nationalversammlung habe, zwar sei sie grundsätzlich dafür, „aber die Sache übers Knie zu brechen, das möchten wir nun doch nicht raten."[50] Eine deutlich andere Meinung äußerte jedoch die Parteiorganisation der SPD in einem Aufruf am 24. November 1918[51], in dem es hieß, in der sozialen Republik, aus der die sozialistische herauswachse, sei der Volkswille höchstes Gesetz, daher müsse die Nationalversammlung so bald wie möglich geschaffen werden. Aber noch versuchte das Blatt, seine Linie zu halten. In dem Leitartikel vom 26. November 1918 „Um die Nationalversammlung" wehrte es sich gegen ih-

---

45) So die Zeitung; gemeint ist die Konferenz der „deutschen Freistaaten" am 25. 11.1918 in Berlin.
46) Vgl. „Republik" vom 29. 11. 1918.
47) In mehreren Artikeln im Oktober 1918 hatte die Zeitung diesen Standpunkt vertreten.
48) NVBl vom 13. 11. 1918.
49) NVBl vom 20. 11. 1918.
50) „Republik" vom 22. 11. 1918; am 20. 11. 1918 war die Zeitung unter dem neuen Titel erschienen durch „Verschmelzung des Norddeutschen Volksblattes" und des „Blattes des Arbeiter- und Soldatenrats"; vgl. „Republik" vom 20. 11. 1918: „An unsere Leser!"; Kliche, S. 26, mit kritischem Einschlag zur Zeitungsgründung des Arbeiter- und Soldatenrats.
51) „Republik" vom 24. 11. 1918.

re „schleunigste" Einberufung, versuchte jedoch gleichzeitig, sich selbst und die Partei dadurch aus der Schußlinie zu bringen, daß es die Forderung als eine der „bürgerlichen Zeitungen" und des „kapitalistischen Bürgertums" deklarierte. Der Versuch gelang nur halb. Zwar führte die Zeitung drei pragmatische Gründe gegen eine baldige Wahl ins Feld[52], ließ aber doch eine deutliche Warnung folgen: Die Nationalversammlung komme[53], wer aber gegen die bestehende Regierung opponiere, begehe Verrat an der Sache des Volkes. Das Bekenntnis zur Parteiloyalität und zur Regierungsentscheidung markierte das Ende der Diskussion um den Zeitpunkt der Wahl. In zwei kurzen Stellungnahmen äußerte sich die Zeitung nur noch zum Prinzipiellen. Am 29. November 1918, nach der Reichskonferenz, stand für sie fest, daß die Arbeiter- und Soldatenräte auf dem Kongreß am 16. Dezember 1918 sich für die Nationalversammlung aussprechen würden, und am 1. Dezember 1918, nachdem die Reichsregierung den Termin der Wahlen auf den 16. Februar 1919 festgesetzt hatte[54], unterzog sie unter der Überschrift „Parole Bremen?" die Forderungen der Bremer Linksradikalen[55] einer scharfen Kritik und beschloß die Debatte mit einem „Wir kommen um die Nationalversammlung nicht herum".

In der Rätefrage bot sich ein ähnliches Bild wie in der Frage der Konstituante, ein starkes Eintreten für die Aufgaben und Leistungen der Räte, bei Kritik in Einzelheiten und unvermeidlichen Unzulänglichkeiten. Als Beispiel mag der Leitartikel vom 11. Dezember 1918 „Die Hetze gegen die Arbeiterräte" dienen.[56] Die Mißgriffe im einzelnen dürften nicht zu einer Kritik an den Arbeiter- und Soldatenräten insgesamt benutzt werden, bei den bürgerlichen Elementen sei der Zweck der Hetze offenbar, sie wollten keine Proletarier an der Spitze des Staates, bei der SPD- und Gewerkschaftskritik jedoch scheine es sich um einen „Rivalitätsstreit" zu handeln:

> „Fest steht nun einmal, daß die Bewegung der fraglichen Novembertage gegen den Willen der offiziellen Parteiführer inszeniert wurde, daß noch kurze Zeit vorher dringend von ihr abgeraten wurde und daß erst, als der Erfolg gesichert war, man sich an die Spitze der Bewegung stellte. Das machte eine Reihe von Arbeiter- und Soldatenräten verdrossen, und sie beschlossen, mit jenen wenig rühmlich Beiseitegestandenen nicht gemeinsam zu arbeiten. Ein verständliches Vorgehen, über das zu murren uns wenig angebracht erscheint. Denn vergessen wir nicht: es ist fast das alleinige Verdienst der Arbeiter- und Soldatenräte und der hinter diesen stehenden Massen, daß der Novembersturm gelang, daß er das Proletariat aus einer jahrhundertelangen Knechtschaft befreite und die Woge der Revolution es an die Sonne trug. . . . In parteigenössischen Kreisen gibt es unseres Erachtens keinen Grund, an den Verdiensten der Arbeiterräte herumzumäkeln. Die Losung muß sein: mit den Räten zusammen gegen das Bürgertum, nicht aber mit dem Bürgertum gegen die Räte. Andererseits aber möchten wir auch in den Reihen der Räte nur organisierte Sozialisten sehen . . ."

Der Schluß des Leitartikels war einer historischen Anekdote entnommen, deren Nutzanwen-

---

[52] Technische Schwierigkeiten (Millionen auf Wanderschaft), Vertrauensvotum für die Regierung nicht nötig, Umfang des Reichsgebiets unbestimmt.
[53] Der Rat der Volksbeauftragten hatte sich über die schnelle Einberufung bereits vor dem 18. 11. 1918 geeinigt; vgl. Kolb, S. 131; im NVBl erschien die Meldung über den Termin (2. 2. 1919) am 19. 11. 1918.
[54] Zu den Meinungsverschiedenheiten im Rat der Volksbeauftragten in betreff des Wahltermins vgl. Kolb, S. 132 f.
[55] Zu den Forderungen Kniefs vgl. S. 130; Illustrierte Geschichte der deutschen Revolution, S. 336 f.
[56] „Republik" vom 11. 12. 1918.

dung auf die Rätebewegung nahegelegt wurde. Auf dem Konstanzer Konzil von 1415 sei, als der Scheiterhaufen für Johann Hus schon lichterloh gebrannt habe, noch ganz zuletzt ein Bäuerlein gekommen und habe ein Reisigbündel zum Scheiterhaufen geschleppt. Befänden sich die Arbeiter, so fragte das Blatt rhetorisch, ihren Befreiern gegenüber und in der Kritik an ihnen etwa in der Rolle des Bäuerleins?

Wir haben den Artikel deshalb so ausführlich zitiert, weil in ihm

> die Revolutionsgenesis, die in der Kritik an den Zaudernden und im Lob der Wagemutigen gipfelte, interpretiert wurde;
> die Räte als historische Werkzeuge der Befreiung des Proletariats gewürdigt wurden;
> die Einheitsbestrebungen des Blattes eindrucksvoll formuliert wurden;
> der Politik der SPD eine zündende Losung gegeben wurde;
> den Räten die Gefahren, die ihnen von innen heraus drohten, angedeutet wurden;
> durch einen historischen Vergleich die Bedeutung einer falschen Entscheidung aus Unkenntnis und Mangel an Aufklärung in die schärfste Beleuchtung gerückt wurde.

Halten wir nun als Ergebnis der Analyse des SPD-Parteiorgans fest:

1. Die Zeitung ist von Anfang an für die Einigkeit beider sozialistischer Parteien eingetreten; sie hat sowohl Kritik an rechten wie an linken Genossen geübt, weil deren wechselseitige Vorwürfe die Geschlossenheit der Arbeiterbewegung gefährdeten.
2. Sie hat in der Frage der Konstituante zwar den Ende Oktober grundsätzlich definierten Standpunkt konsequent durchgehalten, in taktischen Fragen aber eine wesentlich radikalere Haltung eingenommen als der Parteivorstand in der Zentrale und im Bezirk Weser-Ems.
3. Sie hat in der Rätefrage den „dritten Weg" vertreten: mit den Räten eine Demokratisierung von Staat und Gesellschaft anzustreben und durchzusetzen.[57]
4. Sie hat in den Revolutionswochen eine deutliche Linkswendung vorgenommen, den Trennungsstrich zwischen Spartakus und demokratischem Sozialismus stets betont, im übrigen aber eine Politik verfolgt, die zwischen MSPD und rechter USPD vermitteln wollte.

Woran die Politik des Parteiorgans gescheitert ist, zeigt die weitere Entwicklung der Rätebewegung.

4.2.3. Die erste Machtprobe: Sieg des Einen - Niederlage des Ganzen

Die Delegiertenkonferenzen der Arbeiter- und Soldatenräte hatten bis zum 4. Dezember 1918 in der Frage des Zentralrats der Arbeiter- und Soldatenräte für den Freistaat Oldenburg und des „Vororts" noch keine Entscheidung gebracht. Die zweite Delegiertenversammlung der Arbeiter- und Soldatenräte am 6. Dezember 1918 in Oldenburg sollte darin einen Wandel schaffen, so jedenfalls war die Meinung im 21er Rat. Auf der die Konferenz in Oldenburg vorbereitenden Sitzung stellte der Chef des Pressewesens, Schneider, den Antrag auf Gründung einer Vermittlungszentrale in Wilhelmshaven, die mit allen Städten und größeren Orten Oldenburgs verbunden sein würde.[58] Schneider dachte dabei an eine Art Telegraphenbüro, ähnlich etwa dem Wolffschen, an das die einzelnen Räte angeschlossen werden könnten. Der 21er Rat stimmte zu, und Schneider trug den Plan in Oldenburg vor. Um die Eindeutigkeit der

---

57) Vgl. Kolb, S. 359-383.
58) P.A., 4. 12. 1918, WTBl vom 3. 1. 1923.

Option für Wilhelmshaven und ihre Unwiderruflichkeit zu relativieren, mit anderen Worten, die Annehmbarkeit des Antrages zu erhöhen, deutete er an, die Zentrale, deren Sitz vorerst in Wilhelmshaven sei, könne später nach Oldenburg verlegt werden. Bis zu diesem Zeitpunkt sollten zwei oder drei geeignete Vertreter der Oldenburger Räte ihren Sitz in Wilhelmshaven als Verbindungsleute haben.[59] Kuhnt ergänzte, diese „Verbindungsfunktionäre" sollten, um über alles unterrichtet zu sein, an den Sitzungen des 21er Rats mit Stimmrecht teilnehmen.[60] Die Wahl der drei neuen Mitglieder wurde jedoch auf Vorschlag Kuhnts vorerst aufgeschoben, damit man gegenseitig Fühlung nehmen könne, „um nur wirklich geeignete Genossen zu wählen". Die Taktik, ob sie den Delegierten nun sofort klar wurde oder nicht, war offenbar die, via Vermittlungszentrale dem 21er Rat zur Vorherrschaft in Oldenburg zu verhelfen, durch Zuwahl von drei Oldenburgern die Entscheidung zu relativieren, aber die Wahl dann doch hinauszuschieben, um unter sich zu bleiben.[61] Der Antrag ging einstimmig durch.

An einem zweiten Problem jedoch brach die Kontroverse aus: Sollten die Räte parteipolitisch tätig sein, Propaganda für den Sozialismus betreiben, die Agitation in dem Wahlkampf für die Nationalversammlung übernehmen? Eine starke Mehrheit der Redner wollte die Räte mit allen drei Aufgaben betraut wissen, eine kleine Minderheit, Peters, Sante und Heitmann aus Oldenburg[62], erklärte, die Räte hätten nicht nur sozialistische Mitglieder, deshalb sei die Agitation für den Sozialismus nicht von allen zu verlangen, und überhaupt bestehe ja die Welt nicht nur aus Sozialdemokraten, weshalb die Parteipolitik nicht Sache der Räte sein könne, sondern die der verschiedenen Parteiorganisationen. Die Abstimmung über den Antrag, der die Debatte ausgelöst hatte und der lautete: „Die Delegiertenversammlung der Republik Oldenburg-Ostfriesland ist entschlossen, sich ganz auf den Boden des 21er Rats in Wilhelmshaven zu stellen und im Sinne des Sozialismus aufklärend und agitatorisch zu wirken", war nicht zweifelhaft. Gegen eine Stimme wurde er angenommen.[63]

Damit konnte der 21er Rat zufrieden sein. Aber er ging weiter. Am 12. Dezember 1918 faßten die Delegierten der Arbeiter- und Soldatenräte aus Nordwestdeutschland in Bremen folgende Entschließung: „Wir stehen geschlossen zueinander und werden uns gegenseitig jede Unterstützung geben, falls es gilt, die Revolution nach rechts oder links zu verteidigen."[64] Dieser Entschließung gab der 21er Rat eine bemerkenswerte Interpretation:

> *„Der Arbeiter- und Soldatenrat Wilhelmshaven, oberster Marinerat der Nordseestation, Zentralrat für Oldenburg-Ostfriesland, erblickt in der Resolution den Ausdruck dessen, was er den ihm angegliederten örtlichen Arbeiter- und Soldatenräten als Richtlinien aufgegeben und seinerseits stets vertreten hat und vertreten wird. Es ist dies der Standpunkt der unabhängigen sozialdemokratischen Partei Deutschlands."*

Zunächst qualifizierte sich der 21er Rat selbst als „Zentralrat für Oldenburg-Ostfriesland", eine Behauptung, die mit allen Tatsachen in Widerspruch stand. Die Bildung eines Zentralrates war am 20. November 1918 von den Arbeiterräten vorgeschlagen, aber nicht vollzogen,

---

59) Vgl. P.A., 6. 12. 1918, WTBl vom 5. 1. 1923.
60) Vgl. P.A., 6. 12. 1918, WTBl vom 6. 1. 1923.
61) Die Wahl ist nie vorgenommen worden.
62) Peters war Vorsitzender des Arbeiterrats, Sante Vorsitzender des Sozialen Ausschusses, Heitmann Mitglied des Direktoriums und Landtagsabgeordneter.
63) Die zweite Konferenz war nur noch von 75 Delegierten besucht, von denen gegen Ende der Sitzung noch 52 anwesend waren.
64) Nachrichten vom 13. 12. 1918.

die Zuständigkeit für Ostfriesland wurde seit dem 17. November 1918 immer wieder bestritten[65], die Richtlinien für die ihm angegliederten Arbeiter- und Soldatenräte[66] sind nicht von einer Delegiertenversammlung beschlossen worden, falls aber die Richtlinien gemeint waren, die im Wissell-Bericht erwähnt sind, so sprach ihr Wortlaut klar gegen die Interpretation.[67] Der Vorsitzende des Soldatenrats Bremen, Unterzeichner der Resolution, desavouierte sogleich die Interpreten, indem er schrieb, die Resolution sei nicht politisch, sondern militärisch aufzufassen, als Zusammenfassung aller Machtmittel in Nordwestdeutschland gegen Reaktion von rechts und Feinde von links. Der Arbeiter- und Soldatenrat Oldenburg seinerseits ließ der Entschließung eine eigene Resolution folgen:

> „Der Arbeiter- und Soldatenrat Oldenburg steht auf dem Standpunkt, daß es die Aufgabe der Arbeiter- und Soldatenräte ist, die Errungenschaften der sozialen Revolution zu stützen. Die Agitation für die Wahlen zur Nationalversammlung ist nach Auffassung des Arbeiter- und Soldatenrats Oldenburg nicht die Aufgabe der Arbeiter- und Soldatenräte, sondern Aufgabe der parteipolitischen Organisationen."[68]

Damit war die Bildung eines Zentralrats, der die Einheit der Rätebewegung vorausgesetzt hätte, unmöglich geworden. Der 21er Rat hatte durch die versuchte Festlegung der „Gesamtbewegung" auf die Linie der USPD in zwei Etappen die Zusammenarbeit erheblich erschwert.[69] Ein Beispiel dafür, wie der Ausbau der Räteorganisation vorgenommen werden konnte, bot Schleswig-Holstein. Am 14. Dezember 1918 lagen die „Richtlinien" für Arbeiter- und Soldatenräte vor, die

I. allgemeine Bestimmungen (Aufbau der Räteorganisation) und

II. Richtlinien (Rechte und Pflichten der Räte auf den verschiedenen Stufen),

enthielten. Die Spitze bildete die Zentralstelle der politischen Organisation mit der Bezeichnung „Aktionsausschuß", der sich selbst als provisorische Regierung mit dem Recht auf Oberaufsicht über alle politischen und Verwaltungsbehörden der Provinz, dem Vetorecht und dem Initiativrecht ausstattete und der dem vorgeschlagenen „Zentralrat" der Oldenburger Arbeiterräte vom 20. November 1918 exakt entsprach.[70]

---

65) Am 17. 11. 1918 hatte das preußische Ministerium des Inneren auf eine Anfrage des Arbeiter- und Soldatenrats Leer geantwortet, die Aufforderung zur Teilnahme der ostfriesischen Räte an einer Konferenz der Soldatenräte der Republik Oldenburg am 18. 11. 1918 sei unberechtigt, weil Ostfriesland zu Preußen gehöre, der Präsident Kuhnt sei in diesem Sinne benachrichtigt; vgl. StA Aurich, Rep. 21a-9574; Stadtarchiv Leer, Magistrat, Fach IV, Nr. 26a, Bl. 33; Wissell-Bericht, BA Koblenz, NS 26/68, S. 6. Kuhnt antwortete, die vorgebrachten staatsrechtlichen Bedenken seien ihm unverständlich, die Ausrufung der Republik habe der Abschnürung vorbeugen sollen; im übrigen werde „die innere Gliederung des neuen Deutschland . . . von der Nationalversammlung zu beschließen sein." Vgl. WZ vom 22. 11. 1918. Ende November berichtete ein Teilnehmer an der Oldenburger Delegiertenkonferenz am 28. 11. 1918, „Kuhnt stehe noch immer auf dem Standpunkt, das Oberhaupt der Republik Oldenburg/Ostfriesland zu sein, und es werde Schweiß und Mühe kosten, ihn eines anderen zu belehren"; vgl. Stadtarchiv Leer, Magistrat, Fach IV, Nr. 26a, Bl. 33. Das „Leerer Anzeigenblatt" kommentierte die Kontroverse: „Das ostfriesische Volk kennt keine Republik Oldenburg/Ostfriesland. Wir gehören zu Preußen und unterstehen der preußischen Regierung in Aurich. Wir fordern hierdurch dringend, daß endlich von amtlicher Seite dem Umfug mit der Republik Oldenburg/Ostfriesland für allemal ein Ende gemacht wird." Zit. nach: Nachrichten vom 12. 12. 1918. Das geschah am 10. 12. 1918 durch die preußische Regierung, die sämtliche Behörden anwies, Bestrebungen zur Lostrennung von Teilen Preußens „unnachsichtlich entgegenzutreten". Vgl. StA Aurich, Rep. 21a-9574, Bl. 281. Kuhnt versuchte seinen Anspruch noch länger aufrechtzuerhalten, insofern hatte der Berichterstatter durchaus recht, praktische Folgen hatte indessen die Politik der reinen Proklamation nicht. Im Januar verschwand auch die Namensgebung aus der Presse und den Verlautbarungen.

66) Für eine direkte Angliederung örtlicher Räte an den 21er Rat findet sich in den Quellen kein Beleg; vage Formulierungen wie, der Arbeiter- und Soldatenrat sei von Kuhnt anerkannt, können kaum die Behauptung stützen; vgl. StA Ol 136-2767, Bl. 257 (Barßel).

67) Im Wissell-Bericht, S. 2, ist von „Gesamtbewegung, die eine einheitliche und geschlossene Volksmehrheit hinter sich bringen" müsse, die Rede und davon, daß sie sich „geschlossen hinter die in Berlin gebildete Volksregierung zu stellen" habe; BA Koblenz, NS 26/68.

68) Nachrichten vom 13. 12. 1918; Hervorhebung im Original.

69) Am 6. 12. und am 13. 12. 1918.

70) Vgl. IISG Amsterdam, AZR, B 58-II.

4.2.4. Die Spaltung der Partei: Der nachgeholte April 1917 in Wilhelmshaven/Rüstringen

Der Beschluß der „Oppositionskonferenz"[71] am 7. April 1917 in Gotha, eine eigene Partei, die „Unabhängige Sozialdemokratische Partei Deutschlands" (USPD) zu gründen, hatte in Wilhelmshaven/Rüstringen kaum Auswirkungen, im übrigen Parteibezirk Weser-Ems der SPD überhaupt keine.[72] In Wilhelmshaven vermochte es die USPD nicht, eine Ortsgruppe zu bilden, wie es in Kiel, wo im März 1917 sofort neunhundertfünfzig Männer und Frauen der neuen Partei beitraten, gelungen war.[73] Über die Lage in Wilhelmshaven sagte Wilhelm Dittmann 1926:

> *„Wir Unabhängigen hatten in einem so ausgesprochenen Arbeiterort wie Wilhelmshaven überhaupt keine Mitgliedschaft. Nur ein einziger junger Werftschreiber, der sich brieflich bei Haase gemeldet hatte, war dort Einzelmitglied geworden."*[74]

Anfang des Jahres 1918 kam es doch noch zur Gründung einer USPD-Ortsgruppe, die knapp über sechzig Mitglieder hatte, aber im Februar 1918 schon zerschlagen wurde.[75] Danach scheint die Parteitätigkeit aufgehört zu haben, jedenfalls ist bis in den November 1918 hinein nichts bekannt geworden.[76] Daran änderte sich auch in den ersten Revolutionswochen nichts. Zwar bekannten sich Kuhnt und die meisten Mitglieder des 21er Rats zur USPD, aber an eine Parteigründung dachten auch sie nicht.[77] Einen großen Anteil an der Erhaltung der Parteieinheit hatte die Politik der Mehrheitsorganisation am Ort, deren Vertrauensmänner - wie auch die Vertrauensmänner der freien Gewerkschaften - am 7. November 1918 beschlossen, den Arbeiter- und Soldatenrat zu unterstützen.[78] Auch die politische Einstellung des sozialdemokratischen Parteiorgans dürfte eine große Bedeutung für die Bewahrung der einheitlichen Parteiorganisation gehabt haben.[79] Einen weiteren Beitrag zur Einheitspolitik leistete die erste große Mitgliederversammlung der SPD nach der Revolution am 4. Dezember 1918, die beschloß, „in Rücksicht auf die Einigung der Arbeiterschaft und zur Verhinderung der Gründung eines Vereins der U.S. am Orte den Vorstand mit neuen Männern zu besetzen ..."[80]

---

71) Miller, S. 160; zur Parteispaltung insgesamt vgl. Miller, S. 75-166.
72) Nach dem Organisationsbericht auf dem Würzburger Parteitag der SPD im Oktober 1917 hatte die Mitgliederzahl in Oldenburg (Agitationsbezirk) vom 31. 3. 1916 bis 31. 3. 1917 um 1838, das entspricht 75,7 %, zugenommen; die höchste Zuwachsrate in Deutschland, während in den meisten anderen Bezirken Einbußen, zum Teil so drastische, daß die Parteiorganisation nahezu verschwunden war, z. B. Leipzig, stattgehabt hatten. Vgl. Miller, S. 333 f., wo die Mitgliederzahlen abgedruckt sind.
73) Vgl. Neu, S. 31.
74) Aussage Dittmanns auf der Sitzung des 4. Unterausschusses am 20. 5. 1926; WUA 4/9/I, S. 371. Zusammen mit einigen Matrosen bemühte sich der Werftschreiber Emil Büdeler offenbar, einen Ortsverein ins Leben zu rufen; ebd., S. 127, 204; der Name taucht übrigens in den Revolutionsmonaten nicht auf. Von „jugendlichen Elementen", die dem linken Flügel der USPD angehört hätten, berichtete der Militärpolizeimeister in Wilhelmshaven der kaiserlichen Kommandantur im Sommer 1917; vgl. BA-MA RM 33/ v. 281, Bl. 70 f.
75) Der letzte Vierteljahresbericht des Regierungspräsidenten in Aurich vom 28. 4. 1918 enthält die Bemerkung, es sei gelungen, die Fäden, die die Streikbewegung (Ende Januar 1918; d. Verf.) mit der USPD verbanden, zum größten Teil aufzudecken; StA Aurich, Rep. 21 a-2452. Nach einem Bericht des Oberwerftdirektors in Wilhelmshaven vom 15. 2. 1918 waren die Anführer des Streiks in Wilhelmshaven - W. Böttge, Wenk, Seelig, Nestler - am 14. 2. 1918 zu kleinen Gefängnisstrafen, im Falle Böttge zu drei Jahren Festung, verurteilt worden. Bei der Untersuchung durch die Polizei fiel ihr ein Verzeichnis der Mitglieder der USPD, das 62 Namen enthielt, in die Hand. Die meisten der Aufgeführten erhielten sofort Gestellungsbefehle; BA-MA RM 33/ v. 281, Bll. 247 bis 250. Kolb, S. 78, Anm. 1, erwähnt ebenfalls die Strafen und die Gestellungsbefehle.
76) Kolb, S. 78, meint, „eine revolutionäre Zelle scheint in Wilhelmshaven nicht einmal ansatzweise bestanden zu haben." Kliche, der auf die Vorgänge im Sommer 1917 in der Marine und auf den Streik im Januar 1918 eingeht, erwähnt nichts von einer USPD-Ortsgruppe.
77) Über Kuhnts Zugehörigkeit zur USPD berichtete Wissell am 3. 12. 1918 an den Parteivorstand; Wissell-Bericht, BA Koblenz NS 26/68.
78) NVBl vom 9. 11.1918.
79) Kliche, S. 28, betonte in seiner Schrift, daß er sich alle Mühe gegeben habe, die Einheit der Arbeiterbewegung zu erhalten.
80) „Republik" vom 5. 12. 1918.

Die Neuwahlen zum Ortsvorstand und zum Landesvorstand brachten in der Tat neue Männer an die Spitze. Die höchsten Stimmzahlen erzielten jeweils Genossen des linken Flügels der Partei, während die bisher prominenten Führer deutlich hinter ihnen zurückblieben.[81] Nur die Pressekommission blieb nahezu unverändert.[82] Eine Woche später diskutierte eine weitere Mitgliederversammlung, die noch stärker besucht war, über einen Antrag, in dem

> das Bedauern über den USPD-Beschluß, eigene Kandidaten zur Wahl der Nationalversammlung aufzustellen, ausgedrückt[83] und
>
> die Arbeiterschaft aufgefordert wurde, über die Köpfe der Führer hinweg die Einigkeit zu vollziehen, statt sich in der Wahlkampagne zu bekämpfen.[84]

Zwar wurde über den Antrag nicht abgestimmt, aber in der Diskussion hatte sich niemand gegen die Entschließung ausgesprochen. Die gleiche Einstellung war schon Ende November auf einer Versammlung der Kommunisten deutlich geworden. Nachdem ein Spartakist mit „gewaltigen Stimmitteln" die Anwesenden zu seinen Anschauungen zu bekehren versucht hatte, warnten in der lebhaften Debatte sowohl Vertreter des USPD-Flügels als auch der Mehrheitspartei gemeinsam vor der Zersplitterung der Arbeiterbewegung.[85] Nur ein einziger Vertreter der USPD griff die Mehrheitspartei wegen ihrer Kriegspolitik scharf an, und der Spartakist wies die Mahnungen zur Einigkeit von sich.

Die vielfachen Anstrengungen, Entscheidungen und Maßnahmen zur Bewahrung der Einheit in der Arbeiterbewegung, die Politik der gemeinsamen Bewältigung der großen Probleme war der eine Strang der Entwicklung; ein anderer, gegenläufiger, die Entwicklung radikalisierender, war indessen nicht zu übersehen. Welche Anzeichen gab es dafür? Welche Ursachen lagen ihr zugrunde? Welche Folgen hatte sie?

Am 28. November 1918, drei Wochen nach dem Ausbruch der Revolution, wurde ein Freiwilligenkorps als Sicherheits- und Wachbataillon des 21er Rats gebildet, das bald die Zahl von siebenhundertfünfzig Mann erreicht hatte und auf eine Gesamtstärke von zweitausend Mann gebracht werden sollte.[86] Über seine Mitglieder ist so gut wie nichts bekannt[87], es dürfte sich um Soldaten der in Wilhelmshaven stationierten Truppenteile wie um solche von der Front und aus den besetzten Gebieten gehandelt haben, die noch nicht entlassen werden konnten oder wollten.

Sei es nun, daß der Aufbau des Korps dem 21er Rat nicht rasch genug fortschritt[88], oder sei es, daß er der Verläßlichkeit der Truppe nicht sicher sein konnte - am 13. Dezember 1918 rief er jedenfalls zur Bildung eines Arbeiterbataillons auf.[89] Es gelte, so hieß es in diesem Appell,

---

81) Dood 670, Reuther 648; dagegen Bäuerle (Landtagsabgeordneter) 426, Hünlich (Redakteur der „Republik") 353.
82) Nur ein Vertreter des linken Flügels trat hinzu.
83) Am 6. 12. 1918 hatte die Reichskonferenz der USPD eine von verschiedenen Gruppen gewünschte Wiedervereinigung abgelehnt; vgl. Schulthess, 1918, I, S. 551.
84) „Republik" vom 13. 12. 1918; unter den Unterzeichnern des Antrages befanden sich Kliche sowie Anhänger der Mehrheitspartei wie Parteigänger des linken Flügels. Die Versammlung war von rd. 900 Mitgliedern besucht.
85) „Republik" vom 26. 11. 1918.
86) P.A., 10. 12. 1918, WTBl vom 12. 1. 1923; vgl. auch Grundig, ... Wilhelmshaven, Bd II, S. 125; am 15. 1. 1919 soll die Stärke 3.000 betragen haben, vgl. P.A., 15. 1. 1919, WTBl vom 17. 2. 1923.
87) Daß es „hauptsächlich Angehörige der 2. Torpedo-Division" gewesen seien, wie Kluge, S. 187, behauptet, läßt sich der von ihm angeführten Quelle (Anm. 2) nicht entnehmen.
88) Am 10. 12. 1918 betrug seine Stärke 750 Mann; P.A., 10. 12. 1918, WTBl vom 12. 1. 1923.
89) WTBl vom 14. 12. 1918; wie aus den P.A., 14. 12. 1918, WTBl vom 16. 1. 1923, hervorgeht, gehörten viele Deckoffiziere zum Korps, zumindestens Mitte Dezember, von deren Zuverlässigkeit der 21er Rat keine hohe Meinung hatte.

die junge Republik zu sichern und zu festigen und die Früchte der Revolution sicherzustellen gegen die reaktionären Wühler, die zum Putsche sich sammelten. Gesucht würden vor allem Leute, die sowohl eine militärische Ausbildung erhalten hätten als auch eine mehrjährige Parteizugehörigkeit nachweisen könnten. Der 21er Rat erwarte, daß alle, die sich hinter ihn stellten, diesem Ruf Folge leisteten. In einer Zuschrift des 21er Rats an die Zeitung, die durch offene Kritik der Berufssoldaten und Deckoffiziere an diesem Aufruf ausgelöst wurde, versuchte er deren Mißtrauen zu zerstreuen und warnte sie gleichzeitig, sich für einen reaktionären Putsch gewinnen zu lassen. Im übrigen sei die Bildung des Arbeiterbataillons der erste Schritt zur Neuordnung des Militärwesens, nämlich zur Schaffung des Volksheeres.[90]

Ein drittes Anzeichen für eine Stimmung der Unsicherheit, die in Radikalisierungstendenzen hervortrat, war die Debatte über die Offiziersfrage am 14. Dezember 1918. Zweierlei kam in ihr zum Ausdruck: ein tiefes Mißtrauen gegen die Offiziere, gegen jeden ,,blanken Knopf"[91], und das Gefühl der Unterlegenheit gegenüber den Befehlsinstanzen in Berlin (Reichsmarineamt) und Wilhelmshaven (Station und Kommandantur), das ausgelöst wurde durch Erfahrungen des 21er Rats, von dem direkten Instanzenweg Berlin - Wilhelmshaven ausgeschlossen zu sein und dagegen wenig tun zu können. Dieses Gefühls- und Einstellungssyndrom zeitigte wiederum zweierlei Kompensationsbeschlüsse: Entfernung aller entlassenen Offiziere binnen achtundvierzig Stunden aus Wilhelmshaven, sofern sie keine Familie am Orte hatten, und beschleunigte Entlassung der übrigen Offiziere sowie die Betonung der Unabhängigkeit des 21er Rats von anderen Befehlsstellen und die Auflösung militärischer Dienststellen, die als überflüssig oder störend angesehen wurden wie die Kommandantur.[92]

Der vierte Beleg für die aus der komplizierter gewordenen Lage herrührende Überkompensation war die Einstellung gegenüber dem Direktorium. Auch sie entsprang dem Gefühl und der Erfahrung, gegen den eingespielten Regierungsapparat wenig ausrichten zu können. Hinzu kamen die immer deutlicher zutage tretenden politischen Unterschiede, die in dem Ausspruch gipfelten, Hug und Heitmann seien als Reaktionäre schlimmer als Westarp und müßten unbedingt kaltgestellt werden.[93] Vorläufig scheiterten die Vorsätze daran, daß der 21er Rat keine geeigneten Nachfolger präsentieren konnte.[94]

Was die Ursachen für die Tendenzen zur Radikalisierung angeht, so lassen sich deren fünf herauspräparieren:

1. ,,Der Boden schwindet": Gemeint ist die Tatsache, daß die fortschreitende Demobilisation jeden Tag eine Vielzahl von Soldaten aus den Jadestädten entfernte.[95] Sehr oft zählten sie

---

90) WTBl vom 15. 12. 1918; Befürchtungen für die Sicherheit und Ordnung äußerte neben den Deckoffizieren auch der Stationschef in einem Schreiben an den 21er Rat, vgl. P.A., 14. 12. 1918, WTBl vom 16. 1. 1923.
91) P.A., 14. 12. 1918, WTBl vom 18. 1. 1923.
92) Ebd.
93) Kuno Graf von Westarp war als Nachfolger des Abgeordneten von Normann seit 1912 Vorsitzender der Reichstagsfraktion der Deutschkonservativen Partei; im Protokoll wird die Stellung des 21er Rats als ,,oberste politische Behörde" betont sowie die staatsrechtliche Selbständigkeit der Republik Oldenburg-Ostfriesland, woraus die Unabhängigkeit des 21er Rats abgeleitet wurde.
94) Vgl. P.A., 14. 12. 1918, WTBl vom 18. 1. 1923.
95) Z. B. am 26. 11. 1918 über 1.000 Mann vom I. Geschwader, WZ vom 28. 11. 1918; nach Berlins Berechnungen sollen durchschnittlich 800 Soldaten täglich entlassen worden sein (S. 52); am 21. 1. 1919 sollen noch ca. 9.000 Mannschaften in Wilhelmshaven gewesen sein (S. 45); beides zusammen aber kann nicht stimmen: Geht man von der Gesamtzahl von ca. 100.000 aus, so muß entweder die tägliche Entlassungsquote wesentlich höher gelegen haben (um 1.500), oder die Zahl der verbliebenen Mannschaften am 21. 1. 1919 muß sehr viel höher gewesen sein; da die Gesamtzahl 8.937 betrug, muß das erstere der Fall gewesen sein; Zahlenangabe P.A., 21.1.1919, WTBl vom 24. 2. 1923.

zu den zuverlässigen Anhängern des 21er Rats[96], während die jungen, zurückbleibenden Mannschaften ein unruhiges, leicht beeinflußbares und schlecht zu leitendes Element bildeten.[97]

2. „Gegenströmungen"[98]: Schon am 22. November 1918 konstatierte ein Mitglied des 21er Rats derartig große Gegenströmungen, daß unbedingt dazu Stellung genommen werden müsse; der Redner schlug als erste Maßnahme vor, mit der Enteignung und mit der Absetzung der Landräte zu beginnen. Kuhnt stellte am 27. November 1918 in Aussicht, daß sich Gegenströmungen zeigen würden, der 21er Rat hingegen schon jetzt die furchtbare Macht, die kompakte Masse, wie am Anfang der Revolution, nicht mehr sei.[99] Als Schutz vor der Reaktion schlug Kuhnt wenig später vor, Waffen- und Munitionsdepots unter der Kontrolle und Verwaltung der Arbeiter- und Soldatenräte anzulegen, und gab ferner die Parole aus, die Räte sollten die Waffen behalten und sie nicht etwa an die Offiziere ausliefern.[100]

3. „Marineinfanterieregiment": Für Mitte Dezember war die Heimkehr der beiden Marineinfanterieregimenter nach Wilhelmshaven angekündigt, über deren Absichten der 21er Rat sich nicht im klaren war. Gerüchte wollten wissen, daß die Truppe des Majors Schneider den Arbeiter- und Soldatenrat auseinanderjagen wolle, jedenfalls aber, da sie aus angeblich königstreuen Männern bestände, nichts Gutes im Schilde führe. Ihre Gefährlichkeit erhöhte sich dadurch, daß sie Maschinengewehre, Bootskanonen und Munition mit sich führte.[101] Durch vielfältige Maßregeln, unter denen ein Demonstrationszug des Freiwilligenkorps und die Bildung des Arbeiterbataillons die wichtigsten waren, begegnete der 21er Rat der vermeintlichen oder möglichen Bedrohung.[102]

4. „Spartakus-Demonstration": In den Sitzungen des 21er Rats war gelegentlich von Aktivitäten der Spartakisten, teils als Einzel-, teils als Gruppenaktivitäten, auf der Flotte und an Land berichtet worden. Am 9. Dezember 1918 war sogar gegen einen spartakistischen Redner, der zur Bewaffnung aufgefordert hatte, ein Verhaftungsbeschluß gefaßt worden.[103] Vorkehrungen größeren Stils gegen eine Spartakusdemonstration traf der 21er Rat am 14. Dezember 1918. Von Bremen sollten bereits kleinere Trupps in Wilhelmshaven eingetroffen sein, die Anwesenheit Kniefs, auch Rosa Luxemburgs war gemeldet worden, von Varel glaubte man zu wissen, daß dort die Spartakusbewegung ziemlich weit fortgeschritten sei, kurz: Das alles gab zu denken, wie der Berichterstatter konstatierte.[104] Daraufhin wurde eine Art höchster Alarmstufe ausgegeben: die Ressorts des 21er Rats besetzt, die Gelder in Sicherheit gebracht, Bahnhof, Telefonverkehr besonders überwacht, Schußwaf-

---

96) So Grundig, ... Wilhelmshaven, Bd 2, S. 124; das Urteil scheint plausibel, wenn man bedenkt, daß die älteren Jahrgänge durch die lange Kriegszeit wie durch ihre Herkunft ein höheres Maß an politischer Bildung aufwiesen als die 18- bis 19jährigen Rekruten.
97) Vgl. P.A., 14. 12. 1918, WTBl vom 18. 1. 1923 und P.A., 6. 12. 1918, WTBl vom 8. 1. 1923; vgl. Stumpf-Tagebuch, S. 311: „Nach Hause, nur fort von hier, darum dreht sich alles". Nach Stumpf, S. 312, waren am 24. 11. 1918 schon „die meisten der Kameraden" entlassen; gemeint sind die, wie Stumpf selbst, länger dienenden Soldaten.
98) P.A., 22. 11. 1918, WTBl vom 30. 12.1922.
99) Vgl. P.A., 27. 11. 1918, WTBl vom 2. 1. 1923; in die gleiche Richtung weist die Anmerkung eines anderen Mitgliedes, das die Gefechtsbereitschaft forderte, ebd.
100) Vgl. P.A., 6. 12. 1918, WTBl vom 6. 1. 1923.
101) Vgl. P.A., 14. 12. 1918, WTBl vom 12./16. 1. 1923.
102) Die Rückkehr der Fronttruppen verlief dann aber ohne Schwierigkeiten, z. B. Flandernkorps; Grundig, ... Wilhelmshaven, Bd II, S. 125.
103) Vgl. P.A., 9. 12. 1918, WTBl vom 10. 1. 1923.
104) P.A., 14. 12. 1918, WTBl vom 12. 1. 1923.

fen an die Ratsmitglieder ausgeteilt.[105] Ein Putschversuch fand zwar nicht statt, der Druck von links jedoch wuchs.

5. „Kritik an den Räten": Selbst wenn man nicht soweit gehen will wie die Zeitung „Republik", die am 11. Dezember 1918 eine Hetze gegen die Arbeiterräte festzustellen meinte, so wird man doch eine zunehmende Kritik an einzelnen Maßnahmen der Arbeiter- und Soldatenräte bemerken können. Sie richteten sich gegen „Mißgriffe", deren Bedeutung gering war, wie gegen Kompetenzanmaßungen, die auf mangelnde Kenntnis der gültigen Richtlinien[106] oder auf Fehler solcher Regelungen zurückgeführt wurden.[107] Einschneidende Eingriffe des 21er Rats wie die Einsetzung eines Notstandsgerichts hatten nicht wenig dazu beigetragen, die Mißstimmung gegen ihn zu verstärken.

Faßt man die Ursachen für die Radikalisierung der Haltung im 21er Rat zusammen, so ergibt sich die Erkenntnis,

daß die militärische und politische Basis des 21er Rats täglich schmaler wurde,

daß die Personalreserven für alle möglichen Posten und Leitungsfunktionen nicht ausreichten[108],

daß der Einfluß der Regierungs- und Militärbürokratien nicht zu eliminieren war[109],

daß die Einstellung der Regierungsstellen im Reich und in Oldenburg von einer zunächst passiven, die Dinge in Kauf nehmenden zu einer mehr aktiven, gestaltenden, dominierenden sich wandelte,

daß die Öffentlichkeit ihre anfängliche Zurückhaltung abstreifte und teils kritisch-abwägende, teils offen ablehnende Kommentare zur Entwicklung beisteuerte.

Nimmt man das Wort Kuhnts, das auf die Situation Mitte Dezember noch besser zutrifft als zum Zeitpunkt der Prägung, nur alles in allem, so hat man eine ebenso einsichtsvolle wie schmerzliche Beurteilung: „Wir waren eine furchtbare Macht, (heute) sind wir diese Macht nicht mehr."[110]

Diese Einsicht in die geschwundene und weiter zerbröckelnde Macht zeitigte im 21er Rat Folgen, die für die Rätebewegung entscheidend wurden: Er stellte die Machtfrage in Wilhelmshaven/Rüstringen, richtete eine Kampfansage an die Reichsregierung und spaltete die bis dahin einheitliche Parteiorganisation der SPD und die Rätebewegung.

Der Anlaß zu dem Versuch, in Wilhelmshaven die Macht ganz und ungeteilt beim 21er Rat zu konzentrieren, war ein doppelter: Einmal erregte die Anordnung des Reichsmarineamtes, Offizieren vor ihrer Entlassung drei Monate Urlaub zu gewähren, seinen Unwillen über den

---

105) Vgl. P.A., 14. 12. 1918, WTBl vom 16. 1.1923.
106) Am 23. 11. 1918 hatte der Berliner Vollzugsrat Richtlinien für die Tätigkeit der Arbeiter- und Soldatenräte herausgegeben. Danach sollten die Räte das Kontrollrecht ausüben, sich aber jeden Eingriffs in die Verwaltung enthalten; vgl. Schulthess, 1918, I, S. 512.
107) Das Direktorium forderte am 4. 12. 1918 von Kuhnt, die Befugnisse der Räte müßten scharf abgegrenzt werden; vgl. StA Ol 136-2768, Bl. 9.
108) Schon Rudolf Wissell stellte in seinem Bericht am 3. 12. 1918 fest, daß „geschulte politische oder gewerkschaftliche Kräfte ihm (Kuhnt; d. Verf.) nicht zur Verfügung (stehen)"; Wissell-Bericht, BA Koblenz, NS 26/68, S. 4. Die Personalknappheit machte sich an vielen Stellen für den 21er Rat unangenehm bemerkbar; zwei Beispiele mögen das verdeutlichen: 1. Obwohl der 21er Rat mit der Intendantur nicht zufrieden war, konnte er keinen Wandel erzwingen; er mußte sie weiterarbeiten lassen, da sie „nicht ohne geschultes Personal funktioniert"; P.A., 9. 12. 1918, WTBl vom 11. 1. 1923; 2. Die Ersetzung von MSPD-Mitgliedern des Landesdirektoriums scheiterte daran, daß keine geeigneten Nachfolger verfügbar waren. P.A., 14. 12. 1918, WTBl vom 18. 1. 1923.
109) Das zeigte sich in der Besprechung des 21er Rats mit Offizieren des Stationskommandos, in der der Kompetenzwirrwarr zur Debatte stand und die Überlegenheit der Fachleute deutlich wurde.
110) P.A., 27. 11. 1918, WTBl vom 2. 1. 1923.

53er-Ausschuß der Marine, der die Anordnung, wie jede andere vorher auch, mitgezeichnet hatte, zum anderen war der Stationschef, der ein Schreiben des Reichsmarineamtes als Gerichtsherr in Wilhelmshaven an den 21er Rat weitergeleitet hatte, der Stein des Anstoßes.[111] Gegen den 53er-Ausschuß gab es außer bitteren Vorwürfen kein weiteres Mittel, aber gegen den Stationschef ließ sich mehr erreichen. Die Handlungsalternativen, vor denen der 21er Rat stand, stellte ein führendes Mitglied ihm klar vor Augen: Entweder setze man ein neues Kommando ein, das unter einem anderen Namen im alten Stil weiterarbeitete, oder man sage, der Stationschef, der Flottenchef, der Festungskommandant, das sind wir. Der 21er Rat zog nur die letztere Möglichkeit in Betracht und debattierte über den Vorschlag, den Stationschef und den Festungskommandanten zu entfernen und den 21er Rat als oberste militärische Behörde zu etablieren. Sehr folgerichtig faßte er deshalb zunächst eine Resolution, mit der er sich außerhalb der von den Volksbeauftragten getroffenen Verfügungen stellte, bis die Nationalversammlung zusammentreten würde, also eine Unabhängigkeitserklärung der Festung Wilhelmshaven einschließlich der Republik Oldenburg-Ostfriesland. Der zweite Beschluß legte den 21er Rat auf einen Stabsoffizier als Stationschef fest, der allerdings sich dem 21er Rat vollständig zu unterstellen hätte. Nachdem die Frage, ob der Posten ein repräsentativer oder ein eigeninitiativer sei, zugunsten der zweiten Möglichkeit entschieden war, wandte man sich der Suche nach einer geeigneten „starken" Persönlichkeit zu. Die Wahl fiel schließlich auf den derzeitigen Chef des Stabes der Hochseeflotte, Kapitän zur See Michelsen, der für den nächsten Tag vor den Vorstand geladen wurde.[112] Schließlich beschloß der 21er Rat noch, die Festungskommandantur dem Chef des Sicherheitswesens zu unterstellen.[113] Damit befand sich der 21er Rat auf dem Höhepunkt seiner militärischen Macht: Mit der Festungskommandantur hatte er die Behörde, der alle polizeilichen Befugnisse zustanden, in der Hand, und die Person des Stationschefs, wenn nicht gefügig, so doch genehm, schien der militärischen Suprematie des 21er Rats keine Hindernisse in den Weg zu legen, zumal die Autonomieerklärung den Befehlsstrang zwischen Berlin und Wilhelmshaven zu durchschneiden trachtete. Mit diesen Entscheidungen, welche die angeschlagene Machtposition des 21er Rats äußerlich bemerkenswert festigte, konnte er zufrieden sein; gleichwohl bezeichnete das durch nichts zu rechtfertigende Pronunziamento gegen die Reichsregierung die Peripetie der Entwicklung.

---

111) Vgl. P.A., 14. 12. bzw. 19. 12. 1918, WTBl vom 16. 1. bzw. 27. 1.1923. Der *53er-Ausschuß* der Marine, am 19. 11. 1918 in Wilhelmshaven beschlossen, bestand aus Delegierten der Nordsee-Station (24), der Ostsee-Station (20), der Niederelbe (5) und Berlins (4). Fünf aus seiner Mitte gewählte Vertreter, die „geschulte Sozialisten aus der Zeit vor dem Kriege" sein mußten, bildeten den *Zentralrat* der Marine als eine Art Exekutivbüro, das den Dienstverkehr zwischen RMA und 53er-Ausschuß vermittelte. Von beiden zu unterscheiden ist der *Hauptausschuß* der Marine, der seinen Sitz in Wilhelmshaven hatte und aus zwei Vertretern der Ostsee-Station, zwei der Nordsee-Station und einem der Niederelbe bestand. Der Hauptausschuß war zu Anordnungen für die gesamte Marine berechtigt; der 53er-Ausschuß beschloß allgemeine Anordnungen für die Soldaten- und Marineräte und kontrollierte das RMA und den Admiralstab; der Zentralrat zeichnete durch ein Mitglied alle Anordnungen des RMA mit und leitete die Anordnungen des 53er-Ausschusses an die Soldaten- und Marineräte weiter. Präsident des 53er-Ausschusses war der Matrose Albers, Mitglied des 21er Rats, seit dem 23. 11. 1918. Zur Bildung vgl. Schulthess, 1918, I, S. 503 f. und Huber, Bd. V, S. 806 f. Das Schreiben des RMA erklärte die Bildung des Notstandsgerichts für ungesetzmäßig; vgl. P.A., 19. 12. 1918; WTBl vom 27. 1. 1923.

112) In der Personaldebatte fiel auch der Name des Kptltns. Hans Paasche, Mitglied des Berliner Vollzugsausschusses, bis 1909 aktiver Seeoffizier, während des Krieges Pazifist und Mitglied des „Bund Neues Vaterland", einer Vereinigung von Kriegsgegnern; vgl. Huber, Bd. V, S. 716; Michelsen war seit dem 12. 11. 1918 als Nachfolger Trothas Chef des Stabes; vgl. Hipper-Tagebuch, S. 18.

113) Über die Verhandlungen mit Kpt. Michelsen schweigen die Protokollarischen Aufzeichnungen. Am 3. 1. 1919 ging der Stationschef, Admiral v. Krosigk in Urlaub, um danach in den Ruhestand zu treten; am 4. 1. 1919 wurde der Festungskommandant, Konteradmiral Varrentrap, seiner Stellung enthoben; am 4. 1. 1919 wurde der Dienstantritt des neuen Chefs der Marine-Station der Nordsee, Kpt. Michelsen, gemeldet; WTBl vom 3. 1. und 4. 1. 1919.

Der Kampfansage an die Reichsregierung war am Vortage schon eine Entschließung gegen das Landesdirektorium vorausgegangen. Hatte schon am 14. Dezember 1918 der 21er Rat die Forderung nach Ablösung mißliebiger Mitglieder erhoben, so verschärfte er seine Stellungnahme jetzt durch eine Mißtrauenserklärung gegen das Direktorium insgesamt, obwohl er damit auch den Präsidenten Kuhnt in eine schwierige Lage brachte. Das Dilemma, in das Kuhnt oder der 21er Rat oder beide geraten konnten, entging einigen Mitgliedern durchaus nicht, und sie forderten, mit der Debatte bis zur Rückkehr Kuhnts zu warten.[114] Dennoch nahm der 21er Rat den vom Vorstandsmitglied Schneider eingebrachten Antrag in folgender Formulierung an:

> *„Der 21er Rat kann sich mit der Führung der Geschäfte der Oldenburger Regierung nicht einverstanden erklären, zu einer Aussprache im Beisein von Genossen Kuhnt wird eine besondere Sitzung anberaumt."*[115]

Der Antrag und die Diskussionsbeiträge zeigen deutlich, daß eine Reihe von Mitgliedern im 21er Rat mit der Amtsführung Kuhnts im Direktorium unzufrieden war[116], daß seine Stellung nicht mehr länger die überragende war, die sie in den ersten vier Wochen gewesen war, und daß eine Gruppe im 21er Rat sich anschickte, eine Radikalisierung des politischen Kurses anzubahnen. Letzteres kündigte sich in einem Antrag auf „Errichtung einer Parteischule", für die ein unabhängiger Sozialist für mehrere Monate verpflichtet werden müsse, an.[117] Den Einwänden der gemäßigten Gruppe, daß eine Parteischule mit einem hauptamtlichen Leiter eine Menge Geld fordere, trat der Ernährungskommissar mit dem Argument entgegen, die Demokratische Partei hätte in Oldenburg sieben Parteisekretäre angestellt, dazu müßten der 21er Rat und die Parteiorganisation auch in der Lage sein, selbst auf Kosten einer Spaltung.[118] Damit war das Stichwort gefallen, das in den nächsten drei Wochen die Auseinandersetzung beherrschen sollte.

Im ersten Durchgang der Debatte am 18. und 19. Dezember 1918 ging es um eine doppelte Fragestellung:
1. Spaltung der Partei und Gründung einer Parteiorganisation der USPD am Orte oder Bewahrung der Parteieinheit? und
2. wenn die Parteieinheit gewahrt bliebe, wie wäre dennoch die Gesamtpartei in einen USPD-Ortsverein umzuwandeln?

Die Befürworter der Spaltung argumentierten wie folgt: Das Verbrechen der Rechtssozialisten, womit im wesentlichen die Kriegspolitik der SPD gemeint war, könne nicht vergeben und vergessen werden, dagegen erfordere das Festhalten an sozialistischen Grundsätzen den Eintritt in die USPD. Dem hielten die Spaltungsgegner entgegen, man habe zum einen sowohl den Wilhelmshavener Vorstand als auch den Oldenburger Landesvorstand auf seiner Seite, was heißen sollte, auf der Seite der impliziten USPD-Mitglieder, und zum anderen gehe es nur darum, die Partei von vor 1914 auf der Grundlage des Erfurter Programms wiederherzustellen, welches das Ziel der Unabhängigen sei.

---

114) Kuhnt befand sich als Delegierter der Arbeiter- und Soldatenräte Oldenburgs in Berlin auf dem 1. Rätekongreß.
115) P.A., 18. 12. 1918, WTBl vom 25. 1.1923.
116) Kuhnt hatte bis zu diesem Zeitpunkt an zwei Sitzungen des Direktoriums teilgenommen (13. 11. und 6. 12. 1918), bis zu seiner Entlassung nahm er insgesamt an vier von vierunddreißig Sitzungen teil.
117) Vgl. P.A., 18. 12. 1918, WTBl vom 25. 1. 1923; der Antrag stammte „von verschiedenen Genossen".
118) Daß allerdings eine Spaltung der Parteiorganisation eine bessere Voraussetzung bieten sollte für den Ausbau und die Effektivität des Parteiapparats, entbehrte offensichtlich der Plausibilität; Ernährungskommissar war Druschke.

Was die Taktik des Vorgehens, die darin bestehen sollte, die Parteiorganisation der SPD zwar geschlossen und einheitlich zu erhalten, aber ihren politischen Kurs auf den der USPD zu bringen, betraf, so schlugen deren Befürworter vor, alle aus der Partei Ausgeschiedenen sollten wieder eintreten und zusammen mit den starken Kräften der SPD-Linken die Partei in ein „anderes Fahrwasser" bringen. Im übrigen müsse man an die bevorstehenden Wahlen denken, für die eine einheitliche, geschlossen auftretende Partei nötig sei. Auch spräche die politische Einstellung in den ländlichen Bezirken dafür, die SPD auftreten zu lassen, da dort niemand für die Unabhängigen zu haben sein würde. Ihre Kontrahenten dagegen meinten, die Mehrheitspartei sei nicht so umzugestalten, wie man es wünschen müsse, gebraucht werde eine Partei, die frei von belasteten Elementen sei. Daher laute die Parole: Scheidung je eher, desto besser!
An der Debatte ist dreierlei auffällig:
1. Der Standpunkt der MSPD, also der großen Mehrheit der Parteiorganisation in Wilhelmshaven/Rüstringen, wurde im 21er Rat inhaltlich nicht vertreten, obwohl ihn ein Mitglied zweifelsfrei einnahm. Der Druck war schon so groß, daß solche Ansichten zu äußern mehr Mut erfordert hätte, als er billigerweise erwartet werden konnte.[119]
2. Die entschiedensten Vertreter der Einheitsthese waren Mitglieder des Arbeiterrats, also ortsansässig, wiewohl auch sie den Standpunkt der USPD teilten.
3. Die entschiedensten Verfechter der Spaltung waren - außer einem - Soldatenratsmitglieder. Sie alle befanden sich auf dem äußersten linken Flügel der USPD, den sie bisweilen schon verließen, um spartakistische Positionen zu beziehen.[120]

Aber noch fiel keine Entscheidung. Mit einem dilatorischen Kompromiß, der geheim bleiben sollte, endete die Debatte: „Wir erklären einstimmig, daß die Mehrheitsführer das Vertrauen der Mitglieder des 21er Rates nicht besitzen. Sie handelten und handeln auch heute noch nicht nach den Richtlinien des Erfurter Programms."[121]

Zwei Tage später veröffentlichte jedoch das Mitteilungsblatt des Arbeiter- und Soldatenrats, das als Beilage der „Republik" erschien, den Geheimbeschluß mit dem Nachsatz: „Damit ist die politische Haltung des 21er Rates so gut, wie es im Rahmen einer kurzen Resolution möglich ist, präzisiert."[122]

Die zweite Runde der Debatte stand ganz im Zeichen der Kandidaturen für die Wahl zur Nationalversammlung. Eine Entscheidung darüber mußte für den Wahlkreis 15 Weser-Ems[123] auf dem Parteitag der SPD am 29. Dezember 1918 in Oldenburg fallen. In einem Geleitwort schrieb der Bezirkssekretär Julius Meyer am Vortage, der Wahlkampf werde an Intensität alles in den Schatten stellen, und das Ziel sei nur zu erreichen durch Geschlossenheit und Einmütigkeit der Partei.[124] Die „Republik" sekundierte dem Tenor des Geleitwortes nachdrücklich, wandelte aber das Thema der Kandidaturen auf eigene Weise ab, indem der Kommentator, als der der Redakteur Josef Kliche unschwer zu erkennen ist, erklärte, daß Genossen, die schon unter der Bürde anderer Ehrenämter keuchten, nicht noch mit einem Mandat bepackt werden

---

119) Die Äußerungen dieses Mitgliedes zielten nur darauf ab, die Entscheidung zu verzögern, aufzuschieben.
120) So in der Debatte am 19. 12. 1918 gegen einen Befürworter der Spaltung vorgebracht, zwei andere bezeichneten sich kurze Zeit später selbst als Kommunisten; P.A., 3. 1. 1919; WTBl vom 2. 2. 1923.
121) P.A., 19. 12. 1918, WTBl vom 27. 1. 1923.
122) „Republik" vom 22. 12. 1918, Beilage.
123) Diesen Namen führte der Wahlkreis ab 1920 mit der Nummer 14; Milatz, Alfred: Wähler und Wahlen in der Weimarer Republik. Bonn 1965. (Schriftenreihe der Bundeszentrale für politische Bildung, Heft 66), S. 36 und 50.
124) Vgl. „Republik" vom 28. 12. 1918.

sollten. Eine gerechte Verteilung der Lasten und Ehren dünkte ihm in der Partei schon seit Jahren am Platze. Besonders zufrieden zeigte er sich, unbeschadet aller Meinungsverschiedenheiten, ob der Geschlossenheit der Partei. Die Voraussetzung für die Erhaltung dieses Zustandes sah er in dem Grundsatz der Parität, den er auf dem Parteitag gewahrt sehen wollte.[125] Eine Anspielung auf die Auseinandersetzungen der letzten Wochen und einen Wunsch, der - übrigens zum letzten Male - die politische Einstellung des verantwortlichen Redakteurs zum Ausdruck brachte, enthielt der Satz, daß man durch das Vergangene endlich einen dicken Strich machen und wirklich ehrlich nebeneinander zu arbeiten bestrebt sein sollte.[126] Ein Geleitwort anderer Art steuerte der 21er Rat am gleichen Tage, ebenfalls in der „Republik", bei. Es enthielt einen scharfen Angriff auf Scheidemann, der als „Sozialist *in* der Brust und Exzellenz *auf* der Brust" bezeichnet wurde, und die „Scheidemänner" schlechthin, die sich „zum Sozialismus wie die Maden zum Speck" verhielten, indem sie in ihm und von ihm lebten, aber ihn gleichzeitig auffräßen. Diese Männer, die auf dem Proletariat lasteten und es niederhielten, brächten das sozialistische Himmelreich nicht.[127]

So eingestimmt konnte der Kampf um die Plätze beginnen. Die Forderung nach Einigkeit der sozialistischen Parteien, die in Oldenburg außerhalb Rüstringens kaum einen Widerhall fand, weil die Einheit der Parteiorganisation mangels USPD-Konkurrenz eine schlichte Tatsache war, warf neben den grundsätzlichen auch personelle Probleme auf. Wie schon in der „Republik" angedeutet, war besonders Paul Hug, dessen Kandidatur in Rüstringen wohl erwartet, aber vom Ortsvereinsvorstand nicht befürwortet wurde, umstritten. Indessen scheinen die Delegierten, deren fünf offizielle durch weitere sechs Vertreter aus Rüstringen, teils Vorstandsmitglieder, teils Landtagsabgeordnete, verstärkt wurden, kein klares Konzept entwickelt zu haben, wie die Hugsche Kandidatur verhindert werden könne. Auf dem Parteitag wurde zudem sehr bald klar, daß Hugs Stellung in der Partei und im Lande überragend war: Alle Diskussionsredner, außer den Rüstringern, schlugen sich auf seine Seite. So überraschte der Vorschlag der Kommission, welche die Kandidatenliste aufstellte, niemanden. Die Reihenfolge lautete: Vesper (Osnabrück), Hug, Kuhnt, Jordan (Delmenhorst), Frau Behnke (Rüstringen), Thielemann (Düsseldorf), Maaß (Emden). Mit drei Vertretern von sieben konnte Rüstringen wohl zufrieden sein. Alle Anstrengungen der Rüstringer, Kuhnt an die erste Stelle zu setzen und Hug zum Verzicht auf die Kandidatur zu bewegen, waren deshalb vergeblich. Selbst ein Vorschlag, Kuhnt auf den aussichtsreicheren zweiten Platz zu bringen, scheiterte; die Kommission bestätigte nach erneuter Beratung ihren ursprünglichen Beschluß. Wie der Bericht vermerkte, erklärten die Rüstringer Delegierten, daß sie sich der Mehrheit fügten, es aber für möglich hielten, daß die Genossen in Rüstringen anders entschieden.[128] Im Schlußwort erklärte Hug, der erneut zum Landesvorsitzenden gewählt worden war, mit Blick auf die Situation in Rüstringen, er würde den Genossen Zimmermann beglückwünschen, wenn es ihm gelänge, eine Sondergründung der Unabhängigen zu verhindern.[129] Es sollte lange dauern, bis Hugs Glückwünsche für Zimmermann angebracht waren, nicht zur Erhaltung der

---

125) Unter „Parität" verstand Kliche offenbar eine ausgewogene Kandidatenliste, in der rechte wie linke Gruppen der Partei repräsentiert waren. Mit den überlasteten Genossen waren wohl in erster Linie Paul Hug, ferner August Jordan und Karl Heitmann gemeint.
126) „Republik" vom 29. 12. 1918.
127) „Republik" vom 28. 12. 1918, Beilage des Arbeiter- und Soldatenrats; Hervorhebungen im Original.
128) Vgl. „Republik" vom 31. 12. 1918, Bericht vom Parteitag in Oldenburg.
129) Ebd.

Einheit, sondern zur Wiedervereinigung der USPD mit der Mehrheitspartei in Wilhelmshaven/Rüstringen.¹³⁰

Mit dem Beschluß der Nominierungskommission kamen die Delegierten in den 21er Rat, soweit sie ihm angehörten. Alle Redner betonten in der Diskussion, aus „Reinlichkeitsgründen" sei es für Kuhnt unmöglich, mit „kompromittierten Genossen wie Hug und Jordan" auf einer Liste zu kandidieren.¹³¹ In einem einstimmigen Beschluß empfahl der 21er Rat den Rüstringer und Wilhelmshavener Genossen, „unter diesen Umständen den Riß zu vollziehen, die Konsequenzen zu tragen, eigene Listen aufzustellen und die neue Partei zu konstituieren".¹³² Trotz dieses eindeutigen Votums wurde auf dringenden Vorschlag Silberbergs ein nochmaliger Versuch gemacht, die Nominierungskommission zu einer Änderung ihres Beschlusses zu veranlassen - und tatsächlich hatte er einen Teilerfolg. Auf der Parteiversammlung der MSPD am 2. Januar 1919 teilte der Vorsitzende die abgeänderte Reihenfolge der Kandidaturen mit: Hug - Kuhnt - Vesper.¹³³ Damit waren zwar die Wahlaussichten Kuhnts erheblich verbessert, ja man konnte mit an Sicherheit grenzender Wahrscheinlichkeit erwarten, daß er ein Mandat bekäme, den „Reinlichkeits"bedürfnissen einiger Mitglieder im 21er Rat war gleichwohl noch nicht Rechnung getragen. Das Vorstandsmitglied Schneider beantragte für die „Kuhntschen Parteigänger"¹³⁴ eine eigene Liste. Die Versammlung entschied dennoch nach stundenlanger Debatte, „daß es bei der einen Liste sein Bewenden haben und sich jeder Genosse im Interesse der Einigkeit fügen muß".¹³⁵

Am nächsten Tag, dem 3. Januar 1919, fand eine Vollversammlung des Arbeiter- und Soldatenrats statt, auf der neben anderen Punkten die Kandidatenliste auf der Tagesordnung stand. Der Sprecher des 21er Rats hielt es für unmöglich, den Beschluß der Kommission wie den der Rüstringer Parteiorganisation anzuerkennen, ein zweiter forderte die scharfe Trennung, die er für den „Keim zur neuen Revolution" erklärte.¹³⁶ Die Kommunisten im 21er Rat beantragten daraufhin:

> *„1. Das Kind will geboren werden, darum die Hebamme: Volksbeauftragte für Oldenburg-Ostfriesland.*
> *2. Pressefreiheit heißt nicht Unwahrheiten drucken, darum Bestrafung der Redakteure, die unwahre Nachrichten bringen, die nicht amtlich sind oder nachweislich mit Vorsatz gedruckt werden."*¹³⁷

Der erste Antrag bedeutete den Sturz des oldenburgischen Landesdirektoriums, dessen Präsident immer noch Kuhnt war, und mußte bei der politischen Einstellung der anderen Arbeiter- und Soldatenräte den Bürgerkrieg auslösen, der zweite konnte die Presse der Zensur des 21er Rats unterwerfen. Diese Konsequenzen gingen offensichtlich auch vielen USPD-Anhängern zu weit, so daß sich der erste Sprecher rasch als „Bremser", wie er sich selbst bezeichnete, be-

---

130) Am 28. 9. 1922 vereinigte sich die USPD wieder mit der Mehrheitspartei auf einer Parteiversammlung; vgl. „Nordwestdeutsches Volksblatt", Organ der USPD für Oldenburg-Ostfriesland, vom 30. 9. 1922, letzte Ausgabe der Zeitung.
131) P.A., 30. 12. 1918, WTBl vom 31. 1. 1923.
132) Ebd.
133) Am 2. 1. 1919 hatte die Nominierungskommission unter der Spaltungsdrohung aus Wilhelmshaven/Rüstringen auf einer weiteren Sitzung den Beschluß abgeändert; P.A., 3. 1. 1919, WTBl vom 2. 2.1923; nach Kliche, S. 27, ist dieser Beschluß auf das Betreiben des Parteisekretärs der MSPD, Julius Meyer, zustande gekommen.
134) „Republik" vom 4. 1. 1919.
135) Ebd.
136) P.A., 3. 1. 1919, WTBl vom 2. 2. 1923; das Protokoll verzeichnete: „Stürmischer Beifall".
137) Ebd.

tätigte, indem er zum ersten Antrag bemerkte, die Volksbeauftragten seien sie selbst, nämlich der 21er Rat. Auf seine Bitte hin zog der Antragsteller seinen Vorschlag „vorläufig" zurück, der zweite Antrag wurde dagegen einstimmig angenommen. Immerhin deutete sich hierin schon an, was später zur blutigen Wirklichkeit werden sollte: die Überflügelung der USPD durch die Kommunisten, deren Radikalisierung und der kommunistische Putsch am 27. Januar 1919.[138]

Zunächst aber ging es noch immer um die Kandidatenliste. Am 5. Januar 1919 stand das Thema erneut im 21er Rat zur Debatte, und dabei kam heraus, daß die erfolglose Konzeption auf dem Parteitag einen Grund in der zweideutigen oder mißverständlichen Taktik, mit der Kuhnt seine Kandidatur betrieb, hatte. Seine Absicht war es gewesen, zwar die Kandidatur Hugs zu verhindern, aber die Mehrheit der alten Partei dadurch für sich zu gewinnen, daß er ihr Parität anbot, was nur heißen konnte, eine zwischen der MSPD und ihrem linken, zur Abspaltung neigenden Flügel ausgewogene Liste aufzustellen. Denn anders als den „Hitzköpfen"[139] im 21er Rat war ihm klar, daß zu weitgehende Forderungen, zumal personelle, des dissentierenden Flügels die Mehrheit der Parteibasis in eine Gegenposition manövrieren würden; er wie auch einige Gemäßigte hatten auch den gesamten Wahlkreis vor Augen, wenn sie zur Zurückhaltung rieten. Aber so deutlich wiederum hatte er sich nicht äußern wollen oder können, weshalb die Delegierten für den Parteitag aus den Vorbesprechungen nur den Eindruck gewonnen hatten, Kuhnt wolle, wie die übergroße Mehrheit der Partei, die Einheit bewahren und eine Einigung in der Kanditatenfrage erzielen. Ausdrücke wie: „Er könne nur mit dem Proletariat Politik machen, nicht gegen das Proletariat" und „Wenn wir in den Wahlkampf eintreten wollen, kann es nur gemeinsam mit den Arbeitern sein"[140], hatten eher diesen Eindruck verstärkt, als eine Spaltungsabsicht erkennen lassen. Um so überraschter waren die Wortführer der Delegierten, als sie nun erfuhren, daß Kuhnt statt Hug Wilhelm Dittmann vom Parteivorstand der USPD auf der Liste hatte plazieren wollen, mehr, daß er auf Trennung, auf eine eigene Presse hingearbeitet hatte. Mit bitteren Worten warfen sie ihm vor, daß, wenn er seine Absicht vorher klar ausgesprochen hätte, man die Spaltung besser gleich vollzogen und eine eigene Liste hätte aufstellen können; jedenfalls wäre ihnen heute die Suche nach „Sündenböcken" erspart geblieben. Wie kontrovers die Meinungen im 21er Rat zur Frage der Kandidaturen und damit zur Parteispaltung waren, zeigt die Tatsache, daß es noch zwei weiterer Sitzungen mit langen Diskussionen bedurfte, ehe die entscheidende Abstimmung erfolgte. Am 7. Januar 1919, nach drei Wochen erbitterten Ringens, beschloß der 21er Rat einstimmig, eine eigene USPD-Liste aufzustellen und den Wahlkampf „rein als USPD" zu führen.[141] Die Abstimmung über die Verbindung der Wahllisten von MSPD und USPD ergab einunddreißig Stimmen dagegen und vierzehn für verbundene Listen.[142]

Der eigenen Liste folgte die eigene Parteizeitung. Aus guten praktischen Erwägungen hätte der

---

138) Zum Versuch, die Arbeiterräte zu radikalisieren, vgl. Kolb, S. 303-312.
139) P.A., 5. 1. 1919, WTBl vom 5. 2. 1923.
140) P.A., 19. 12. 1918, WTBl vom 27. 1. 1923.
141) Vgl. P.A., 7. 1. 1919, WTBl vom 8. 2.1923; daß die Endabstimmung einstimmig erfolgte, obwohl bis zuletzt die Einheitstaktik verfochten wurde, ist dabei erstaunlich; möglicherweise wagte schließlich niemand mehr, dem Druck zu widerstehen und das Odium eines „Rechtssozialisten" oder „Konterrevolutionärs" auf sich zu nehmen.
142) Die Parteiversammlung der MSPD beschloß am 9. 1. 1919, eine solche Verbindung vorzunehmen. Die beiden Listen sind dann auch dem Wahlleiter als verbundene eingereicht worden.

Gründungsablauf allerdings umgekehrt verlaufen sollen. Zu Beginn der Spaltungsdebatte hatte der Pressechef des 21er Rats darauf hingewiesen, ,,daß eine Ortsgruppe ohne Parteiorgan nicht lebensfähig" sein würde[143], aber im Drang der vielfältigen Geschäfte war man nicht dazu gekommen, dieses schwierige Problem auch nur aufzugreifen. Nun, nach der Aufstellung einer eigenen USPD-Wahlliste, tauchte die Pressefrage wieder auf. Die Sondierungen des Pressechefs ergaben, daß von den Wilhelmshavener Zeitungen aufgrund ihrer technischen Ausstattung nur das ,,Wilhelmshavener Tageblatt" und die ,,Wilhelmshavener Zeitung" für die Herstellung des Parteiblattes in Betracht kamen.[144] Die Besitzer beider Zeitungen lehnten es jedoch ab, ihre Verlage in den Dienst der USPD oder des 21er Rats zu stellen; selbst die Andeutung einer eventuellen gewaltsamen Übernahme vermochte ihre Haltung nicht zu ändern. Damit stand der 21er Rat vor einer schwerwiegenden Entscheidung: die Beschlagnahme einer der beiden Zeitungen. Für die Konfiszierung der ,,Wilhelmshavener Zeitung" sprach, daß sie die bedeutendste der bürgerlichen Zeitungen war; da sie aber von den Mittelparteien gelesen wurde, ließen sich andererseits politische Schwierigkeiten voraussehen. Diese wiederum waren bei dem ,,Wilhelmshavener Tageblatt" in geringerem Ausmaß zu erwarten, zudem hatte es eine bessere Schrift.[145] Nach einer längeren Debatte, in der das ,,Sturm-der-Entrüstung"-Argument eine wesentliche Rolle spielte, beschloß der 21er Rat einstimmig, das ,,Wilhelmshavener Tageblatt" zu beschlagnahmen, wenn eine Vereinbarung[146] sich als unmöglich herausstellen sollte.[147] Wie nicht anders zu erwarten, schlossen sich die jeweiligen Vorstellungen von Eigentümer und 21er Rat über die Fortführung der Zeitung als unvereinbar aus, so daß der Beschluß am 8. Januar 1919 exekutiert wurde. Am 9. Januar 1919 erschien die erste Nummer der ,,Tat", des ,,Zentralorgan(s) der Arbeiter- und Soldatenräte Oldenburg-Ostfrieslands"[148], in der das Blatt in eigener Sache erklärte, es wolle keine Vergewaltigung, sondern habe mit der Übernahme eine Forderung der Massen, die ein Recht auf ein eigenes Sprachrohr im Oldenburger Lande hätten, erfüllt. Der Besitzer erhielt die Gelegenheit, Abschied vom ,,Wilhelmshavener Tageblatt", der gegen seinen Willen erfolge, aber durch die Macht der Tatsachen erzwungen werde, zu nehmen.[149] Was den Status des Parteiorgans anging, so erläuterte die ,,Tat" ihren Lesern, da sich die alten Parteigenossen innerlich längst auf den Boden der USPD begeben hätten, habe man diesen Schritt auch äußerlich nachgeholt.[150]

Nun hatte der 21er Rat ein eigenes Presseorgan, auch zwei Redakteure, von denen der eine eigens aus Berlin engagiert worden war, da ergaben sich neue Komplikationen, die alles Erreichte wieder in Frage stellten: Das Personal der Süßschen Druckerei, das sich zögernd zur Weiterarbeit unter der neuen Leitung bereitgefunden hatte, verlangte Sicherungen und Garantien dafür, daß der 21er Rat ihre Löhne und Gehälter bezahlen werde, andernfalls, so erklärten die Obleute der Belegschaft, werde der Betrieb eingestellt. Woher sollte man das Geld für eine

---

143) P.A., 19. 12. 1918, WTBl vom 27. 1. 1923.
144) Das WTBl galt als ,,Marineblatt" und nationalliberal, vgl. Kliche, S. 27, und P.A., 4. 1. 1919, WTBl vom 5. 2. 1923; die WZ als freisinnig, nach der Revolution als deutsch-demokratisch, ebd.
145) Die Argumente sind der Debatte am 4. 1. 1919 entnommen; vgl. P.A., 4. 1. 1919, WTBl vom 5. 2. 1923; wegen des ,,Marineblatt"-Charakters erwartete man beim WTBl geringere Komplikationen.
146) Die Forderung des Besitzers des WTBl belief sich auf ca. 800.000 Mark, das Angebot des 21er Rats sprach etwas vage von einer Existenzgarantie, die sich nach dem Durchschnitt der letzten drei Jahre richten sollte.
147) Vgl. P.A., 4. 1. 1919, WTBl vom 5. 2. 1923.
148) Die Unterzeile lautete: ,,Tageszeitung der Unabhängigen Sozialdemokratischen Partei Deutschlands, Bezirk Oldenburg-Ostfriesland".
149) ,,Tat" vom 9. 1. 1919.
150) Ebd.

Bürgschaft, deren Höhe mit 250.000 Mark angegeben wurde, nehmen? Sammeln unter den Mitgliedern des Arbeiter- und Soldatenrats, die Überschüsse aus dem Verkauf von Waren des Marinefiskus heranziehen, den Demobilmachungsfonds anzapfen? Alle diese Vorschläge wurden geprüft und als unzureichend befunden. Die Arbeitervertreter im 21er Rat, die befürchteten, mit ihrem Vermögen oder Lohn haftbar gemacht zu werden, zogen sich bereits vorsichtig von dem Unternehmen zurück, zumal es eine „Parteibeschlagnahme", der sie immer skeptisch gegenübergestanden hatten, geworden war. Im letzten Augenblick gelang es den Soldatenvertretern unter Rückgriff auf Gelder der Marineintendantur, die 250.000 Mark-Bürgschaft bereitzustellen und die Fortsetzung der Zeitung zu ermöglichen. Bei zwei Gegenstimmen und vier Enthaltungen wurde ein entsprechender Beschluß gefaßt.[151]

Kandidatenliste - Parteiorgan - Parteikonstituierung waren Stationen des Spaltungsprozesses, der im 21er Rat unter dem Einfluß radikaler Mitglieder konzipiert und gesteuert worden war und den die Mehrheitsorganisation in Wilhelmshaven/Rüstringen auch durch weitgehende Zugeständnisse nicht hatte aufhalten können. Jetzt, als sie vor den Trümmern der Geschlossenheit stand, reagierte sie prompt. Am 8. Januar 1919 veröffentlichte die „Republik" eine Kandidatenliste der MSPD[152], einen scharfen Artikel gegen die Unabhängigen, von denen sie nur noch „drei Trümmer" als Reste sah, und deren Schicksal sie so voraussagte: „Sie (die USPD; d. Verf.) erntet jetzt die Früchte ihrer rein negativen Agitationspolitik. Die Unabhängigen sitzen zwischen sämtlichen Stühlen, ihre Partei ist zersplittert, das Ende kann nicht zweifelhaft sein".[153] Am nächsten Tag nahm sie zur Parteispaltung unter der Überschrift „Berlin und Wilhelmshaven" das Wort. Nachdem das Blatt Eichhorns, des Berliner Polizeipräsidenten, Weigerung zurückzutreten scharf kritisiert, die Folgen der blutigen Kämpfe dargetan hatte, wandte es sich den heimischen Verhältnissen zu. Wie hier die Masse der Arbeiter treu zur alten Partei stünde, so auch anderwärts; dagegen werde man kein Vertrauen zur USPD haben, wenn sie sich nicht von Spartakus distanziere. Am Ort gebe es keine Organisation der USPD, aber Elemente in der Mehrheitspartei, die das Vertrauen der Arbeiter auf eine harte Probe stellten, die trotz des gefaßten Beschlusses, die Parteieinheit zu wahren, den entgegengesetzten Weg einschlügen. Alles sei geschehen, um den Wünschen dieser Genossen entgegenzukommen. Zornbebend fuhr der Kommentator fort:

„Und warum? Weil ein alter, hier in weiten Kreisen Vertrauen genießender, um die Organisation verdienter Genosse mit auf der Liste zu den Wahlen stand. Wohlgemerkt, ein Genosse, gegen den moralisch nicht das Geringste einzuwenden ist. Auch von jenen Genossen nicht, die ihn nicht auf der Liste sehen wollten. Und das soll ein Grund sein für Aufstellung einer eigenen Liste? Ein Grund sein zur eventuell folgenschweren Sprengung der Organisation? Nein, das ist lediglich eine Frivolität. Ein frivol heraufbeschworener Bruderkampf, den die Massen nicht mitmachen werden. Weil sie für eine solche Frivolität kein Verständnis haben . . . Wenn jetzt ohne allen Anlaß Mitglieder des 21er Rats aufs Land gehen und die proletarischen Organisationen zerstören, indem sie dort für die USPD wirken und die Vernichtung unserer Organisation anstreben. Jetzt, acht Tage vor der Wahl! Wo uns kein Programmpunkt trennt! Kann das der proletarischen*

---

151) Vgl. P.A., 9. 1. 1919, WTBl vom 10. 2.1923.
152) Vesper, Hug, Jordan, Frau Behnke, Thielemann, Maaß, Heitmann.
153) „Republik" vom 8. 1. 1919.

Sache Vorteil bringen? Nimmermehr! Kein ehrlicher Genosse wird solches Schindluderspiel mitmachen! . . ."[154]

Wenn einer zu solcher Anklage berechtigt war, dann der Kommentator und verantwortliche Redakteur, der seit November 1918 alles getan hatte, um die Spaltung zu verhindern, und der manchmal in seiner Zeitung eine Politik vertrat, die nicht die Billigung der Herausgeber und des Landes-Parteivorstandes fand.[155]

Mit diesem Schwanengesang auf die Einheit der Arbeiterbewegung und der Anklage gegen den „brudermörderischen Beschluß"[156] war der Prozeß der politischen Differenzierung, der, im wesentlichen ein solcher der Radikalisierung, die Unkenntnis in praktischer politischer Arbeit mit utopischen Vorstellungen und einem gehörigen Anteil an persönlicher Unzulänglichkeit verband, abgeschlossen.[157]

4.2.5. Der Bruch in der Rätebewegung: Praktische Politik gegen politische Proklamation

Dem Spaltungsprozeß der SPD-Parteiorganisation korrespondierte eine Entwicklung, die zum Bruch in der Rätebewegung führte. Hatten schon die unterschiedlichen Interpretationen politischer Entschließungen deutlich werden lassen, daß eine Einheitlichkeit in der Rätebewegung kaum vorhanden war, und hatten die politischen Differenzen, besonders der „Vororte", die je verschiedene politische Positionen vertraten, die Bildung eines zentralen Rätegremiums immer wieder hinausgeschoben, so wurde der Bruch Ende Dezember 1918 offensichtlich und irreversibel.

Am 23. Dezember 1918 fand die dritte Tagung der Arbeiter- und Soldatenräte in Oldenburg statt. Zunächst berichtete ein Delegierter, der am Rätekongreß teilgenommen hatte, über die Berliner Versammlung. In vielem könne er sich mit den Mehrheitsbeschlüssen nicht einverstanden erklären, wohl aber sich mit ihnen abfinden. Als dann die am 6. Dezember 1918 beschlossene Wahl von drei Vertretern des Arbeiter- und Soldatenrats Oldenburg vorgenommen werden sollte, wurde sie, ebenso wie die Stellungnahme zur Wahl der Nationalversammlung, aus fadenscheinigen Gründen abgesetzt.[158] Mochte das letztere noch gerechtfertigt erscheinen, da der Rätekongreß bindende Beschlüsse zur Wahl der Nationalversammlung gefaßt hatte[159], so konnte die erneute Verschiebung der Wahl von Oldenburger Delegierten in den 21er Rat nur bedeuten, daß dieser auf eine solche Vertretung keinen Wert legte.[160] Inzwischen hatten

---

154) „Republik" vom 9. 1. 1919.
155) Auf dem Parteitag am 29. 12. 1918 war die „Republik" von Oldenburger Delegierten (Heitmann, Peters) getadelt worden; auf dem Parteitag der MSPD am 16. 3. 1919 sagte Hug, Kliche habe viel mit der USPD sympathisiert; vgl. „Republik" vom 18. 3. 1919.
156) „Republik" vom 10. 1. 1918.
157) Stellungnahmen zum Parteitag am 29. 12. 1918 in Oldenburg und zu den dort gefaßten Beschlüssen in bezug auf die Kandidatenlisten liegen aus zwei Orten vor: In Lemwerder äußerte eine Parteiversammlung am 5. 1. 1919 die Erwartung, „daß die Wilhelmshavener Arbeiterschaft die Einigung nicht stören werde"; „Republik" vom 11. 1. 1919. Aus Delmenhorst liegt das Protokoll der Parteiversammlung vom 5. 1. 1919 vor, in dem zu lesen ist, daß, nachdem Kuhnt nicht auf den ersten Platz gesetzt worden sei, er aufgefordert hätte, gegen die Nationalversammlung Stimmung zu machen. Die Diskussionsredner seien übereinstimmend der Meinung, daß Hug nicht von der Kandidatur zurücktreten dürfe.
158) Vgl. Nachrichten vom 28. 12. 1918; als Gründe wurden Zeitmangel und Heizung angegeben.
159) Am 19. 12. 1918 wurde der Antrag Cohen, die Wahl zur Nationalversammlung am 19. 1. 1919 vorzunehmen, mit 400 gegen 50 Stimmen angenommen; Schulthess, 1918, I, S. 586.
160) Eine Oldenburger Vertretung im 21er Rat ist nicht mehr gewählt worden.

die Beschlüsse des 21er Rats vom 19. Dezember 1918, daß die Mehrheitsführer das Vertrauen des 21er Rats nicht mehr besäßen und er sich außerhalb der von den Volksbeauftragten getroffenen Verfügungen befindlich betrachte, zur Genüge klargemacht, daß er einen Konfliktkurs gegen die Reichsregierung steuerte. Am 31. Dezember 1918 schickte der 21er Rat ein Telegramm an die Reichsregierung, in dem er feststellte, Ebert-Scheidemann seien bestrebt, die Regierungsgewalt an sich zu reißen, wogegen er, der 21er Rat, Protest erhebe, da dieses zum Bürgerkrieg führe. Er erwarte, daß die Krisis im Interesse des Proletariats und somit des deutschen Volks gelöst würde. In einer Mitteilung an Haase griff der 21er Rat die „Mehrheitsmänner", die die Mehrheit des Volkes nicht hinter sich und die mit ihnen nichts gemein hätten, scharf an.[161] Der Arbeiter- und Soldatenrat Oldenburg seinerseits stellte sich in einem Aufruf vom 3. Januar 1919 demonstrativ hinter die Regierung. In dem beschwörenden Appell ermahnte er zur Ruhe und Ordnung, forderte die Räte auf, sich des Vertrauens würdig zu erweisen und die Freiheit nicht zu mißbrauchen. In dem Aufruf hieß es am Schluß:

„Wir treten für Euch ein, tut Ihr Eure Pflicht; hört nicht auf die großen Schreier mit ihren unmöglichen Forderungen; fragt sie, wie sie die Forderungen verwirklichen wollen. Steht fest hinter der Regierung Ebert-Scheidemann, die imstande ist, die Revolutionsziele zu erreichen."[162]

Damit war der Bruch auch in der Rätebewegung vollzogen.
Woran lag es? Welche Gründe gab es dafür?
Ein erstes Fazit, das sich schon jetzt ziehen läßt, ergibt fünf Gründe für Spaltung und Bruch:
1. Den politischen Herrschaftsanspruch des 21er Rats:
    Er gründete sich auf das Selbstverständnis dieses Rätegremiums, das in der Auslösung der Revolution und im Sturz der benachbarten oldenburgischen Monarchie sein „historisches Verdienst" erblickte, und bestand darin, die oberste militärische und politische Instanz für Oldenburg und Ostfriesland zu sein. Dabei mochte das erste Zerwürfnis, das durch die Einmischung der Marine in die Angelegenheiten Oldenburgs und im Verständnis des dortigen Soldatenrats in die Belange der Armee entstand, vorübergehender Natur sein, und tatsächlich schien die Mißstimmung behoben und die Zusammenarbeit zwischen den „Vororten" neu begründet zu sein, als die einlenkende Rede Kuhnts im Arbeiter- und Soldatenrat Oldenburg dessen Unmut vorerst beseitigte. Daß er aber jederzeit würde wieder hervorbrechen können, wenn erneuter Anlaß gegeben war, mußte man besorgen. Mit dem politischen Herrschaftsanspruch des 21er Rats verband sich ein solcher auf das Interpretationsmonopol dessen, was „Errungenschaften der Revolution" bedeutete und welche Ziele daraus abzuleiten wären. Beide Ansprüche trafen auf das nicht weniger ausgeprägte Selbstbewußtsein der Oldenburger Räte.
2. Den territorialen Herrschaftsanspruch:
    Die Ausdehnung des Herrschaftsanspruchs des 21er Rats auf die Territorien Oldenburg und Ostfriesland, deren Charakter als Annexe des Festungsbereichs Wilhelmshaven offen eingestanden wurde, mochte sie nun militärisch als Sicherung der Operationslinie und wirt-

---

161) „Republik" vom 31. 12. 1918.
162) Nachrichten vom 5. 1. 1919.

schaftlich als notwendige Erweiterung des agrarischen Erzeugerlandes begründet werden, löste den Widerstand der Betroffenen in Oldenburg, Ostfriesland, Preußen und bei der Reichsregierung aus. Die Expansion, die aus der Sicht der Revolutionäre in der Festung unvermeidlich war, brachte eben deshalb eine Dialektik im Verhältnis von Herrschaftsanspruch und -gefährdung hervor, die den 21er Rat in ständigen Legitimationszwang bei unaufhaltsamem Ansehensverlust versetzte.

3. Die politischen Grunddifferenzen:
Der 21er Rat befand sich von Anfang an und in steigendem Maße unter dem Einfluß von Mitgliedern, die der USPD angehörten, die sich deren proklamierten Zielen verpflichtet fühlten, die eine paritätische oder wie immer abgeschwächte Mitwirkung von MSPD-Mitgliedern konsequent verhinderten und deren Kurs zunehmend von dem der allgemeinen Entwicklung abwich, während im Arbeiter- und Soldatenrat Oldenburg die gemäßigten politischen Kräfte aus MSPD, Gewerkschaften, ergänzt um einige wenige aus den bürgerlichen Parteien der späteren Weimarer Koalition, die Politik von Landes- und Reichsregierung stützten. Hinsichtlich der Gestaltung von Gesellschaft und Staat kontrastierten die in Wilhelmshaven favorisierten Vorstellungen einer Räteherrschaft der in Oldenburg vorherrschenden Auffassung von dem Interimscharakter der Räte und der parlamentarisch-repräsentativen Staatsform.

4. Die personellen Unterschiede:
Auf der einen Seite standen die autochthonen Politiker, die für eine Entwicklung sich verantwortlich fühlten, die im Land selbst bejaht und unterstützt werden konnte, die eine Bewältigung der drängenden Probleme der Stunde und des Tages anstrebten und anzustreben gezwungen waren, die eine Politik betrieben, die im Einklang mit den historischen Voraussetzungen, Traditionen und Kräften sich befand, während auf der anderen Seite zufällig anwesende, fremde, mit den Verhältnissen des Landes nicht vertraute Soldaten agierten, deren Ziele mehr an allgemeinen, abstrakt-formelhaften Vorstellungen orientiert und deren Blicke mehr auf die Lösung von Grundproblemen jenseits der Landesgrenzen gerichtet waren. Hier die im Lande seit Jahrzehnten Tätigen, die politische Erfahrung gesammelt hatten und nun im Direktorium Regierungsverantwortung übernahmen, dort eine Gruppe von relativ jungen, in der Politik unerfahrenen Soldaten; hier eine traditionsgeleitete, außenkommunikative, d. h. in vielfältigen konkreten Zusammenhängen lebende Führungsgruppe, dort eine hochmobile, binnenkommunikative, aktuell-allgemein denkende Militärmannschaft.

5. Die konkreten Maßnahmen:
Dem Versuch des 21er Rats, in mehreren Schüben mit je gesteigerter Intensität die Arbeiter- und Soldatenräte auf seine Seite zu bringen und für einen politischen Kurs zu gewinnen, der, je länger desto deutlicher ein radikaler, gegen Landesdirektorium und Reichsregierung gerichteter war, korrespondierte der Widerstand des Arbeiter- und Soldatenrats Oldenburg, der ein zentrales, wenn auch gemäßigtes Rätegremium zur Kontrolle der Staatsverwaltung und zur Wahrnehmung politischer Führungsaufgaben einrichten wollte.

4.3. Der Grundkonflikt II: Zentralrat oder Direktorium?

4.3.1. Die Verschärfung des Konflikts: „Die Marneschlacht der deutschen Revolution"

Im Zusammenhang mit den politischen Ereignissen in Berlin (Spartakus-Aufstand) und der Errichtung der Räterepublik in Bremen am 10. Januar 1919 verschärften sich die politischen Konflikte besonders an zwei Orten im Freistaat Oldenburg: in Delmenhorst[1] und Wilhelmshaven/Rüstringen.

In Delmenhorst drangen am 8. Januar 1919 morgens vier Soldaten bei dem Bürgermeister Dr. Hadenfeldt ein und brachten ihn zum Rathaus, wo ihm ein Haftbefehl des Soldatenrats, der weder den Namen des zu Verhaftenden noch eine Begründung enthielt, vorgelegt wurde. Trotz seines Protestes wurde Hadenfeldt in die Haftanstalt überführt.[2] Inzwischen hatten „Bremer Kommunisten" Bahnhof, Post, Rathaus und weitere Gebäude besetzt.[3] Die „provisorische Regierung"[4] erließ eine Aufforderung an die Arbeiter, Waffen zu verlangen und sich zu bewaffnen, andernfalls würden bewaffnete Arbeiter aus Bremen nachgezogen. Ein Demonstrationszug von einigen Hundert Menschen[5] durchzog die Stadt, vier Magistratsmitglieder wurden vorübergehend in Haft genommen, dann war der erste Tag zu Ende. Am nächsten Tag setzte die Gegenbewegung des Delmenhorster Volks- und Soldatenrats ein. Der Aktionsausschuß, das Leitungsgremium, der von dem Putsch überrascht worden war, veranstaltete einen Umzug, die Arbeiter in den Fabriken legten die Arbeit nieder, auf dem Marktplatz erteilte eine ständige Versammlung dem Volks- und Soldatenrat ein Vertrauensvotum. Der Höhepunkt der Auseinandersetzung war die Räumung der Rednertribüne von fremden Eindringlingen und deren Verjagung durch Gefolgsleute des Aktionsausschusses. Hadenfeldt, der sich zu Vorwürfen öffentlich hatte äußern müssen, wurde am Nachmittag durch den Beigeordneten Jordan aus der Haft befreit, der ihm riet, einige Tage keinen Dienst zu tun.[6] In seinem Bericht nannte der Bürgermeister als Ursache für den Putsch, einige Mitglieder des Soldatenrats, die im Zivilleben erheblich vorbestraft gewesen waren und deshalb aus dem Soldatenrat entfernt werden sollten, hätten nachts, um ihrer Absetzung zu begegnen, Bremer Gesinnungsfreunde zu Hilfe geholt. Dieser Grund mag dabei durchaus eine Rolle gespielt haben, entscheidend war aber doch, daß die Bremer Radikalen, wie sie selbst erklärten, sich und ihrer Räterepublik ein Hinterland, insbesondere das Delmenhorster Gebiet, hätten angliedern müssen.[7] Die Folgen des Putsches waren die Entfernung der Radikalen aus dem Soldatenrat, die Neuwahlen für denselben und die Neubildung des Aktionsausschusses durch den Volks- und Soldatenrat, durch die der Vorsitzende sein Amt verlor. Die aus Oldenburg eingetroffenen Truppen brauchten nicht mehr einzugreifen; um aber gegen ähnliche zu befürchtende Vorkommnisse

---

1) Vgl. Kolb, S. 315; Delmenhorst wird bei Kolb allerdings nicht erwähnt.
2) StA Ol 136-2767, Bl. 188, Bericht Hadenfeldts an das Direktorium vom 10. 1. 1919.
3) Vgl. Grundig, Delmenhorst, Bd IV, S. 74.
4) So im Haftbefehl genannt; StA Ol 136-2767, Bl. 188.
5) „Republik" vom 10. 1. 1919 nannte die Zahl 400.
6) Die Vorwürfe bezogen sich auf die Verweigerung von Lebensmittelkarten, die von Bürgern offenbar zusätzlich gefordert worden waren. Eine Untersuchung, die gegen Hadenfeldt eingeleitet worden war, wurde eingestellt, da Hadenfeldt zum 1. 2. 1919 vom Amt des Bürgermeisters zurücktrat; Stadtarchiv Delmenhorst III B 2 b, Bl. 26 und StA Ol 136-2767, Bl. 188.
7) Vgl. Stadtarchiv Delmenhorst K-V 6-9, Bl. 2-4, Bericht des Stadtsyndikus Königer vom 15. 1. 1919; so auch „Republik" vom 10. 1. 1919.

nicht mehr wehrlos zu sein, wurde eine Volkswehr, die aus einhundertvierzig Mann bestand, gebildet.[8]

Anders als in Delmenhorst begannen in Wilhelmshaven/Rüstringen die Kommunisten ihre Unterstützungsaktion nicht mit einem Putschversuch, sondern durch die Verstärkung des Drucks auf den 21er Rat. Am 4. Januar 1919 demonstrierten einige Hundert Soldaten für die Kommunisten, am 7. Januar 1919 erklärte der Vorsitzende der KPD den Berufssoldaten, der 21er Rat befinde sich heute dort, wo sie, die Kommunisten, ihn haben wollten.[9] Zwei Tage später gab Kuhnt in einer Sitzung des 21er Rats zu, daß diese Lagebeurteilung richtig sei und ihre Körperschaft in der Luft hänge und nichts hinter sich habe.[10] Andererseits waren die Berufssoldaten, organisiert im „Bund der Berufssoldaten" und im „Bund der Deckoffiziere", gerade deshalb mit der Politik des 21er Rats nicht einverstanden. Ihrer Meinung nach käme der 21er Rat den Kommunisten zu weit entgegen[11], ja, bei ihnen sei der Eindruck entstanden, der 21er Rat erfüllte stets die Forderungen der „Spartakusleute".[12] Die Berufssoldaten selbst galten im 21er Rat als „Avantgarde Scheidemanns"[13], wurden aber als Machtfaktor, mit dem gerechnet werden mußte, anerkannt. Dadurch geriet der 21er Rat unter den Doppeldruck der Kommunisten und der Berufssoldaten, von dem er sich nicht mehr befreien konnte. Zunächst versuchte er es noch mit einer eigenen Machtdemonstration: Am 5. Januar 1919 ließ er das Arbeiterbataillon auf sich verpflichten und veranstaltete eine Soldatendemonstration. Bei der Eidesformel für das Arbeiterbataillon hatte Kuhnt an Stelle einer Verpflichtung auf seine Person vorgeschlagen, die Mannschaft auf den 21er Rat einzuschwören. Wie groß angelegt die Pläne einiger Mitglieder im 21er Rat waren, zeigte die Debatte um die Verpflichtung. Einem Vorschlag, in der Eidesformel 21er Rat durch Arbeiter- und Soldatenrat zu ersetzen, hielt ein radikales Mitglied entgegen, es gebe auch Arbeiter- und Soldatenräte, die nicht auf dem Boden des 21er Rats stünden und für den Fall, daß das Arbeiterbataillon außerhalb Wilhelmshaven eingesetzt werde, wäre nur der 21er Rat als oberste Behörde zuständig.[14]

Mit der Soldatendemonstration, an der die gesamte Garnison und Flotte teilnahm, verfolgte der 21er Rat einen doppelten Zweck: Einmal sollte ein „flammender Protest" gegen das Verfahren der Regierung in Berlin[15] erhoben und damit die Garnison auf die Seite des 21er Rats gezogen werden, zum anderen wollte man die Demonstration dazu benutzen, die Soldaten von den Versammlungen der „demokratischen" Parteien, die für diesen Tag Veranstaltungen angekündigt hatten, fernzuhalten und sie der eigenen Wahlaufklärung zu unterziehen.[16] Der einstimmig angenommene Aufruf hatte folgenden Wortlaut:

---

8) Vgl. Stadtarchiv Delmenhorst K V 6-9, Bl. 2-4.
9) Vgl. P.A., 9. 1. 1919, WTBl vom 9. 2. 1923; vgl. Nachrichten vom 31. 12. 1918, Bericht über Versammlung, auf der ein kommunistischer Referent behauptete, in Wilhelmshaven habe „man das Heft fest in der Hand".
10) Vgl. P.A., 9. 1. 1919, WTBl vom 9. 2. 1923.
11) Ebd.
12) P.A., 10. 1. 1919, WTBl vom 13. 2. 1923.
13) P.A., 30. 12. 1918, WTBl vom 31. 1. 1923.
14) Vgl. P.A., 4. 1. 1919, WTBl vom 3. 2. 1923.
15) Gemeint sind die Vorgänge in Berlin, die zum Ausscheiden der USPD-Volksbeauftragten aus der Regierung und ihre Ersetzung durch MSPD-Vertreter führten.
16) Vgl. P.A., 4. 1. 1919, WTBl vom 3. 2. 1923.

> „Kameraden! Heraus aus den Kasernen!
> Demonstriert gegen die Schuldigen an den blutigen Vorgängen in Berlin.[17] Zeigt, daß Ihr die Politik der Mehrheitssozialisten nicht billigt. Anschließend große Massenversammlung auf dem Exerzierplatz bei Elisenlust.
> 21er Rat."[18]

Beide Maßnahmen hatten den Zweck, sich der eigenen Machtmittel zu versichern und durch Akklamationen die politische Basis für den 21er Rat zu verbreitern. Dennoch kam es zu einem Konflikt. Worum ging es bei ihm?

Für die Kommunisten zunächst und sehr allgemein handelte es sich um das, was man das Weitertreiben der Revolution nennen könnte, sodann um die Unterstützung der Aktionen in Berlin und Bremen und schließlich in Wilhelmshaven/Rüstringen um ein Kräftemessen und -zeigen. Die neue Etappe in den Auseinandersetzungen der politischen Kräfte begann mit dem Antrag der Kommunisten, Neuwahlen sämtlicher Arbeiter- und Soldatenräte vorzunehmen, einem Antrag, der von den Obleuten der Arbeiter und Soldaten angenommen wurde.[19] Auffällig an dem Antrag ist das Datum: Während die KPD-Zentrale erst Mitte Januar 1919 die Parole „Neuwahl aller Arbeiter- und Soldatenräte" ausgab[20], erhoben die Wilhelmshavener diese Forderung bereits am 7. Januar 1919, also noch ehe der Spartakus-Aufstand in Berlin mit einer Niederlage geendet hatte. Der zweite Schritt, der schon zum Kräftemessen gehörte, war die Waffenbeschaffung oder der Ablieferungsboykott durch die Kommunisten. Besonders in der Werftdivision[21] war es ihnen gelungen, ein ansehnliches Arsenal an Waffen anzusammeln; neben Handgranaten und Gewehren hatten sie auch zwei Maschinengewehre in ihren Besitz gebracht.

Diese Entwicklung wiederum war von den Berufssoldaten mit Argwohn und Mißtrauen beobachtet worden, welches nicht geringer wurde durch die umlaufenden Gerüchte, die Kommunisten wollten die Wahl zur Nationalversammlung verhindern oder dieselbe auseinandertreiben und die Berufssoldaten sollten noch vor der Wahl aus Wilhelmshaven entfernt werden.[22] Als dann noch ihre Demonstration am 9. Januar 1919 mit Waffengewalt verhindert und einige Berufssoldaten verhaftet worden waren, regte sich bei ihnen ernsthafter Widerstand gegen die Politik des 21er Rats.

Am 10. Januar trugen Vertreter des Bundes der Berufssoldaten ihre Beschwerden im 21er Rat vor. Sie lassen sich in drei Bündeln zusammenfassen: Erstens hätten sich die Kommunisten Waffen zu verschaffen gewußt, mit denen sie nun die Berufssoldaten zu unterdrücken und zu terrorisieren versuchten[23], zweitens betrieben sie eine Hetze gegen die Berufssoldaten, die sie

---

17) Gemeint waren die Kämpfe zwischen der Volksmarinedivision und den Truppen des Generalkommandos Lequis, die auf Befehl der Reichsregierung vom 24. 12. 1918 die Matrosen aus dem Marstall entfernen sollten. Vgl. Adjutant im preußischen Kriegsministerium Juni 1918 bis Oktober 1919. Aufzeichnungen des Hauptmanns Gustav Böhm. Im Auftrage des Militärgeschichtlichen Forschungsamtes hrsg. und bearb. von Heinz Hürten und Georg Meyer. Stuttgart 1977. (Beiträge zur Militär- und Kriegsgeschichte, Bd 19), S. 114-118; Rosenberg, S. 314 f.
18) P.A., 4. 1. 1919, WTBl vom 3. 2. 1923.
19) Vgl. P.A., 15. 1. 1919, WTBl vom 17. 2. 1923; die Obleute der Soldaten neigten in erheblichem Ausmaß den Kommunisten zu.
20) Vgl. Kolb, S. 304.
21) In der Werftdivision war das Heizer- und Maschinenpersonal zusammengefaßt.
22) Vgl. P.A., 10. 1. 1919, WTBl vom 13. 2. 1923; tatsächlich war die Frage der Entlassung am 4. 1. 1919 im 21er Rat diskutiert worden; dabei hatte Kuhnt die Meinung vertreten, die Berufssoldatenorganisation müsse geschwächt und Schritte zu diesem Zweck unternommen werden; vgl. P.A., 4. 1. 1919, WTBl vom 3. 2. 1923.
23) Beispiele für gewaltsames Handeln finden sich in der Beschwerdeliste.

als „Konterrevolutionäre" und „Reaktionäre" verleumdeten, und drittens ließen Kuhnt und der 21er Rat den Kommunisten zuviel freie Hand, womöglich befände sich Kuhnt bereits in Abhängigkeit von ihnen. Die Forderungen, die sie vorbrachten, lauteten: Sicherung der Wahl zur Nationalversammlung gegen die Bestrebungen der Kommunisten[24] und Aufnahme von Vertretern der Berufssoldaten in den 21er Rat. Nach längeren Verhandlungen konnte eine Einigung erzielt werden, in der den Gravamina Rechnung getragen wurde: Abgabe aller Waffen in allen Truppenteilen, Aufsicht über das in Depots gesammelte Kriegsgerät durch den 21er Rat, Neuwahlen der Rätegremien, Durchführung der Regierungsanordnungen. Als Fazit hielt Präsident Kuhnt fest: „Wir können also nach außen hin erklären, daß Kommunisten, Berufssoldaten und Arbeiter sich geschlossen hinter den 21er Rat stellen."[25] Diese Geschlossenheit hielt allerdings nicht einmal vierundzwanzig Stunden vor.

In der Nacht vom 10. zum 11. Januar 1919 wurden Gewehre an Zivilisten verteilt[26], der Beschluß zur Waffenabgabe wurde von den Kommunisten nicht eingehalten, ganz im Gegenteil besetzten sie als Operationsbasis das ältere Linienschiff „Deutschland".[27] Am 11. Januar 1919 drangen sie mit Bewaffneten in die „Wilhelmshavener Zeitung" ein, um den Druck einer Kommunisten-Zeitung zu erreichen.[28] Daraufhin bewaffneten sich die Berufssoldaten, besetzten Postenstationen, den Sitz des 21er Rats, auch öffentliche Gebäude, und erzwangen erneut Verhandlungen mit dem 21er Rat. Während diese im Kasino[29] aufgenommen wurden, hielten Berufssoldaten in der Kaserne der II. Matrosendivision den Vorsitzenden Kuhnt fest und verlangten von ihm ultimativ, ihre Bedingungen anzuerkennen. Diese waren mit den am Vortage erhobenen identisch: Entwaffnung der Kommunisten, Sicherung der Wahl am 19. Januar 1919, Vermeidung von Verhältnissen, wie sie in Berlin herrschten. Nach kurzer Zeit wurde Kuhnt jedoch wieder freigelassen, so daß er an den Verhandlungen im Kasino teilnehmen konnte. Der Chef des Sicherheitswesens schilderte zunächst die Zustände, die er für unhaltbar und auf Mißverständnissen beruhend erklärte. Weiter erhob er Vorwürfe gegen den 21er Rat, der den Berufssoldaten Grund zur Erregung gegeben hätte. Diese hätten den Eindruck gewonnen, daß der 21er Rat sein Wort nicht halten werde.[30] Die Berufssoldaten ihrerseits ließen keinen Zweifel an ihrer Haltung aufkommen: daß sie hinter der Regierung Ebert-Scheidemann stünden, daß sie keine Wiederherstellung der alten Regierung beabsichtigten[31], daß sie im Gegenteil für die revolutionäre Ordnung und ihre Errungenschaften einträten.[32] Auf dieser Basis

---

24) Von Anfang Januar 1919 stammt ein Flugblatt der KPD-Ortsgruppe Wilhelmshaven, das die Verhinderung der Nationalversammlung, die Errichtung der Räterepublik, die Enteignung der bürgerlichen Zeitungen, Verleumdungen der „Regierungssozialisten" und unwahre Behauptungen über Kuhnt enthielt; vgl. Berlin, Anhang.
25) P.A., 10.1. 1919, WTBl vom 14. 2. 1923.
26) Der Sicherheitschef räumte ein, daß es Spartakisten gewesen seien; P.A., 11. 1. 1919, WTBl vom 14. 2. 1923.
27) Von 1906-1912 Flottenflaggschiff, seit 1917 Wohnschiff in Wilhelmshaven. Vgl. Hansen, Hans Jürgen: Die Schiffe der deutschen Flotten 1848-1945. 2. Aufl. Oldenburg 1973, S. 118.
28) Vgl. Kliche, S. 28; Kolb, S. 315, erwähnt nur die Tatsache der Besetzung, stellt sie aber in den größeren Zusammenhang der kommunistischen Aktivitäten, die zu dieser Zeit zur Unterstützung der Berliner Aktion überall ausbrachen.
29) Sitz des 21er Rats.
30) Diese Beurteilung wird im wesentlichen von Julius Meyer, dem Bezirkssekretär der MSPD und Landtagsabgeordneten, geteilt; vgl. Meyers zweiteiligen Artikel in der „Republik" vom 14./15. 1. 1919.
31) Damit setzten sie sich gegen das Gerücht, sie seien Konterrevolutionäre, zur Wehr.
32) Die Ziele der Berufssoldaten sind einem Flugblatt, das sie am 11. 1. 1919 verbreiteten, entnommen; das Flugblatt befindet sich in IISG Amsterdam, AZR, B 58.

gelang dann einer aus zwölf Vertretern paritätisch besetzten Kommission die Beilegung des Konflikts und die Einigung in den strittigen Fragen. Der Aufruf enthielt folgende vier Punkte:
1. Der 21er Rat nimmt drei Vertreter der Berufssoldaten auf.
2. Die Neuwahlen zum Soldatenrat sollen am 14. Januar, die Neuwahlen zum 21er Rat am 15. Januar 1919 stattfinden.
3. Die besetzten Gebäude werden geräumt, die Waffen unter Verschluß gebracht und von einer paritätisch zusammengesetzten Kommission kontrolliert.
4. Der 21er Rat hat alles getan, um Ruhe und Ordnung aufrechtzuerhalten.[33]

Diese Abmachungen wurden, nachdem am nächsten Tag in einer weiteren Verhandlung die Ablieferung und Verwahrung der Waffen präzisiert worden waren, in den Punkten 1 und 3 eingehalten, der Punkt 2 bot Anlaß für einen weiteren Konflikt.

Diese Vorgänge, von den einen als Putschversuch der Berufssoldaten[34], von anderen als „gesteuerter Coup" der MSPD[35], von dritter Seite als „eigenmächtiges Vorgehen" der Berufssoldaten[36], von diesen als Unterstützung der Reichsregierung gewertet, lösten Massendemonstrationen aus, wie sie seit den November-Tagen nicht wieder beobachtet worden waren. Am 13. Januar 1919 legten die Werftarbeiter die Arbeit nieder und zogen vor das Kasino, um gegen das Vorgehen der Berufssoldaten zu protestieren.[37]

Am nächsten Tag formierte sich ein Demonstrationszug, der von den bürgerlichen Parteien und den Berufssoldaten organisiert war, und endete in einer Massenkundgebung, an der zwanzig- bis dreißigtausend Menschen teilnahmen.[38] Für die Regierung Ebert-Scheidemann, für Sicherung der Wahlen zur Nationalversammlung[39], für öffentliche Sicherheit und Ordnung, gegen Gewaltherrschaft der Spartakisten[40], lauteten die Parolen. In einem Flugblatt erklärten die Berufssoldaten erneut ihre Loyalität gegenüber der Reichsregierung und warben um Vertrauen bei Soldaten, Arbeitern und Bürgern.[41]

Am 15. Januar 1919, der Wahltermin des 14. Januar war bereits verstrichen, ohne daß die Wahlen stattgefunden hatten, debattierten der 21er Rat und die Vollversammlung des Arbeiter- und Soldatenrats über die Neuwahlen. Der 21er Rat, der vor der Vollversammlung tagte, ging von der von allen akzeptierten Voraussetzung aus, daß der neue 21er Rat paritätisch aus zehn Soldaten- und zehn Arbeitervertretern bestehen sollte.[42] Für die Wahlprozedur der zehn Soldatendelegierten gab es zwei Vorschläge. Der eine sah die Wahl der paritätisch auf die einzelnen Truppenteile verteilten zehn Vertreter durch die Soldaten in ihren Einheiten vor[43], der andere neigte zum Rätemodell, dessen unterste Stufe freilich - die Soldaten selbst - unbeteiligt bleiben sollte. Er nahm vielmehr in Kauf, daß die amtierenden Obleute sich nicht zur Neuwahl stellten, weil „dort Remedur heute schon zu schaffen nicht möglich" sei, sondern in

---

33) Vgl. P.A., 11. 1. 1919, WTBl vom 16. 2. 1923.
34) So von einigen Mitgliedern des 21er Rats; ebd.
35) Andere Mitglieder des 21er Rats; so Meyer in „Republik" vom 15. 1.1919.
36) So die „Republik" in ihrer redaktionellen Stellungnahme zu Meyers Artikel.
37) Vgl. Kliche, S. 28.
38) Kliche nennt 20.000, das WTBl vom 16. 1. 1919 30.000 Teilnehmer.
39) Vgl. Kliche, S. 28.
40) Die Berliner Vorgänge vom 6.-11. 1. 1919 dürften für diese Parole der Anlaß gewesen sein.
41) Flugblatt im WTBl vom 14. 1. 1919.
42) Die Parität zwischen Soldaten und Arbeitern hatten letztere bereits in der Sitzung am 6. 1. 1919 erzwungen; P.A., 6. 1. 1919, WTBl vom 7. 2. 1923.
43) Matrosen-, Torpedo-, Werftdivision, Seebataillon.

ihrer derzeitigen Zusammensetzung den Soldatenrat von vierzig Mitgliedern wählen sollten, aus deren Mitte dann die zehn Vertreter für den 21er Rat hervorgehen würden. Zu einer Entscheidung gedieh indessen die Diskussion nicht, was im übrigen nichts verschlug, da die Vollversammlung ohnehin einen völlig anderen Verlauf nahm. Gleich zu Beginn der Sitzung[44], an der zweihundertvierzehn Delegierte der Truppenteile in der Festung teilnahmen, forderte ein Vertreter der radikalen Gruppe „im Namen der revolutionären Truppen" den sofortigen Rücktritt der drei Vertreter der Berufssoldaten, „die mit Kanonen und Maschinengewehren sich Sitz und Stimme erpreßt" hätten, und die Neuwahl des 21er Rats durch diesen selbst mit Ausnahme der drei „Gegenrevolutionäre", was einen lebhaften Beifall wie starken Widerspruch auslöste. Was die erste Forderung angeht, so wird ein billig denkender Beurteiler kaum etwas dagegen zu erinnern haben, denn die Aufnahme der drei Berufssoldaten war mehr der Zwangslage des 21er Rats als demokratischer Legitimation zu verdanken; die zweite Forderung hingegen steht in so eklatantem Gegensatz zu jedem demokratischen Verfahren, daß für seine Favorisierung sehr handfeste Gründe vermutet werden können. Bei der derzeitigen Zusammensetzung des 21er Rats, soweit jedenfalls die Soldatenvertreter in Betracht kamen, war mit Sicherheit zu erwarten, daß die zehn Vertreter die führenden USPD-Mitglieder sein würden, während bei einer Wahl durch die Urwähler in den Truppenteilen mit vielen Unbekannten gerechnet werden mußte. Der Fortgang der Debatte sollte Belege sowohl für die Absicht als auch die Befürchtung bringen. Der Vorschlag, die Wahlen zu verschieben und ihre Neuausschreibung durch eine Kommission vorzubereiten, rief bei den Berufssoldaten den Vorwurf der Verschleppungstaktik hervor, bei den Radikalen dagegen die Zusatzforderung, einen großen Teil der Berufssoldaten vorher aus Wilhelmshaven abzuschieben. Eine Erklärung, daß das Freiwilligenkorps von dreitausend Mann und die Angestellten des 21er Rats hinter den Forderungen der radikalen Gruppen stünden, wurde ohne Kommentare zur Kenntnis genommen. Nachdem der erste Antragsteller wiederholt mit der Mobilisierung der Arbeiter und der Versicherung, daß diese hinter ihm stünden, gedroht hatte, gelangte die Debatte an einen toten Punkt, den der Versammlungsleiter dadurch überwand, daß er den Antrag auf Rücktritt der Berufssoldaten zur Abstimmung stellte. Das Abstimmungsergebnis, das zweiundneunzig Ja- und einhundertzwei Neinstimmen bei einundzwanzig Enthaltungen erbrachte, bestätigte die Befürchtungen der Radikalen, wie es die Absichten, die mit der Selbst-Neuwahl verbunden waren, enthüllte. Die radikale Gruppe war in der Minderheit geblieben, und dies selbst bei den Delegierten, deren größten Teil die alten Obleute und Vertrauensmänner stellten. Ein Vertreter der Kommunisten erklärte daraufhin, daß die Abstimmung nicht regulär sei, weil zuviele Delegierte sich beteiligt hätten, und der Antragsteller hielt die Versammlung insgesamt nicht für „kompetent" und erklärte seine Gruppe für nicht länger verhandlungsbereit. In dieser Situation fand der Vorschlag, die Versammlung aufzulösen und die Neuwahlen gründlich vorzubereiten, kaum mehr Widerspruch. Der Eindruck, daß es sich um eine Verschleppungs- oder gar Verhinderungstaktik handelte, war nicht von der Hand zu weisen, und tatsächlich sind die Neuwahlen erst fast vier Wochen später vorgenommen worden - und dazu bedurfte es noch eines wirklichen Putsches.

---

44) Zum Folgenden vgl. P.A., 15. 1.1919, WTBl vom 17. 2. 1923.

Als Ergebnis des Konflikts zwischen den radikalen Kräften, deren Kern die Ortsgruppe der KPD bildete, dem 21er Rat und den Berufssoldaten[45] kann festgehalten werden:
1. Für die Kommunisten ging es um dreierlei:
um die Unterstützung des Januaraufstandes in Berlin; darin bildete die Besetzung der „Wilhelmshavener Zeitung" ein Glied in der Kette von gleichartigen Aktionen im ganzen Reichsgebiet[46];
um die Penetrierung des 21er Rats mit eigenen Kräften (Neuwahlen);
um die Vorbereitung einer „zweiten Revolution" (Waffen).
Was ihre Wilhelmshavener Ambitionen betraf, so waren sie im ersten Ansturm gescheitert; die kontrollierte Waffenabgabe entzog ihnen die Gewaltmittel und die Vollversammlung enthüllte ihre Minderheitsposition.
2. Für die Berufssoldaten ging es um die Sicherung der Wahlen und die Stützung der Reichsregierung; sie konnten darin einen Erfolg verbuchen und hatten sich darüber hinaus Einfluß im 21er Rat verschafft.
3. Für den 21er Rat ging es um die Behauptung seiner Machtposition; diese konnte er - wenigstens nach außen hin - notdürftig aufrechterhalten, gleichwohl war offenbar geworden, daß er mehr zu einer Vermittlungsstelle zwischen den politischen Kräften abgesunken war und daß er seine eigene Handlungsfähigkeit erheblich eingebüßt hatte.

4.3.2. Die Bildung des Zentralrats: Sieg der demokratischen Kräfte

In der Stadt Oldenburg spitzte sich der politische Kampf zwischen den Gemäßigten und den Radikalen[47] zwar nicht so zu, daß es, wie in Delmenhorst und Wilhelmshaven, zu bewaffneten Putschaktionen kam, aber eine verstärkte Aktivität der Radikalen war auch hier zu bemerken.
Am 30. Dezember 1918 fand eine Versammlung statt, übrigens nach zwei mißglückten Versuchen[48], die von der Spartakusgruppe veranstaltet wurde. Im Mittelpunkt des Referats stand die Werbung für eine Rote Garde in Oldenburg, deren Mitglieder nur Männer aus Arbeiterkreisen, „die sich der Verantwortung bewußt sind", sein sollten. Die Rote Garde sollte agitatorisch tätig sein, sich mit Waffengewalt gegen Angriffe von kapitalistischer Seite wehren und den Arbeiter- und Soldatenräten zur Seite stehen. Der Hinweis, daß in Bremen ein Teil der Arbeiterschaft bereits bewaffnet sei, die Bewaffnung in Emden nahe bevorstehe, in Wilhelmshaven „man" alles fest in der Hand habe, sollte den Eindruck einer schon weit fortgeschrittenen Aktion, gleichsam ihre Unwiderstehlichkeit in Nordwestdeutschland suggerierend, erwecken und Unschlüssige zur Beteiligung bestimmen. In der Diskussion, die hauptsächlich SPD-Mitglieder bestritten, wurde gerade dieser Punkt berührt: Wenn Spartakus die Massen

---

45) Über ihre Anzahl gab es höchst unterschiedliche Angaben. Die Nachrichten vom 14. 1. 1919 nannten die Zahl von ca. 6.000; in der Vollversammlung am 15. 1. 1919 bezifferte sie der kommunistische Vertreter Fritsche auf 12.000; vgl. P.A., 15. 1. 1919, WTBl vom 17. 2. 1923; die tatsächliche Stärke betrug am 20. 1. 1919 *6.778*, P.A., 21. 1. 1919, WTBl vom 24. 2. 1923.
46) Nach Kolb, S. 315, waren es vierzehn Aktionen im Reichsgebiet.
47) Gemäßigt sind in Oldenburg die politischen Kräfte, die den Arbeiter- und Soldatenrat stützen: MSPD, freie Gewerkschaften, Sozialer Ausschuß; als radikal müssen hier, infolge Fehlens einer nennenswerten USPD-Anhängerschaft, die Kommunisten (Spartakisten) gelten.
48) Vgl. Nachrichten vom 31. 12. 1918.

hinter sich habe, so fragte Heitmann, warum habe er dann Furcht vor der Wahl zur Nationalversammlung, und wenn die Rote Garde agitieren solle, wozu brauche sie dann Waffen? In Wirklichkeit wolle Spartakus „Verhältnisse schaffen wie in Berlin".[49] Die Antwort eines Spartakisten aus Bremen mußte denn auch als Bestätigung der Heitmannschen Vermutung aufgefaßt werden: Man wolle die Weltrevolution, die kommunistische Produktionsweise, alle Macht für die Arbeiter- und Soldatenräte, aber keine Nationalversammlung. Das Schlußwort bei schon stark geleertem Saal lautete: „Wir haben Anhang genug!"[50]

Die Bedrohung durch die Radikalen, die durch die Delmenhorster Putschaktion vom 8. Januar 1919 zu einer ernstzunehmenden Gefahr wurde, sowie die Spaltung der Rätebewegung durch den 21er Rat lösten zwei Initiativen aus. Durch letztere wurden Überlegungen wieder aufgenommen, die schon fast zwei Monate früher zu entsprechenden Beschlüssen geführt hatten: die Bildung eines Zentralrats der Arbeiter- und Soldatenräte in Oldenburg. Schon unmittelbar nach dem Aufruf vom 3. Januar 1919[51] muß der Arbeiter- und Soldatenrat Oldenburg zu dem Entschluß gekommen sein, daß nunmehr die Zusammenfassung der Kräfte dringend geboten sei, denn schon am 7. Januar 1919 lag ein fertiger Entwurf für einen zu gründenden „Landesrat" vor, der Kostenvoranschlag, Zusammensetzung und Organisationsregelungen enthielt.[52] Danach würde der Landesrat aus achtzehn Mitgliedern, je eines aus den Ämtern und Städten I. Klasse, je eines des Landesbauernrats und des Bürgerrats, bestehen. Die Arbeit würde neben dem Plenum, das aber mehr legislative Funktionen hätte, ein achtköpfiger Arbeitsausschuß leisten; die Kosten in Höhe von monatlich 3.100 Mark sollten vom Freistaat getragen werden.

Am 12. Januar 1919, einem Sonntag, erreichten, ausgelöst durch die Delmenhorster und Wilhelmshavener Vorgänge, die Aktivitäten der verschiedensten Gremien einen Höhepunkt: Am Vormittag erschienen Herren der städtischen Organe[53], der Demobilmachungskommissar[54] und der Vorsitzende des Oldenburger Landesbauernrates[55] bei Minister Scheer und stellten ihm vor, die Lage der Stadt Oldenburg sei infolge der Unruhen und Kämpfe in vielen Teilen des Reichs und der Errichtung der Räterepublik in Bremen neuerdings ernst, Putschmöglichkeiten der Spartakusleute und am Ort vertretener Kommunisten seien nähergerückt, deshalb sei die Bildung einer Volkswehr das Gebot der Stunde.[56]

Darüber hinaus sei die alsbaldige Einberufung einer oldenburgischen Nationalversammlung zur Beratung einer Verfassung nötig, um die Geister zu beruhigen. Scheer erklärte der Kommission, daß das Direktorium beabsichtige, den Landtag wieder einzuberufen und ihn mit Verfassungs- und Wahlgesetzangelegenheiten zu befassen. Er selbst habe aber auch keine grundsätzlichen Bedenken gegen die Berufung einer Oldenburger Nationalversammlung auf-

---

49) Ebd.
50) Ebd; der Versuch, eine Rote Garde zu bilden, ist insofern interessant, als seit dem 14. 11. 1918 dieser Plan des Vollzugsrats zu Berlin, der am Widerstand der Berliner Garnison gescheitert war, nicht wieder auftauchte; aus der Beteiligung von Bremer Linksradikalen an der Oldenburger Veranstaltung läßt sich schließen, daß die Bewaffnung der Arbeiter im Umkreis von Bremen die dort geplante Räterepublik sichern sollte; vgl. Kolb, S. 128, zu den Berliner Vorgängen.
51) Vgl. S. 153.
52) Vgl. StA Ol 136-2770, Bl. 1.
53) Oberbürgermeister Tappenbeck, Ratsherr Murken, Dr. Meyer, Vorsitzender des Stadtrates.
54) Prof. Dr. Dursthoff.
55) Dr. v. Wenkstern.
56) Vgl. StA Ol 131-106, Bl. 62.

grund eines oktroyierten Wahlgesetzes. Die Einrichtung einer Volkswehr würde das Direktorium nach Kräften fördern, vorher müsse man jedoch mit den Soldatenräten Fühlung aufnehmen, da diese für die Ruhe und Sicherheit verantwortlich seien. Mittags beschloß der Soldatenrat Oldenburg, dem Direktorium wegen der Einberufung einer verfassunggebenden Nationalversammlung ein Ultimatum zu stellen.

Am Nachmittag traten die Vertreter der Gremien - Direktorium, Stadt Oldenburg, Soldatenrat - zu einer gemeinsamen Sitzung zusammen und erzielten Einigung über folgende Punkte:

1. Bildung eines Zentralrats der Arbeiter- und Soldatenräte in Oldenburg.
2. Der Zentralrat wählt eine Kommission, die Entwürfe für ein Wahlgesetz, die Verfassung und eine neue Gemeindeordnung ausarbeitet.
3. Die Wahlen zur Landesversammlung mittels oktroyiertem Wahlgesetz finden sobald wie möglich statt.
4. Die Volkswehr nimmt zusammen mit der Garnison und fünfhundert Unteroffizieren unter Leitung des Garnisonskommandos und des Arbeiter- und Soldatenrats die Verteidigung der Stadt und des Landes in die Hand.[57]

An diesen Vereinbarungen fällt zunächst auf, daß dem künftigen Zentralrat über die Befugnisse hinaus, die den Arbeiter- und Soldatenräten nach den Richtlinien vom 13. November 1918 zustanden, Kompetenzen eingeräumt wurden, die ihn in den Rang eines quasi-legislativen Organs oder legislativen Ersatzorgans erhoben. Nimmt man nun noch hinzu, was als Absicht des Arbeiter- und Soldatenrats bekannt wurde[58], daß er darangehen wolle, aus den verschiedenen Räten einen Volksrat zu bilden und daraus Volksbeauftragte zu wählen, die den Fachministern an die Seite gestellt werden sollten, so wird die politische Perspektive deutlich[59]: eine Stärkung der Räte durch Straffung und Koordination ihrer Arbeit, eine durch die gestärkte Rätespitze wirksamere Kontrolle und womöglich politische Führung des Direktoriums und eine rasche Konsolidierung der politischen Verhältnisse durch die Wahl einer Landesversammlung, die die neue Verfassung zu geben hätte. Die Vermutungen der „Republik" gingen schon die richtige Richtung, wenn sie meinte, daß die Arbeiter- und Soldatenräte den Freistaat Oldenburg von der recht willkürlichen Verbindung mit Ostfriesland lösen und dem Freistaat nach außen und innen eine fest umrissene Gestalt geben wollten[60], aber die ganze Tragweite mochte sie nicht ermessen haben. Die Umrisse der Gestaltungsabsichten des Oldenburger Rates zeichneten sich erst auf der Delegiertenkonferenz der Arbeiter- und Soldatenräte des Freistaates am 14. Januar 1919 ab. Der erste Vorsitzende der Versammlung[61] erklärte, die Verhältnisse hätten sich so entwickelt, daß notwendigerweise eine andere Regierung gebildet werden müsse. Er begründete diese Forderung damit, daß das Direktorium nichts getan hätte, was der neuesten Zeit Rechnung trüge: Die Verfassung stamme aus dem Jahre 1849, sie gehöre in die Rumpelkammer, das Landtagswahlrecht sei ebensowenig zeitgemäß wie das Kommunalwahlrecht,

---

57) Ebd.; vgl. Nachrichten vom 13. 1. 1919 und „Republik" vom 16. 1. 1919.
58) Nachrichten vom 13. 1. 1919; in dem ministeriellen Vermerk der Verhandlungsbeschlüsse vom 12. 1. 1919 fehlt diese Absichtserklärung.
59) Die Einsetzung des Volksrats und der Volksbeauftragten scheint von der Konstruktion der Berliner politischen Organe inspiriert zu sein, wo der Vollzugsausschuß die Volksbeauftragten gewählt hatte; die Kompetenzen der Volksbeauftragten gingen freilich weit über die den Oldenburgern zugedachten hinaus.
60) Vgl. „Republik" vom 16. 1. 1919.
61) Es war der 1. Vorsitzende des Oldenburger Soldatenrats, Heß.

daher mache er den Vorschlag, einen Zentralrat oder Landesrat mit der Befugnis zur Gesetzgebung, und zwar einer „dem Geist der neuen Zeit entsprechenden", zu schaffen.[62] Das Direktoriumsmitglied Heitmann goß ein wenig Öl auf die hochgehenden Wogen und redete zum Guten. Die Wahlen zum neuen Landtag hätten deshalb noch nicht stattgefunden, weil die Entwicklung bisher ungewiß gewesen sei, im übrigen die territoriale Begrenzung Oldenburgs[63] noch nicht feststehe, nach der Wahl zur Nationalversammlung, mit deren Vorbereitung man zunächst alle Hände voll zu tun hätte, würden die Fragen des Wahlrechts für Landtag und Gemeinden erledigt. Gegen den Zentralrat sei nichts einzuwenden, aber dieser könne doch unmöglich die Verfassung ausbauen, das sei eine sehr komplizierte Sache. In der Diskussion bildete sich eine breite Mehrheit für den Standpunkt des Oldenburger Rates heraus und, obwohl die Meinung geäußert wurde, daß Wilhelmshaven offenbar an die Wand gedrückt werden solle, fand der Antrag, Oldenburg zum Vorort der Arbeiter- und Soldatenräte zu erklären, keinen Widerspruch. Was den Zentralrat anging, so lautete die Formulierung, er solle nicht *neben* dem Direktorium, denn das gebe Kuddelmuddel, auch nicht *unter* ihm, denn so würde er zur Ohnmacht verurteilt, sondern *über* ihm als Aufsichtsinstanz stehen, da er der Regierung Dampf machen solle. Die Bildung des Zentralrats solle ein bewußter Schritt nach links sein.[64]

Damit war der Machtkampf zwischen Wilhelmshaven und Oldenburg, zwischen dem radikalen und dem gemäßigten Flügel der Rätebewegung, zugunsten Oldenburgs entschieden. Was am 20. November 1918 von den Oldenburger Arbeiterräten schon beschlossen worden war, wurde nun von den Arbeiter- und Soldatenräten approbiert. Aber gleichzeitig kündigten die Räte einen Machtkampf mit dem Direktorium an: Aufsichtsinstanz mit Gesetzgebungsbefugnis über dem Direktorium zu sein, also der Anspruch auf legislative wie exekutive Funktion, und das konnte, wenigstens formal gesehen, als Forderung nach dem Rätesystem verstanden werden.

Wie reagierte das Direktorium auf diese Kampfansage, in diesem Grundkonflikt zwischen Herrschaftsanspruch der Räte und Behauptung der Regierungsmacht? Es handelte rasch und faßte auf seiner Sitzung am 16. Januar 1919 die folgenden Beschlüsse:[65]

> Der Landtag wird nach den Richtlinien vom 13. November 1918 auf Donnerstag, den 23. Januar 1919[66], zur sofortigen Beschlußfassung über Wahlgesetze für die verfassunggebende Landesversammlung und die Gemeindevertretungen berufen.[67]
>
> Die Wahlen zur verfassunggebenden Landesversammlung finden am 23. Februar 1919 statt.
>
> Vorstehende Beschlüsse sind sofort der Presse mitzuteilen.[68]

Das Direktorium stellte also den noch zu wählenden Zentralrat vor vollendete Tatsachen, es

---

[62] Vgl. Nachrichten vom 15. 1. 1919.
[63] Diese Bemerkung bezog sich auf die ungeklärte Zugehörigkeit des Landesteils Birkenfeld, der seit dem 6. 12. 1918 durch französische Truppen besetzt war; vgl. StA Ol 136-2767, Bll. 285-301; zu den Lostrennungsabsichten des Landesteils Lübeck vgl. Fuchs, Hartmut: Lübeck und die Angliederung benachbarter Gebiete nach dem 1. Weltkrieg. In: Zeitschrift des Vereins für Lübeckische Geschichte und Altertumskunde 52 (1972), S. 90-113.
[64] Nachrichten vom 15. 1. 1919.
[65] StA Ol 131-107, 21. Sitzung.
[66] Er war am 18. 12. 1918 bis zum 18. 2. 1919 vertagt worden, vgl. StA Ol 131-89, Bl. 8 und 9.
[67] StA Ol 131-89, Bl. 9; die Dauer der Session wurde auf vier Wochen festgesetzt.
[68] Unter der Überschrift „Neuwahlen zum Oldenburger Landtag" veröffentlichten die Nachrichten vom 18. 1. 1919 die Beschlüsse.

entzog ihm die legislative Funktion, indem es den Landtag unter Berufung auf die Richtlinien wieder tagen ließ, und es setzte den Wahltermin fest.

Am nächsten Tag teilte der Minister Scheer dem Oldenburger Arbeiter- und Soldatenrat in einem sehr verbindlichen Schreiben die Beschlüsse mit und erläuterte ihre Zweckmäßigkeit damit, daß sie im Einklang mit den Richtlinien vom November stünden und der Landtag noch Arbeitsstoff erledigen könne. Falls der Arbeiter- und Soldatenrat zu diesen Fragen eine Besprechung wünsche, stünden die Minister jederzeit zur Verfügung.[69]

Der Arbeiter- und Soldatenrat antwortete sofort auf das ministerielle Schreiben: Er empfinde Genugtuung über das schnelle Aufgreifen seiner Anregungen, befremdlich sei nur, daß die Tageszeitungen schon die Ausführungsbestimmungen brächten. Obwohl am Sonntag[70] fast alle Stimmen dagegen gewesen seien, den Landtag noch mit dem Wahlgesetz zu belasten, solle er nun doch noch die Arbeit erledigen.

> *„Wir sprechen uns dafür aus, daß die Wahlgesetze auf dem Verordnungswege erlassen werden . . . Es entspricht keineswegs dem Zeitgeist und unseren Anschauungen, die alte Gesetzgebungsmaschine noch einmal zusammenzurufen."*[71]

In allen Staaten, die bis jetzt Neuwahlen vorgenommen hätten, seien die Wahlgesetze auf dem Verordnungswege eingeführt worden. Der Arbeiter- und Soldatenrat kündigte schließlich an, daß am 22. Januar 1919 die von den Ämtern gewählten Vertreter[72] zusammenträten, um den Zentralrat zu bilden. Es sei erwünscht, vorher mit den Ministern Rücksprache zu nehmen und deshalb werde der Arbeiter- und Soldatenrat am Montag[73] um vier Uhr beim Direktorium erscheinen.

Diese Ankündigung konnte ebenso als Annahme des freundlichen Angebots vom Vortage wie als ultimative Intervention gedeutet werden. Am Montag erschienen fünf Vertreter des Arbeiter- und Soldatenrats beim Direktorium, die mit ihm „eingehend" über die Aufgaben des in Bildung begriffenen Zentralrats, über seine Stellung zum Direktorium, über die Einberufung des Landtages verhandelten.[74] Das Ergebnis ist im Protokoll nicht festgehalten, in einer anderen Ministerialakte jedoch ist die entscheidende kontroverse Diskussion in einem Vermerk zusammengefaßt, in dem es heißt: Das Direktorium habe heute mit fünf Mitgliedern des Arbeiter- und Soldatenrats verhandelt. „Letzterer stellte die Forderung, daß der zu bildende Zentralrat nicht unter oder neben, sondern über dem Direktorium stehen müsse und daß alle Gesetze, Verordnungen und Erlasse allgemeiner Art vom Zentralrat mit zu unterzeichnen seien." Das Direktorium weise die Forderung mit Rücksicht auf die Richtlinien vom 11. November 1918 (!)[75] auf das Entschiedenste zurück; es sei gern bereit, den Zentralrat als Organ der gesamten Arbeiter- und Soldatenräte anzuerkennen und mit ihm zusammenzuarbeiten.

Ob über die vollendeten Tatsachen eine Einigung erzielt werden konnte oder nicht, geht weder aus dem Vermerk noch aus dem Protokoll hervor, die Grundfrage jedenfalls, welche Stellung der Zentralrat im politischen Gefüge einnehmen würde, blieb unentschieden. Konnte die Bildung des Zentralrats am 22. Januar 1919 die Entscheidung bringen?

---

69) Vgl. StA Ol 131-106, Bl. 66.
70) Sonntag, 12. 1. 1919, vgl. S. 163.
71) StA Ol 131-106, Bl. 65.
72) Gemeint sind die Vertreter, die von den Arbeiter- und Soldatenräten in den Amtsbezirken gewählt wurden.
73) Montag, 20. 1. 1919; es war der Tag nach der Wahl zur Nationalversammlung.
74) Vgl. StA Ol 131-107, Protokoll der Sitzung vom 20. 1. 1919.
75) Die Richtlinien wurden am 13. 11. 1918 beschlossen.

4.3.3. „Verlorener Sieg": Die Dominanz des Direktoriums

Bevor wir die Frage beantworten, tun wir gut daran, uns noch einmal die Voraussetzungen, auf denen die Entscheidung beruhte, vor Augen zu führen.

Die politischen Kräfte, welche die revolutionäre Bewegung getragen hatten und noch trugen, lagen in einem erbitterten Kampf miteinander um die Führung in der Arbeiterbewegung, in einem Kampf auch um Wählerstimmen.

Die Rätebewegung war unwiderruflich gespalten in einen radikalen und einen gemäßigten Flügel, der eben einen entscheidenden Erfolg errungen hatte.

Der radikale Flügel, verkörpert durch den 21er Rat, war durch Macht- und politische Richtungskämpfe im Innern geschwächt und wurde sowohl von den noch radikaleren Rivalen auf der Linken als auch von den gemäßigten Kräften eingeschnürt. Ein Beispiel, wie gering seine Aufmerksamkeit für die Belange der Räte und für die Oldenburger Politik war, ist die Art, in der er über die „Oldenburger Frage" am 20. Januar 1919 beriet. Der Vorsitzende teilte lediglich mit, daß sich in Oldenburg der Arbeiter- und Soldatenrat losgesagt und einen Zentralrat gebildet habe, der sogar Befehle herausgebe. Zu dieser Sache müsse der 21er Rat Stellung nehmen, der Genosse Kuhnt könne als Präsident ein Machtwort sprechen. „Man erklärte sich damit einverstanden", vermerkte das Protokoll lakonisch.[76]

Auf der anderen Seite war das Direktorium nicht nur nicht geschwächt, sondern durch den Vollzug der Regierungsgewalt in seiner politischen Führungskraft, von dessen Wirksamkeit es eben wieder eine eindrucksvolle Probe geliefert hatte, gestärkt.

Der Ausgang der Wahlen zur Nationalversammlung war alles andere als eine Bestätigung der Richtung, die der 21er Rat vertrat.[77] Im Freistaat Oldenburg hatte die Liste der MSPD rund 59.000, die der USPD rund 16.000 Stimmen auf sich vereinigt.[78] Von der MSPD waren Hug und Vesper gewählt worden, von der USPD hatte kein Kandidat die erforderliche Stimmenzahl erhalten.

In den „Nachrichten" wurden schon am 22. Januar 1919 Konsequenzen aus dem Wahlergebnis gefordert: Das Wahlergebnis stehe in einem umgekehrten Verhältnis (fünf bürgerliche, zwei MSPD-Mandate) zur Zusammensetzung des Direktoriums (fünf MSPD, zwei bürgerliche Mitglieder), was dem Grundsatz der Demokratie, Regierungsbildung durch die Mehrheit, widerspreche. Besonders gravierend sei jedoch, daß an der Spitze des Direktoriums ein unabhängiger Sozialist, der selbst nicht gewählt worden wäre und dessen Partei keinen Kandidaten durchbekommen hätte, stehe. Die SPD sollte nun ernstmachen mit den demokratischen Grundsätzen, deshalb solle der Präsident zurücktreten, die Mehrheitssozialisten müßten dem Landtag ihre Ämter zur Verfügung stellen und das Direktorium müsse neu zusammengesetzt werden.[79]

Unter diesen Bedingungen traten die Delegierten der Arbeiter- und Soldatenräte am 22. Januar 1919 zusammen, um den Zentralrat zu bilden. Kuhnt eröffnete die Konferenz mit einem

---

76) P.A., 20. 1. 1919, WTBl vom 20. 2. 1923.
77) In der Nationalversammlung kam die MSPD auf 163, die USPD auf 22 Mandate bzw. 37,9 % und 7,6 % der gültigen Stimmen; vgl. Milatz, S. 37.
78) Die USPD hatte also 27,1 % der MSPD-Stimmen erreicht; im Reichsdurchschnitt erreichte die USPD 20,1 % der MSPD-Stimmen.
79) Nachrichten vom 22. 1. 1919.

Nachruf auf Karl Liebknecht und Rosa Luxemburg und gedachte des plötzlich verstorbenen Leiters der Presseabteilung des Oldenburger Arbeiter- und Soldatenrats Hofeldt.
Darauf berichtete der Vorsitzende der Verhandlungskommission über die Besprechung mit dem Direktorium und schloß mit dem Satz: „Eine bestimmte Einigung konnte in den meisten Fragen *nicht* erzielt werden".[80] In der Debatte sprach sich eine Mehrheit für die Einsetzung eines Zentralrats aus, dessen Gründung unter dem Namen „Landesrat" einstimmig beschlossen wurde. Zum wiederholten Male tauchte nun der stereotype Satz auf, der eher einer Beschwörungsformel glich, als daß er die Wirklichkeit wiedergab: „Bestehende Mißverständnisse zwischen Wilhelmshaven und Oldenburg wurden beseitigt".[81] Kuhnt schloß die Sitzung mit der Bekräftigung: „Die Arbeiter- und Soldatenräte bleiben solange bestehen, bis die neue Regierung gezeigt hat, daß sie die Errungenschaften der Revolution verwirklichen kann" und versicherte, man werde mit dem Direktorium weiter verhandeln. Zum Vorsitzenden des Landesrats wurde nicht der Präsident und Vorsitzende des 21er Rats, Kuhnt, gewählt, sondern sein Oldenburger Kollege. Das Direktorium nahm in seiner Sitzung am gleichen Tage die Gründung des Landesrats zur Kenntnis und erklärte sich damit einverstanden, das „Nähere" bliebe weiterer Beschlußfassung vorbehalten.[82]
Die erste Verhandlung, die der „Beschlußfassung" diente, fand am 5. Februar 1919 statt. Die Tagesordnung umfaßte zehn Punkte, von denen die meisten Detailfragen aus den verschiedensten Ressorts behandelten, ein einziger war dem Landesrat selbst, seinen Aufgaben und Kompetenzen vorbehalten. Er sollte die Bildung neuer Arbeiterräte genehmigen und das Bestehen alter Arbeiterräte bestätigen können; die örtlichen Räte sollten zur Folgeleistung gegenüber dem Landesrat verpflichtet sein; die Zahl ihrer Mitglieder sollte ebenso beschränkt werden wie die Gesamtzahl der örtlichen Räte im Freistaat. Mit keinem Wort wurde die entscheidende Frage, die der politischen Hegemonie im Freistaat, angesprochen; der Kostenvoranschlag für den Landesrat wurde indessen gebilligt, seine Ausgaben übernahm die Staatskasse.[83]
Die nächste gemeinsame Tagung von Direktorium und Landesrat war am 19. Februar 1919. Die Stellung des Landesrats, sein Anspruch auf weitgehende Kompetenzen standen wiederum nicht zur Debatte, dagegen war die Tagesordnung mit Quisquilien angefüllt.[84] Ein Punkt allerdings war eine Ausnahme, und er gab reichlich Aufschluß: Der Landesrat „bat", den Antrag des Amtsarbeiterrats Delmenhorst zu berücksichtigen, der für sich im Amt dieselben Kompetenzen forderte wie sie der Landesrat für den Freistaat gefordert hatte, das Mitzeichnungsrecht für sämtliche Veröffentlichungen des Amtsvorstandes seitens des Amtsarbeiterrats und das Recht desselben, an den Sitzungen des Amtsvorstandes vollzählig mit Stimmrecht teilzunehmen.[85] Wir haben in diesem Antrag, gleichsam einem „Stellvertretungsantrag", eine beinahe vollständige Entsprechung zur Landesratsforderung und noch einmal eine klare Formulierung des politischen Selbstverständnisses von Arbeiterräten und ihrer Aufgaben vor uns. Noch am gleichen Tage lehnte das Direktorium den Antrag wegen fehlender gesetzlicher Grundlagen ab.[86] Am 10. Dezember 1918 hatte das Direktorium dem Amtsvorstand in Wil-

---

80) Nachrichten vom 23. 1. 1919; übereinstimmend „Republik" vom 25. 1. 1919; Hervorhebung im Original.
81) „Republik" vom 25. 1. 1919.
82) StA Ol 131-107, 22. Sitzung.
83) Vgl. StA Ol 131-107, 28. Sitzung; für die Kosten vgl. 136-2770.
84) StA Ol 131-107, 37. Sitzung; Tagesordnungspunkte waren: Tanzveranstaltungen, Fischpreise, Ausfuhr von Torf und Dünger und dergl.
85) Der Antrag des Amtsarbeiterrats in StA Ol 136-2767, Bl. 203.
86) StA Ol 131-107, 32. Sitzung.

deshausen auf dessen Frage, ob die Teilnahme des Arbeiterrats an den Amtsvorstandssitzungen - wie geschehen - zulässig sei, geantwortet, dem Arbeiterrat stehe die Überwachungsbefugnis zu, daher sei der Teilnahme kaum zu widersprechen.[87] Deutlicher konnte nicht ausgedrückt werden, wie sich die Machtverhältnisse inzwischen geändert hatten.
Die Machtfrage war damit entschieden, der Konflikt zwischen Räten und Regierung beendet. Der Sieger blieb gleichwohl maßvoll und auf Zusammenarbeit bedacht.
Will man die Entwicklung innerhalb der Rätebewegung und ihre Konflikte mit dem Direktorium zusammenfassen, so läßt sich sagen: Daß der Zentralrat nicht sofort nach der Revolution als Gegengewicht zum Direktorium, als Lenkungsorgan der örtlichen Räte und als straffe Konzentration der Rätekräfte gebildet wurde, lag an dem Machtkampf zwischen dem 21er Rat in Wilhelmshaven und dem Arbeiter- und Soldatenrat in Oldenburg, hinter denen jeweils verschiedene politische Kräfte mit ihren unterschiedlichen Auffassungen standen. Als in diesem Kampf schließlich Oldenburg obsiegt hatte, war die Gründung des Zentralrats bereits von der Entwicklung und den vollzogenen Tatsachen überholt.

4.3.4. Die bürgerliche „Rätebewegung"

Neben dem politischen Potential, das die revolutionäre Bewegung bestimmte, spielten die bürgerlichen Kräfte verständlicherweise eine geringere Rolle, gefehlt haben sie indessen nicht. Sie waren im Direktorium vertreten[88], sie hatten im Landtag einen starken Rückhalt[89], und sie begannen, sich rasch in politischen Parteien zu sammeln. Bevor jedoch diese wieder politisch aktionsfähig waren, traten die bürgerlichen Aktivitäten in anderer Weise hervor: im Bauernrat, im Bürgerrat und im Rat geistiger Arbeiter.
Den Anfang machte am 15. November 1918 die bäuerliche Bevölkerung. Auf dem ersten Oldenburger Bauerntag wurde der oldenburgische Landesbauernrat eingesetzt, der, anders als bei den Arbeiter- und Soldatenräten, als zentrales Gremium für den gesamten Freistaat fungierte und dem zwanzig Mitglieder aus den Ämtern angehörten.[90] Er wurde unter Mitwirkung des Oldenburger Soldatenrats gebildet und vertrat „die revolutionäre Ordnung auf dem Lande".[91] Der Landesbauernrat umfaßte zunächst nur Landwirte, sollte jedoch auch die Vertretung der Landarbeiter, der Handwerker und Gewerbetreibenden auf dem Lande sein, deren Repräsentanten „demnächst" gewählt werden sollten.[92] Als organisatorischer Unterbau waren Amtsbauernräte und „nach Bedarf" Gemeindebauernräte vorgesehen. Ihre Aufgaben, deren Umrisse sich bereits in den Richtlinien des Direktoriums[93] abzeichneten, lassen sich umschreiben als

> Aufklärung der Land- und Stadtbevölkerung über die Sicherstellung der Volksernährung,

---

87) StA Ol 136-2767, Bl. 216.
88) Dem Direktorium gehörten zwei bürgerliche Politiker, Tantzen-Heering (DDP) und Dr. Driver (Z), sowie die beiden Minister Scheer und Graepel an.
89) Im 33. Landtag saßen 34 bürgerliche und 11 sozialistische Abgeordnete; daß das politische Gewicht des Landtages stark reduziert war, steht dabei außer Frage.
90) Ein wichtiger Anlaß dazu dürfte die Kundgebung des Rats der Volksbeauftragten vom 12. 11. 1918, der die ländliche Bevölkerung zur Bildung von Bauernräten aufrief, gewesen sein; vgl. Schulthess, 1918, I, S. 475.
91) Stadtarchiv Delmenhorst, K-L 8, Bl. 1.
92) Nachrichten vom 15. 11. 1918.
93) Vom 13. 11. 1918; in Punkt 6 ist von Förderung der Produktion die Rede; StA Ol 131-107, Bl. 1, Anlage 2.

Bekämpfung des Lebensmittelwuchers und des Schleichhandels im Zusammenwirken mit den Arbeiter- und Soldatenräten,
Steigerung der landwirtschaftlichen Produktion,
Beratung der Arbeiter- und Soldatenräte in landwirtschaftlichen Fragen.[94]

Eine den Arbeiter- und Soldatenräten vergleichbare Betätigung ist nicht festzustellen; auch in finanzieller Hinsicht kann von einer Gleichbehandlung keine Rede sein. Nachdem am 2. Dezember 1918 eine Unterstützung aus Staatsmitteln abgelehnt worden war[95], ließ sich das Direktorium am 13. Januar 1919 auf erneuten Antrag des Landesbauernrats bewegen, den Amtsverbänden und Gemeinden die Kostenübernahme für die Bauernräte zu empfehlen mit dem Zusatz, eine zwangsweise Auferlegung sei unzulässig.[96] Lediglich bei der im März 1919 betriebenen Bildung einer Volkswehr trat der Landesbauernrat stark in den Vordergrund. Auf seine Initiative hin, der sich die organisierte Arbeiterschaft nur zögernd anschloß, erließ das Direktorium eine Bekanntmachung, die die Bildung einer Volkswehr in allen Gemeinden anordnete.[97]

Wie die Bauern, so die Bürger. Einem am 15. November 1918 gebildeten Bürgerausschuß folgte der zwei Tage später gegründete Bürgerrat, der von sechzig bürgerlichen Vereinen der Stadt Oldenburg getragen wurde.[98] Bedenken, ob die Arbeiter- und Soldatenräte diese Gründung nicht als eine Art Gegenbewegung auffassen könnten, mochten dem Bürgerrat aber wohl gekommen sein, denn er ließ sich vom Direktoriumsmitglied Heitmann bestätigen, die Bildung sei im Einverständnis mit dem Soldatenrat erfolgt.[99] Die „Nachrichten" erlaubten sich sogar die Feststellung, daß durch die Bildung der bürgerlichen Räte eine „mehrschichtige Interessenvertretung Oldenburgs" erreicht werde, anders als bisher im Arbeiter- und Soldatenrat, von denen viele den Gedanken der Diktatur verkörperten.[100]

Ebenfalls am 17. November 1918 erschien ein Aufruf „An die geistigen Arbeiter Oldenburgs", mit dem einige prominente Bürger die Bildung eines Rats geistiger Arbeiter vorschlugen.[101] Die Initiatoren konstatierten zunächst, daß die Arbeiter- und Soldatenräte regierten, daß die Bauern- und Bürgerräte sich ihnen angliedern würden und daß die geistigen Arbeiter nicht fehlen dürften, um die neue Regierung zu stärken und zu stützen, damit jede Unordnung verhindert werde, um dann bündig zu verkünden, Oldenburg sei immer ein geistiger Mittelpunkt gewesen, das müsse es bleiben.[102]

---

94) Dazu im ganzen jetzt: Muth, Heinrich: Die Entstehung der Bauern- und Landarbeiterräte im November 1918 und die Politik des Bundes der Landwirte. In: VfZ 21 (1973), S. 1-38; die Angaben in Stadtarchiv Delmenhorst K-L 8, Bl. 1.
95) StA Ol 131-107, 7. Sitzung.
96) Ebd., 20. Sitzung.
97) Ebd., Bl. 54 f. Anlaß dazu waren „spartakistische Umtriebe", „Überhandnehmen der Hamsterer auf dem Lande"; Ende Januar 1919 wurde auf einer Versammlung der Amts- und Gemeindebauernräte der Oldenburger Landbund gegründet, der sich als Interessenvertretung aller Berufsgruppen des platten Landes und der Landstädte verstand. Hier zeigte sich die enge Verknüpfung der Bauernräte und der landwirtschaftlichen Berufsorganisation, auf die Muth hinweist; vgl. Nachrichten vom 13. 1. 1919.
98) Nachrichten vom 16. 11. und 18. 11. 1918; vgl. OVZ vom 22. 11. 1918.
99) Nachrichten vom 16. 11. 1918; Heitmann gehörte auch dem Arbeiter- und Soldatenrat an.
100) Nachrichten vom 16. 11. 1918.
101) Vgl. Nachrichten vom 18. 11. 1918; die Liste der Erstunterzeichner umfaßt 12 Namen, denen 13 weitere folgten. Einige Namen aus der Liste seien genannt: Prof. Ernst Boehe, Wilhelm von Busch, August Hinrichs, Dramaturg Walter Joos, Theaterdirektor Gustav Kirchner, Lehrerin Emmy Lüschen, Rektor Georg Ruseler, Schriftleiter Otto Schabbel, Oberlehrer Wilhelm Schwarz, Hauptlehrer Wilhelm Schwecke, Prof. Hermann Wempe.
102) Karl Jaspers urteilte 1938, Oldenburgs geistiges Klima sei das „einer ein wenig auch geistig durchwehten Vornehmheit", das durch den Hof mitgeprägt worden sei, gewesen, und er fuhr fort: „Erst später mit dem Verlust wurde man sich bewußt, daß es doch etwas gewesen war"; vgl. Jaspers, Karl: Schicksal und Wille. Autobiographische Schriften. Hrsg. von Hans Saner. München 1967, S. 98.

Der Schlußsatz, mochte er nun von dem berühmten Vorbild aus dem „Kommunistischen Manifest" oder von der „unreflektierten Räteeuphorie der ersten Revolutionstage"[103] inspiriert sein, hatte entschieden etwas Forciertes an sich:

„*Deshalb, Ihr geistigen Arbeiter Oldenburgs, vereinigt Euch!*"[104]

Er blieb nicht ungehört. Zu den fünfundzwanzig Manifestanten traten einen Tag später weitere neunzehn[105], am 23. November 1918 meldeten die „Nachrichten"[106] ständig neue Beitritte, „jetzt über dreihundert", am 28. waren es schon über tausend Einzelpersonen und zahlreiche Vereine aus dem Land[107], und als der Rat seine Arbeit aufnahm, standen „mehrere tausend Personen hinter ihm".[108]

Wie stand es mit den Programmen?

Der Bürgerrat bildete gleichsam den politischen Flügel, während der Rat geistiger Arbeiter den kulturellen in der bürgerlichen „Rätebewegung", zu der beide Räte wegen der Vielzahl der Doppelmitgliedschaften vereinigt werden können, darstellte. Die „Richtlinien" zur Politik enthielten Aussagen zur Staatsform (Nationalversammlung, repräsentative Republik), zur Gesellschaftsordnung (bürgerliches Gegengewicht zur sozialistischen Republik), zur Sozialpolitik (Ausgleich zwischen Arbeitgebern und Arbeitnehmern), zur politischen Richtung (gegen Spartakus und Reaktion) und zur politischen Bildung (Aufklärung über Pflichterfüllung in der Demokratie, Teilnahme an Wahlen).[109] Die Entschließung des kulturellen Flügels enthielt ein Bekenntnis zur neuen Staatsform „abseits aller Politik", zur energischen Vertretung aller geistigen und kulturellen Interessen vor der neuen Regierung, zur Unabhängigkeit und Freiheit geistiger Arbeit, sie forderte eine großzügige Schulreform, die Vertiefung und Verbreitung der allgemeinen Bildung (Volkshochschule, Hochschulkurse), Einfluß auf die Gestaltung des künstlerischen und kulturellen Lebens vom Theater bis zur Heimatkunst, und sie kündigte den Kampf gegen den Schund an.[110] Ein Punkt war beiden Progammen gemeinsam: Oldenburg muß bleiben, was es war, gewachsener Mittelpunkt der Kultur im Lande.[111]

Wie groß die Wirkung der bürgerlichen „Rätebewegung" im ganzen wie bei einzelnen Programmpunkten war, ist schwer zu beurteilen; eine Bedeutung als politische Institution haben beide Räte nicht gehabt, und wenn sie einige Initiativen im Kulturleben entfalteten oder förderten[112], so waren dazu die Räte nicht nötig, wie andererseits das Ende der bürgerlichen Räte nicht die kulturelle Verödung Oldenburgs hervorrief.[113]

---

103) Muth, S. 12; der Ausdruck „Räteeuphorie" hat sicher seine Berechtigung, man betrachte nur die Vielzahl von Räten, die sich in wenigen Tagen bildeten, ohne eine Spur ihrer Tätigkeit zu hinterlassen. In Oldenburg wird ein „Industrierat", ein „Beamtenrat" erwähnt.
104) Nachrichten vom 18. 11. 1918.
105) Nachrichten vom 19. 11. 1918.
106) Die ausführliche Berichterstattung der Nachrichten ist erklärlich, da sowohl der Hauptschriftleiter Wilhelm v. Busch als auch der Schriftleiter Otto Schabbel und der Geschäftsleiter Ernst Bock zu den Erstunterzeichnern gehörten.
107) Nachrichten vom 28. 11. 1918.
108) Nachrichten vom 19. 12. 1918.
109) Vgl. Nachrichten vom 21. 11. und 8. 12. 1918.
110) Vgl. Nachrichten vom 27. und 28. 11. 1918.
111) Vgl. Nachrichten vom 28. 11. und 8. 12. 1918.
112) Z. B. Hochschulkurse im Frühjahr 1919, bei denen der Historiker Walter Goetz (Leipzig), der Publizist Paul Rohrbach (Berlin) und der Philosoph Paul Deussen (Kiel) sprachen; vgl. Nachrichten vom 16. 2. und 19. 3. 1919.
113) Im Direktorium war einmal vom Rat geistiger Arbeiter die Rede: er „soll in geeigneten Fällen gehört werden"; vgl. StA Ol 131-107, 25. Sitzung am 29. 1. 1919.

5. DAS ENDE DER RÄTEBEWEGUNG

5.1. Die Räterepublik Wilhelmshaven: „Wir sind düpiert worden".

Kolb hat vorgeschlagen, mit „Räterepublik" nur solche lokalen Herrschaftsbereiche zu bezeichnen, in denen der jeweilige Arbeiter- und Soldatenrat über die gesamte gesetzgebende und vollziehende Gewalt einschließlich der Polizei und des Militärs verfügte, unbeschadet der Tatsache, daß er in allen anderen, nicht lokalen Belangen den Verfügungen der Reichsregierung unterworfen war.[1] Daß dennoch nur zwei Lokalherrschaften den Namen „Räterepublik" auf Dauer behauptet haben - Bremen und München - liege daran, daß weniger die tatsächliche Machtausübung als vielmehr der „weithin sichtbare ‚pathetische Akt' der Ausrufung" den Ausschlag für die Benennung gegeben habe.[2] Gerade die Proklamation aber bildete in Wilhelmshaven den Auftakt zur Räterepublik.[3] Obwohl sie nur knapp zwei Tage bestand, soll sie wegen der Bedeutung, die sie als Wendepunkt in der Herrschaft des 21er Rats hatte, eingehender behandelt werden.[4]

Nachdem der Versuch der Kommunisten und des radikalen USPD-Flügels, den 21er Rat ganz in ihre Abhängigkeit zu bringen, am 15. Januar 1919 gescheitert war[5], wagten sie am 20. Januar, am Tag nach der Wahl zur Nationalversammlung einen erneuten Versuch. Der Mord an Karl Liebknecht und Rosa Luxemburg[6] gab ihnen den Vorwand. Die Kommunisten beantragten beim 21er Rat eine Demonstration zu Ehren der Ermordeten und forderten darüber hinaus die Bewaffnung der Arbeiter und die Entwaffnung der Berufssoldaten[7], eine Forderung, die den Abmachungen vom 11. Januar klar widersprach. Gleichzeitig versuchten sie auf der Reichswerft im Ressort 1 eine Macht- und Betriebsübernahme, durch die der Dampferbetrieb völlig in ihre Hand gelangen sollte. Außer der Absetzung sämtlicher Offiziere und Beamten wollten sie die Verwendung „des ganzen Betriebes für ihre Zwecke", worunter sie unter anderem die Entsendung von Dampfern nach Bremen und nach Rußland zum Lebensmitteltransport verstanden, erzwingen.[8] In einer Betriebsversammlung konnten sie allerdings dafür keine Mehrheit erreichen. Auch mit der Forderung nach Bewaffnung der Arbeiter hatten sie beim 21er Rat wenig Resonanz. Zwar fand Kuhnt, die Parole „Die Waffen dem Proletariat" sichere den Kommunisten eine große Stimmenzahl[9], aber für eine „längere Regierung", wenn es dazu

---

1) Kolb, S. 325 f.; diese Bedingungen waren in Hamburg, Bremen, Braunschweig, Leipzig, Gotha und Gera erfüllt.
2) Derartige Proklamationen gab es außer in Bremen und München in Cuxhaven, Mannheim und Braunschweig; die drei letzten „Räterepubliken" haben aber wegen der Kürze ihres Bestehens (1 bis 5 Tage) keine Bedeutung erlangt und sind deshalb von Kolb nicht behandelt worden; vgl. Kolb, S. 327 f.
3) Kolb erwähnt die Wilhelmshavener Ereignisse nur im Zusammenhang mit dem Bremer „Oberputschisten Jörn" als Anschlußtat seiner dortigen, wenig erfolgreichen Aktivität, obwohl in der von ihm zitierten Literatur (Kliche, Kraft) ausdrücklich von „Räterepublik" gesprochen wird, bei Kraft, S. 81, sogar durch Fettdruck hervorgehoben; vgl. Kolb, S. 344.
4) Die Darstellung des Wilhelmshavener Putsches durch Kolb, der die Tat gleichsam als Einzelaktion eines in Bremen gescheiterten und seines politischen Amtes entsetzten Revolutionärs behandelt, läßt die Vorgeschichte und den Wilhelmshavener Anteil dabei zu sehr außer acht.
5) Vgl. Kap. 4, S. 159 f.
6) In den späten Abendstunden des 15. 1. 1919.
7) P.A., 21. 1. 1919, WTBl vom 24. 2. 1923.
8) P.A., 20. 1. 1919, WTBl vom 22. 2. 1923.
9) Gemeint ist wohl die Neuwahl zum Arbeiter- und Soldatenrat.

kommen sollte, reiche es nicht.[10] Besonders die Vertreter des Arbeiterrats[11] sprachen sich energisch gegen die Forderungen aus. Es blieb deshalb bei den Abmachungen, nach denen Waffen und Munition in Depots durch das Freiwilligenkorps und Arbeiter bewacht wurden.[12] Um jedoch gegen Überraschungen gesichert zu sein, wurde das „Regierungsgebäude" durch Maschinengewehre und Posten des Arbeiterbataillons geschützt. In einer Vollsitzung des Arbeiter- und Soldatenrats verurteilte der Sprecher des 21er Rats das Vorgehen der Kommunisten und wies auf die möglichen Folgen hin, die bei den „begreiflicherweise aufgeregten" Berufssoldaten ausgelöst werden könnten.[13]

Damit war zwar der zweite Versuch der Kommunisten, die Macht an sich zu reißen, fehlgeschlagen, aber eine Stärkung des 21er Rats war damit nicht verbunden. Vielmehr mußte sich der 21er Rat mit dem Ausgang der Wahl zur Nationalversammlung, die mit einem „glatten Fiasko"[14] geendet hatte, und der Frage befassen, welche Konsequenzen aus den Ergebnissen zu ziehen wären.[15] Kuhnt, den die Niederlage schwer getroffen haben muß, konstatierte, daß er „nichts mehr hinter sich" hätte und bat, da er keine „Strohpuppe" sein wolle, zu erwägen, ob sich nach seinem Rücktritt die „Mehrheitssozialisten oder die Kommunisten hier abwirtschaften sollen".[16] In der Debatte kamen zunächst die Ursachen für das Debakel zur Sprache: Die Hauptschuld daran gaben die Vertreter des Arbeiterrats der Zersplitterung, der Spaltung der Partei am Orte[17], dann der unklaren Politik des 21er Rats, der „nach rechts die Grenze wohl festgelegt" habe, nach links aber nicht, da sei sie immer überschritten worden, ferner der starken Stellung Hugs und Meyers, die man „durch bloße Proteste ... nicht an die Luft setzen (könne)"[18], auch Organisationsmängel und eine verfehlte Wahlagitation der „Tat" wurden genannt, und der heutige Betrachter wird kaum umhin können, die Richtigkeit der Argumente anzuerkennen.

Auf die Frage „Was ist hier für uns zu tun?"[19] machte Schneider erst einmal auf das Dilemma aufmerksam, in dem sich der 21er Rat befand:

> *„Kommt die Mehrheit[20] zur Zeit ans Ruder, wo die ganzen Obleute noch revolutionär sind, so steht fest, daß es dann los geht, es kommt Putsch auf Putsch. Wenn die Kommunisten ans Ruder kommen, dann erst recht, dann ist auch das ganze Bürgertum dagegen. Die Revolution hat vollständig versagt."*[21]

Da der 21er Rat weder der MSPD noch den Kommunisten die Macht überlassen wollte[22], rang

---

10) P.A., 20. 1. 1919, WTBl vom 22. 2. 1923.
11) Silberberg, Henneicke, Zimmermann, Reiche.
12) Bekanntmachung durch Flugblatt vom 13. 1. 1919; vgl. auch Grundig, ... Wilhelmshaven, Bd II, S. 128.
13) P.A., 21. 1. 1919, WTBl vom 24. 2. 1923.
14) P.A., 20. 1. 1919, WTBl vom 21. 2. 1923.
15) Kuhnt nannte als Wahlergebnis für Wilhelmshaven/Rüstringen 35.000 Stimmen für Hug (MSPD) und 16.000 für die USPD. Die Zahlen sind so falsch, daß ein Hörfehler des Protokollanten nicht auszuschließen ist; im anderen Falle wäre es denkbar, daß Kuhnt noch nicht im Besitz des genauen Ergebnisses war. Das Ergebnis lautete: 15.155 Stimmen für die MSPD, 11.377 für die USPD.
16) P.A., 20. 1. 1919, WTBl vom 21. 2. 1923.
17) Es waren diejenigen, die einer Spaltung sich am längsten widersetzt hatten, ein Verteidiger der Spaltung fand sich nun nicht mehr.
18) P.A., 20. 1. 1919, WTBl vom 21. 2. 1923.
19) Ebd.
20) Gemeint ist die MSPD in Wilhelmshaven/Rüstringen.
21) P.A., 20. 1. 1919, WTBl vom 22. 2. 1923.
22) Im ersten Falle fürchteten sie neben dem politischen Schaden auch noch den Spott, im zweiten sprach ein Mitglied vom „Unglück für das Proletariat" und von einem „Verbrechen"; ebd.

er sich zu dem Entschluß durch, vorerst den Platz zu behaupten und das erschütterte Vertrauen durch Neuwahlen zum Arbeiter- und Soldatenrat wieder zu festigen.[23]

Auf Betreiben der KPD, dem sich der Arbeiterrat, die MSPD, die USPD und das Gewerkschaftskartell anschlossen, fand am 26. Januar 1919 eine Demonstration gegen die Ermordung Liebknechts und Luxemburg statt, die an die frühere Einheit der Arbeiterbewegung erinnerte: Zwölftausend Arbeiter versammelten sich zur Trauerfeier, Kuhnt hielt die Gedenkrede, der Arbeitergesangverein umrahmte die Feier, die „Republik" fand warme Worte der Anerkennung und schloß ihren Aufruf: „Wir haben ihren Weg für falsch gehalten, aber ihre edlen Motive anerkannt."[24] Zwölf Stunden später begann der Putsch der Kommunisten.

In den frühen Morgenstunden des 27. Januar 1919 besetzten sie Bahnhof, Post, Fernsprechamt, die Lebensmittelämter und die Rathäuser, entwaffneten die „regierungsfreundlichen Elemente"[25], soweit diese nicht durch die Versicherung, alle in Wilhelmshaven vertretenen sozialistischen Richtungen seien mit der Aktion einverstanden, zum Mitmachen bewegt worden waren und proklamierten mittels Plakaten in den Jadestädten die „sozialistische Räterepublik".[26] Ihr Hauptquartier befand sich in der Tausend-Mann-Kaserne, wo ihre Obleute in der Matrosendivision besonders viel Rückhalt besaßen.

Mit einem Flugblatt, als dessen Autor der ehemalige Lehrer Jörn unschwer zu erkennen ist, wandte sich das „revolutionäre Komitee" an die Arbeiter:

> *„Die Würfel sind gefallen. Die revolutionären Soldaten Wilhelmshavens haben die Waffen erhoben, um die Freiheit des Proletariats zu erkämpfen. Arbeiter, Genossen, seht diesmal nicht wieder untätig zu wie bei der November-Revolution, sonst seid Ihr für immer verloren . . ."*

Das war ein Mißgriff. Konnte die Behauptung bei den Angesprochenen Sympathie auslösen? Wenn irgendwo die Arbeiter gerade nicht untätig zugesehen hatten, sondern schon wenige Stunden nach der Matrosendemonstration ihrerseits mit großen Aufmärschen und einer machtvollen Kundgebung die revolutionäre Bewegung unterstützt und ihr zum Siege verholfen hatten, dann war es in Wilhelmshaven/Rüstringen. Es folgten Anklagen gegen den Militarismus, den Kapitalismus, die Lohnsklaverei, die in der ausweglosen, düsteren Alternative gipfelten: Freiheit des Proletariats oder ewige Knechtschaft. Und da zeigte sich, daß der Revolutionär seinen Schiller gelesen hatte, des Dichters Wort war die Losung für den Kampf: „Eher den Tod, als in der Knechtschaft leben".[27]

Aber die Revolutionäre bedachten auch das Nächstliegende. Sie erließen Anordnungen, an deren grimmiger Eindeutigkeit es keinen Zweifel geben konnte:[28]

---

23) Ebd.
24) „Republik" vom 25. 1./26. 1. und 28. 1. 1919; vgl. Kliche, S. 29; wenn Kliche die gemeinsame Trauerfeier als Beweis dafür wertet, daß „von ernsthaften Differenzen zwischen der MSPD und dem 21er Rat . . . nichts zu spüren (war)", so widerspricht er sich selbst. Nicht nur belegen seine eigenen Artikel und Kommentare in der „Republik" am 9. und 10. 1. 1919 das Gegenteil, auch der Abschnitt seines Buches, der mit „Differenzen und Putsche" überschrieben ist (S. 26-32), enthält die Aufzählung der Differenzen und Gegensätze (S. 26-28) zwischen der MSPD, der „Republik" und dem 21er Rat.
25) StA Aurich, Rep. 21a-9574, Bl. 285; Diensttelegramm des Regierungspräsidenten an das Ministerium des Innern.
26) „Republik" vom 29. 1. 1919; vgl. auch Kliche, S. 29-31; Grundig, . . . Wilhelmshaven, Bd II, S. 128-130; Kraft, S. 81.
27) Flugblatt „An die Arbeiter" im Stadtarchiv Wilhelmshaven, Best. 7040.
28) Die „Republik" vom 29. 1. 1919 brachte eine ausführliche Dokumentation der Vorgänge und Verlautbarungen, auf die ich mich im folgenden stütze.

> „Die Ordnungsgewalt in Wilhelmshaven wird bis auf weiteres ausgeübt durch das Revolutionäre Komitee. Den Anordnungen des Revolutionären Komitees ist unweigerlich Folge zu leisten.
> Jede Widersetzlichkeit gegen das Revolutionäre Komitee wird auf das Schärfste bestraft. Plünderungen werden standrechtlich abgeurteilt.
> Über den Machtbereich der sozialistischen Räterepublik Wilhelmshaven ist das Standrecht verhängt . . ."

Es folgten Bestimmungen für alle Beamten und Angestellten, in ihren Ämtern zu verbleiben, über die sofortige Ablieferung von Waffen, über die Polizeistunde, die auf neun Uhr festgesetzt wurde, und ein Alkoholverbot. Einen entscheidenden Schlag gedachte das Revolutionäre Komitee gegen die noch bestehende Wehrverfassung zu führen:

> „. . . Die im Machtbereich der sozialistischen Räterepublik Wilhelmshaven garnisonierenden Truppenkörper sind als aufgelöst zu betrachten.
> An Stelle der alten militärischen Körperschaft tritt als neue Wehrmacht der sozialistischen Räterepublik Wilhelmshaven die Rote Garde . . ."

Die versprochenen Tagegelder hielten sich auf der Höhe der Diäten für Mitglieder des 21er Rats.[29] Ein Vergleich mit den Aufrufen der Bremer Räterepublik zeigt, daß bei vielen Anordnungen das Bremer Vorbild seine Wirkung getan hatte: beim Standrecht, bei der Vorsorge gegen Widersetzlichkeit, bei den Waffen-, Polizeistunde- und Alkoholverbotsbestimmungen[30]; aber selbst ohne das Bremer Beispiel hätten wohl die Putschisten die auf der Hand liegenden Vorkehrungen getroffen. Was nun die Errichtung der „Roten Garde" angeht, so ist der Einfluß Jörns unverkennbar. Schon in der Auseinandersetzung mit der Bremer Garnison, die sich in der Hand des Soldatenrats befand, hatte er am 13. Januar 1919 gefordert, „das alte Heer ganz zu demobilisieren und eine Rote Garde zu mobilisieren"[31], war damit aber im Arbeiter- und Soldatenrat nicht durchgedrungen. Sein als Regierungsmitglied gegen die Räteregierung gerichteter Putschversuch am 20. Januar hatte seinem Tatendrang in Bremen ein Ende gesetzt.[32] In Wilhelmshaven gedachte er seine Vorstellungen nun zu verwirklichen. Wie für die „Rote Garde", so spielten offenbar auch für die Geldbeschaffung seine Absichten und seine Bremer Erfahrungen eine Rolle. Da die Besoldung der „revolutionären Soldaten" wie die Bestreitung anderer Ausgaben eine Menge Geld erforderte, wurde die Reichsbankstelle mit Gewalt zur Hergabe von 40.000 Mark, 10.000 Mark davon in Gold, gezwungen.[33]

Indes, die Gegenaktionen ließen nicht lange auf sich warten:

> Die Reichswerft arbeitete weiter, die Obleute erklärten sich gegen das Vorgehen der Kommunisten,
>
> die Beamten, Angestellten und Arbeiter bei Bahn, Post, Fernsprechamt traten in einen Proteststreik[34],

---

29) Unverheiratete 10 M. (10 M. 21er Rat), Verheiratete 15 M. (13 M.); P.A. 14. 11. 1918, WTBl vom 28. 12. 1922; es waren dies Spitzengehälter.
30) Illustrierte Geschichte der deutschen Revolution, S. 339; auch abgedruckt in: Revolution und Räterepublik in Bremen, S. 53 f.
31) Revolution und Räterepublik in Bremen, S. 108.
32) Ebd., S. 115 f. und S. 27; Jörn hatte eine Kaserne und einige öffentliche Gebäude besetzt, die Herausgabe von Waffen erzwungen, Arbeiter bewaffnet, den Stadtkommandanten zu verhaften versucht und war daraufhin zum Ausscheiden aus der Regierung der Volksbeauftragten gezwungen worden; vgl. ebd., S. 111-115.
33) In Bremen hatten die Banken der Räteregierung den Kredit gesperrt. „Der Senat hat zwar die Kassen nicht mitgenommen, wohl aber den Kredit", stellte Hagedorn (USPD), Kommissar für das Steuer- und Finanzwesen, fest; vgl. ebd., S. 117.
34) Die Eisenbahner stellten sich in einer Erklärung geschlossen hinter die „jetzige Regierung"; vgl. „Republik" vom 29. 1. 1919.

die Reichs-, Staats- und Gemeindebeamten[35] sowie die Lehrerschaft und die Ärzteschaft schlossen sich an,

kurz, der Schlag der Kommunisten ging ins Leere, die Einwohner bildeten eine geschlossene Abwehrfront. Daraufhin begannen die Führer der Kommunisten[36] Verhandlungen mit dem 21er Rat, die damit endeten, daß die Kommunisten das geraubte Geld bis fünfzehn Uhr zurückzuzahlen hätten, über die Bankbestände sollten nur zwei Mitglieder des 21er Rats verfügen können.[37]

Inzwischen hatten die Obleute der Werftarbeiter beschlossen,

das Vorgehen der Kommunisten scharf zu verurteilen, „obwohl E. Schneider den Arbeitern das Himmelreich auf Erden versprach",

sich geschlossen hinter den 21er Rat zu stellen,

die Freigabe der besetzten Gebäude und die Rückgabe des Geldes zu fordern.

Unter Bruch des Versprechens hatten die Kommunisten nicht nur nicht das Geld zurückgebracht, sondern durch eine neue Gewalttat insgesamt 7.208.446 Mark, darunter den gesamten Goldbestand der Reichsbankstelle in Höhe von 2.000.000 Mark, in ihren Besitz gebracht. Damit war der Höhepunkt ihrer Aktion und gleichzeitig ihr Wendepunkt erreicht.

Gegen Mittag des 27. Januar 1919 schwenkten die Sicherheitskräfte, das Seebataillon und das Freiwilligenkorps, anfangs durch gefälschte Befehle und irreführende Erklärungen getäuscht, in die Abwehrfront ein.[38] Um sechzehn Uhr begannen neue Verhandlungen zwischen den Kommunisten und dem 21er Rat, in denen es um die Geldrückgabe und die Gebäuderäumung ging.[39] Beides wurde von den Kommunisten zugesagt für den Fall, daß drei ihrer Vertreter in den 21er Rat aufgenommen würden.[40] Der 21er Rat ging darauf ein[41] und ernannte eine Kommission, die das Geld zur Reichsbankfiliale bringen sollte. Während der 21er Rat Verhandlungen pflog, versammelte sich draußen eine große Menschenmenge, die durchgreifende Maßnahmen gegen die Putschisten forderte:

---

35) Beamtenschaft der Reichswehr, der Intendantur, der Amtsgerichte, der städtischen Behörden; vgl. StA Ol 131-108, Bl. 7, Bericht des Amtsgerichts Rüstringen vom 30. 1. 1919.

36) Als Mitglieder des Revolutionären Komitees zeichneten: Bock, Jörn, Weiland, Schneider, Klüver; weitere Führer und Funktionäre waren: Tetens, Vorsitzender der KPD-Ortsgruppe, Blume, Fritsche, Presch (alle Mitglieder des Arbeiter- und Soldatenrats).

37) Die Formulierung ist dunkel und vieldeutig: eine plausible Interpretation scheint zu sein, daß nur durch zwei Mitglieder des 21er Rats, gleichsam mit Vollmacht gegenüber der Reichsbank versehen, sollten Anordnungen vorgenommen werden können, um auszuschließen, daß irgendwelche Unbekannte, die sich auf den 21er Rat beriefen, Eingriffe in die Reichsbank vornahmen.

38) Erklärungen des Sprechers des Seebataillons und des Kommandeurs des Freiwilligenkorps in der „Republik" vom 2. 2. bzw. 4. 2. 1919.

39) Als Grund für die zweite Beschlagnahme des Geldes gaben die Kommunisten an, sie hätten ein Zugreifen der Berufssoldaten auf die Bank erwartet; vgl. „Republik" vom 29. 1. 1919; Berlin, S. 69, schreibt dazu: „Diese nach außen nicht vermittelte Abhebung des Geldes kostete sie die durchaus vorhandenen Sympathien bei den Arbeitern und Soldaten", und weist in einer Anmerkung auf die Bremer Erfahrungen als Grund für die Beschlagnahme hin. Wenn also, so ist Berlin wohl zu interpretieren, die Kommunisten den Arbeitern und Soldaten gesagt hätten: Es soll uns nicht so gehen wie in Bremen, wo uns die Banken den Kredit gesperrt haben, deshalb nehmen wir uns das Geld gleich selbst, dann wären ihnen die Sympathien weiter sicher gewesen. Nur, warum haben sie dann auf eine entsprechende Frage nach dem Geldraub mit der absurden Behauptung geantwortet, sie wollten den Berufssoldaten zuvorkommen (nach der Methode „Haltet den Dieb!"), anstatt die dort noch am ehesten verständliche Erklärung mit den Bremer Erfahrungen zu geben? Im übrigen ist es mehr als zweifelhaft, daß sie Sympathien bei „den Arbeitern und Soldaten" gehabt haben sollen, außer bei ihrem Anhang, der auf 3.000 Mann geschätzt wurde, die Tatsachen sprechen da für sich; zur Schätzung vgl. Archiv der sozialen Demokratie, Nachlaß Noske, S. 12.

40) Ihren Rückzug gaben die Kommunisten so bekannt; „Die heute von dem revolutionären Komitee getroffenen Maßnahmen werden hiermit restlos aufgehoben. Der 21er Rat ist nach wie vor der maßgebliche Regierungskörper"; vgl. WZ vom 29. 1. 1919.

41) In der Erklärung des Seebataillons heißt es, die Forderungen der Kommunisten seien „provisorisch" angenommen worden.

Verhaftung des Revolutionären Komitees,
Räumung der Tausend-Mann-Kaserne,
Entwaffnung der Kommunisten,

und diese Forderungen dem 21er Rat überbringen ließ.[42] Dieser, nun immer stärker unter Druck, machte die Forderungen zu den seinen und ließ sie den Putschisten in deren Hauptquartier zustellen. Die „Parlamentäre"[43] wurden jedoch unter Feuer genommen und konnten erst nach langen, durch Schießereien unterbrochenen Verhandlungen sich des Geldes bemächtigen und es der Reichsbankfiliale übergeben.[44]

Noch während der Schießereien hatte das Seebataillon den Befehl erhalten, das Hauptquartier der Kommunisten einzuschließen und die Licht- und Wasserversorgung abzustellen. Die Alternative, vor der die Belagerten nun standen, lautete: unbewaffneter Abzug am Morgen des 28. Januar oder den Angriff der Regierungstruppen abwarten. Die Demonstranten, durch mehrere Redner[45] über die eingeleiteten und beabsichtigten Maßnahmen auf dem laufenden gehalten, konnten dadurch beruhigt werden.[46] Gleichwohl war die Erbitterung der Arbeiter, die in einer Versammlung im „Friedrichshof" den Lagebericht des Parteisekretärs der MSPD anhörten und diskutierten, nicht gering. Sie entstand aus der Erfahrung - zum wiederholten Male - ihrer Ohnmacht gegenüber Putschisten von links und rechts, ihrer Schutzlosigkeit und äußerte sich lautstark in dem Ruf nach Bewaffnung. Nicht zuletzt trug zur Erbitterung die Nachricht bei, daß ein Wachtposten des Arbeiterbataillons bei der Entwaffnung durch Berufssoldaten erschossen worden sei. Diese hatten sich inzwischen bewaffnet und begannen den Angriff auf die Tausend-Mann-Kaserne, der durch Artilleriefeuer unterstützt wurde. Trotz der Aufforderung des 21er Rats, das Feuer einzustellen, setzten sie die Beschießung fort, bis die Kommunisten gegen drei Uhr morgens aufgaben und die Kaserne verließen. Die Zahl der Opfer betrug acht Tote und sechsundvierzig Verwundete.[47]

Am Morgen des 28. Januar war die Lage gespannt: In den Straßen bewegten sich Trupps bewaffneter Berufssoldaten und Arbeiter, zwischen denen es schon zu Schußwechseln gekommen war.[48] In mühsamen Verhandlungen[49] gelang es jedoch, die bewaffneten Gegner voneinander zu trennen, die Arbeiter auf der Werft[50] und die Berufssoldaten in den Kasernen zu versammeln, wodurch weiteres Blutvergießen verhindert wurde. Einen gewissen Anteil an diesem Erfolg hatte der 21er Rat, der sich als Vermittlungs- und Clearingstelle bewährte, in der die verschiedensten Ansichten vorgetragen und Mißverständnisse ausgeräumt werden konnten. So

---

42) Das Seebataillon hatte gegen 17 Uhr gleichlautende Forderungen gestellt; vgl. „Republik" vom 2. 2. 1919.
43) So in der Erklärung des Seebataillons.
44) Erklärung der Kommissionsmitglieder in der „Republik" vom 8. 2. 1919; die Schießereien werden sowohl vom Sprecher des Seebataillons (ebd., 2. 2. 1919) als auch vom Berichterstatter der „Republik" (29. 1. 1919) bestätigt. Berlin, S. 70, scheint gerade dies in Zweifel zu ziehen, nennt als Quelle nur das „Wilhelmshavener Tageblatt" („bürgerlich"), nicht aber die Erklärungen in der „Republik" und führt den Schalterschluß der Bank als Grund dafür an, daß das Geld nicht mehr am gleichen Tag zurückgebracht werden konnte; dies ist jedoch ein Irrtum; vgl. „Republik" vom 1. 2. 1919.
45) Darunter Kuhnt, Hug, Meyer, Walk.
46) Die erregte Stimmung und drohende Haltung wie auch der Kampf werden bei Helmerichs, S. 68, mit dem diesen Schilderungen eigentümlichen geringschätzigen Sarkasmus für die Besiegten und der Arroganz des späteren Siegers geschildert.
47) Vgl. Hipper-Tagebuch, S. 24.
48) Aussage des Oberbürgermeisters Dr. Lueken (Rüstringen); vgl. P.A., 28. 1. 1919, WTBl vom 2. 3. 1923.
49) Beteiligt waren: der 21er Rat, der Bund der Berufssoldaten, der Deckoffiziersbund, das Gewerkschaftskartell, die MSPD, die Obleute der Arbeiter und Soldaten, der Stationschef; vgl. ebd.
50) In diesem Sinne wirkten auf der Werft Kuhnt, Zimmermann, Hennecke.

erklärten die Berufssoldaten, daß sie nichts gegen die Arbeiter unternehmen, sondern für Ruhe und Ordnung sorgen und Spartakus bekämpfen wollten, im übrigen geschlossen hinter dem 21er Rat stünden. Lezteres versicherten auch die Vertreter der Arbeiterschaft, äußerten jedoch den Verdacht, daß die Berufssoldaten gemeinsame Sache mit den Offizieren machen wollten. Ein Mitglied des 21er Rat brachte die verworrene Lage auf die Formel: Wenn die Offiziere wieder die Leitung hätten, würden die Berufssoldaten von diesen ebenso mißbraucht wie die Arbeiter von den Spartakisten.[51]

So schwierig die Verhandlungen auch waren, guter Wille war bei allen Beteiligten vorhanden, so daß schließlich folgende Ergebnisse zustande kamen:

1. eine Entschließung des 21er Rats, die eine Revision seiner Stellung gegenüber der Reichsregierung vornahm:

   „Der 21er Rat erkennt die gegenwärtige Reichsregierung Ebert-Scheidemann an, leistet ihren Anordnungen Folge, behält sich aber vor, in Einzelfragen die Stellung der Regierung zu kritisieren."[52]

2. die Verhängung des Belagerungszustandes über den Festungsbereich wegen der fortdauernden Beunruhigung der Bürgerschaft,

3. der Beschluß, daß sich Berufssoldaten und Arbeiter gemeinsam in den Sicherheitsdienst teilen,

4. die Ausschreibung von Neuwahlen für den Arbeiterrat, den Soldatenrat und den 21er Rat[53],

5. die Aufnahme von drei Vertretern des Bürgertums in den 21er Rat.[54]

Als schließlich am 30. Januar 1919 eine Einigung über die Leitung und den Einsatz der nichtmilitärischen Verbände erreicht wurde, war die „Ruhe" wiederhergestellt.[55] Der Oberbefehl über die militärischen und Sicherheitskräfte, bisher ausschließlich in der Hand des 21er Rats und seine Machtposition begründend, wurde nun einer Fünferkommission übertragen, deren Leitung der Stationschef übernahm und in der der 21er Rat zwei, die Bürgerschaft und die Berufssoldaten je einen Vertreter stellten.[56] Die endgültige Zusammensetzung der Siebenerkommission für die Sicherheit nach erneuten Verhandlungen war folgende: der Stationschef als Befehlshaber, zwei Vertreter des 21er Rats, zwei der Berufssoldaten, je einen der Arbeiterschaft und der Bürgerschaft.[57] Damit hatte der 21er Rat aufgehört, die oberste militärische Befehlsinstanz zu sein, und alle rednerischen Anstrengungen im 21er Rat, die verlorene Machtstellung wiederzugewinnen, waren vergeblich und erinnern an den gescheiterten Versuch des Oldenburger Zentralrats, sich das Direktorium unter- und sich selbst überzuordnen.[58]

---

51) P.A., 28. 1. 1919, WTBl vom 2. 3.1923; die Äußerung stammt von demselben Mitglied, das schon vorher durch eine klare Beurteilung der Lage hervorgetreten war (Silberberg).

52) „Republik" vom 29. 1. 1919; der Beschluß nahm die Autonomieerklärung der Republik Oldenburg-Ostfriesland vom 19. 12. 1918 wieder zurück.

53) Es war der dritte Versuch, Neuwahlen anzusetzen; wahlberechtigt waren alle Hand- und Kopfarbeiter bis zu einem Jahreseinkommen von 7.000 Mark.

54) Stukenberg, Kielblock, Brockwilder.

55) „Wieder Ruhe" lautete eine Überschrift in der „Republik" vom 31. 1. 1919.

56) Die Bürgerschaft hatte inzwischen einen Einwohnerausschuß gebildet, der die Forderungen vortrug; er bedauerte die „planmäßige Verhetzung", durch die das gute Einvernehmen der Einwohner zerrüttet und eine künstliche Kluft zwischen Arbeitern, Soldaten und Bürgern geschaffen worden sei, er stehe auf dem Boden der Reichsregierung und wollte die guten Früchte der Revolution erhalten wissen; vgl. „Republik" vom 31. 1. 1919.

57) „Republik" vom 5. 2. 1919.

58) „Der Siebener-Ausschuß wird dem 21er Rat unterstellt und existiert nicht als gleichbedeutender Faktor neben dem 21er Rat" und: „Solange wir oberste Behörde sind, ist der Siebener-Ausschuß uns unterstellt"; P.A., 5. 2. 1919, WTBl vom 9. 3. 1923.

Bleibt noch zu erwähnen, was die Zählung des wieder in den Besitz der Reichsbankfiliale gelangten Geldes ergab: Von den 7.208.466 Mark waren 6.688.096 Mark am 27. Januar abgeliefert worden, von der fehlenden Summe, davon 44.900 Mark in Gold, wurden am 30. Januar weitere 100.000 Mark beschlagnahmt und später noch kleinere Beträge, so daß sich der Gesamtverlust auf 313.479 Mark stellte.[59]

Nach der Darstellung der Vorgeschichte und des Ablaufs des Kommunisten-Putsches sollen nun einige Fragen aufgeworfen werden, welche den Charakter der Räterepublik als Schlüsselereignis, Kulminations- und Angelpunkt in einem, bloßlegen. Dabei geht es darum festzustellen:

>   wie der Putsch überhaupt gelingen konnte,
>   welche Rolle der 21er Rat dabei spielte,
>   wie er im 21er Rat bewältigt wurde und
>   welche Entwicklung er einleitete.

Zunächst: Die Polarisierung der politischen Kräfte, von Anfang an vorhanden, nahm durch die Spaltung der SPD ständig an Schärfe zu. Sie führte zu einer Kampfansage an die Reichsregierung und einer Autonomieerklärung des 21er Rats, der sich dadurch ein eindeutig parteipolitisches Profil gab. Zur Vertiefung der Gegensätze trugen die Gründung der KPD im Reich und in Wilhelmshaven[60], der Spartakus-Aufstand in Berlin und die Ausrufung der Räterepublik in Bremen bei.[61]

Sodann: Unter den Obleuten der Soldaten scheint der Anhang des linken USPD-Flügels und der Kommunisten, zwischen denen es kaum Unterschiede gab, seit Dezember 1918 gewachsen zu sein, ohne daß er jedoch im Arbeiter- und Soldatenrat die Mehrheit besaß. Gleichwohl hatten es die Kommunisten verstanden, die wichtigsten Posten in der Matrosen- und Werftdivision zu besetzen, und mit Hilfe dieser Obleute verstärkten sie den Druck auf den 21er Rat. Dabei wandten sie eine Taktik an, die vom gemäßigten USPD-Flügel im 21er Rat vier Wochen früher gegenüber der MSPD-Organisation vorgeschlagen, aber an den Spaltungsbefürwortern gescheitert war: das Herüberziehen von Teilen des 21er Rats auf ihre Seite, ohne die Zerreißprobe zu provozieren.

Die politisch führenden Mitglieder und die Mehrheit des 21er Rats unterließen es, die Grenze zwischen dem 21er Rat als dem Inhaber der obersten Machtbefugnisse und einem Parteigremium so deutlich zu ziehen, wie es nötig gewesen wäre. Dadurch entstand der bestimmte Eindruck bei der Bürgerschaft, den Berufssoldaten und bis weit in die Reihen der Arbeiter hinein, der 21er Rat gerate immer stärker unter den Einfluß und in die Hände der Kommunisten und könne Sicherheit und Ordnung nicht länger verbürgen.

Dagegen schritten die Berufssoldaten ein, um die politische Stabilität, die sie ihrerseits nur durch die Reichsregierung und die Nationalversammlung gewährleistet sahen, und die Botmäßigkeit gegenüber dem Reich zu festigen, sowie die Gefahr eines Linksputsches zu bannen.

---

59) Bericht der Kommission in der „Republik" vom 1. 2. 1919; eine andere Summe (6.648.287 M.) nannte die Kommission am 8. 2. 1919 in der „Republik"; noch Ende 1920 wurde ein Installateur wegen Unterschlagung von 82.000 M. zu 1 Jahr 7 Monaten Gefängnis verurteilt; Grundig, . . . Wilhelmshaven, Bd II, S. 130.
60) In Berlin fand der Gründungsparteitag der KPD vom 31. 12. 1918 bis 1. 1. 1919 statt; vgl. Der Gründungsparteitag der KPD. Protokoll und Materialien. Hrsg. und eingel. von Hermann Weber. Frankfurt 1969. In Wilhelmshaven wurde eine Ortsgruppe der KPD am 7. oder 8. 1. 1919 gegründet; WZ vom 9. 1. 1919.
61) In Berlin dauerten die Kämpfe vom 5.-13. 1. 1919; in Bremen erfolgte die Proklamation am 10. 1. 1919.

Ihre Restloyalität gegenüber dem 21er Rat, wohl auch die Einsicht in die Unangemessenheit einiger ihrer Maßnahmen, bewirkte, daß sie einem dilatorischen Kompromiß zwischen den antagonistischen Kräften zustimmten.

Schließlich: Der Ausgang der Wahlen und der erneute Versuch der Kommunisten, sich in den Besitz von Waffen zu setzen, brachte den 21er Rat, der ohnehin geschwächt war, in eine schwierige Lage: Entweder nahm er einen Putsch von links dadurch in Kauf, daß er die MSPD und die Berufssoldaten als Bundesgenossen suchte, oder er riskierte die Intervention der Reichsregierung, wenn er den Kommunisten Zugeständnisse machte.[62] In dieser Situation ergriffen die Kommunisten die Initiative.

Im 21er Rat war seit den Nachmittagsstunden des 26.Januar bekannt, daß der kommunistische Putsch bevorstand. Kuhnt und einige Mitglieder, die davon Kenntnis erhielten, unternahmen jedoch nichts, um die Gefahr abzuwenden.[63] Weder alarmierten sie das Freiwilligenkorps noch das Arbeiterbataillon, die zur Abwehr gerade solcher Versuche gebildet worden waren, noch auch nur die Mitglieder des 21er Rats.[64] Der Vorsitzende, Präsident Kuhnt, floh im Auto aus der Festung, „da ihn die siegenden Kommunisten angeblich auf eine abgelegene Insel bringen wollten"[65], und kehrte erst am nächsten Tag abends wieder zurück.[66] Das Freiwilligenkorps wurde am Morgen des 27. Januar durch Täuschungsmanöver der kommunistischen Obleute und des Adjutanten, die an geheimen Sitzungen der Putschisten teilgenommen hatten, aktionsunfähig gemacht.[67] Damit ist die erste Frage beantwortet: keine Abwehrmaßnahmen von seiten des 21er Rats, Flucht des Vorsitzenden, Paralysierung der Sicherheitskräfte.

Bei der zweiten Frage geht es um die Rolle, die der 21er Rat spielte. Dabei ist zu unterscheiden zwischen der Mitwisserschaft und der aktiven Unterstützung. Letztere wurde von den namentlich Genannten bestritten[68] oder abgeschwächt[69], Nachweise ließen sich nicht erbringen. Die Mitwisserschaft, d. h. die Kenntnis von dem bevorstehenden Putsch, konnten einige Mitglieder nicht bestreiten und die unterlassene Einberufung des 21er Rats zog ihnen den Vorwurf zu, ihre Pflicht versäumt und so den Putsch indirekt unterstützt zu haben. Ihr Verhalten

---

62) Tatsächlich bestanden zwischen den Berufssoldaten und dem Volksbeauftragten Noske Verbindungen. Noske schreibt in seinem Bericht über die Wilhelmshavener Revolution vom 25. 8. 1922, daß die Berufssoldaten Vertrauensleute zu ihm nach Berlin entsandt hatten; das Telegramm, das im 21er Rat am 20. 1. 1919 zur Sprache kam und durch welches er zusagte, in Wilhelmshaven Ordnung zu schaffen, erwähnt er allerdings nicht; vgl. Archiv der sozialen Demokratie, Nachlaß Noske, S.14-19.

63) Kliche, S. 29, meint, Kuhnt habe soweit als möglich seine Vorbereitungen getroffen, zählt aber nur die Unterlassungen auf; Kuhnt selber wollte, nach Kliche, die Dinge nicht noch verschlimmern. Berlin, S. 68, spricht davon, daß den Kommunisten von Vertretern des 21er Rats gesagt worden sei, daß weder das Freiwilligenkorps noch das Arbeiterbataillon gegen sie eingesetzt werden würden.

64) Nach P.A., 30. 1. 1919, WTBl vom 3. 3. 1923, hat ein Mitglied die Liste der Arbeitervertreter „vergeblich gesucht". Die führenden Vertreter arbeiteten immerhin seit 10 Wochen im 21er Rat und hatten an ca. 25 Sitzungen teilgenommen; ganz unbekannt können sie demnach nicht gewesen sein.

65) Kliche, S. 29; an dem Gerücht kann nicht viel gewesen sein, denn nach Aussage von Tetens, dem Vorsitzenden der KPD-Ortsgruppe, wollten sie Kuhnt in die neue Regierung aufnehmen; vgl. P.A., 30. 1. 1919, WTBl vom 3. 3. 1923.

66) Vgl. Archiv der sozialen Demokratie, Nachlaß Noske, S. 19.

67) Erklärung des Kommandeurs des Freiwilligenkorps vom 4. 2. 1919 in der „Republik"; der Adjutant hatte dem Korps gesagt, „alle sozialistischen Richtungen hätten sich zur revolutionären Volkspartei vereinigt, das Korps heiße nun ,Revolutionäre Volkswehr'." Diese Mitteilung hat genügt, um die „meisten Kameraden" stutzig zu machen, so daß sie sich nach dem wahren Sachverhalt beim 21er Rat erkundigten und nach Kenntnis desselben sofort zu ihrer Pflicht zurückkehrten. Diese Tatsache allein genügt, um die Aussage Kuhnts zu entkräften, denn wenn diese Reaktion des Freiwilligenkorps am 27. 1. möglich war, dann war es auch 12 Stunden früher.

68) Geiger, Druschke, Hartung; die beiden ersten bestritten den Vorwurf, was der 21er Rat akzeptierte, der dritte trat kurz vor dem Putsch der KPD bei; vgl. P.A., 30. 1. 1919, WTBl vom 3. 3. 1923.

69) Druschke, z. B., wollte nur „der Idee nach Kommunist" sein.

rechtfertigte in den Augen der anderen Mitglieder die Forderung, die Belasteten sollten bis zur Klärung der Beschuldigungen zurücktreten. Für die Mehrheit drückte der neue Vorsitzende des 21er Rats den Tatbestand treffend so aus: „Wir, die große Masse, sind düpiert worden".[70] Dem ist nichts hinzuzufügen. So eindeutig nun aber die Kritik und Verurteilung der Haltung der „Kompromittierten" war, eine politische Generaldebatte über Position und Kurs des 21er Rats blieb indessen aus.[71] Für die Zeitgenossen war ausgemacht, daß der 21er Rat von der Vorbereitung des Putsches Kenntnis hatte[72], auch Noske urteilte ähnlich:

> „Ein Putsch wurde so ungeniert vorbereitet, daß die 21 (sic), wenn sie nicht damit einverstanden waren, doch davon wissen mußten. Sie ließen die Dinge mindestens gehen und taten nichts dagegen."[73]

Auch der heutige Betrachter muß zugeben, daß die politische Verantwortung für den Putsch und das Blutvergießen eindeutig bei den Mitgliedern lag, die dem Treiben der Kommunisten keinen Einhalt boten, vielmehr der Radikalisierung noch Vorschub leisteten. Der Vorwurf trifft in erster Linie diejenigen, welche seit der Spaltungsdebatte zu einer ständigen Linksdrift beitrugen, aber auch jene, die trotz anderer politischer Auffassungen sich diesen Bestrebungen so wenig widersetzten. Düpiert konnten sie am Ende nur werden, weil sie nicht entschlossen ihr politisches Gewicht einsetzten. Auch Kuhnt ist davon nicht freizusprechen, zumal er nach Rang und Ansehen die Pflicht hatte, gegen Machenschaften einzuschreiten, die erkennbar schlimme Folgen haben mußten. Ihn traf deshalb die volle Wucht der Vorwürfe und Verantwortung.

Am 29. Januar befahl ihn Noske nach Berlin zur Berichterstattung, und Kuhnt leistete Folge, nachdem er um einen längeren Urlaub zur Wiederherstellung seiner Gesundheit gebeten hatte, den ihm der 21er Rat gewährte.[74] In Berlin mußte er sich von Noske sein „Sündenregister" vorhalten lassen und versprechen, die nächsten vier Wochen nicht nach Wilhelmshaven zurückzukehren.[75] Am 28. Februar 1919, beim Verlassen des Oldenburger Ministeriums, wurde er festgenommen und erneut nach Berlin überführt.[76] Während der Märzkämpfe in Berlin aus dem Gefängnis in der Dirksenstraße „durch Spartakisten" befreit[77], „hielt (er) sich lange Zeit unter angenommenem Namen verborgen".[78] Das Direktorium beschloß am 3. März 1919, ihn seines Amtes zu entheben und dies amtlich bekanntzumachen.[79]

---

70) Der Vorwurf der Pflichtverletzung traf neben Kuhnt die Mitglieder Schneider, Thomas, Bartels, Hartung, Ramsauer, Dorn; der Vorsitzende des Arbeiterrats, Zimmermann, war inzwischen Vorsitzender geworden; vgl. P.A., 30. 1. 1919, WTBl vom 3. 3. 1923.
71) Das wird zum ersten daran gelegen haben, daß die Klärung der Vorwürfe, die eine Sonderkommission vornehmen sollte, nicht so schnell möglich war. Zum anderen hinderte die Anwesenheit bürgerlicher Mitglieder die meisten an einer gründlichen Debatte und schließlich schuf die Neuwahl wenige Tage später eine völlig neue Lage: die „Kompromittierten" wurden nicht wiedergewählt.
72) Vgl. StA Aurich, Rep. 21a-9574, Bl. 295.
73) Archiv der sozialen Demokratie, Nachlaß Noske, S. 15.
74) Vgl. P.A., 30. 1. 1919, WTBl vom 3. 3. 1923; Archiv der sozialen Demokratie, Nachlaß Noske, S. 19; Noske, Von Kiel bis Kapp, S. 100.
75) Vgl. Noske, Von Kiel bis Kapp, S. 100 f.
76) Wie Huber, Deutsche Verfassungsgeschichte, Bd V, S. 1053, zu folgender Aussage gelangen kann: „Wegen seiner Teilnahme am Bremer Aufstand der Unabhängigen wurde Kuhnt am 28. Februar verhaftet", ist unerfindlich. Tatsächlich wurde er der „Förderung spartakistischer Umtriebe" in Wilhelmshaven verdächtigt; vgl. StA Ol 131-107, 35. Sitzung am 3. 3. 1919, sowie für „Unregelmäßigkeiten zum Schaden des Reichs" verantwortlich gemacht; vgl. Nachrichten vom 5. 3. 1919.
77) StA Ol 131-106, Bl. 18.
78) Ebd; vgl. Noske, Von Kiel bis Kapp, S. 101. Ab Juni 1920 vertrat er den Wahlkreis 33 Chemnitz im Reichstag für die USPD, ab 1922 für die SPD.
79) StA Ol 131-107, 35. Sitzung am 3. 3. 1919; die Bekanntmachung in den Nachrichten vom 5. 3. 1919.

Die Urteile über Kuhnt gehen weit auseinander. Der Volksbeauftragte und spätere Reichsminister Rudolf Wissell, der mit ihm drei Wochen in Wilhemshaven gearbeitet hatte, nannte ihn in seinem Bericht vom 3. Dezember 1918 einen „klar denkenden Kopf, der offenbar von glühendem Idealismus für die Sache beseelt ist"[80], und, im Rückblick, hielt er ihn für einen „überzeugten Sozialdemokraten".[81] Kliche, der Kuhnt aus den Revolutionsmonaten kannte, war in seiner Broschüre auffällig zurückhaltend in seinem Urteil; immerhin wird deutlich, daß er in ihm zwar den wichtigsten Mann der revolutionären Bewegung sah, die Spaltung der Arbeiterbewegung in Wilhelmshaven aber, an der Kuhnt mitwirkte, für einen schweren Fehler und Schaden hielt.[82]

Ein zweiter Zeuge von Kuhnts Tätigkeit war der Marineangehörige Dr. H. W. Zülch, der ein „Archiv für Revolutionsgeschichte" einrichten wollte und zu diesem Zweck Material zu sammeln begann, das er später Noske zugänglich machte.[83] Zülch sah in Kuhnt in erster Linie einen „Phrasendrescher" ohne jedes aktive Progamm, der in den Revolutionsmonaten auf den Höhepunkt seines Lebens gelangt sei, den er in „neronischem Stolz" genossen habe: „Der Ehrgeiz war ihm alles".[84] Als Beleg diente Zülch auch die letzte Begegnung mit Kuhnt, als dieser „völlig gebrochen" am Tage nach dem kommunistischen Putsch auf das Anraten, Wilhelmshaven zu verlassen, sagte: „Und ich soll wieder in das Nichts zurück, alles aufgeben, was ich mir geschaffen habe?" Zülch fand: „Dieser Mann war in innerster Seele ein Blender und Egoist, aber nie ein sozialer Mensch".[85]

Noskes eigenes Urteil war von diesem „Vor-Urteil" sicher nicht unbeeinflußt, obwohl er Zülch für keinen „besonders guten Menschenkenner" hielt. Wie weit die Färbung des Urteils ins stark Persönliche auch damit zusammenhing, daß Noske und Kuhnt im Chemnitzer Wahlkreis Rivalen waren, muß offen bleiben, unwahrscheinlich ist es nicht.[86] Jedenfalls fehlte es bei Noske nicht an derben Charakterisierungen und epitheta ornantia. Das Urteil Zülchs aufgreifend, verschärfte er es noch: „Ich sage, er war nicht einmal ein Blender, sondern nur ein Maul . . ."[87] Unmittelbar nach seinem eigenen Sturz hatte er geschrieben, Kuhnt sei „ein Phrasendrescher übelster Art, unwahrhaftig, dabei eitel und eingebildet bis zur Lächerlichkeit . . ."[88] Im Jahre 1930 lehnte er eine „Ehrenrettung", die ihm von sächsischen Parteigenossen zugemutet wurde[89], kategorisch ab und schrieb rückblickend:

---

80) Wissell-Bericht, S. 4 f., BA, NS 26/28.
81) BA, Nachlaß Wissell 10.632/4, Brief vom 15. 11. 1948; der Brief ist eine Antwort auf Anfragen des SPD-Vorstandes (Jungsozialisten) Hannover, die durch Noskes Buch, Erlebtes aus Aufstieg und Niedergang einer Demokratie, erschienen 1947, ausgelöst waren.
82) Kliche, S. 28, 30.
83) Eine Aufforderung, Beiträge zur „Geschichte der Revolution" zu liefern am 3. 1. 1919 in der „Republik"; die Berichte sind nicht erschienen. Die Unterlagen Zülchs hat Noske in seinem Bericht über Kuhnt als Führer der Revolution in Wilhelmshaven vom 25. 8. 1922 verarbeitet; vgl. Archiv der sozialen Demokratie, Nachlaß Noske, S. 1.
84) Archiv der sozialen Demokratie, Nachlaß Noske, S. 6; Noske, Erlebtes aus Aufstieg und Niedergang einer Demokratie, S. 72 f.
85) Archiv der sozialen Demokratie, Nachlaß Noske, S. 19 f.
86) Noske war 1906 als Nachfolger Max Schippels im 16. sächsischen Wahlkreis Chemnitz in den Reichstag gewählt worden, den er bis 1920 vertrat; vgl. Noske, Erlebtes aus Aufstieg und Niedergang einer Demokratie, S. 20 f. Seit 1911 war Kuhnt Parteisekretär in Chemnitz und von 1920 an Abgeordneter für den Wahlkreis 30 Chemnitz; vgl. Noske, ebd. S. 74 f.; Schwarz, Max: MdR. Biographisches Handbuch des Reichstages. Hannover 1965, S. 698.
87) Archiv der sozialen Demokratie, Nachlaß Noske, S. 20.
88) Noske, Von Kiel bis Kapp, S. 34.
89) Im Wahlkampf 1930 war Kuhnt in Versammlungen aufgrund von Noskes Beurteilung in o. a. Buch interpelliert worden und fühlte sich behindert; vgl. Noske, Erlebtes aus Aufstieg und Niedergang einer Demokratie, S. 74.

„... Wenn die deutsche Arbeiterschaft Errungenschaften zu verteidigen hat, so bilde ich mir ein, daß ich dazu nicht ganz unwesentlich beigetragen habe zu der Zeit, als Kuhnt und Genossen drauf und dran waren, aus Deutschland einen Trümmerhaufen zu machen ..."[90]

Schließlich soll noch ein publizistisches Urteil unmittelbar nach Kuhnts Verhaftung zitiert werden. Die „Nachrichten" schrieben dazu, große Teile der Bevölkerung seien mit dem früheren Verhalten des Direktoriums und des Landtages in der Frage des „Präsidenten" durchaus nicht einverstanden und tief enttäuscht gewesen, seine Entlassung werde als „Erlösung aus einem unwürdigen Zustand betrachtet."[91]

Auf der anderen Seite urteilt Berlin aus dem Abstand von fünfzig Jahren apodiktisch und bar jeden Zweifels: „Dieser Mann war aufgrund seiner politischen Erfahrung hervorragend für den Posten des Präsidenten qualifiziert".[92]

Von fern wird man in diesem Meinungsstreit an Schillers berühmtes Wort aus dem „Wallenstein" erinnert: „Von der Parteien Haß und Gunst verwirrt ..."

Unter den schlichten Soldaten galt Kuhnt für einen politischen Kopf, der die Wünsche, Forderungen, Absichten wirkungsvoll ins Politische zu übersetzen verstand. Und hierin lag in der Tat seine Stärke: Schwungvoll-rhetorisch, mit Formulierungen unbestimmt-allgemeinen Charakters arbeitend, wußte er sich und seine Zuhörer mitzureißen. In kleinerem Kreise, etwa dem 21er Rat, war nicht selten zu beobachten, daß sich Debattenredner in gänzlich konträrem Sinne auf ihn bezogen. Anerkannt als Führer der revolutionären Bewegung war er dennoch im 21er Rat nur in den ersten Wochen der starke Mann, dem die Zügel bald entglitten, da er das harte politische Tagesgeschäft zurückhaltender betrieb als die Repräsentation. In den Debatten war er weniger ein Mann, der Mehrheiten hinter sich und sein Programm brachte, als vielmehr einer, der von Mehrheiten, wie sie sich bildeten, abhängig wurde.

Als Vorsitzender des 21er Rats gab er den radikalen Kräften nach, als es noch gar nicht nötig war, und versuchte, ihrem Treiben Einhalt zu gebieten, als es zu spät war. Der Spaltung der Parteiorganisation der SPD und der Rätebewegung leistete er durch sein Tun und Unterlassen kräftig Vorschub. An der schwierigen Regierungsarbeit der ersten drei Monate hatte er als Präsident keinen Anteil, seine Mitwirkung beschränkte sich auf Proklamationen und auf Proteste gegen Regierungsbeschlüsse.

Noch weniger als Noskes abschätziges Urteil ist Berlins völlig unkritisches haltbar: Wenn er schon als Vorsitzender des 21er Rats an Führungskraft und Gestaltungsvermögen manches zu wünschen übrig ließ, als Präsident des Freistaates Oldenburg hat er versagt.

Was schließlich die Frage betrifft, welche Entwicklung der Putsch einleitete, so läßt sich zusammenfassend vorweg sagen: das Ende des 21er Rats. Führte er seit dem Aufstand nur noch ein „Scheindasein"[93], so änderten die Neuwahlen daran wenig; für die „Kompromittierten" brachten sie eine vollständige Niederlage.

Am 4. Februar fanden die Neuwahlen zum Arbeiterrat statt, dessen Größe und Zusammen-

---

90) Ebd.
91) Nachrichten vom 5. 3./8. 3. 1919; dort auch eine Persiflage im Stil des Alten Testaments „ ‚Präsident' Kuhnt - Aus dem neuesten Buche der Chronika", in der Kuhnt, aber auch Direktorium und Landtag kritisiert werden.
92) Berlin, S. 36.
93) Archiv der sozialen Demokratie, Nachlaß Noske, S. 18.

setzung vorher in einer gemeinsamen Sitzung der städtischen Körperschaften und Vertretern des 21er Rats festgelegt worden waren. Von fünfzig Sitzen sollten fünfzehn der Bürgerschaft eingeräumt werden, die auch im 21er Rat den gleichen Anteil zugesprochen erhielt.[94] Die durch Vereinbarung der Berufsgruppen zustandegekommene Kandidatenliste enthielt die Namen von achtundfünfzig Mitgliedern, von denen zwanzig schon seit November 1918 im Arbeiterrat vertreten waren. Die Werft stellte mit rund dreißig Kandidaten den größten Anteil, die Angestellten hatten fünfzehn Plätze, die nichtgewerblichen Berufe, Kaufleute und Beamte zehn; auch zwei Vertreterinnen der weiblichen Arbeiter waren berücksichtigt worden.[95] Von den führenden Mitgliedern im Arbeiterrat waren alle bis auf einen wiedergewählt worden.[96] Der Arbeiterrat delegierte dreizehn seiner Mitglieder in den neuzubildenden 21er Rat; sieben davon hatten schon dem alten angehört, drei waren Vertreter des Bürgertums.[97]

Bei den Wahlen zum Großen Soldatenrat am 6. Februar wurden sechsunddreißig Mitglieder bestimmt, davon waren lediglich vier von Anfang an im 21er Rat gewesen, alle anderen waren neu. Von den ebenso Prominenten wie „Kompromittierten" war niemand wiedergewählt worden.[98] Die Soldaten delegierten acht Vertreter in den 21er Rat, von denen keiner zum linken Flügel des alten gehörte. Von den Revolutionären der ersten Stunde in Wilhelmshaven gehörten noch zwei Arbeiter- und ein Soldatenvertreter dem neuen Gremium an.[99]

Die parteipolitische Zusammensetzung hatte sich deutlich verändert; nicht so sehr im Arbeiterrat, wo die USPD immer noch stark vertreten war[100], als vielmehr im 21er Rat, der nun eine deutliche Mehrheit der MSPD-Vertreter aufwies.[101] Eine Wirksamkeit konnte er nicht mehr entfalten, denn es blieben ihm nur noch zehn Tage Zeit.

Am 20./21. Februar 1919 besetzte das Landesschützenkorps von Roeder im Auftrag der Reichsregierung den Festungsbereich. In dem Aufruf des Stationschefs an die Bevölkerung hieß es: Die Besetzung sei erfolgt, um in Wilhelmshaven und Umgebung Ruhe und Sicherheit zu gewährleisten und um Anordnungen der Regierung durchzuführen. Die Regierung wolle damit den Machenschaften der linksradikalen Elemente zuvorkommen, die in Nordwestdeutschland und Mitteldeutschland am Werke seien und versuchten, die Gewalt an sich zu reißen.[102] Als Beigeordneter des Stationschefs amtierte der schon vorher zum Zivilgouverneur und Reichskommissar ernannte Reichstagsabgeordnete Paul Hug.[103] Der 21er Rat wurde am 21. Februar durch den Korpschef und den Zivilgouverneur aufgelöst.[104] Der Stationschef wurde Gouverneur der Festung, dem die Polizeibehörden nunmehr unterstanden, das Freiwilligenkorps wurde aufgehoben, die Sicherung der Festung übernahm ein neues Sicherheits-

---

94) Vgl. „Republik" vom 30. 1. und 31. 1. 1919; von der Wahl ausgeschlossen waren alle Bürger, deren Einkommen 7.000 Mark überstieg.
95) Vgl. „Republik" vom 5. 2. 1919.
96) Der Exponent des linken Flügels, Emil Geiger, der in engen Beziehungen zur KPD stehen sollte.
97) Vgl. „Republik" vom 7. 2. 1919; die bürgerlichen Mitglieder waren: Baurat Hornbostel, Rektor Ihnen und Angestellter Kielblock.
98) Als kompromittiert galten also nur Vertreter des Soldatenrats im alten 21er Rat.
99) Das starke Übergewicht der Arbeitervertreter (13 gegen 8) wird durch die stark verkleinerte Militärmannschaft erklärt.
100) Deren Vertreter bildeten im alten 21er Rat den rechten Flügel.
101) Die Mehrheit dürfte etwa 12 zu 6, bei 3 bürgerlichen Stimmen betragen haben.
102) Vgl. „Republik" vom 21. 2. 1919.
103) Vgl. „Republik" vom 15. 2. 1919; ein vergleichbares, wenngleich weit wichtigeres Amt als Reichs- und preußischer Staatskommissar für die Rheinprovinz und die Provinz Westfalen übte ab 7. 4. 1919 Carl Severing (SPD) aus; vgl. Severing, Carl: Mein Lebensweg. Bd 1. Köln 1960, S. 239-244.
104) Vgl. Darstellungen aus den Nachkriegskämpfen deutscher Truppen und Freikorps. Im Auftrage des Oberkommandos des Heeres bearb. und hrsg. von der Kriegsgeschichtlichen Forschungsanstalt des Heeres. 2. Reihe, Bd 6: Die Wirren in der Reichshauptstadt und im nördlichen Deutschland 1918-1920. Berlin 1940, S. 116-118 (künftig: Darstellungen).

korps, das der neuernannte Festungskommandant leitete.[105] Damit war die Festung wieder in der Hand der Regierung. Die Truppen des Korps von Roeder rückten am 24./25. Februar wieder ab. Die Arbeiterschaft verhielt sich ruhig, zum Streik auf der Werft ist es nicht gekommen.[106] Anstelle des aufgelösten 21er Rats wurde ein Soldatenrat, der aus sechs Mitgliedern bestand, die die einzelnen Truppenteile vertraten, nach den Bestimmungen der Reichsregierung vom 19. 1. 1919 gewählt.[107] Der Arbeiterrat amtierte weiter. Was hatte es mit der Aussage über die „Machenschaften" auf sich?

Die Verbindungen mit Braunschweig, wo die Linksradikalen eine Hochburg besaßen[108], bestanden seit November 1918. Im Januar 1919 erfolgte die Wahl von zwei Delegierten des 21er Rats „zur Teilnahme an den Verhandlungen" in Braunschweig.[109] Darüber berichtete Geiger am 30. Januar 1919. Die Entschließung, an der Geiger mitgewirkt hatte, postulierte:

„Das System der Arbeiter- und Soldatenräte ist auszubauen. Falls die Nationalversammlung nicht in diesem Sinne entschließt, wird die Bildung von 10 Freistaaten in Nordwestdeutschland und deren Zusammenschluß zu einem Bunde gefordert. Oldenburg soll ein besonderer Staat bleiben. Die neue Bundesrepublik ist bereit, mit der Gesamtheit des Deutschen Reiches sich zusammenzuschließen, wenn das Deutsche Reich eine auf dem Rätesystem beruhende entsprechende sozialistische Regierung hat . . ."[110]

Von dieser Reichsregierung müsse die Auflösung des bestehenden Heeres und seine Ersetzung durch eine Volkswehr, die Festigung der Räteregierungen und die Entfernung aller Personen aus der Regierung, die sich während des Krieges kompromittiert hätten, gefordert werden. Gehe die Reichsregierung hierauf nicht ein, erkläre sich die Vereinigung für selbständig und werde mit der Entente einen Friedensschluß herbeizuführen suchen.

Dieser Entschließung, die einen nordwestdeutschen Separatismus in starken Worten ankündigte, aber in Wirklichkeit wohl nur das vortäuschte, was Kolb mit Blick auf den Putsch in Wilhelmshaven „ein fast schon neurotisches Kraftgefühl" nennt[111], trat als einziger ein bürgerlicher Vertreter[112] entgegen, der den Entwurf ein Erzeugnis geringer historischer und volkswirtschaftlicher Kenntnisse nannte und eindringlich vor der Zersplitterung warnte. Trotz dieser Mahnung delegierte der 21er Rat Geiger erneut nach Braunschweig.[113]

Für Ende Februar scheint ein neuer Versuch geplant gewesen zu sein, von Wilhelmshaven aus eine Räterepublik Oldenburg-Ostfriesland zu errichten. Der Coup sollte von den Waffen-

---

105) Vgl. StA Aurich, Rep. 21a-9547, Bll. 295-297, Bericht des landrätlichen Hilfsbeamten v. 25. 2. 1919; vgl. auch „Republik" vom 21./22./25. 2. 1919.
106) Vgl. StA Aurich, Rep. 21a-9574, Bll. 295-297; nach dem Bericht habe der „Erfolg des Suchens nach Waffen endlich das seine" getan, „um die Bevölkerung von der Notwendigkeit der Besetzung und Durchsuchung vollends zu überzeugen. Die Ernennung des langjährigen Arbeiterführers P. Hug zum Zivilgouverneur verfehlt nicht eine günstige Beeinflussung der Arbeiter." Die Angaben über die Anzahl der gefundenen Waffen schwanken: Der Hilfsbeamte nennt die Zahl mehrere Tausend; in „Darstellungen", S. 118, ist von 5.500 Schußwaffen und außerdem von 13 Eisenbahnwagen mit beschlagnahmten Waffen die Rede.
107) Vgl. WTBl vom 26. 2. 1919.
108) Vgl. Kolb, S. 47 f. und passim.
109) Vgl. P.A., 23. 1. 1919, WTBl vom 1. 3. 1923; am 13. 1. 1919 war der Aufruf der Regierung Merges (USPD) zur Bildung einer nordwestdeutschen Bundesrepublik erfolgt; vgl. Huber, Deutsche Verfassungsgeschichte, Bd V, S. 1095.
110) P.A., 30. 1. 1919, WTBl vom 3. 3. 1923; vgl. Huber, Deutsche Verfassungsgeschichte, Bd V, S. 1096, der von „sozialistischen Freistaaten" spricht.
111) Kolb, S. 344.
112) Der damalige Kreisschulinspektor und spätere (nach 1945) Oberschulrat Wilhelm Stukenberg (DDP).
113) Das Abstimmungsergebnis ist nicht festgehalten.

und Munitionsdepots, die sich in Ahlhorn, Varel, Zetel und Emden befanden, ausgehen und über Oldenburg nach Norden fortschreiten. Geiselnahmen, Plünderung der Lebensmittellager und der Wohnungen von Wohlhabenden sollen geplant gewesen sein.[114] Das Eingreifen der Regierungstruppen machte diesen Plänen ein Ende.

Nach der Auflösung des 21er Rats fragte der Leiter der Presseabteilung der Nordseestation: „Hat die Revolution als Rechtfertigung etwas Positives hervorgebracht?"[115] Gemeint war damit, ob und wie der 21er Rat seine Herrschaft durch Leistungen legitimieren könne. Den Anlaß dazu hatte Kuhnt durch einen Artikel in der in Berlin erscheinenden Zeitung „Republik" gegeben[116], in dem er auf eine für ihn charakteristische Weise Tatsachen und eigene Deutungen derselben ununterscheidbar ineinander übergehen ließ und alles, was seit dem 6. November 1918 überhaupt geschehen war, als von ihm und vom 21er Rat veranlaßt hinstellte.

Es begann schon damit, daß er den Artikel als Präsident des Freistaates Oldenburg-Ostfriesland zeichnete, ein Beleg dafür, daß seine Beziehungen zur Realität von den Vorstellungen und zähen Einbildungen von seiner historischen Rolle stark überlagert worden waren. Sodann reklamierte er für Wilhelmshaven das historische Verdienst, Ausgangsort der Revolution zu sein, ohne jedoch, wie er es ausdrückte, den Anteil der „Kieler Kameraden" schmälern zu wollen. An nutzbringenden Arbeiten des 21er Rates zählte er auf: die Demobilisation von 170.000 Matrosen, die Sicherung der Lebensmittelvorräte und des Materials in den Jadestädten, die Ablieferung der Kriegsschiffe.

War die Darstellung bis zu diesem Punkt nur mit Mühe mit den Tatsachen in Einklang zu bringen, so verließ er mit der Schilderung der politischen Vorgänge im Januar 1919 gänzlich den Boden der Wirklichkeit. Die Legende, die er entwarf, enthüllte den Lesern den heroischen Kampf eines Streiters für das Proletariat, den die Arbeiter bejubelten und den die Reaktion deshalb zu Fall bringen mußte. Sie tat das sehr geschickt, indem sie den „Sprengbazillus" durch Berufssoldaten in das Wilhelmshavener Proletariat hineintragen ließ, indem sie letztere zu Putschversuchen mißbrauchte, indem sie den Kommunistenputsch vom 27. Januar durch Offiziere und Gegenrevolutionäre in einem „Blutbad" erstickte, indem sie durch Hetzrede, Gerüchte und Wühlarbeit das Vertrauen eines Teils der Arbeiter, Soldaten und Bürger zum Präsidenten untergrub, so daß sich zum Schluß zwei „starke Lager gegenüber(standen), die wohl nach der vorausgegangenen Verhetzung bis zum letzten Blutstropfen gekämpft haben würden". In dieser Situation zeigte sich der Präsident den Anforderungen gewachsen: Er opferte sich und überließ das Urteil über seine Taten der Geschichte. Wer aber war die Reaktion? Sehr einfach: Noske, Hug, die MSPD, die „Regierungssozialisten" in den Jadestädten und in Berlin im Bunde mit dem Militarismus.

Vierzehn Tage später stand das erste Urteil in der Zeitung, und hier war nun von der „Mißwirtschaft des 21er Rats" die Rede. Vieles, was da zur Korrektur und als Kritik der Kuhntschen Darstellung vorgebracht wurde, war berechtigt: die Praktiken in den ersten Revolutionstagen, die Aufblähung der Dienststellen des 21er Rats, die zweifelhaften Manipulationen,

---

114) Vgl. Nachrichten vom 25. 2. 1919; in dem Bericht ist von „gefundenen Papieren" die Rede, die Obenstehendes bewiesen. Der Zusammenhang dieser Aktion mit der Errichtung der Räterepublik Braunschweig am 28. 2. 1919 scheint evident; vgl. Kolb, S. 328. Der Abg. Hug trug das o. a. Material auf der Mitgliederversammlung der MSPD am 2. 5. 1919 in Wilhelmshaven vor; vgl. „Republik" vom 27. 2. 1919.
115) WTBl vom 27. 2. 1919.
116) Vgl. Kuhnt, Bernhard: Die Revolution in Oldenburg und Ostfriesland. In: „Republik". Nr. 40 vom 10. 2. 1919. Berlin 1919, S. 2-3.

durch die Gelder des Marinefiskus, also öffentliche Gelder, für Zwecke der USPD bereitgestellt wurden, die hohen Kosten, die der 21er Rat verursachte, das völlige Verschweigen des Anteils anderer Instanzen, Organisationen und vieler Einzelner an der Bewältigung der Probleme des Winters 1918/19. Manches Übertriebene in der Kritik und besonders die politischen Urteile gingen auf die prinzipielle Gegnerschaft des Autors zurück.
Beide Darstellungen waren einseitig: So heroisch war der Kampf des 21er Rats gegen die „Reaktion" nicht, weil es sie in dieser Form nicht gab, hier drängte sich Dämonologie in den Bericht, und so destruktiv, unverantwortlich bis ins Kriminelle war die Tätigkeit des 21er Rats auch wieder nicht, und mit einem reinen Passivsaldo schloß er seine Arbeit nicht ab, hier führte bereits das Ressentiment der nicht ganz Entmachteten die Feder.
Verdienst und Versagen, von letzterem vielleicht etwas mehr, findet der Historiker im Wirken des 21er Rats und seines Vorsitzenden; wie beides ineinander verschlungen war, hat unsere Darstellung gezeigt.

5.2. „Parteizerstörung oder Selbstbesinnung?": Der Kampf zwischen MSPD und USPD

Die Spaltungs*politik* der USPD-Kräfte, die Anfang Januar 1919 mit der Aufstellung einer eigenen Kandidatenliste zur Wahl und der Gründung der Parteizeitung „Die Tat" ihren Höhepunkt und Abschluß erreicht hatte, ließ gleichwohl Konsequenzen für die Partei-*Organisation* vermissen: Ein eigener Ortsverein der USPD wurde nicht gegründet, vielmehr wandten die Unabhängigen weiter die Taktik der Doppelstrategie an, die sie schon seit Dezember 1918 praktizierten. Einerseits taten sie so, als habe die Spaltung gar nicht stattgefunden und betrachteten sich weiter als Mitglieder der MSPD mit allen Rechten - aber ohne Pflichten[1], andererseits versuchten sie, die Parteiorganisation der MSPD geschlossen in das Lager der USPD zu führen.
Einen ersten Versuch dazu, eine Art Probe, wagten sie in Varel am 14. Januar 1919. Dort wurde sofort nach Eröffnung der Mitgliederversammlung ein Antrag gestellt, die Spaltung der SPD als ersten Punkt zu behandeln.[2] Der Vorstand, der davon in Kenntnis gesetzt worden war, hatte Paul Hug eingeladen, die Sympathisanten der USPD den „Agitator" Thomas aus Wilhelmshaven.[3] Die Anwesenheit Hugs war denjenigen, „die den Verein in das unabhängige Lager führen wollten", so unangenehm, daß sie ihn nicht reden lassen wollten. Es kam aber dennoch zur Redeschlacht zwischen den beiden Protagonisten verschiedener Parteirichtungen, aber der Erfolg blieb für die USPD-Sympathisanten aus. Offenbar hatte Hug ihnen das Konzept verdorben, jedenfalls stellten sie den beabsichtigten Antrag auf „Verschmelzung"[4] nicht, und der Vorsitzende schloß die Versammlung. Wenn also die geschlossene Überführung nicht gelungen war, die Parteispaltung auch in Varel hatte der „Demagoge" Thomas erreicht.[5]

---

1) Die Rechte, die Mitgliederversammlungen zu besuchen, Funktionsämter weiter zu bekleiden usw., die Pflichten, für die Partei zu arbeiten, Wahlunterstützung zu leisten usw.
2) Bericht über die Vorgänge in „Republik" vom 16. 1. 1919.
3) Mitglied des 21er Rats, Repräsentant des linken Flügels.
4) Das war eine öfter benutzte Bezeichnung für Überführung.
5) Aber die Zuversicht der MSPD war ungebrochen: „Die alte Partei wird aber wieder guten Mutes von vorne anfangen", lautete der Kommentar des Vorstandes.

An dieses Grundmuster hielten sich die Unabhängigen auch in den Jadestädten. Am 30. Januar drängten sie in die Mitgliederversammlungen der MSPD und verließen den Saal nicht, obwohl sie der Vorstand dazu aufforderte.⁶ Die Versammlung beschloß daraufhin, den USPD-Leuten die Anwesenheit zu gestatten. In dieser Situation, in der die Versammlung „nicht mehr frei entscheiden konnte"⁷, forderten einige Mitglieder der MSPD eine „dringende Wiedervereinigung der sozialdemokratischen Parteien", das zielte auf die Berliner Zentralen, und die Einleitung von Verhandlungen zu diesem Zweck in Wilhelmshaven.⁸

Dieser Absicht trat Hug in einem langen Artikel in der „Republik" entgegen.⁹ Nachdem er die Kriegszeit und die Revolution gestreift hatte, kam er auf die Spaltung zu sprechen. Deren Betreiber, so führte er aus, seien einerseits junge Männer, die erst seit dem 6. November Sozialisten seien und andererseits Genossen der alten SPD, wie Kuhnt und andere. Der Herd dieser Treibereien sei im 21er Rat zu suchen, die Aufstellung einer USPD-Liste und die Agitation des 21er Rats belegten, daß die Zerstörung der MSPD ihr Ziel sei. Deshalb werde die Trennung von diesen Leuten notwendig. Das Volk habe am 19. Januar die MSPD-Politik gebilligt, die der USPD aber abgewiesen, auf die Agitatoren und „ewig blinde Nachläufer" habe das jedoch ebensowenig eine Wirkung wie der „Zusammenbruch der terroristischen Politik des 21er Rats". Es sei widersinnig, diesem Treiben mit „Wiedervereinigungsgesängen zu begegnen". Er sei nicht gegen die Einigung der beiden sozialistischen Parteien, diese müsse aber auf dem Boden der Gerechtigkeit stattfinden und nicht im Stile des „Wortradikalismus und des politischen Knotentums". Falls Unabhängige wieder in die alte Partei eintreten wollten, sollten sie weitere Versuche unterlassen, die Partei zu kommandieren und zu unterdrücken, falls nicht, sei es besser, wenn beide Richtungen nebeneinander warteten, bis die Zeit zur Vereinigung reif sei.

Die nächste Mitgliederversammlung am 6. Februar zeigte, daß Hugs Warnung noch nicht beachtet worden war.¹⁰ Die Vereinigungskommission legte einen Bericht über die Verhandlungen in der Form eines Abkommens vor, das mit „übergroßer Mehrheit" angenommen wurde. Danach sollte zwar die Wiedervereinigung im Augenblick nicht betrieben werden, da örtliche Einheitsorganisationen nur sehr künstlich seien, ein „Bruderkampf" am Orte aber ausgeschlossen werden. Deshalb wurde für die Landtagswahl in Oldenburg¹¹ eine gemeinsame Kandidatenliste unter Wahrung der Parität und eine gemeinsame Wahlagitation vorgeschlagen. Um ein reibungsloses Arbeiten zu ermöglichen, sollten zukünftig Besuche in den beiderseitigen Mitgliederversammlungen unterbleiben. Das Abstimmungsergebnis ließ die Mehrheitsverhältnisse deutlich erkennen: Von rund elfhundert abgegebenen Stimmen bei der Kandidatenwahl entfielen auf die Männer der Mehrheitsorganisation, die der Mitte zuzuordnen sind, fünfhundertfünfzig bis achthundert Stimmen, auf den Repräsentanten der USPD drei-

---

6) Bericht in der „Republik" vom 1. 2. 1919; die Versammlung war von 2.000 Personen besucht.
7) So Hug in seinem Artikel vom 4. 2. 1919 in der „Republik".
8) Am 23. 1. 1919 hatte Zimmermann im 21er Rat erklärt, er und seine engeren Freunde hätten die Aufforderung, aus der Partei auszutreten mit der Forderung, das Parteiausschlußverfahren gegen sie einzuleiten, beantwortet. Sie wollten dann ihren Standpunkt in einer Versammlung klar darlegen. „Es ist uns erklärt, daß, wenn wir ausgeschlossen werden, der größte Teil mit uns gehen wird"; P.A., 23. 1. 1919, WTBl vom 1. 3. 1923.
9) „Parteizerstörung oder Selbstbesinnung?" In: „Republik" vom 4. 2. 1919; auch in Nachrichten vom 6. 2. 1919.
10) Bericht in der „Republik" vom 8. 2. 1919.
11) Die Wahl für die verfassunggebende Landesversammlung war auf den 23. 2. 1919 angesetzt.

hundertfünfunddreißig, auf Hug, den der Vorstand ausdrücklich nicht vorgeschlagen hatte, nur einhundertfünfundzwanzig.[12] Dies war offensichtlich eine schwere Niederlage für den Landesvorsitzenden der MSPD, den Reichstagsabgeordneten und das Direktoriumsmitglied Hug. So ausgeprägt war in den Jadestädten noch der Wille zur Einheit, daß weder der kommunistische Putsch, noch die zwielichtige Politik des 21er Rats noch die Taktik der USPD in Varel eine Klärung der Verhältnisse und Einsicht in die politischen Notwendigkeiten bewirkt hatten. Dazu bedurfte es eines weiteren Anlasses.

Dieser kam am 25. Februar 1919 in der Mitgliederversammlung, in der die Fortsetzung der Vareler Strategie mit besseren Mitteln geplant war. Schon am Vortage hatten Vertrauensleute der MSPD mitgeteilt, „daß der unabhängige Flügel umfassende Vorbereitungen treffe, um die Versammlung vorzeitig zu besetzen, sich Eintritt zu erzwingen, unter Umständen durch Gewalt".[13] Weiter war bekannt geworden, daß, nachdem die Versammlung in den richtigen Erregungszustand versetzt wäre, ein Antrag durchgezwungen werden sollte, um die Organisation geschlossen in die USPD zu überführen. Dieses Mal traf der Vorstand seine Maßnahmen, er verschärfte die Türkontrollen, blieb aber dennoch erfolglos, denn von den Unabhängigen stieg ein Teil durch die Fenster ein, ein anderer entzog sich der Kontrolle: die Hälfte des Saales war wieder von ihnen besetzt. Hugs Rede wurde von „Flegeleien und Rüpeleien" begleitet, die der Vorstand aber noch unterdrücken konnte. Der zum Zivilgouverneur Ernannte schilderte die allgemeine politische Lage und die Gründe für den Einmarsch der Regierungstruppen.[14] Die Diskussion war eine einzige schwere Kontroverse, in der die einen die Besetzung mit Blick auf die Zustände rechtfertigten, die anderen gerade diese Zustände und Ursachen verharmlosten.

Als die Lage wegen der Enthüllungen über den 21er Rat, über die Mißwirtschaft beim Freiwilligenkorps, dessen Zügellosigkeit, Unfähigkeit und Unzuverlässigkeit zum Einsatz durch einen Angehörigen drastisch zur Sprache kamen, für die Unabhängigen bedenklich wurde, versagte ihre Taktik, wie in Varel, an ihrer eigenen Disziplinlosigkeit: Sie randalierten, versuchten jeden MSPD-Redner niederzuschreien, worauf der Vorsitzende die Versammlung schloß und mit dem Hausrecht drohte, falls Eigenmächtigkeiten sichtbar würden. In dem entstehenden Tumult versuchte Zimmermann vergeblich, zum Übertritt zur USPD aufzufordern. Die Chance, wenn es eine war, blieb ungenutzt: Es war die letzte in den Jadestädten.

Es gab in den folgenden Monten noch manche erbitterte Auseinandersetzung zwischen beiden Parteien über die „Lehren des Bürgerkrieges"[15], über die Parteigeschichte[16], über die Gewerkschaftspolitik[17], über die Stadtratswahlen[18], einen Partei-Streich im Stile des 25. Februar hat es aber nicht mehr gegeben. Fortan bestanden in den Jadestädten zwei getrennte Parteien, zwei Parteiorganisationen, zwei Parteizeitungen; sie blieben, bis die Zeit reif für die Wieder-

---

12) Die gewählten Kandidaten der MSPD waren: Bäuerle, Julius Meyer (Direktoriumsmitglied) und Onnen; der USPD-Mann war Zimmermann. Hug wurde danach als Kandidat in Birkenfeld aufgestellt und gewählt.
13) Ausführlicher Bericht in der „Republik" vom 27. 2. 1919. Die Versammlung verzeichnete einen Rekordbesuch: 3.000 Personen; der Besuch durch die Unabhängigen war ein Bruch des vor knapp drei Wochen beschlossenen Abkommens.
14) Vier Tage nach der Besetzung der Jadestädte; für die Gründe vgl. S. 184 f.
15) „Republik" vom 22. 3. 1919.
16) „Das Treiben der Unabhängigen", „Republik" vom 30. 3. 1919.
17) „Die Steckenpferde der Unabhängigen", „Republik" vom 3. 4. 1919.
18) „Ein letztes Wort", „Republik" vom 6. 4. 1919. Allein um die Maifeier gab es eine breite Diskussion, die beinahe drei Wochen dauerte.

vereinigung war: Am 28. September 1922 tagte die letzte Parteimitgliederversammlung der USPD[19], am 30. September 1922 erschien das „Nordwestdeutsche Volksblatt", die Nachfolgerin der „Tat", zum letzten Mal.
Wie hatte die „Republik" im März 1919 geschrieben?
„Wer den Bruderkampf nicht will, muß die Einheit wollen, die nur unter den alten Fahnen der Partei zu finden ist".[20]

5.3. Die „Zweite Revolution": Vor einem neuen Putsch?

Von den in zwei Lager gespalteten Kräften der Arbeiterbewegung in den Jadestädten war die MSPD bemüht, ihre Politik der Befriedung, des Aufbaus, der Konsolidierung der demokratischen Republik und der Verbesserung der Lebensverhältnisse fortzusetzen.[1] Die Politik im anderen Lager war weniger praktisch und konstruktiv: Es ging ein Gespenst um, das der „Zweiten Revolution". Erstmalig tauchte der Begriff in der zweiten Märzhälfte auf.[2] In einem Bericht aus Wilhelmshaven hieß es:[3] In der Arbeiterschaft herrsche Unzufriedenheit und gedrückte Stimmung, welche die radikalen Elemente auszunutzen versuchten. Bemerkungen wie „daß es in einigen Wochen noch ganz anders kommen würde", seien nicht selten. In Versammlungen der KPD sagten Redner ziemlich offen, daß man sich zwar im Augenblick ruhig verhalten müsse, denn örtliche Erhebungen würden durch Regierungstruppen niedergeschlagen, aber im Mai sei die Organisation so weit aufgebaut, daß „in ganz Deutschland gleichzeitig losgeschlagen werden könnte. Das könne der zweite Akt der Revolution sein, der erst den Arbeitern die ihnen gebührende Stellung bringen würde".[4] Die Hoffnung auf das Gelingen der Aktion gründe sich auf den fortschreitenden Organisationsausbau und die Verschlechterung der Ernährungslage. Zwar seien die hiesigen besonnenen Arbeiterführer betrebt, beruhigend auf die Arbeiterschaft einzuwirken, selbst einige USPD-Führer zeigten Einsicht, auch sei die Trennung von KPD und USPD am Orte noch ziemlich deutlich, aber die Kommunisten gewönnen an Anhang und bei einem neuen Umsturzversuch werde sich die USPD zweifellos auf die Seite der Kommunisten schlagen.

Für die in den Jadestädten beobachtete Entwicklung gab es auch an anderen Stellen Anhaltspunkte. So berichtete ein Regierungspräsident aus der Provinz Hannover, Ende Februar 1919 sei Arbeitern von spartakistischen Werbern der Eintritt in die KPD angeboten worden bei einer Vergütung von 25 Mark pro Tag in Dekadenvorauszahlung für Mitglieder und 50 Mark für Anführer bei Putschversuchen. Auf die Frage nach den Leistungen, die dafür erwartet würden, habe man geantwortet, im Augenblick noch keine, erst in einigen Wochen bei dem

---

19) Der Vereinigungsparteitag von MSPD und USPD fand am 24. 9. 1922 in Nürnberg statt. An ihm nahmen für die MSPD Paul Hug, für die USPD Emil Zimmermann, beide Rüstringen, teil.
20) „Republik" vom 22. 3. 1919.

1) Dazu gehörte auch, daß sie Auswüchse der Streikbewegung kritisierte; vgl. „Republik" vom 19. 2. 1919.
2) Über die Erwartungen der Frankfurter USPD hinsichtlich einer zweiten Revolutionsphase vgl. Lucas, Erhard: Frankfurt unter der Herrschaft des Arbeiter- und Soldatenrats 1918/19. Frankfurt 1969, S.92.
3) StA Aurich, Rep. 21a-9574, Bll. 305-307; über die Putschaktionen in diesem Zeitraum vgl. Kolb, S. 318.
4) Gemeint war damit die Diktatur des Proletariats; schon 1899 hatte Eduard Bernstein die Putschisten so charakterisiert: „Wenn der Glaube an die jedesmal in Kürze zu erwartende revolutionäre Katastrophe den proletarisch-revolutionären Sozialisten macht, so sind es die Putsch-Revolutionäre, die vor allem auf diesen Namen Anspruch haben". Vgl. Bernstein, S. 58.

Aufruf zu dem beabsichtigten Putsch.[5] Am 28. März 1919 meldete das VIII. Armeekorps aus Osnabrück, daß für Mai ein Umsturz durch spartakistische Gruppen, die Waffen und Munition zur Verfügung hätten, geplant sei.[6] Ende April fragte die „Republik", ob man vor einem neuen Putsch stünde. In einer geheimen Versammlung der KPD sei die Errichtung einer Räterepublik Wilhelmshaven für Anfang Mai beschlossen worden. Der damit in Zusammenhang stehende Einbruch in das Waffenarsenal des Artillerieressorts der Werft habe allerdings keinen Erfolg gehabt, weil dort keine Waffen mehr lagerten.[7]

Der Aufstand fand in Wilhelmshaven nicht statt[8], in Emden dagegen kam es am 28. Mai 1919 zu kommunistischen Straßenunruhen, die ein bewaffnetes Einschreiten der Einwohnerwehr und den Einsatz militärischer Hilfe notwendig machten.[9] Die Kommunisten zielten allgemein auf den Sturz der Regierung Ebert-Scheidemann und die Einführung der Räterepublik in Emden.[10]

Daß die Aktivitäten in den Jadestädten als immer weniger erfolgversprechend beurteilt wurden, legt ein Bericht des VII. Armeekorps in Münster vom 13. Juni 1919 nahe, nach welchem seit Ende Mai auffallend viele Matrosen aus Wilhelmshaven und Kiel in einer Reihe von Rhein- und Ruhrstädten[11] aufgetaucht seien, die an Putschen mitwirken sollten oder wollten. Ihre Aussage: „Der November war nur ein Revolutiönchen, jetzt machen wir Matrosen eine Revolution", ordnete sich in den Zusammenhang durchaus ein.[12] Zu einer einheitlichen organisierten Umsturzbewegung im Frühjahr 1919 ist es nicht mehr gekommen, im Sommer flauten die Aktivitäten ab, andere Probleme gewannen größere Bedeutung: Versailles und die Reichsverfassung.

5.4. Der Wandel der Räte: Vom revolutionären Kampforgan zur Interessenvertretung der „werktätigen Bevölkerung"

Nachdem sich der Anspruch des Landesarbeiterrats[1], das politische Führungsgremium im Freistaat Oldenburg zu sein, als undurchsetzbar erwiesen hatte, stellte sich die Frage nach seiner Organisation und Funktion neu.

Seine Organisation war einfach: Neben einem Plenum, das aus achtzehn Mitgliedern bestand, aber nur ein einziges Mal tagte[2], wirkte ein Arbeitsausschuß, an dessen Arbeit zwischen fünf und sieben Vertreter der Ämter regelmäßig teilnahmen.[3] Noch im Februar 1919 wurde das

---

5) StA Aurich, Rep.21a-9574, Bl. 311; die Tagegelder, wenn sie gezahlt wurden, für Mitglieder übertrafen schon Ministergehälter, die für Anführer waren exorbitant.
6) BA, R 43 I/2666, Bl. 26.
7) „Republik" vom 29. 4. 1919.
8) Die starken Sicherheitskräfte in den Jadestädten sprachen gegen jeden Erfolg.
9) StA Aurich, Rep. 21a-9574, Bl. 359.
10) Nach Kolb, S. 306, galt Emden in Frühjahr 1919 als starker KPD-Stützpunkt.
11) Düsseldorf, Duisburg, Oberhausen, Essen, Dortmund; in BA, R 43 I/2666, Bl. 119.
12) Über die kommunistische Putschtaktik vgl. Kolb, S. 312-321.

1) In den Quellen und der Selbstbezeichnung oft synonym mit Landesrat benutzt.
2) Auch diese Sitzung war nur von 13 Mitgliedern besucht; die Hälfte der Ämter war nicht vertreten; vgl. StA Ol 136-2770, Bl. 2.
3) Im Organisationsentwurf waren 8 Mitglieder vorgesehen.

formale Verhältnis zwischen Landesarbeiterrat und Direktorium nach der „Konfliktszeit" neu definiert. Wie die Arbeiterräte in den Ämtern diesen als Amtsarbeiterräte „angegliedert" waren, so wurde der Landesarbeiterrat dem Direktorium zugeordnet, und daraus ergab sich auch die Konsequenz für die Bezahlung, die als Ministerialgeschäftskosten gebucht wurden.[4] Im Monat Februar 1919 fanden insgesamt acht Sitzungen des Arbeitsausschusses statt, im März neun, in den folgenden Monaten bis zum Jahresende fiel die Zahl auf durchschnittlich zwei Tagungen pro Monat. Anfang März trat der Vorsitzende aus beruflichen Gründen zurück, und zum neuen Vorsitzenden wurde einstimmig Fritz Graeger gewählt.[5]

Der neue Vorsitzende packte energisch die Aufgabe an, den Arbeiterräten und dem Landesarbeiterrat eine neue Arbeitsgrundlage zu schaffen. Schon knapp eine Woche nach Amtsübernahme lag ein Entwurf über Befugnisse, Stärke und Besoldung der Arbeiterräte vor[6], der den Delegierten des Arbeitsausschusses für die Sitzung am 15. März zuging. Ein Versuch Graegers, schon vorher das Einverständnis des Direktoriums zu den „Grundsätzen", hauptsächlich die Besoldung betreffend, zu erhalten, wurde von Minister Scheer abschlägig beschieden: Das Direktorium könne dem Vorschlag des Landesarbeiterrats zurzeit nicht nähertreten, man müsse zunächst das Vorgehen des Reichs abwarten. Dem Landesarbeiterrat bleibe es überlassen, ob er die Regelung vornehmen wolle oder nicht.[7] Der Landesarbeiterrat erhob den Entwurf mit geringfügigen Änderungen zum Beschluß.[8]

Die „Richtlinien" warfen zunächst einen Blick auf die vergangenen Monate:

> *Durch die Revolution ist eine erhebliche Arbeit den bestehenden staatlichen und kommunalen Körperschaften abgenommen und auf die Arbeiterräte übergegangen. Die tatsächlich auszuführenden Arbeiten müssen den hierzu bestellten Körperschaften wieder voll übertragen werden. Hierzu gehören z. B. die Ausübung von Beschlagnahmen, die Verteilung der Lebensmittel, die Ausübung der polizeilichen Tätigkeit usw."*

Darin drückte sich der Wandel von Funktionen und die Änderung von Kompetenzen bereits deutlich aus. Die in dem Beschluß des Direktoriums vom 13. November 1918 in die Hände der Soldatenräte gelegte „Polizeigewalt" fiel an die früheren Inhaber zurück, desgleichen die aus dieser abgeleiteten Rechte. Was blieb?

1. „Das Recht auf Kontrolle der behördlichen Maßnahmen".
2. Das „Recht des Einspruchs" gegen dieselben.
3. Das Recht auf Annahme von Beschwerden und auf deren „Anbringung" bei Behörden.
4. Das Recht auf Begutachtung wichtiger Verwaltungsmaßnahmen.

Wie war das Verfahren?

1. Die Arbeiterräte sollten nicht „(störend) in die Handlungen der Behörden und ihrer Organe" eingreifen.
2. Die beanstandeten Maßnahmen mit den Beanstandungsgründen sollten der jeweils vorgesetzten Dienststelle mitgeteilt und erforderlichenfalls zur Kenntnis des Landesarbeiterrats gebracht werden.

---

4) Vgl. StA Ol 136-2770, Bl. 2; vgl. auch 180, 2 Kassenbuch der Landeshauptkasse, Cap. I./1919, wo die Kosten unter § 2 „unvorhergesehene Ausgaben" verbucht wurden. Die Neudefinition am 25. 2. 1919 ebd.
5) Am 5. 3. 1919; vgl. StA Ol 136-2770, Bl. 3. Graeger war MSPD-Mitglied, 1. Vorsitzender des Ortsvereins Oldenburg der MSPD (gewählt am 4. 2. 1919) und 1. Vorsitzender des Landesausschusses für die Sicherheitswehr des Freistaates Oldenburg.
6) StA Ol 136-2768, Bl. 25.
7) Ebd., Bl. 21.
8) Ebd., Bl. 25.

3. Die Behörden sollten den Arbeiterräten in Ausübung ihrer Tätigkeit Auskünfte erteilen und Einblick in amtliches Material gewähren.
4. Der Zusammenarbeit, die auf gegenseitigem Entgegenkommen beruhen müsse, „(darf als Richtschnur) nur das Wohl der Allgemeinheit und besonders der minderbemittelten Volksklassen dienen".

Die Arbeitsweise der Räte könne, so die „Richtlinien" weiter, nicht allgemein festgelegt werden, dazu seien die örtlichen Verhältnisse zu verschieden, aber zweierlei müsse beachtet werden: Die Interessen der werktätigen Bevölkerung müßten voll gewahrt und berechtigte Wünsche erfüllt und auf die sparsamste Wirtschaft müsse energisch hingearbeitet werden. Darauf folgten Regelungen über die Stärke der einzelnen Räte[9] und die Bezahlung.[10]

Wären die „Richtlinien" Ende November, wie beantragt, beschlossen worden, und hätte der Landesarbeiterrat - oder Zentralrat - seine auf der geschlossenen Rätebewegung beruhende Macht zur Durchsetzung und Einhaltung der Grundsätze einsetzen können - die Oldenburger Räte hätten ihrer historischen Aufgabe gerecht werden können. So blieb nur ein Rest des ursprünglichen Räteverständnisses noch übrig: Kontrolle der Verwaltung, aber die neue Funktion, die dann allein Dauer haben sollte, war bereits präzise beschrieben: Interessenvertretung „der minderbemittelten Volksklassen" oder der „werktätigen Bevölkerung". Ein Exemplar der „Richtlinien" schickte Graeger an das Direktorium mit dem Anschreiben, in dem der Landesarbeiterrat bat, „auf die Ämter, die ebenfalls einen Abdruck erhalten haben, dahin einwirken zu wollen, daß nunmehr ein gedeihliches Zusammenarbeiten auf Grund der neuen Basis angestrebt wird."[11]

Scheer quittierte die Zusendung und Bitte für den internen Dienstgebrauch so: Weitere Verhandlungen seien zu vermeiden, die Arbeiterräte würden mit der Verabschiedung der neuen Reichsverfassung verschwinden und durch andere Organe ersetzt werden.[12]

Wenige Tage darauf beschloß das Direktorium eine Stellungnahme zu dem Ergänzungsentwurf des Artikels 34 der Reichsverfassung mit folgendem Wortlaut:

„Die Reichsregierung soll ersucht werden, auf keinen Fall über die im Ergänzungsentwurf vorgeschlagenen Konzessionen an das Rätesystem hinaus zu gehen und daran festzuhalten, daß die Räte sich nicht auf politischem, sondern nur auf wirtschaftlichem Gebiet betätigen dürfen."[13]

Damit hatte das Direktorium in Fragen der Sozial- und Wirtschaftsverfassung eine Absicht bekundet, die in den Verfassungsberatungen der Nationalversammlung, unterstützt durch Beschlüsse des Parteitages des MSPD in Weimar im Juni 1919, zu den bekannten Bestimmungen des Artikels 165 führten.[14] Für Oldenburg war der Weg der Arbeiterräte damit klar vorgezeichnet.

---

9) In jedem Amtsbezirk gab es nur einen Arbeiterrat, der insgesamt nicht mehr als 25 Mitglieder haben durfte; auf je 2.000 Einwohner kam ein Mitglied im Arbeiterrat.
10) Es gab kaum Abweichungen von den bekannten Bezahlungssätzen.
11) StA Ol 136-2768, Bl. 25 vom 2. 4. 1919; vgl. auch Stadtarchiv Delmenhorst, K-V 6, Bl. 8a, mit dem etwas geänderten Anschreiben.
12) Vgl. StA Ol 136-2768, Bl. 25 (17. 4.1919).
13) StA Ol 131-107, 51. Sitzung vom 23. 4. 1919; die Reichsregierung hatte am 6. 4. den Ergänzungsentwurf, der das „Rätesystem" in der Verfassung verankern sollte, beschlossen; vgl. Schulthess, 1919, I, S. 162; vgl. auch Fraenkel, Rätemythos, S. 16 f., dort auch der Wortlaut der Erklärung der Reichsregierung vom 4. 2. 1919.
14) Im ganzen dazu: Fraenkel, Rätemythos, S. 14 f. und 21-25; vgl. auch Huber, Deutsche Verfassungsgeschichte, Bd. V, S. 1202-04.

5.5. Das Ende der Arbeiterräte und die Kontinuität des Landesarbeiterrats

An den Entwicklungen, die den Arbeiterräten ihre politischen Aufgaben entzogen, konnte auch ihre letzte Konferenz in Oldenburg am 16. Mai 1919 nichts mehr ändern.[1] Nach dem Bericht Graegers über den zweiten Rätekongreß entspann sich eine lebhafte Diskussion über die Aufgaben der Arbeiterräte. Abgesehen von der Forderung „Alle Macht den Arbeiterräten", die ein KPD-Vertreter vorbrachte, sprachen sich die anderen Redner für größere Rechte der Arbeiterräte aus, ohne daß klar wurde, was damit gemeint war. Deutlich formuliert war allein die Forderung nach dem „Mitbestimmungsrecht jedes Arbeitnehmers", was in dem Kontext hieß, Mitbestimmung in sozialen und wirtschaftlichen Fragen.[2]

Nach der Verabschiedung der oldenburgischen Landesverfassung am 17. Juni 1919[3], nach der Bildung der ersten Landesregierung am 21. Juni war das Ende der Arbeiterräte abzusehen. Eine Woche später ging ein Erlaß des Minsteriums des Inneren an alle Ämter und Städte I. Klasse, der einen Rückblick auf die Räte und ihre Tätigkeit, eine Vorausschau auf ihre Beendigung und eine politische Perspektive ihres Funktionswandels enthielt.

> *„Die Novemberumwälzung 1918 hat in Ermangelung von bestehenden gesetzlich anerkannten Berufsorganisationen der Arbeiter die Bildung von Arbeiterräten zur Folge gehabt. Ein derartiger Zusammenschluß der Arbeiterschaft entsprang einmal dem Drang zur sofortigen Mitarbeit in den Vertretungskörperschaften der Kommunalverbände und des Staates, dann dem Willen, diese Mitarbeit auf dem Boden des gleichen Rechts für alle Bevölkerungsklassen für die Arbeiterschaft dauernd zu sichern.*
>
> *Inzwischen ist das berechtigte Streben hinzugekommen, das Machtverhältnis zwischen Kapital und Arbeit zu Gunsten der Arbeit zu verschieben.*
>
> *Nachdem die Verfassung für den Freistaat Oldenburg die Bildung des Staatsministeriums unter Erfüllung der Wünsche der Arbeiterschaft ermöglichte, und in allen Vertretungen der Gemeinden des ganzen Landes die Beteiligung aller Kreise der Bevölkerung aufgrund eines demokratischen Wahlrechts demnächst zur Durchführung gelangt sein wird, haben die Arbeiterräte als Klassenvertretung der Arbeiterschaft zur Ausübung politischer Aufgaben ihre Berechtigung verloren.*
>
> *Da die Handarbeiterschaft jedoch eine für andere Berufsgruppen gesetzlich anerkannte, in allen die betreffenden Berufe angehenden wirtschaftlichen und sozialen Fragen zu hörende Organisation nicht besitzt, so legt das Staatsministerium Wert darauf, daß die Arbeiterräte und der Landesrat der Arbeiterräte solange bestehen bleiben, um in wirtschaftlichen und sozialen Fragen gehört zu werden, bis das Reich in der Verfassung die Grundlage für den Aufbau der Mitvertretung der Arbeiterschaft in diesen Fragen gesichert hat."*[4]

Das werde bald geschehen sein, so daß nach dem 1. August eine finanzielle Unterstützung des Staates und der Kommunalverbände hinfällig sei. Nach Annahme der Reichsverfassung werde der Zeitpunkt endgültig festgesetzt werden, zu dem die Zuschüsse entfielen.

---

1) Die Soldatenräte waren Ende Februar aufgrund des Erlasses der Reichsregierung vom 19. 1. 1919 neu gewählt worden und hatten seitdem nur noch Bedeutung für die militärischen Binnenverhältnisse; vgl. Kluge, S. 278.
2) „Republik" vom 18. 5. 1919; vgl. auch Nachrichten vom 18. 5. 1919.
3) Gesetzblatt für den Freistaat Oldenburg, Landesteil Oldenburg, 11. Bd., 46. Stück, ausgegeben am 20. 6. 1919.
4) StA Ol 136-2768, Bl. 31.

Im August 1919 ließ der Ministerpräsident einen weiteren Erlaß folgen, der bestimmte, daß „für die politische Mitwirkung der Arbeiterräte in Staat und Gemeinde kein Raum mehr" sei[5], die „etwa noch geübte Mitwirkung" aufhören müsse und die bisher geleisteten finanziellen Beihilfen nur noch bis zum 15. August gezahlt würden. Die Staatsregierung betonte aber andererseits,

> „daß sie die Mitarbeit der gesamten Arbeiterschaft in der Zeit bis zur Schaffung des reichsgesetzlichen Aufbaus der in Artikel 162[6] der Reichsverfassung vorgesehenen Betriebs-, Bezirks- und Reichsarbeiterräte in wirtschaftlichen und sozialen die Arbeiterschaft angehenden Fragen für dringend erwünscht"

halte. Durch den bisherigen Landesarbeiterrat werde diese Verbindung aufrecht erhalten. Dem Vorsitzenden Graeger sandte der Ministerpräsident den Erlaß zur

> „Kenntnisnahme und mit dem Ersuchen um Mitteilung des Einverständnisses zum weiteren Zusammenarbeiten auf dieser Grundlage zwischen Landesarbeiterrat und Ministerium".[7]

Die beiden Erlasse hatten ein Nachspiel, das in einem Briefwechsel zwischen dem Landesarbeiterrat und dem Zentralrat in Berlin bestand. Im Schreiben vom 23. Juli 1919[8] vermißte der Zentralrat das, was der Landesarbeiterrat gegenüber dem Regierungsbeschluß veranlaßt habe, denn nach den Beschlüssen des zweiten Rätekongresses sei die Mitwirkung lokaler Räte solange nicht zu entbehren, wie die Demokratisierung nicht durchgeführt sei.[9] Der Zentralrat erwarte in Ansehung der Bedeutung dieses Beschlusses nicht nur für Oldenburg, daß der Landesarbeiterrat baldigst berichte. Diese Mahnung beantwortete der Landesarbeiterrat zum einen mit dem Hinweis auf die Verfassungsbestimmungen im Deutschen Reich, zum anderen mit der Feststellung, „daß im allgemeinen den Arbeiterräten in weitgehendster Weise entgegengekommen wird", und zum dritten mit der Klage, „daß hier in Oldenburg von Seiten der kommunistischen Partei und deren Vertretern in den Gemeindeverwaltungen alles getan wird, um die Arbeiterräte zu beseitigen." Die Kommunisten-Vertreter hätten dafür gestimmt, daß die Geldmittel den Arbeiterräten entzogen werden sollten.

Nachdem der die Tätigkeit der Arbeiterräte beendigende Erlaß[10] in Berlin vorlag, ersuchte der Zentralrat nunmehr den Landesarbeiterrat, die nötigen Schritte zu unternehmen, um die Stellung und Aufgaben der Arbeiterräte landesgesetzlich festzulegen, wofür die Regelung in Württemberg als Beispiel empfohlen wurde.[11] In einem langen Schreiben[12] schilderte Graeger die Lage der Arbeiterräte in Oldenburg. Zwar hätten die Räte den Erlaß des Staatsministeriums scharf verurteilt, aber mit Rücksicht auf das Treiben der Kommunisten und die Tatsache, daß sich einige Arbeiterräte nach den Kommunalwahlen selbst aufgelöst hätten, wolle

---

5) StA Ol 136-2768, Bl. 36.
6) In der endgültigen Fassung wurde er zu dem Art. 165.
7) StA Ol 136-2768, Bl. 36.
8) Graeger hatte seinem Brief vom 8. 7. 1919 als Anlage den ersten Erlaß beigefügt.
9) Vgl. IISG Amsterdam, AZR, B 12-IV.
10) Erlaß vom 1. 8. 1919.
11) Die württembergische Verfassung vom 25. 9. 1919 enthält keine Regelung über die Arbeiterräte, lediglich im Abschnitt VIII „Wirtschaftsleben" einige „Leitsätze programmatischer Art" ohne Rechtsinhalt; die in der am 26. 4. 1919 beschlossenen Verfassung enthaltenen Bestimmungen mußten nach Verkündung der Reichsverfassung einer Revision unterzogen werden; vgl. Jahrbuch des öffentlichen Rechts der Gegenwart 9 (1920), S. 171-179, und 10 (1921), S. 280-284.
12) Vom 21. 8. 1919, in IISG Amsterdamm, AZR, B 12-IV.

man sich damit abfinden. Die anderen Arbeiterräte würden bestehen bleiben und ihre Tätigkeit ehrenamtlich fortsetzen. Dies sei der Wunsch einer ganzen Anzahl von Städten und Gemeinden, und ebenso zeige sich das Staatsministerium bereit, den Landesarbeiterrat in vollem Umfange bestehen zu lassen, die Kosten dafür zu übernehmen und alle Anregungen und Wünsche in weitem Maße zu berücksichtigen. Was die kommunistischen Treibereien[13] angehe, so hätten sie
1. auf das Schärfste im Juni das Beschlagnahmerecht der Arbeiterräte bekämpft[14],
2. in der Stadt Oldenburg den Arbeiterrat durch Rückzug ihrer Vertreter sabotiert.
3. Im Amt Jever[15] hätte ein Vertreter der KPD, der früher MSPD-Mitglied gewesen und als solches in den Gemeinderat gewählt worden sei, in demselben beantragt, dem Arbeiterrat die bisher bewilligten Mittel zu entziehen. Dieser Antrag sei von den Kommunisten und den Vertretern der bürgerlichen Parteien gegen die Stimmen der MSPD angenommen worden.

An den drei Beispielen wird deutlich, wie die Parole „Alle Macht den Räten"[16] im Verlauf weniger Wochen in ihr Gegenteil verkehrt wurde. Daß es gelegentlich auch andere Kräfte, insbesondere in den Gewerkschaften, sein konnten, die den Räten ein Ende zu setzen wünschten, zeigt der folgende Fall:

> *„Die Arbeiterschaft von Wildeshausen stellte sich in einer Vertrauensmännersitzung der sämtlichen hiesigen Gewerkschaften auf den Standpunkt, daß der Amtsarbeiterrat aufgelöst werden sollte, in erster Linie, weil der Amtsarbeiterrat nicht dem Sinne der Arbeiterschaft entspricht."*[17]

Die Arbeiterräte haben in den oldenburgischen Städten und Ämtern im Laufe des Jahres 1919 ihre Tätigkeit eingestellt. Der Landesarbeiterrat - als Interessenvertretung der „werktätigen Bevölkerung" - hat, immer in Erwartung der reichsgesetzlichen Errichtung von Arbeiterkammern, die Weimarer Republik überlebt und ist erst im März 1933 in Person des Vorsitzenden Graeger entlassen worden.[18]

---

13) Der Zentralrat hatte am 8. 8. 1919 um Material über „Quertreibereien" der Kommunisten gegen die Arbeiterräte gebeten.
14) Es handelte sich darum, von den Arbeiterräten vorgeschlagene Personen als Hilfsorgane der staatlichen oder kommunalen Behörden bei der Bekämpfung des Schleichhandels zu bestellen; vgl. StA Ol 131-107, Sitzungen des Direktoriums am 11. 6. und 16. 6. 1919.
15) In Heidmühle bei Jever.
16) So am 16. 5. 1919 gefordert.
17) StA Ol 136-2768, Bl. 35; über die Haltung der Gewerkschaftsspitze zu den Arbeiterräten: Fraenkel, Rätemythos, S. 17.
18) StA Ol 136-2768, Bl. 109. Das oldenburgische Gesetz zur Errichtung von Arbeiter- und Angestelltenkammern war im Jahre 1922/23 fertiggestellt und angenommen worden, konnte aber nicht verkündet werden, „weil das Reich immer noch reichsgesetzlich regeln will und die Länder nicht selbständig vorgehen dürfen". Antwort der Oldenburger Landesregierung auf eine entsprechende Anfrage am 30. 6. 1926, ebd., Bl. 67.

SCHLUSSBEMERKUNGEN

1. Ergebnisse

Verglichen mit anderen Ländern des Deutschen Reiches hat Oldenburg während der Revolution 1918/19 einige Besonderheiten singulären Charakters aufzuweisen:

> einen Landtag, der nicht aufgelöst wurde oder außer Funktion trat - ein Tatbestand, der die Kontinuität und Identität der Verfassungsinstitution bewahrte und nicht wenig zum „milden Verlauf"[1] der Revolution beitrug.
>
> Ein Direktorium, das als Revolutionsorgan von der bisherigen Landtagsopposition gebildet und durch den Repräsentanten der Marinerevolutionäre und -räte ergänzt, parlamentarische Tradition mit revolutionärem Neubeginn verband.

Die Rätebewegung unterschied sich ebenfalls, wenn auch nicht so deutlich wie die genannten Institutionen, von der Gesamtbewegung:

> Die örtlichen Räte - ganz überwiegend dem Typus der demokratischen zuzuordnen - stießen zwar in den kommunalen Selbstverwaltungsgremien häufig auf Widerstand, fanden aber für ihre Arbeit im Direktorium einen Rückhalt, der ihnen in Preußen fehlte.[2]
>
> Andererseits kamen sie als Beförderer der „Demokratisierung" in Oldenburg kaum oder gar nicht in Betracht, ein Befund, der die „herrschende Lehre" von der „demokratischen Volksbewegung"[3], vom „demokratischen Potential" der Räte, das ungenutzt geblieben sei, zu relativieren geeignet ist.[4]
>
> Die zentralen, überörtlichen Rätegremien - der 21er Rat in den Jadestädten und der Oldenburger Arbeiter- und Soldatenrat - waren in einen radikalen und in einen gemäßigten Flügel gespalten, und ihr Kampf um die Vorherrschaft verhinderte den Ausbau der Räteorganisation und die Sammlung der Kräfte zum Zweck der politischen Neugestaltung - und hier lagen Möglichkeiten für die Demokratisierung - über Monate hinweg. Die Spaltung der politischen Kräfte der Rätebewegung war im Kern eine solche in Autochthone und Fremde und fand ihren deutlichen Ausdruck in den persönlichen Gegnerschaften der jeweiligen Führer Hug und Kuhnt.[5]

---

1) Vgl. Albers, S. 226.
2) Vgl. Kolb, S. 359-383, besonders S. 371-383.
3) Rürup, S. 23; vgl. auch S. 15.
4) Vgl. Arbeiter- und Soldatenräte im rheinisch-westfälischen Industriegebiet, S. 8 f.; vgl. auch die Kritik von Heinz Hürten in VSWG 64 (1977), S. 248 f., an Rürups zugespitzten Thesen.
5) Verhalten und politisches Handeln besonders der Hauptakteure Hug und Kuhnt, aber auch anderer jeweiliger Protagonisten, lassen an Max Webers in den Tagen der Revolution entworfene Typologie der Berufspolitiker denken: „Verantwortungsethiker" die einen, „Gesinnungsethiker" die anderen. Es liegt auf der Hand, daß die Zuordnung einzelner Individuen zu den fest umrissenden Kategorien, die den „Idealtypen" der Weberschen Lehre eigen sind, nicht ohne Gewaltsamkeit vorgenommen werden kann, andererseits sind die strukturellen Unterschiede, die zum einen durch lange Tätigkeit im Lande und zufällige Anwesenheit zum anderen begründet sind und die unterschiedliches politisches Handeln mitbestimmten, nicht zu übersehen. Vgl. Weber, Max: Der Beruf zur Politik. In: ders.: Soziologie. Weltgeschichtliche Analysen. Politik. Mit e. Einl. von Eduard Baumgarten. Hrsg. und erl. von Johannes Winckelmann. 2., durchges. und erg. Aufl. Stuttgart 1956, S. 167-185, besonders S. 174 ff.

Was den Schwerpunkt der Auseinandersetzung zwischen Gemäßigten und Radikalen angeht, so lag er in dem hochbedeutsamen Prozeß, in dem die Geschlossenheit der Arbeiterpartei im Revolutionszentrum - den Jadestädten - allmählich gelockert, und, nachdem die zentrifugalen Kräfte gehörig zur Wirkung gekommen waren, eine neue Einheitlichkeit durch Überführung der Parteiorganisation der MSPD ins Lager der Unabhängigen hergestellt werden sollte.

In diesem Prozeß der Kräftezersplitterung bildeten auf Seiten der Radikalen emanzipatorische Absichten, revolutionäres Pathos und instrumentelle Phraseologie einerseits und autoritäres Denken und Verhalten, das aus der militärischen Prägung vieler Mitglieder herrühren mochte und das demokratische Prozeduren häufig nur als Bemäntelung handfester Eigeninteressen benutzte, andererseits, ein politisches Verhaltensmuster, das mehr Widerstand provozierte und Zusammenhalt auflöste als zu Mitarbeit motivierte und Kräfte band.

Im Lager der Gemäßigten führte der dauernde und mehrseitige Kampf um die Bewältigung der existentiellen und politischen Haupt- und Alltagsprobleme, um Bewahrung der dazu nötigen institutionellen und organisatorischen Rahmenbedingungen und die ideologische Auseinandersetzung mit dem Gegner zu einer Schwächung der politischen Energien, die den Gestaltungsaufgaben fehlten, und die Entfaltung neuer, der veränderten Situation angemessener Konzepte zurücktreten ließ.

2. Urteile

Die Konstellation:
Der Revolution in Oldenburg lag eine schlechthin unvergleichliche Ausgangssituation zugrunde: an der äußersten Peripherie des Bundesstaates ein Kriegshafen und Festungsbereich, dessen Landmarineteile und Flottenbesatzungen nach einer Meuterei auf einigen Einheiten der Hochseeflotte durch einen kurzen Machtkampf mit den Marinekommandos die oberste militärische Machtzentrale bildeten. Der übermächtige Soldatenrat in den Jadestädten, gestützt auf Zehntausende von Soldaten, vollendete die revolutionäre Umwälzung, etablierte seine Herrschaft, militärisch wie zivil, in der Festung und begann, sich der großen Politik zuzuwenden. Die „Sturmvögel von der Wasserkante"[6], in Gestalt des 21er Rats, begaben sich auf die Suche nach einem Territorium, in das sie ihre Revolution ausdehnen konnten: Aus politisch-programmatischen wie aus militärischen Gründen gliederten sie das strategisch und wirtschaftlich wichtige Hinterland Oldenburgs und Ostfrieslands ihrem Machtbereich an.

Die militärischen Kräfte in Oldenburg beugten sich nach kurzem Widerstand den Marinerevolutionären, so eine fragile Einheitlichkeit der revolutionären Bewegung herstellend, und die politischen Kräfte in der Landeshauptstadt vollzogen die revolutionäre Umwälzung des politischen Systems.

Die Dialektik der Entwicklung:
1. Der 21er Rat stützte sich fast ausschließlich auf die revolutionäre bewaffnete Macht, verzichtete weitgehend auf die Zusammenarbeit mit der Arbeiterschaft, deren Delegierte auch

---

6) Scheidemann, Philipp: Der Zusammenbruch. Berlin 1921, S. 190.

nur einen Teil derselben repräsentierten und lange Zeit ohne nennenswerten Einfluß blieben, und ignorierten die anderen politischen Kräfte und Bevölkerungsteile. In dieser relativen und selbstverschuldeten Isolation erwies sich seine Hauptstütze als fatal-dialektisch: Wie das Versprechen der raschen Demobilisation[7] nicht zum wenigsten eine Hauptbedingung seiner Machtstellung war, so machte eben dieses Versprechen und seine zügige Einlösung den Boden der Macht mit jedem Tag mehr schwinden. Während die unausweichliche Abnahme seiner militärischen Macht wiederum den Prozeß der Radikalisierung, durch den der drohende Machtverlust kompensiert werden sollte, verstärkte, brachte die zunehmende Verschärfung des Konfliktkurses Beschlüsse hervor, die seine Bündnisfähigkeit noch weiter einschränkten. Das Schwinden seiner Machtbasis vergrößerte die Bedeutung zweier Faktoren, der Berufssoldaten, die von der Demobilisierung vorerst ausgenommen waren, und der Linksradikalen. Beide Gruppen vertraten politisch entgegengesetzte Konzepte: Erstere das der Reichsregierung, der MSPD, der repräsentativen Demokratie, letztere das des Rätesystems und der Diktatur des Proletariats. Zwischen beiden Machtfaktoren eingeklemmt, verzichtete der 21er Rat nicht nur darauf, sich der Rückendeckung der Arbeiterpartei zu versichern, sondern sah im Gegenteil in deren Spaltung oder „Verschmelzung" eine Möglichkeit, seine Herrschaft zu festigen. Damit machte er seine Niederlage unabwendbar. Sein stark vermindertes Ansehen reichte nicht mehr aus, die eigenmächtigen Aktionen der Kommunisten und Berufssoldaten zu verhindern, und nach dem Fehlschlag bei den Wahlen zur Nationalversammlung war er nicht mehr in der Lage, dem kommunistischen Putsch entgegenzutreten und ihn aus eigener Kraft zu unterdrücken. Seine Auflösung fiel mit dem endgültigen Scheitern seiner Pläne zur „Verschmelzung" der MSPD-Organisation zu einer einheitlichen USPD zusammen.

2. Die Spaltung der Arbeiterpartei und der Rätebewegung Anfang Januar 1919 war der Höhepunkt einer Entwicklung, die schon bald nach der Revolution begann und die gemäßigten Kräfte im Lande, voran den Oldenburger Arbeiter- und Soldatenrat, zwang, ihre volle Kraft gegen die Durchsetzung politisch unrealistischer und extremer Konzepte einzusetzen. Durch diese Absorbierung vermochten sie ihre eigenen Vorstellungen zur Neugestaltung kaum zu entwickeln und blieben auf das beschränkt, was Mommsen die Entfaltung „defensiver Energien" nennt.[8] Als sie nach ihrem Sieg endlich ihre Absichten zur Neugestaltung, mindestens aber zur Mitbestimmung bei der Neuordnung der politischen Verhältnisse zu verwirklichen trachten konnten, war die „Offenheit der Situation"[9] durch die Entscheidung im Zentrum der revolutionären Bewegung, Berlin, schon stark eingeengt und die Machtvorteile in der Landeshauptstadt inzwischen beim Direktorium konzentriert.

3. Die erbitterten Auseinandersetzungen in den Jadestädten selbst und zwischen den Rätegremien, die Forderungen, Erklärungen und nicht zuletzt die Methoden bestätigen eindrucksvoll die These, daß die Januarereignisse in Berlin, die auf das ganze Reich ausstrahlten, der Wendepunkt in der Revolution 1918/19 gewesen seien. Sie lieferten aber gleichzeitig einer regionalen MSPD-Organisation die Erfahrungen, welche die Politik auf die Alternative so-

---

[7] Vgl. Stumpf-Tagebuch, S. 311: „Nach Hause, nur fort von hier, darum dreht sich alles."
[8] Vgl. Mommsen, S. 371.
[9] Rürup, S. 9.

zialdemokratische Demokratie oder Diktatur einer sozialrevolutionären Minderheit einschränkte. Sie waren wohl dazu angetan, ,,daß das allmählich erstarrende Bolschewismusurteil der Mehrheitssozialisten endgültig zum ... Antibolschewismus gerann"[10], aber eben nicht nur ,,unkritisch und emotional", wie Lösche meint, sondern mit starken Argumenten aus der beobachteten und erfahrenen Wirklichkeit. Auch die These Kolbs, daß die MSPD-Führung zu einem Teil durch die eigene Presse die Bolschewismusfurcht selbst miterzeugte, ,,so daß seit Januar eine regelrechte Psychose herangezüchtet wurde"[11], findet in den regionalen Verhältnissen kaum eine Stütze, vielmehr fällt die ruhige, rationale Argumentation und Diskussion in der Presse und in Parteiveranstaltungen auf, mit denen Forderungen wie Entscheidungen der Radikalen beantwortet wurden. Das wird die These, deren Gültigkeit für die zentralen Führungsgremien zunächst behauptet wird, nicht entkräften, aber die allgemeine Aussage doch relativieren und differenzieren.

Die Alternative:
Sie hätte darin bestanden, daß der 21er Rat und Kuhnt sich eine breite Mehrheit in den Jadestädten gesucht, unter Aufgabe einiger überflüssiger politischer Forderungen und Provokationen die MSPD hinter dem Programm der Rätebewegung gesammelt, das Kräftepotential der Räte durch Zentralisierung oder Koordinierung ihrer Gremien zur Gestaltung der politischen Aufgaben (Verfassung, Wahlen) genutzt und die so formierten Kräfte auch im Direktorium zur Wirkung gebracht hätten. Eine Zusammenarbeit mit den landeseigenen Führern und Kräften hätte jedenfalls deutlichere Spuren der revolutionären Bewegung hinterlassen können als das die Konfrontation aus ,,Reinlichkeitsgründen" getan hat.

3. Ausblicke

Die eine Entscheidung über die weitere Entwicklung der politischen Verhältnisse fiel auch für Oldenburg durch die Wahl zur Nationalversammlung am 19. Januar 1919. Bei einer sehr hohen Wahlbeteiligung, die zwischen 85 % und 90 % lag und damit noch die Beteiligung an der letzten Reichstagswahl vor dem Weltkrieg übertraf[12], verteilten sich die Stimmen auf die Parteien wie folgt:[13]

	Oldenburg	Reichsdurchschnitt[14]
DDP	62.886 = 30,9 %	18,5 %
MSPD	59.003 = 29,0 %	37,9 %
Z	41.507 = 20,4 %	19,7 %
DVP	23.268 = 11,4 %	4,4 %
USPD	16.105 = 7,9 %	7,6 %
DNVP	570 = 0,3 %	10,3 %

10) Lösche, S. 170.
11) Kolb, S. 406.
12) Vgl. Milatz, S. 18.
13) Vgl. Nachrichten vom 21. und 22. 1. 1919; die Zahlen beziehen sich auf den Freistaat Oldenburg ohne die Landesteile Lübeck und Birkenfeld, die zu den Wahlkreisen Schleswig-Holstein (Nr. 14) und Koblenz (Nr. 21) gehörten; vgl. Milatz, S. 30 f.
14) In Prozent der abgegebenen gültigen Stimmen.

Die im Vergleich[15] zum Reichsdurchschnitt sehr starke DDP hatte ihre Schwerpunkte in den Ämtern Westerstede (63,7 %), Varel (53,8 %), Elsfleth (46,8 %), Brake (45,3 %) und Wildeshausen (40,2 %) und in den Städten Oldenburg (46,2 %) und Jever (44,7 %), wo sie jeweils die Spitzenstellung einnahm. Die MSPD konnte ihre traditionell starken Positionen in den Randgemeinden der Landeshauptstadt Eversten, Ohmstede und Osternburg mit 53,8 % (1912: 50,6 %) ebenso gut behaupten wie in den Ämtern Rüstringen (37,0 %), Butjadingen (45,2 %), Delmenhorst (43,0 %) und in der Stadt Delmenhorst (44,9 %). Im Amt Rüstringen (27,9 %) errang die USPD einen erheblichen Stimmenanteil, freilich auf Kosten der MSPD. Das Zentrum hatte in den südoldenburgischen Ämtern Vechta und Cloppenburg mit jeweils über 90 % und im Amt Friesoythe mit 78,5 % die erwarteten Spitzenergebnisse, blieb aber in den anderen Gebieten des Freistaates mit Ausnahme des Amtes Wildeshausen (14,1 %) unter 5 %. In den Ämtern Wildeshausen (31,6 %), Delmenhorst, Elsfleth und Jever mit jeweils über 20 % hatte die DVP ihre besten Ergebnisse, während die DNVP in den meisten Ämtern nur eine Handvoll Stimmen erreichte.

Zum Gesamtergebnis in Oldenburg läßt sich soviel sagen: Die Parteien der Weimarer Koalition erreichten mit 80,3 % der abgegebenen Stimmen eine Vierfünftelmehrheit und lagen damit über 4 % über dem Reichsdurchschnitt (76,1 %), die Rechtsopposition in Gestalt der DNVP war in Oldenburg nicht vorhanden, während die DVP um mehr als das Doppelte über dem Reichsdurchschnitt lag. Die USPD verdankte ihre gute Position dem Festungsbereich Wilhelmshaven, wo sie allein 77 % der für sie abgegebenen Stimmen verbuchte, während sie im übrigen Oldenburg nur 23 % ihres Stimmenanteils oder 1,8 % aller abgegebenen Stimmen erzielte.

Vergleicht man diese Ergebnisse mit den Wahlen von 1912, bei aller Würdigung der Unterschiede, die im Wahlrecht, im Wahlsystem und in der Wahlkreiseinteilung liegen und einen Vergleich erschweren, so stellt sich folgendes heraus: Die Ergebnisse für die einzelnen Parteien und Parteigruppen[16] weisen in beiden Wahlen eine beinahe verblüffende Übereinstimmung auf. In der Hauptwahl stimmten 1912 im Großherzogtum Oldenburg 31,5 % der Wähler für die SPD, 41,3 % für die liberalen Parteien und 26,6 % für das Zentrum. Damit tritt eine Kontinuität der politischen Entwicklung und des Parteiensystems hervor, die eindrucksvoll unterstreicht, wie wenig die revolutionäre Umwälzung an dem Grundmuster politischen Verhaltens geändert hatte.[17]

Die andere Entscheidung brachte die Wahl zur verfassunggebenden Landesversammlung am 23. Februar 1919. Bei einer um fast 20 % geringeren Wahlbeteiligung (67,2 %)[18], die von allen Parteien als „Wahlmüdigkeit" schon vor der Wahl befürchtet und nachher beklagt wurde, erzielten die einzelnen Parteien folgende Ergebnisse[19]:

---

15) Eine ausführliche Wahlanalyse ist hier nicht beabsichtigt.
16) Zum Zusammenhang von Parteiensystem und Sozialstruktur, dessen Stabilität mit dem Begriff des „Sozialmilieus" analytisch erfaßt und erklärt wird, vgl. Lepsius, M. Rainer: Parteiensystem und Sozialstruktur: zum Problem der Demokratisierung der deutschen Gesellschaft. In: Die deutschen Parteien vor 1918. Hrsg. von Gerhard A. Ritter. Köln 1973. (Neue Wissenschaftliche Bibliothek, Bd 61), S. 56-80.
17) Vgl. Ritter, Gerhard A.: Kontinuität und Umformung des deutschen Parteiensystems 1918-1920. In: Vom Kaiserreich zur Weimarer Republik, S. 244-275.
18) Da keine Angaben über die Zahl der Wahlberechtigten für die NV-Wahl vorliegen, lege ich die entsprechenden Zahlen der vier Wochen später erfolgten Wahl zur Landesversammlung zugrunde.
19) Vgl. StA Ol 131-90; die restlichen 9 Mandate entfielen auf die Landesteile Lübeck (4) und Birkenfeld (5).

SPD	31,2 %	= 12 Mandate
DDP	30,5 %	= 12 Mandate
Z	24,3 %	= 10 Mandate
DVP	13,5 %	= 5 Mandate
DNVP	0,5 %	= - Mandate

Auf den ersten Blick fallen bei den relativen Zahlen kaum Veränderungen ins Auge. Sieht man sich jedoch die absoluten Zahlen an, so zeigen sich die Verschiebungen deutlich: Die DDP verlor 13.740 Stimmen (21,8 %), die SPD 8.757 (14,8 %), zum allergrößten Teil durch Wahlenthaltung. Nimmt man bei letzterer die USPD-Stimmen bei der Wahl zur Nationalversammlung hinzu[20], so betrug der Verlust sogar 33,1 %, d. h. die Linkspartei büßte ein Drittel ihres Stimmenpotentials ein. Da ihre Verluste besonders dort am größten waren, wo die USPD am 19. Januar 1919 am besten abgeschnitten hatte - die Stimmenverluste betrugen in den Ämtern Rüstringen 46,7 %, Varel 38,4 % und in den Städten Jever 54,9 % und Varel 41,7 % -, liegt die Erklärung nahe, daß einerseits Wähler der USPD ihre Stimmen nicht auf die verbundene Liste von MSPD und USPD übertragen haben und andererseits MSPD-Wähler eben wegen dieser dubiosen Gemeinsamkeit der Wahl fernblieben. Die Verluste der DVP hielten sich mit 3.623 Stimmen in acht Ämtern und Städten in Grenzen, während sie in neun Ämtern und Städten 2.093 Stimmen hinzugewann, so daß der Gesamtverlust mit 6,6 % vergleichsweise gering ausfiel. Das Zentrum wurde mit einem Rückgang seines Stimmenanteils von insgesamt 5,5 % von der geringeren Wahlbeteiligung am wenigsten betroffen. Die Parteien der Weimarer Koalition konnten ihren Anteil auf 86 % steigern und lagen damit um 10 % über dem Ergebnis im Reichsdurchschnitt.

Nach der erfolgten Wahl in Birkenfeld[21] verteilten sich die Mandate in der Landesversammlung wie folgt:

SPD	16 Mandate
DDP	15 Mandate
Z	11 Mandate
DVP	5 Mandate
DNVP	1 Mandat.

In dieser Zusammensetzung nahm am 20. März 1919 der neue Landtag seine Verfassungsarbeit auf.[22] Ihm lag dazu ein Entwurf des späteren Ministerpräsidenten von Finckh vor, der sich seinerseits sehr stark auf die allgemeine Staatslehre und das Staatsrecht von Georg Jellinek stützte.[23] Nach dreimonatiger Arbeit wurde die Verfassung am 17. Juni vom Landtag in zweiter Lesung angenommen. Dieser wählte am 21. Juni den Abgeordneten Theodor Tantzen-Heering (DDP) zum Ministerpräsidenten des Freistaates Oldenburg und die Abgeordneten Dr. Franz Driver (Z) und Julius Meyer (MSPD) sowie den bisherigen Minister Otto Graepel

---

20) Die MSPD und die USPD hatten für die Wahl am 23. 2. 1919 eine gemeinsame Wahlliste eingereicht.
21) Die Wahl erfolgte am 9. 3. 1919 und hatte folgendes Ergebnis: SPD 2, DDP 2, Z 1.
22) Vgl. dazu Hartong und Sprenger.
23) Vgl. StA Ol 270-36 Nachlaß v. Finckh, Eintragung vom 22. 1. 1919; vgl. dazu: Jellinek, Georg: Das Recht des modernen Staates. Bd 1: Allgemeine Staatslehre. Berlin 1900.

zu Ministern. Die Konsolidierung der politischen Verhältnisse war ein Werk der Oldenburger politischen Kräfte in der Konstellation der Weimarer Koalition.

Die Revolution 1918/19 hat in Oldenburg den Übergang zur parlamentarischen Republik, der dem Wandel der sozialen und politischen Verhältnisse durch Industrialisierung und Demokratisierung entsprach und der durch die „importierte Revolution" ausgelöst wurde, bewirkt. Sie vollzog sich unter Wahrung der landeseigenen Kontinuität und in traditionsgeleiteten Formen, die den Kämpfen ihre grimmige Schärfe nahm und dem politischen Verhalten wie dem Handeln eine Stütze gaben. Sie schuf die Voraussetzungen, die eine gedeihliche demokratische Entwicklung verbürgen konnten. Daß diese nicht von Dauer war, lag, neben sozialstrukturellen Gegebenheiten und politischen Fehlern im Lande selbst[24], an Ursachen und Bedingungen, die außerhalb Oldenburgs zu suchen sind.

---

24) Zur Entwicklung der Oldenburger Politik, besonders in der Endphase der Weimarer Republik, vgl. jetzt Schaap.

QUELLEN- UND LITERATURVERZEICHNIS

1. Ungedruckte Quellen

Archiv der Sozialen Demokratie Bonn-Bad Godesberg
    Nachlaß Noske
    Nachlaß Keil

Bundesarchiv Koblenz
    NS 26 Hauptarchiv der NSDAP
    R 43 I Reichskanzlei
    Nachlaß Noske
    Nachlaß Wissell

Bundesarchiv - Militärarchiv Freiburg/Br.
    RM 3   Reichsmarineamt
    RM 33   Kommando der Nordseestation
    RM 47   Kommando der Hochseestreitkräfte
    RM 104 Kaiserliche Werften
    Nachlaß 162   Hipper
    Nachlaß 171/2 Waldeyer-Hartz

Internationales Institut für Sozialgeschichte Amsterdam
Archiv des Zentralrats der Deutschen Republik (AZR)

Niedersächsisches Staatsarchiv Oldenburg
    Best. 39   Oldenburgischer Landtag (1848-1933)
    Best. 131   Staatsministerium (Gesamtministerium)
    Best. 133   Ministerium der Justiz
    Best. 136   Ministerium des Inneren
    Best. 160,1   Evangelisches Oberschulkollegium Oldenburg
    Best. 230   Oldenburgische Verwaltungsämter
    Best. 262,1   Stadt Oldenburg
    Best. 270   Politische Nachlässe
        12   v. Eucken-Addenhausen
        24   Scheer
        36   von Finckh
        40   von Busch
    Best. 297   Handschriften
        D 31   Wilhelm Ahlhorn - Familien-Erinnerungen

Stadtarchiv Delmenhorst

Stadtarchiv Jever

Stadtarchiv Leer

Stadtarchiv Varel

Stadtarchiv Wilhelmshaven

2. Gedruckte Quellen

Adjutant im Preußischen Kriegsministerium Juni 1918 bis Oktober 1919. Aufzeichnungen des Hauptmanns Gustav Böhm. Im Auftrage des Militärgeschichtlichen Forschungsamtes hrsg. und bearb. von Heinz Hürten und Georg Meyer. Stuttgart 1977. (Beiträge zur Militär- und Kriegsgeschichte, Bd 19).

Die Auswirkungen der Großen Sozialistischen Oktoberrevolution auf Deutschland. Hrsg. von Leo Stern. Berlin 1959. (Archivalische Forschungen zur Geschichte der deutschen Arbeiterbewegung, Bd 4/I-IV).

Buchner, Eberhard: Revolutionsdokumente. Die deutsche Revolution in der Darstellung der zeitgenössischen Presse. Bd 1. Berlin 1921.

Darstellungen aus den Nachkriegskämpfen deutscher Truppen und Freikorps. Im Auftrage des Oberkommandos des Heeres bearb. und hrsg. von der Kriegsgeschichtlichen Forschungsanstalt des Heeres. Zweite Reihe, Bd 6: Die Wirren in der Reichshauptstadt und im nördlichen Deutschland 1918-1920. Berlin 1940.

Die deutsche Revolution 1918/19. Dokumente. Hrsg. von Gerhard A. Ritter und Susanne Miller. Frankfurt 1968. (Fischer Bücherei 879).

Der Gründungsparteitag der KPD. Protokoll und Materialien. Hrsg. und eingel. von Hermann Weber. Frankfurt 1969.

Johann, Ernst: Innenansicht eines Krieges. Deutsche Dokumente 1914-1918. Frankfurt, Wien, Zürich 1969.

Hof- und Staatshandbuch des Großherzogtums Oldenburg.

Kolb, Eberhard und Klaus Schönhoven (Hrsg.): Regionale und lokale Räteorganisationen in Württemberg 1918/19. Düsseldorf 1976. (Quellen zur Geschichte der Rätebewegung in Deutschland, Bd 2).

Kuhnt, Bernhard: Die Revolution in Oldenburg und Ostfriesland. In: Republik, Nr. 40 vom 10. 2. 1919. Berlin 1919, S. 2-3.

Militär und Innenpolitik im Weltkrieg 1914-1918. Bearb. von Wilhelm Deist. 2 Teile. Düsseldorf 1970. (Quellen zur Geschichte des Parlamentarismus und der politischen Parteien, Zweite Reihe, Bd 1).

Miller, Susanne und Gerhard A. Ritter: Die November-Revolution 1918 im Erleben und Urteil der Zeitgenossen. Eine Dokumentation. In: Aus Politik und Zeitgeschichte. B 45/68, 9. 11. 1968.

Oldenburg. Eine feine Stadt am Wasser Hunte. Besorgt und bearb. von Hermann Lübbing. 2. Aufl. Oldenburg 1973.

Protokoll über die Verhandlungen des Parteitages der Sozialdemokratischen Partei Deutschlands 1917. Berlin 1917.

Die Regierung des Prinzen Max von Baden. Bearb. von Erich Matthias und Rudolf Morsey. Düsseldorf 1962. (Quellen zur Geschichte des Parlamentarismus und der politischen Parteien, Erste Reihe, Bd 2).

Die Regierung der Volksbeauftragten 1918/19. Eingel. von Erich Matthias, bearb. von Susanne Miller unter Mitwirkung von E. Potthoff. Düsseldorf 1969. (Quellen zur Geschichte des Parlamentarismus und der politischen Parteien, Erste Reihe, Bd 6.)

Revolution und Räterepublik in Bremen. Hrsg. von Peter Kuckuck. Frankfurt 1969. (edition suhrkamp 367).

Staats-Handbuch des Freistaates Oldenburg. Jg. 1919-1934.

Statistische Nachrichten über den Freistaat Oldenburg. 1919 ff.

Statistische Nachrichten über das Großherzogtum Oldenburg. 1886 ff.

Verhandlungen der verfassunggebenden Landesversammlung des Freistaats Oldenburg. Oldenburg 1919.

Vorwärts und nicht vergessen. Erlebnisberichte aktiver Teilnehmer der Novemberrevolution 1918/19. Institut für Marxismus-Leninismus beim Zentralkomitee der SED. Berlin 1958.

Das Werk des Untersuchungsausschusses der Verfassunggebenden Deutschen Nationalversammlung und des Deutschen Reichstages 1919-1930. Vierte Reihe: Die Ursachen des deutschen Zusammenbruchs im Jahre 1918. Berlin 1928 ff.

Der Zentralrat der Deutschen Sozialistischen Republik. 19.12.1918-8.4.1919. Bearb. von Eberhard Kolb unter Mitwirkung von Reinhard Rürup. Leiden 1968. (Quellen zur Geschichte der Rätebewegung in Deutschland, Bd 1).

Zwischen Revolution und Kapp-Putsch. Militär und Innenpolitik 1918-1920. Bearb. von Heinz Hürten. Düsseldorf 1977. (Quellen zur Geschichte des Parlamentarismus und der politischen Parteien, Zweite Reihe, Bd 2).

3. Zeitungen

Delmenhorster Kreisblatt. Jg. 1918 f.

Nachrichten für Stadt und Land. Oldenburg. Jg. 1918 f.

Norddeutsches Volksblatt. Wilhelmshaven. Ab Nr. 273/1918: Republik. Jg. 1918 f.

Nordwestdeutsches Volksblatt. Organ der USPD für Oldenburg und Ostfriesland. Wilhelmshaven Jg. 1920 ff.

Oldenburgische Volkszeitung. Vechta. Jg. 1918 f.

Die Tat. Wilhelmshaven. Jg. 1919.

Wilhelmshavener Tageblatt und Anzeiger. Jg. 1918 f.

Wilhelmshavener Zeitung. Jg. 1918 f.

4. Literatur

Adolph, Hans J. L.: Otto Wels und die Politik der deutschen Sozialdemokratie 1894-1939. Eine politische Biographie. Berlin 1971. (Veröffentlichungen der Historischen Kommission zu Berlin, Bd 33).

Ahner, Hermann: Wilhelmshavener Chronik. Wilhelmshaven o. J. (1969).

Albers, Friedrich: Oldenburg. In: Zehn Jahre deutsche Republik. Ein Handbuch für republikanische Politik. Hrsg. von Anton Erkelenz. Berlin 1928, S. 225-230.

Anlauf, Karl: Die Revolution in Niedersachsen. Hannover 1919.

Anschütz, Gerhard: Parlament und Regierung im Deutschen Reich. Berlin 1918.

Arbeiter- und Soldatenräte im rheinisch-westfälischen Industriegebiet. Studien zur Geschichte der Revolution 1918/19. Hrsg. von Reinhard Rürup. Wuppertal 1975.

Barth, Emil: Aus der Werkstatt der deutschen Revolution. Berlin 1919.

Barton, Walter: Bibliographie der oldenburgischen Presse. Teil 1: Die Zeitungen. In: Oldenburger Jahrbuch 57 (1958), S. 41-80.

Baumgarten, Hermann: Der deutsche Liberalismus. Eine Selbstkritik. Hrsg. und eingel. von Adolf M. Birke. Frankfurt 1974.

Beeck, Karl-Hermann: Kleinbürger und Revolution. Harmagedon 1918. Kastellaun 1977.

Beckers, Hans: Wie ich zum Tode verurteilt wurde. Die Marinetragödie im Sommer 1917. Leipzig 1928.

Berlin, Jörg: Die Novemberrevolution in Wilhelmshaven. (Staatsexamensarbeit o. J.). (Unveröffentl. Ms.).

Bermbach, Udo: Ansätze zu einer Kritik des Rätesystems. In: Berliner Zeitschrift für Politologie 9 (1968), H. 4, S. 21-31.

Ders.: Das Scheitern des Rätesystems und der Demokratisierung der Bürokratie 1918/19. In: PVS 8 (1967), S. 445-460.

Bernhard, Hans-Joachim: Die Entstehung einer revolutionären Friedensbewegung in der deutschen Hochseeflotte im Jahre 1917. In: Schreiner, Albert (Red.): Revolutionäre Ereignisse und Probleme in Deutschland während der Periode der Großen Sozialistischen Oktoberrevolution 1917/18. Berlin 1957, S. 89 ff.

Bernstein, Eduard: Die deutsche Revolution, ihr Ursprung, ihr Verlauf und ihr Werk. Bd. 1: Geschichte der Entstehung und ersten Arbeitsperiode der deutschen Republik. Berlin 1921.

Ders.: Die Voraussetzungen des Sozialismus und die Aufgaben der Sozialdemokratie. Eingel. von Dieter Schuster. 5. Aufl. Berlin, Bonn-Bad Godesberg 1973. (Internationale Bibliothek, Bd 61).

Börner, Katrin: Strukturveränderungen in der Presse durch die Novemberrevolution 1918 dargestellt am Beispiel von Wilhelmshaven. (Magisterarbeit. Münster 1976). (Unveröffentl. Ms.).

Booms, Hans: Die Novemberereignisse 1918. Ursachen und Bedeutung einer Revolution. In: GWU 20 (1969), S.577-604.

Bosl, Karl (Hrsg.): Bayern im Umbruch. Die Revolution von 1918, ihre Voraussetzungen, ihr Verlauf und ihre Folgen. München, Wien 1969.

Brather, Klaus-Stephan und Gustav Enders: Über die archivalische Quellenlage zur Geschichte der Novemberrevolution im Deutschen Zentralarchiv Potsdam. In: Archivmitteilungen 18 (1968), S. 142 ff.

Bremen in der deutschen Revolution. Hrsg. von Wilhelm Breves. Bremen 1919.

Brosius, Dieter: Von der Monarchie zur Republik. Die Begründung des Freistaates Schaumburg-Lippe. In: Schaumburg-Lippische Mitteilungen. Heft 19, 1968, S. 47-60.

Carr, Edward H.: Was ist Geschichte? Stuttgart 1963.

Carsten, Francis L.: Revolution in Mitteleuropa 1918-1919. Köln 1973.

Cramer, Johann: Der rote November 1918. Revolution in Wilhelmshaven. Wilhelmshaven 1968.

Czisnik, Ulrich: Die Unruhen in der Marine 1917/18. In: Marine-Rundschau 67 (1970), S. 641-664.

Dähn, Horst: Rätedemokratische Modelle. Studien zur Rätediskussion in Deutschland 1918/1919. Meisenheim 1975. (Marburger Abhandlungen zur Politikwissenschaft, Bd 30).

Dahrendorf, Ralf: Gesellschaft und Demokratie in Deutschland. München 1968.

Danto, Arthur C.: Analytische Philosophie der Geschichte. Frankfurt 1974.

Deist, Wilhelm: Die Politik der Seekriegsleitung und die Rebellion der Flotte Ende Oktober 1918. In: VfZ 14 (1966), S. 341-368.

Ders.: Die Unruhen in der Marine 1917/18. In: Marine-Rundschau 68 (1971), S. 325-343.

Dittmann, Wilhelm: Die Marine-Justizmorde von 1917 und die Admirals-Rebellion von 1918. Berlin 1926.

Drabkin, J. S.: Die Novemberrevolution 1918 in Deutschland. Berlin 1968.

Drake, Heinrich: 1918. Rückblick nach 50 Jahren. In: Lippische Mitteilungen für Geschichte und Landeskunde 37 (1968), S. 5-31.

Droz, Jacques: Die Französische Revolution. In: Die Europäer und ihre Geschichte. Epochen und Gestalten im Urteil der Nationen. Hrsg. von Leonhard Reinisch. München 1961, S. 120-134.

Dunger, Ingrid: Wilhelmshaven 1870-1914. Staats-, Kommunal- und Parteipolitik im Jadegebiet zwischen Reichsgründung und Erstem Weltkrieg. Wilhelmshaven 1962.

Ehrenfeuchter, Bernhard: Politische Willensbildung in Niedersachsen zur Zeit des Kaiserreichs. Ein Versuch auf Grund der Reichstagswahlen von 1867-1912, insbesondere seit 1890. Phil. Diss. Göttingen 1951.

Elben, Wolfgang: Das Problem der Kontinuität in der deutschen Revolution. Die Politik der Staatssekretäre und der militärischen Führung vom November 1918 bis Februar 1919. Düsseldorf 1965. (Beiträge zur Geschichte des Parlamentarismus und der politischen Parteien, Bd 31).

Engelsing, Rolf: Massenpublikum und Journalistentum im 19. Jahrhundert in Nordwestdeutschland. Berlin 1966. (Schriften zur Wirtschafts- und Sozialgeschichte, Bd 1).

Erdmann, Karl Dietrich: Die Geschichte der Weimarer Republik als Problem der Wissenschaft. In: VfZ 3 (1955), S. 1-19.

Feldmann, Gerald D., Eberhard Kolb und Reinard Rürup: Die Massenbewegungen der Arbeiterschaft in Deutschland am Ende des Ersten Weltkrieges (1917-1920). In: PVS 13 (1972), S. 84-105.

Fikentscher, F.: Die Wahrheit über den Zusammenbruch der Marine. In: Politische und militärische Zeitfragen. Monatsschrift für Politik und Wehrmacht, Heft 29. Berlin 1920.

Flemming, Jens: Parlamentarische Kontrolle in der Novemberrevolution. In: Archiv für Sozialgeschichte 11 (1971), S. 69-140.

Forstner, G. G. Freiherr von: November-Spuk. Erlebnisse 1918-1920. Berlin (1939).

Fraenkel, Ernst: Deutschland und die westlichen Demokratien. 4. Aufl. Stuttgart 1968.

Ders.: Rätemythos und soziale Selbstbestimmung. Ein Beitrag zur Verfassungsgeschichte der deutschen Revolution. In: Aus Politik und Zeitgeschichte. B 14/71, 3. 4. 1971, S. 3-26.

Franz, Günther: Die politischen Wahlen in Niedersachsen 1967-1949. 2., erg. Aufl. mit e. Anhang: Die Wahlen 1951 und 1952. Bremen 1953. (Schriften der Wirtschaftswissenschaftlichen Gesellschaft zum Studium Niedersachsens e. V., NF, Bd 33).

Fuchs, Hartmut: Lübeck und die Angliederung benachbarter Gebiete nach dem 1. Weltkrieg. In: Zeitschrift des Vereins für Lübeckische Geschichte und Altertumskunde 52 (1972), S. 90-113.

Gersdorff, Ursula von (Hrsg.): Geschichte und Militärgeschichte. Frankfurt 1974.

Grebing, Helga: Friedrich Ebert. Kritische Gedanken zur historischen Einordnung eines deutschen Sozialisten. In: Aus Politik und Zeitgeschichte. B 5/71, 30. 1. 1971.

Groh, Dieter: Negative Integration und revolutionärer Attentismus. Die deutsche Sozialdemokratie am Vorabend des Ersten Weltkrieges. Frankfurt, Berlin, Wien 1973.

Grotelüschen, Heike: Die Arbeiter- und Soldatenräte des Oldenburger Landes im Spiegel der zeitgenössischen Kritik als Frage nach ihrer politischen Stellung und Wirksamkeit. (Staatsexamensarbeit, Oldenburg 1965). (Unveröffentl. Ms.).

Grundig, Edgar: Chronik der Stadt Wilhelmshaven. Bd II: 1853-1945. Wilhelmshaven 1957. (Masch. vervielf.).

Ders.: Delmenhorst. Stadtgeschichte 1848-1945. Bde III-IV. Delmenhorst 1960. (Masch. vervielf.).

Haase, Carl: Grundfragen der oldenburgischen Landesgeschichte im Spiegel der Geschichte Nordwestdeutschlands und des nördlichen Europa. In: Neues Archiv für Niedersachsen 11 (1963), S. 286-303.

Ders.: Die oldenburgische Gemeindeordnung von 1855 und ihre Vorgeschichte. In: Oldenburgisches Jahrbuch 55 (1956), S. 1-45.

Habermas, Jürgen: Geschichte und Evolution. In: Geschichte und Gesellschaft 2 (1976), S. 310-357.

Ders.: Zur Logik der Sozialwissenschaften. Materialien. Frankfurt 1970. (edition suhrkamp 481).

Haffner, Sebastian: Die verratene Revolution. Deutschland 1918/19. Bern, München, Wien 1969.

Handbuch des Deutschen Staatsrechts. Hrsg. von Gerhard Anschütz und Richard Thoma. Bd 1. Tübingen 1930. (Das öffentliche Recht der Gegenwart, Bd 28).

Hansen, Hans Jürgen: Die Schiffe der deutschen Flotten 1848-1945. 2. Aufl. Oldenburg 1973.

Happach, Max: Besonderheiten der Verfassung des Freistaates Anhalt im Hinblick auf die Verfassungen anderer deutscher Länder. Jur. Diss. Halle 1924.

Hartenstein, Wolfgang: Die Anfänge der Deutschen Volkspartei 1918-1920. Düsseldorf 1962. (Beiträge zur Geschichte des Parlamentarismus und der politischen Parteien, Bd 22).

Hartong, Kurt: Beiträge zur Geschichte des oldenburgischen Staatsrechts. Oldenburg 1958. (Oldenburger Forschungen 10).

Heimatkunde des Herzogtums Oldenburg. Hrsg. vom Oldenburgischen Landeslehrerverein unter Redaktion von W. Schwecke, W. von Busch, H. Schütte. 2 Bde. Bremen 1913.

Heinemann, Gustav W.: Die Freiheitsbewegungen in der deutschen Geschichte. In: GWU 25 (1974), S. 601-606.

Ders.: Präsidiale Reden. Einl. von Theodor Eschenburg. Frankfurt 1975. (edition suhrkamp 790).

Helmerichs, K.: Von der 1000-Mann-Kaserne zur Marine-Brigade Erhardt. In: Salomon, Ernst von: Das Buch vom Freikorpskämpfer. Berlin 1938.

Herwig, Holger H.: Das Elitekorps des Kaisers. Die Marineoffiziere im Wilhelminischen Deutschland. Hamburg 1977. (Hamburger Beiträge zur Sozial- und Zeitgeschichte, Bd 13).

Holthaus, Franz: Bevölkerungsentwicklung und Bevölkerungsbewegung Oldenburgs 1886-1935. Wirtschafts- und sozialwiss. Diss. Köln 1938. Peine o. J.

Horn, Daniel: The German Naval Mutinies of World War I. New Brunswick 1969.

Hubatsch, Walter: Der Admiralstab und die obersten Marinebehörden in Deutschland 1848-1945. Frankfurt 1958.

Huber, Ernst Rudolf: Deutsche Verfassungsgeschichte seit 1789. 5 Bde. Stuttgart 1960 ff.

Hürten, Heinz: Soldatenräte in der deutschen Novemberrevolution von 1918. In: Historisches Jahrbuch 90 (1970), S. 299-328.

Illustrierte Geschichte der deutschen Revolution. Berlin 1929. (Nachdruck Frankfurt 1968.)

Jacobs, Heinz: Die Novemberrevolution in Wilhelmshaven. In: Wilhelmshavener Zeitung, 14.9.1968-23.11.1968.

Janssen, Günter: Zur Vorgeschichte des oldenburgischen Staatsgrundgesetzes. In: Oldenburger Jahrbuch 2 (1893), S. 1-12.

Jaspers, Karl: Schicksal und Wille. Autobiographische Schriften. Hrsg. von Hans Saner. München 1967.

Jellinek, Georg: Das Recht des modernen Staates. Bd 1: Allgemeine Staatslehre. Berlin 1900.

Jellinek, Walter: Die Nationalversammlung und ihr Werk. In: Handbuch des Deutschen Staatsrechts. Hrsg. von Gerhard Anschütz und Richard Thoma. Bd 1. Tübingen 1930. (Das öffentliche Recht der Gegenwart, Bd 28), S. 119-127.

Ders.: Revolution und Reichsverfassung. In: Jahrbuch des öffentlichen Rechts der Gegenwart 9 (1920), S. 1-128.

Vom Kaiserreich zur Weimarer Republik. Hrsg. von Eberhard Kolb. Köln 1972. (Neue Wissenschaftliche Bibliothek, Bd 49).

Keil, Wilhelm: Erlebnisse eines Sozialdemokraten. 2 Bde. Stuttgart 1947/48.

Kellerhoff, Eduard: Beiträge zur Geschichte der Stadt Rüstringen. Oldenburg 1937. (Oldenburger Forschungen 3).

Kevenhörster, Paul: Das Rätesystem als Instrument zur Kontrolle politischer und wirtschaftlicher Macht. Opladen 1974. (Forschungsberichte des Landes Nordrhein-Westfalen 2405).

Kielmannsegg, Peter Graf von: Deutschland und der Erste Weltkrieg. Frankfurt 1968.

Kittel, Erich: Novembersturz 1918. Bemerkungen zu einer vergleichenden Revolutionsgeschichte der deutschen Länder. In: Blätter für deutsche Landesgeschichte 104 (1968), S. 42-108.

Ders.: Die Revolution von 1918 in Lippe. In: Lippische Mitteilungen für Geschichte und Landeskunde 37 (1968), S. 32-153.

Kliche, Josef: Vier Monate Revolution in Wilhelmshaven. Rüstringen 1919.

Kluge, Ulrich: Soldatenräte und Revolution. Studien zur Militärpolitik in Deutschland 1918/19. Göttingen 1975.

Kocka, Jürgen: Klassengesellschaft im Krieg. Deutsche Sozialgeschichte 1914-1918. Göttingen 1973.

Koellreutter, Otto: Die verfassungsrechtliche Entwicklung in Oldenburg, Braunschweig, Anhalt, Lippe, Schaumburg-Lippe und Waldeck. In: Jahrbuch des öffentlichen Rechts der Gegenwart 10 (1921), S. 409-438.

Kohorst, Heinrich: Der Standort der oldenburgischen Industrien. Oldenburg 1939. (Wirtschaftswissenschaftliche Gesellschaft zum Studium Niedersachsens, Reihe A. Beiträge: Heft 47).

Kolb, Eberhard: Die Arbeiterräte in der deutschen Innenpolitik 1918-1919. Düsseldorf 1962. (Beiträge zur Geschichte des Parlamentarismus und der politischen Parteien, Bd 23).

Kollmann, Paul: Statistische Beschreibung der Gemeinden des Großherzogtums Oldenburg. Im Auftr. d. Großherzoglich Oldenburgischen Staatsministeriums, bearb. und hrsg. von Paul Kollmann. Oldenburg 1897.

Kotowski, Georg: Die deutsche Novemberrevolution. Warum der 9. November 1918 nicht zum Staatsfeiertag erklärt wurde. In: Aus Politik und Zeitgeschichte. B 49/60, 7. 12. 1960, S. 763-770.

Kraft, Emil: Achtzig Jahre Arbeiterbewegung zwischen Meer und Moor. Ein Beitrag zur Geschichte der politischen Bewegungen in Weser-Ems. Wilhelmshaven 1952.

Krause, Hartfried: USPD. Zur Geschichte der Unabhängigen Sozialdemokratischen Partei Deutschlands. Frankfurt, Köln 1975.

Krohn, Louise von: Vierzig Jahre in einem deutschen Kriegshafen. Wilhelmshaven 1905.

Lademacher, Horst: Revolution, Räte und Außenpolitik. In: Archiv für Sozialgeschichte 13 (1973), S. 611 ff.

Lammertz, W.: Die Marine von der Revolution bis zum Flottengrab bei Scapa Flow. Duisburg 1919.

Lampe, Klaus: Der Freistaat Oldenburg zwischen Kapp-Putsch und Reichstagswahlen. In: Niedersächsisches Jahrbuch für Landesgeschichte 46/47 (1975), S. 263-297.

Legahn, Ernst: Meuterei in der kaiserlichen Marine 1917/18. Ursachen und Folgen. Herford 1970.

Lepsius, M. Rainer: Parteiensystem und Sozialstruktur: zum Problem der Demokratisierung der deutschen Gesellschaft. In: Deutsche Parteien vor 1918. Hrsg. von Gerhard A. Ritter. Köln 1973. (Neue Wissenschaftliche Bibliothek, Bd 61), S. 56-80.

Lösche, Peter: Der Bolschewismus im Urteil der deutschen Sozialdemokratie 1903-1920. Berlin 1967. (Veröffentlichungen der Historischen Kommission zu Berlin, Bd 29).

Lucas, Erhard: Frankfurt unter der Herrschaft des Arbeiter- und Soldatenrats 1918/19. Frankfurt 1969.

Lübbing, Hermann: Oldenburgische Landesgeschichte. Oldenburg 1953.

Lüken, Johann: Revolutionäre Strömungen und Ereignisse in Cuxhaven von November 1918 bis Februar 1919. In: Männer vom Morgenstern 53 (1973), S. 135-182.

Malanowsky, Wolfgang: Novemberrevolution. Hamburg 1968.

Mann, Thomas: Meine Zeit. In: Reden und Aufsätze. Bd 3. Frankfurt 1960. (Gesammelte Werke in zwölf Bänden, Bd XI), S. 302-324.

Marine und Marinepolitik im Kaiserlichen Deutschland 1871-1914. Hrsg. vom Militärgeschichtlichen Forschungsamt durch Herbert Schottelius und Wilhelm Deist. Düsseldorf 1972.

Matthias, Erich: Der Rat der Volksbeauftragten. Zu Ausgangsbasis und Handlungsspielraum der Revolutionsregierung. In: Vom Kaiserreich zur Weimarer Republik. Hrsg. von Eberhard Kolb. Köln 1972. (Neue Wissenschaftliche Bibliothek, Bd 49).

Ders.: Zwischen Räten und Geheimräten. Die deutsche Revolutionsregierung 1918/19. Düsseldorf 1970.

Meinecke, Friedrich: Die Revolution. Ursachen und Tatsachen. In: Handbuch des Deutschen Staatsrechts. Hrsg. von Gerhard Anschütz und Richard Thoma. Bd 1. Tübingen 1930. (Das öffentliche Recht der Gegenwart, Bd 28), S. 95-119.

Metzmacher, Helmut: Der Novembersturz 1918 in der Rheinprovinz. In: Annalen des Historischen Vereins für den Niederrhein. Jg. 1967, S. 135-265.

Meyer, Georg P.: Bibliographie zur deutschen Revolution 1918/19. Göttingen 1977. (Arbeitsbücher zur modernen Geschichte 5).

Meyer, Ilse: Die politischen Wahlen im Lande Oldenburg 1848-1918. (Diplomarbeit 1958). (Unveröffentl. Ms.).

Milatz, Alfred: Wähler und Wahlen in der Weimarer Republik. Bonn 1965. (Schriftenreihe der Bundeszentrale für politische Bildung, Heft 66).

Miller, Susanne: Burgfrieden und Klassenkampf. Die deutsche Sozialdemokratie im Ersten Weltkrieg. Düsseldorf 1974. (Beiträge zur Geschichte des Parlamentarismus und der politischen Parteien, Bd 53).

Mommsen, Wolfgang J.: Die deutsche Revolution 1918-1920. Politische Revolution und soziale Protestbewegung. In: Geschichte und Gesellschaft 4 (1978), S. 362-391.

Müller, Georg Alexander von: Regierte der Kaiser? Hrsg. von Walter Görlitz. Göttingen 1959.

Müller, Richard: Vom Kaiserreich zur Republik. Bd 2: Die November-Revolution. Wien 1925.

Müller-Franken, Hermann: Die Novemberrevolution. Erinnerungen. Berlin 1928.

Murken, Theodor: Vor 50 Jahren. Vom vereitelten Flottenvorstoß bis zur Revolution. In: Wilhelmshavener Presse, 2. 11. 1968.

Ders.: Putsche und Kämpfe in Wilhelmshaven. In: Wilhelmshavener Presse, 10. 1. 1969.

Muth, Heinrich: Die Entstehung der Bauern- und Landarbeiterräte im November 1918 und die Politik des Bundes der Landwirte. In: VfZ 21 (1973), S. 1-38.

Neu, Heinrich: Die revolutionäre Bewegung auf der deutschen Flotte 1917-1918. Stuttgart 1930.

Neubauer, Helmut (Hrsg.): Deutschland und die russische Revolution. Stuttgart, Berlin, Mainz 1968.

Niemann, Alfred: Revolution von oben - Umsturz von unten. Entwicklung und Verlauf der

Staatsumwälzung in Deutschland 1914-1918. Mit e. Dokumenten-Anhang. Berlin 1928

Noske, Gustav: Erlebtes aus Aufstieg und Niedergang einer Demokratie. Offenbach/M. 1947.

Ders.: Von Kiel bis Kapp. Zur Geschichte der deutschen Revolution. Berlin 1920.

Oertzen, Peter von: Betriebsräte in der Novemberrevolution. Eine politikwissenschaftliche Untersuchung über Ideengehalt und Struktur der betrieblichen und wirtschaftlichen Arbeiterräte in der deutschen Revolution 1918/19. 2., erw. Aufl. Berlin, Bonn-Bad Godesberg 1976. (Internationale Bibliothek, Bd 93).

Ders.: Die großen Streiks der Ruhrbergarbeiterschaft im Frühjar 1919. In: VfZ 6 (1958), S. 231-262.

Oldenburg um 1900. Beiträge zur wirtschaftlichen, sozialen und kulturellen Situation des Herzogtums Oldenburg im Übergang zum industriellen Zeitalter. Hrsg. von der Handwerkskammer Oldenburg, der Landwirtschaftskammer Weser-Ems und der Oldenburgischen Industrie- und Handelskammer. Oldenburg 1975.

Plaschka, Richard G.: Cattaro - Prag. Revolte und Revolution. Kriegsmarine und Heer Österreich-Ungarns im Feuer der Aufstandsbewegungen vom 1. Februar und 28. Oktober 1918. Graz, Köln 1963.

Pleitner, Emil: Vom Großherzogtum zum Freistaat. In: Der oldenburgische Hauskalender oder Hausfreund auf das Jahr 1920. 94 (1920), S. 7-19.

Ders.: Oldenburg im 19. Jahrhundert. 2 Bde. Oldenburg 1900.

Popp, Lothar: Ursprung und Entwicklung der November-Revolution. Kiel 1919.

Probleme der Demokratie heute. Tagung der Deutschen Vereinigung für politische Wissenschaften in Berlin. Opladen 1971. (Sonderheft der PVS), S. 53-152.

Propyläen Weltgeschichte. Eine Universalgeschichte. Hrsg. von Golo Mann. Bd 8: Das neunzehnte Jahrhundert. Frankfurt, Berlin 1960.

Rabehl, Bernd: Bemerkungen zum Problem der Rätedemokratie in der nachindustriellen Gesellschaft (I). In: Berliner Zeitschrift für Politologie 9 (1968), Heft 4, S. 14-21.

Raeder, Erich: Mein Leben. Bis zum Flottenabkommen mit England 1935. Tübingen 1956.

Rauh, Manfred: Die Parlamentarisierung des Deutschen Reiches. Düsseldorf 1977. (Beiträge zur Geschichte des Parlamentarismus und der politischen Parteien, Bd 60).

Reichold, Helmut: Bismarcks Zaunkönige. Duodez im 20. Jahrhundert. Eine Studie zum Föderalismus im Bismarckreich. Paderborn 1977.

Rickels, Friedrich: Die Entwicklung der Nordenhamer Großindustrie unter besonderer Berücksichtigung der Arbeiterschaft. Rer. pol. Diss. Münster 1922.

Rickels, K.: Die wirtschaftliche und soziale Lage der Wilhelmshavener Werftarbeiter unter besonderer Berücksichtigung der Kriegs- und Nachkriegszeit. Rer. pol. Diss. Münster 1921.

Ritter, Gerhard A.: „Direkte Demokratie" und Rätewesen in Geschichte und Theorie. In: Scheuch, E. (Hrsg.): Die Wiedertäufer der Wohlstandsgesellschaft. Köln 1968.

Ders.: Kontinuität und Umformung des deutschen Parteiensystems 1918-1920. In: Vom Kaiserreich zur Weimarer Republik. Hrsg. von Eberhard Kolb. Köln 1972. (Neue Wissenschaftliche Bibliothek, Bd 49), S. 244-275.

Rose, A. W.: Der 4. Februar 1919. Bremens Befreiung. Bremen o. J. (1934).

Rosenberg, Arthur: Entstehung und Geschichte der Weimarer Republik. Hrsg. von Kurt Kersten. Frankfurt 1955.

Rost, Alexander: Als die Matrosen meuterten. In: Die Zeit. Nr. 42, 18. 10. 1968, S. 9-10.

Rürup, Reinhard: Probleme der Revolution in Deutschland 1918/19. Wiesbaden 1968. (Institut für Europäische Geschichte Mainz, Vorträge Nr. 50).

Rüthning, Gustav: Oldenburgische Geschichte. Bd 2. Bremen 1911.

Ders.: Oldenburgische Geschichte. Volksausgabe in einem Bande. Oldenburg 1937.

Ruffmann, Karl-Heinz: Sowjetrußland. München 1967. (dtv-Weltgeschichte des 20. Jahrhunderts, Bd 8).

Ruseler, Georg: Oldenburger Schulkämpfe und Deutsche Ziele. Teil 1 und 2. Oldenburg 1918 f.

Schaap, Klaus: Die Endphase der Weimarer Republik im Freistaat Oldenburg 1928-1933. Düsseldorf 1978. (Beiträge zur Geschichte des Parlamentarismus und der politischen Parteien, Bd 61).

Schaer, Friedrich Wilhelm: Georg Hanssen und Oldenburg. In: Oldenburger Jahrbuch 65 (1966), S. 109-173.

Scheer, Reinhard: Deutschlands Hochseeflotte im Weltkrieg. Persönliche Erinnerungen. Berlin 1919.

Scheidemann, Philipp: Memoiren eines Sozialdemokraten. 2 Bde. Dresden 1928.

Ders.: Der Zusammenbruch. Berlin 1921.

Schmidt, Gustav: Effizienz und Flexibilität politisch-sozialer Systeme. Die deutsche und die englische Politik 1918/19. In: VfZ 25 (1977), S. 137-187.

Schmidt, Heinrich: Oldenburg um 1900. Wirtschaftliche, soziale, politische Grundzüge. In: Oldenburg um 1900. Beiträge zur wirtschaftlichen, sozialen und kulturellen Situation des Herzogtums Oldenburg im Übergang zum industriellen Zeitalter. Hrsg. von der Handwerkskammer Oldenburg, der Landwirtschaftskammer Weser-Ems und der Oldenburgischen Industrie- und Handelskammer. Oldenburg 1975, S. 33-63.

Schubert, Helmuth: Admiral Adolf von Trotha (1868-1940). Phil. Diss. Freiburg 1976.

Schücking, Walther: Das Staatsrecht des Großherzogtums Oldenburg. Tübingen 1911. (Das öffentliche Recht der Gegenwart, Bd 14).

Schulte, Bodo: Blaue Jungs unter roter Fahne. In: Nordwest-Zeitung, 2. 11. 1968.

Ders.: Frischer Ruhm des neuen Präsidenten Bernhard Kuhnt verblaßte sehr schnell. In: Nordwest-Zeitung, 9. 11. 1968.

Schulz, Gerhard: Revolutionen und Friedensschlüsse 1917-1920. München 1967. (dtv-Weltgeschichte des 20. Jahrhunderts, Bd 2).

Schulze, Heinz Joachim: Oldenburgs Wirtschaft einst und jetzt. Eine Wirtschaftsgeschichte der Stadt Oldenburg vom Beginn des 19. Jahrhunderts bis zur Gegenwart. Oldenburg (1965).

Schwanhäuser, Catherine: Aus der Chronik Wilhelmshavens. Wilhelmshaven 1926.

Schwarz, Klaus-Dieter: Weltkrieg und Revolution in Nürnberg. Ein Beitrag zur Geschichte der deutschen Arbeiterbewegung. Stuttgart 1971. (Kieler Historische Studien, Bd 13).

Schwarz, Max: MdR. Biographisches Handbuch des Reichstages. Hannover 1965.

Schwarz, Peter Klaus: Nationale und soziale Bewegung in Oldenburg im Jahrhundert der Reichsgründung. Phil. Diss. Münster 1969.

Schulthess' Europäischer Geschichtskalender. Neue Folge. 34 (1918) ff.

Schwertfeger, Bernhard: Das Weltkriegsende. Gedanken über die deutsche Kriegsführung 1918. Potsdam 1937.

Severing, Carl: Mein Lebensweg. 2 Bde. Köln 1950.

Sprenger, Karl: Das Staatsministerium des Freistaates Oldenburg nach der Verfassung vom 17. Juni 1919. Jur. Diss. Göttingen 1932.

Stampfer, Friedrich: Erfahrungen und Erkenntnisse. Aufzeichnungen aus meinem Leben. Köln 1957.

Ders.: Die ersten 14 Jahre der Deutschen Republik. Offenbach/M. 1947.

Stegemann, Bernd: Die deutsche Marinepolitik 1916-1918. Berlin 1970.

Sterne, Laurence: Leben und Meinungen des Tristram Shandy. Frankfurt 1962. (Exempla Classica, Bd 64).

Thiessenhusen, Karin: Politische Kommentare deutscher Historiker zur Revolution und Neuordnung 1918/19. In: Aus Politik und Zeitgeschichte. B 45/69, 8. 11. 1969.

Troeltsch, Ernst: Spektator-Briefe. Aufsätze über die deutsche Revolution und die Weltpolitik 1918/22. Mit e. Geleitwort von Friedrich Meinecke. Zsgst. und hrsg. von H. Baron. Aalen 1966. (Neudruck der Ausgabe Tübingen 1924).

Volkmann, O. E.: Revolution über Deutschland. Oldenburg 1930.

Wachenheim, Hedwig: Die deutsche Arbeiterbewegugng 1844 bis 1914. Mit e. Geleitwort von Ernst Fraenkel. Frankfurt, Wien, Zürich 1971.

Weber, Max: Der Beruf zur Politik. In: ders.: Soziologie. Weltgeschichtliche Analysen. Politik. Mit e. Einl. von Eduard Baumgarten. Hrsg. und erl. von Johannes Winckelmann. 2., durchges. und erg. Aufl. Stuttgart 1956, S. 167-185.

Wegmann-Fetsch, Monika: Die Revolution von 1848 im Großherzogtum Oldenburg. Oldenburg 1974. (Oldenburger Studien, Bd 10).

Weizsäcker, Ernst von: Erinnerungen. München 1950.

Westarp, Kuno Graf von: Das Ende der Monarchie am 9. November 1918. Mit e. Nachwort hrsg. von Werner Conze. Stollhamm-Berlin 1952.

Ders.: Konservative Politik im letzten Jahrzehnt des Kaiserreichs. 2 Bde. Berlin 1935.

Woodward, David: Mutiny at Wilhelmshaven 1918. In: History Today 18 (1968), S. 779-785.

Zeisler, Kurt: Aufstand in der deutschen Flotte. Die revolutionäre Matrosenbewegung im Herbst 1918. Berlin 1956.

Ders.: Die revolutionäre Matrosenbewegung in Deutschland im Oktober/November 1918. In: Schreiner, Albert (Red.): Revolutionäre Ereignisse und Probleme in Deutschland während der Periode der Großen Sozialistischen Oktoberrevolution 1917/18. Berlin 1957, S. 185 ff.

ABKÜRZUNGEN

Abg.	Abgeordneter
ADGB	Allgemeiner Deutscher Gewerkschaftsbund
AGr.	Aufklärungsgruppe
AK	Armeekorps
BA	Bundesarchiv Koblenz
BA-MA	Bundesarchiv-Militärarchiv Freiburg/Br.
Best.	Bestand
Bl., Bll.	Blatt, Blätter
DDP	Deutsche Demokratische Partei
DNVP	Deutschnationale Volkspartei
DO	Deckoffizier
DVP	Deutsche Volkspartei
FT	Funkentelegraphie
FS	Fernschreiben
FVP	Fortschrittliche Volkspartei
GWU	Geschichte in Wissenschaft und Unterricht
IFA	Interfraktioneller Ausschuß
IISG	Internationales Institut für Sozialgeschichte Amsterdam
IWK	Internationale Wissenschaftliche Korrespondenz zur Geschichte der deutschen Arbeiterbewegung
Jg.	Jahrgang
Kap.	Kapitel
KdH	Kommando der Hochseeflotte
Kpt.	Kapitän zur See
Korv.Kpt.	Korvettenkapitän
Kptltn.	Kapitänleutnant
KPD	Kommunistische Partei Deutschlands
KTB	Kriegstagebuch
k.v.	kriegsverwendungsfähig
M.	Mark
MdL	Mitglied des oldenburgischen Landtages
MdLV	Mitglied der Verfassunggebenden Landesversammlung
MdR	Mitglied des Reichstages
MdWeimNatVers	Mitglied der Weimarer Nationalversammlung
MG	Maschinengewehr
MSPD	Mehrheitssozialdemokratische Partei Deutschlands
Ms.	Manuskript

Ms.	Manuskript
NV	Nationalversammlung
NL	Nationalliberale Partei
Nachrichten	Nachrichten für Stadt und Land
NVBl	Norddeutsches Volksblatt
OB	Oberbürgermeister
Obltn.	Oberleutnant
OSKLtg	Oberste Seekriegsleitung
OVZ	Oldenburgische Volkszeitung
OGS	Oldenburgische Gesetzessammlung
P.A.	Protokollarische Aufzeichnungen des 21er Rats
PVS	Politische Vierteljahresschrift
Rep.	Repertorium
RdI	Reichsamt des Innern
RdV	Rat der Volksbeauftragten
RMA	Reichsmarineamt
SKL	Seekriegsleitung
SPD	Sozialdemokratische Partei Deutschlands
StA	Staatsarchiv
StA Ol	Staatsarchiv Oldenburg
USPD	Unabhängige Sozialdemokratische Partei Deutschlands
Verf.	Verfasser
VfZ	Vierteljahreshefte für Zeitgeschichte
Vgl.	Vergleiche
Vers.	Versammlung
VSWG	Vierteljahrsschrift für Sozial- und Wirtschaftsgeschichte
WTBl	Wilhelmshavener Tageblatt
WUA	Werk des Untersuchungsausschusses
WZ	Wilhelmshavener Zeitung
Z	Zentrum

ZEITTAFEL

30. 9. 1918	Rücktritt des Reichskanzlers Graf Hertling.
3. 10.	Ernennung des Prinzen Max von Baden zum neuen Reichskanzler.
28. 10.	Reichstag beschließt Verfassungsänderungen des Deutschen Kaiserreichs („Parlamentarisierung").
29./30. 10.	Meuterei auf der Hochseeflotte vor Schillig Reede.
3. 11.	Thronrede des Großherzogs zur Eröffnung des Landtages fertiggestellt („politische Neuordnung"); Aufruf der SPD im „Norddeutschen Volksblatt" (6 Forderungen).
5. 11.	Eröffnung des 33. Landtages (3. Session) durch den Großherzog im Schloß.
6. 11.	Die Abgeordneten Tantzen-Heering (FVP) und Hug (SPD) fordern die Parlamentarisierung in Oldenburg; Rücktritt des Ministers Ruhstrat; Großherzog und Kabinett gestehen Parlamentarisierung zu; große Demonstration der Flottenmannschaften in Wilhelmshaven/Rüstringen; Bildung des 21er Rats.
7. 11.	Massenversammlungen von Soldaten und Arbeitern in den Jadestädten; Bildung des Soldatenrats in Oldenburg.
8. 11.	Bewaffnete Matrosen im Schloß.
9. 11.	Abdankung des Kaisers; Rücktritt des Reichskanzlers, Ernennung Friedrich Eberts zum neuen Reichskanzler; 21er Rat beschließt Absetzung des Großherzogs und Ausrufung der Republik Oldenburg-Ostfriesland.

10. 11.	Großkundgebung in den Jadestädten („Freiheitssonntag"); Rat der Volksbeauftragten in Berlin.
11. 11.	Thronverzicht des Großherzogs Friedrich August; Bildung des Direktoriums des Freistaats Oldenburg.
12. 11.	Bildung des Arbeiter- und Soldatenrats in Oldenburg.
13. 11.	Direktorium beschließt „Richtlinien" für den Freistaat.
18. 11.	Delegiertenkonferenz der Soldatenräte Oldenburgs-Ostfrieslands: geteilte Kompetenzen zwischen Oldenburg und Wilhelmshaven, Soldatenräte hinter der Reichsregierung.
20. 11.	Delegiertenkonferenz der Arbeiterräte Oldenburgs: Bildung eines Zentralrats gefordert.
23. 11.	Richtlinien des Direktoriums für Bezahlung der Arbeiterräte.
28. 11.	1. Delegiertenkonferenz der Arbeiter- und Soldatenräte Oldenburgs-Ostfrieslands: erster Riß in der Rätebewegung sichtbar; 21er Rat bildet ein Freiwilligenkorps.
Ende November	Bildung der Arbeiter- und Soldatenräte im Freistaat abgeschlossen.
6. 12.	2. Delegiertenkonferenz der Arbeiter- und Soldatenräte Oldenburgs-Ostfrieslands: der 21er Rat gewinnt an Boden.
13. 12.	21er Rat stellt ein Arbeiterbataillon auf.
16.-20. 12.	I. Rätekongreß in Berlin.
18. 12.	Beginn des Spaltungsprozesses der SPD in den Jadestädten.
19. 12.	21er Rat erklärt sich unabhängig von der Reichsregierung.
23. 12.	3. Delegiertenkonferenz der Arbeiter- und Soldatenräte: Entscheidungen (Machtfrage) vertagt.
29. 12.	Parteitag der SPD in Oldenburg: Kandidatenlisten für die Wahl zur Nationalversammlung.
30. 12.	21er Rat beschließt Spaltung der SPD: eigene USPD-Liste.
3. 1. 1919	Aufruf des Arbeiter- und Soldatenrats Oldenburg: „Fest hinter der Regierung Ebert-Scheidemann"

5.-13. 1.	Spartakus-Aufstand in Berlin.
9. 1.	Kommunistenpusch in Delmenhorst; Beschlagnahme des „Wilhelmshavener Tageblatt" durch den 21er Rat.
10. 1.- 4. 2.	Räterepublik in Bremen.
11. 1.	Kommunisten besetzen die „Wilhelmshavener Zeitung"; Berufssoldaten erzwingen ihre Vertretung im 21er Rat.
12. 1.	Arbeiter- und Soldatenrat Oldenburg beschließt Bildung eines Zentralrats für den Freistaat.
14. 1.	4. Delegiertenkonferenz der Arbeiter- und Soldatenräte: Bildung eines Zentralrats beschlossen.
16. 1.	Direktorium beschließt: Wahlgesetze ausarbeiten, Wahl der Landesversammlung am 23. 2. 1919.
19. 1.	Wahl der Nationalversammlung.
22. 1.	5. Delegiertenkonferenz der Arbeiter- und Soldatenräte: Landesrat für Oldenburg gebildet.
27./28. 1.	Kommunistenputsch in den Jadestädten.
29. 1.	Kuhnt beurlaubt, Meldung bei Noske in Berlin.
4. 2.	Neuwahl des Arbeiterrats in den Jadestädten.
5. 2.	Verhandlungen des Landesrats mit dem Direktorium: Machtfrage unentschieden.
6. 2.	Neuwahl des Großen Soldatenrats in den Jadestädten.
19. 2.	6. Delegiertenkonferenz der Arbeiter- und Soldatenräte: „Richtlinien" über Befugnisse („Interessenvertretung"); Verhandlungen des Landesrats mit dem Direktorium: Primat des Direktoriums.
21. 2.	Besetzung der Jadestädte durch Regierungstruppen; Auflösung des 21er Rats.
23. 2.	Wahl der Oldenburger Landesversammlung.
28. 2.	Verhaftung Kuhnts in Oldenburg.

3. 3.	Direktorium enthebt Kuhnt seines Amtes.
16. 5.	Letzte Delegiertenkonferenz der Arbeiterräte in Oldenburg.
17. 6.	Verabschiedung der oldenburgischen Verfassung.
21. 6.	Wahl der ersten Regierung des Freistaats.
28. 6.	Regierung kündigt Einstellung der finanziellen Unterstützung der Arbeiterräte zum 15. 8. 1919 an; Landesarbeiterrat bleibt bestehen.
11. 8.	Verfassung des Deutschen Reiches vom Reichspräsidenten unterzeichnet.

PERSONENREGISTER

Ahlhorn, Adolph Friedrich *Wilhelm* (1873-1968), seit 1899 im oldenburgischen Staatsdienst; 1907 Amtshauptmann in Rüstringen; 1914 Amtshauptmann in Elsfleth; 1921-33 Oberregierungsrat, Vertreter des Freistaats Oldenburg beim Reichsrat; 1924 Staatsrat   97

Albers, Fritz (1881-1936), Reichsbahnoberinspektor; MdL (FVP) 1918-19; MDLV (DDP) 1919; MdL (DDP) 1919-31   12, 37

Alboldt, Emil, Gutachter des 4. Untersuchungsausschusses des Reichstages; Vorsitzender des Bundes der Deckoffiziere   61

Alfs, Christian *Heinrich,* geb. 1843, Landwirt; MdL (Agrarier) 1887-1920 und 1914-1919   34

Babeuf, François-Noël (1760-1797), französischer Revolutionär   32

Bachmann, Gustav (1860-1943), 1916-18 Chef der Marinestation der Ostsee; Admiral   53

Max von Baden, Prinz (1867-1929), Offizier, zuletzt Kommandeur der 18. Kavalleriebrigade in Karlsruhe; 1911 Abschied; seit 1907 badischer Thronfolger; Präsident der Ersten badischen Kammer; Reichskanzler vom 3. 10. 1918 bis 9. 11. 1918   22, 25, 221

Beer, Max   31,32

Behnke, Marie Helene, MdR (SPD) 1919-20; Wahlkreis 15 Oldenburg - Aurich - Osnabrück   147

Behrens, Karl (1877-1928), Gastwirt; MdL (SPD) 1911-1919; MdLV (SPD) 1919; MdL (SPD) 1919-23   79, 103

Berger, Dr., Assessor   109

Bernstein, Eduard (1850-1932), Bankangestellter, Redakteur, freier Schriftsteller; MdR (SPD) 1900-06, 1912-18, 1920-28; November 1918 bis Februar 1919 Beigeordneter im Reichsschatzamt   30, 32

Blanqui, Auguste (1805-1881), französischer Revolutionär   32

Boedicker, Friedrich (1866-1944), Januar bis November 1918 Chef des I. Geschwaders; Vizeadmiral   46

Börne, Ludwig (1786-1837)   12

Brinkmann, Diedrich (1887-1961), Geschäftsführer des Arbeiter- und Soldatenrats Oldenburg   103

Cassebohm, Friedrich Georg Karl (1872-1951), seit 1900 im oldenburgischen Staatsdienst; 1908 Amtshauptmann in Cloppenburg; 23. 12. 1919 vortragender Rat im Ministerium des Innern, Oberregierungsrat; 1. 8. 1927 Vorsitzender der Regierung in Eutin, Regierungspräsident; 14. 11. 1930 bis 16. 6. 1932 Ministerpräsident des Freistaates Oldenburg   97

Clemenceau, Georges (1841-1929), 1906-09 und 1917-20 französischer Ministerpräsident   14

Däumig, Ernst (1866-1922), Rätetheoretiker   16

Dittmann, Wilhelm (1874-1954), Tischler, Chefredakteur; MdR (SPD/USPD) 1912-1918; Mitglied des Rats der Volksbeauftragten 10. 11. - 28. 12. 1918; MdR (USPD/SPD) 1920-33   30, 139, 149

Drews, Bill (Wilhelm) (1870-1938), Jurist im preußischen Staatsdienst; 1914-17 Unterstaatssekretär im Innenministerium; 5. 8. 1917 - 10. 11. 1918 preußischer Innenminister; 1919-23 preußischer Staatskommissar für Verwaltungsreform; 1921-27 Präsident des preußischen Oberverwaltungsgerichts   44

Driver, Dr. *Franz* Clemens Titus (1863-1943), seit 1890 im oldenburgischen Staatsdienst; 1900 Amtshauptmann in Varel; 1906 Oberverwaltungsgerichtsrat; seit 1908 MdL (Z); Mitglied des Direktoriums 11. 11. 1918 - 17. 6. 1919; MdLV (Z) 1919; Staatsminister für Finanzen und Handel 21. 6. 1919 - 17. 4. 1923; MdL (Z) 1923-25; 1924 Oberverwaltungsgerichtspräsident; 1925-32 Staatsminister   87, 88, 124, 201

Durstho, Prof. Dr. Wilhelm (1868-1932), Vorsitzender des Industrieausschusses der Handelskammer Oldenburg; 1902 zum Syndikus der Kammer gewählt; MdL (FVP) 1908-1915; 14. 11. 1918 - 16. 6. 1919 Demobilmachungskommissar   162

Ebert, Friedrich (1871-1925), Reichspräsident 1919-25   124, 130, 153, 158, 177, 190, 221, 222

Eichhorn, Emil (1863-1925), MdR (SPD) 1903-1912; 1917 USPD; November 1918 bis Januar 1919 Polizeipräsident von Berlin; MdR (KPD) 1920-25   151

Feldhus, Johann (1850-1931), Gemeindevorsteher in Zwischenahn, Ökonomierat; MdL (NL) 1890-1919   41

Fikentscher, Friedrich, Marineoffizier   46

Fimmen, Dr., Stadtsyndikus der Stadt Oldenburg   78

Finckh, Eugen von (1860-1930), seit 1885 im oldenburgischen Staatsdienst; 1890 Amtsgerichtsrat in Brake; 1898 Landgerichtsrat; 1900 vortragender Rat im Staatsministerium, Dept. der Justiz und der Kirchen und Schulen, Ministerialrat; 1904 Vorstand des Oberkirchenrats; 1910 Präsident des Oberkirchenrats, geheimer Oberregierungsrat; 1923-30 Ministerpräsident   201

Freiligrath, Ferdinand (1810-1876)   132

Friedrich August, Großherzog (1852-1929), übernahm am 13. 6. 1900 die Regierung; verzichtete am 11. 11. 1918 auf den Thron   34-39, 79, 81, 83-85, 87,88, 91, 124, 221, 222

Geiger, Emil, 21er Rat   184

Graeger, Friedrich (1875-1933), Böttcher; seit 4. 2. 1919 1. Vorsitzender des Ortsvereins Oldenburg der SPD; 1. Vorsitzender des Landesausschusses für Arbeiter und Angestellte 1919-33; 1. Vorsitzender des Landesausschusses für die Sicherheitswehr des Freistaates Oldenburg 1919   191-195

Graepel, *Otto* Friedrich (1857-1924), seit 1883 im oldenburgischen Staatsdienst; 1889 Landgerichtsrat; 1899 Eisenbahndirektor; 1907 Eisenbahndirektionspräsident; 3. 1. 1916 Minister der Finanzen; Exzellenz; 11. 11. 1918 bis 17. 6. 1919 Mitglied des Direktoriums; 21. 6. 1919 Staatsminister für Justiz, Kirchen und Schulen; 9. 9. 1921 auf eigenen Wunsch in den Ruhestand versetzt und zum Amtsgerichtsrat in Eutin ernannt   36-39, 87, 88, 201

Gramberg, Otto (1856-1946), seit 1879 im oldenburgischen Staatsdienst; 1908 vortragender Rat im Finanzministerium; 1909 Geh. Oberfinanzrat; 1. 5. 1923 in den Ruhestand versetzt   34

Haase, Hugo (1863-1919), Rechtsanwalt; MdR (SPD/USPD) 1897-1906 und 1912-18; seit 1911 2. Vorsitzender, seit 1913 1. Vorsitzender der SPD; 1917-19 Vorsitzender der USPD; 10. 11. 1918 bis 28. 12. 1918 Mitglied des Rats der Volksbeauftragten   29, 30

Hadenfeldt, Dr. Hermann; 1909-1919 Bürgermeister von Delmenhorst; 1928 Bürgermeister in Heide (Holstein)   98, 155

Hartung, 21er Rat 61

Haßkamp, Eduard Christian *Joseph* (1874-1946), seit 1901 im oldenburgischen Staatsdienst; 1913 Amtshauptmann in Friesoythe; MdL (Z) 1920-25; 1923 Amtshauptmann in Vechta; 1938 vorzeitig in den Ruhestand getreten 104

Heinemann, Gustav W. (1899-1976), 1969-74 Bundespräsident 17

Heitmann, Karl (1869-1947), Krankenkassenrendant; MdL (SPD) 1902-1919; MdLV (SPD) 1919; 11. 11. 1918 bis 17. 6. 1919 Mitglied des Direktoriums; MdL (SPD) 1919-23 78-80, 87, 130, 137, 141, 162

Helmerichs, K. 92

Hertling, Georg Graf von (1843-1919), seit 1882 Professor in München; MdR (Z) 1875-90 und 1896-1912; 1912-17 bayerischer Ministerpräsident; Reichskanzler vom 1. 11. 1917 bis 3. 10. 1918 22, 25, 221

Hillmer, *Theodor* Wilhelm Heinrich (1881-1963), ab 1906 im oldenburgischen Staatsdienst; 1. 1. 1914 Amtshauptmann in Rüstringen; 14. 1. 1920 Abteilungspräsident des Landesfinanzamts Oldenburg; 1. 4. 1920 aus dem oldenburgischen Staatsdienst entlassen; zuletzt Oberfinanzpräsident in Magdeburg; nach 1945 in Jever tätig; 1948 Geschäftsführer des Marschenwasserverbandes 78

Hindenburg, Paul von Beneckendorff und von (1847-1934), 1914 Generalfeldmarschall; 1916-18 Chef der OHL; 1925-34 Reichspräsident 57

Hipper, Franz Ritter von (1863-1932), 1913-18 Befehlshaber der Aufklärungsschiffe; 7. 8. bis 13. 12. 1918 Chef der Hochseeflotte; Admiral 44-46, 49, 51, 52, 55, 57, 59, 62, 63, 69, 71, 73, 74

Hofeldt, Vizefeldwebel; Arbeiter- und Soldatenrat Oldenburg 167

Hoopts, Karl, Uffz.; Arbeiter- und Soldatenrat Oldenburg 79, 103

Hünlich, Oskar (1887-1965), Schriftsetzer, Redakteur, Parteisekretär; MdR (SPD) Juni 1920 bis Juni 1933 für den Wahlkreis Weser-Ems; 10. 5. 1933 Emigration über die CSR nach Schweden; 1946 Rückkehr nach Wilhelmshaven; ab 1. 4. 1947 Chefredakteur der „Nordwestdeutschen Rundschau" in Wilhelmshaven 83

Hug, Paul (1857-1934), geb. in Heilbronn, Maschinenschlosser; seit 1880 auf der Werft in Wilhelmshaven beschäftigt; 1887 wegen Zugehörigkeit zur SPD entlassen; 1887-90 Gastwirt in Bant; seit 1886 Beigeordneter der Gemeinde Bant; seit 1890 Leitung der Druckerei und des Verlages des „Norddeutschen Volksblatts"; MdL (SPD) 1899-1919; 11. 11. 1918 bis 1. 6. 1919 Mitglied des Direktoriums; MdLV (SPD) 1919; Januar 1919 bis 22. 6. 1919 MdWeimNatVers; MdL (SPD) 1919-1931; 1919-1926 besoldeter Stadtrat in Rüstringen; 18. 3. 1926 bis 1. 4. 1929 Oberbürgermeister von Rüstringen 35, 38, 40, 57, 78, 79, 87-89, 124, 126, 127, 141, 147-149, 166, 172, 183, 185-188, 196, 221

Hus, Johann, um 1369-1415, tschechischer Reformator 136

Jaurès, Jean (1859-1914), französischer Sozialistenführer 32

Jellinek, Georg (1851-1911), Staatsrechtslehrer; seit 1891 Prof. in Heidelberg 201

Jellinek, Walter (1885-1955), Staatsrechtslehrer, Prof. in Heidelberg 125

Jordan, August (1872-1935), Expedient, Redakteur; MdL (SPD) 1911-1919; MdLV (SPD) 1919; 11. 11. 1918 bis 17. 6. 1919 Mitglied des Direktoriums; 1919 MdWeimNatVers; MdL (SPD) 1919-1928; 1900-1903 und 1908-1919 Mitglied des Stadtrats Delmenhorst; 1919-33 Bürgermeister von Delmenhorst 88, 98, 147, 148, 155

Jörn, Karl, im Januar 1919 Mitglied der Bremer Räteregierung   173, 174

Kautsky, Karl (1854-1938), Redakteur der „Neuen Zeit"; maßgebender Theoretiker der SPD, 1917 USPD   30, 31

Kliche, Josef (geb. 1881), Chefredakteur des „Norddeutschen Volksblatts" („Republik") von 1912 bis 1933; im Oktober 1933 nach Berlin verzogen   65, 68, 91, 92, 146, 181

Knief, Johann (1880-1919), Führer der Bremer Linksradikalen; seit Januar 1919 KPD   130, 142

Köbis, Albin (1892-1917), Oberheizer auf dem Linienschiff „Prinzregent Luitpold"; am 25. 8. 1917 zum Tode verurteilt; am 5. 9. 1917 hingerichtet   83

Kraft, Hugo (1866-1925), August bis November 1918 Chef des III. Geschwaders; Vizeadmiral   46

Krosigk, Günther von (geb. 1860), vom 15. 7. 1914 bis 3. 1. 1919 Chef der Marinestation der Nordsee; Admiral   44, 63, 64, 72

Kückens, Hinrich Gerhard (1853-1944), seit 1880 im oldenburgischen Staatsdienst; 1890 Amtshauptmann in Wildeshausen; 1897 Amtshauptmann in Vechta; 1910 Geheimer Regierungsrat; 1923 in den Ruhestand versetzt   97

Kuhnt, Bernhard (1876-1946), Maschinenschlosser; 1897-99 Dienst in der Kaiserlichen Marine in Wilhelmshaven; 1906 Geschäftsführer des Deutschen Metallarbeiterverbandes in Kiel; 1911-14 Parteisekretär der SPD in Chemnitz; 1914-18 Kriegsdienst in Wilhelmshaven (Obermatrose); seit dem 6. 11. 1918 Vorsitzender des 21er Rats; 11. 11. 1918 bis 3. 3. 1919 Präsident des Freistaats Oldenburg; MdR (USPD/SPD) 1920-33; 1923-24 Amtshauptmann in Sachsen; 1933/34 aus politischen Gründen inhaftiert   64, 69, 70, 82-84, 87-89, 91, 92, 94, 105, 121, 122, 125, 126, 129-131, 137, 139, 142, 143, 145, 147-149, 153, 156, 158, 166, 167, 171-173, 179, 180-182, 185, 187, 196, 199, 223, 224

Lammertz, W.   65, 92

Lassalle, Ferdinand (1825-1864)   82

Ledebour, Georg (1850-1947), Journalist; MdR (SPD/USPD) 1900-18; MdR (USPD) 1920-24, Sozialistischer Bund   30

Lenin, W. J. (1870-1924)   11, 30

Levetzow, Magnus von (1871-1938), Juli bis November 1918 Chef des Stabes der Seekriegsleitung, Kapt. z. S.; Januar bis März 1920 Chef der Marinestation der Ostsee, Konteradmiral; nach dem Kapp-Putsch verabschiedet; MdR (NSDAP) Juli 1932 bis November 1933   51, 58

Liebknecht, Karl (1871-1919), Mitbegründer der KPD; MdR (SPD) 1912-1916; nach dem Spartakus-Aufstand ermordet   167, 171, 173

Lueken, Dr. *Emil* Heinrich Wilhelm (1879-1961), seit 1905 im oldenburgischen Staatsdienst; 1905 Stadtsyndikus in Delmenhorst; 1907 Bürgermeister von Heppens (Stadtgemeinde II. Klasse); 1911 aus dem Staatsdienst entlassen; 1911 Bürgermeister von Rüstringen; 1919 Oberbürgermeistr von Rüstringen; 1920-33 1. Bürgermeister von Kiel   86

Luxemburg, Rosa (1870-1919); seit 1898 Mitglied der SPD; November 1918 Mitglied der Zentrale des Spartakusbundes; ab Januar 1919 KPD, nach dem Spartakus-Aufstand ermordet   142, 167, 171, 173

Maaß, Bernhard, Emden   147

Mann, Ritter von, Edler von Tiechler (1864-1934), 7. 10. 1918 bis 13. 2. 1919 Staatssekretär des RMA; Vizeadmiral 57

Marx, Karl (1818-1883)   31, 32, 82, 83

Meurer, Hugo (1868-1960), August bis November 1918 Chef des IV. Geschwaders; Konteradmiral   46

Meyer, Julius (1875-1934), Parteisekretär; MdL (SPD) 1908-1919; MdLV (SPD) 1919; 11. 11. 1918 bis 17. 6. 1919 Mitglied des Direktoriums; 21. 6. 1919 bis 9. 4. 1923 Staatsminister; MdL (SPD) 1923-32   79, 83, 87, 146, 172, 201

Meyer, Dr. *Theodor* Emil (1875-1923), seit 1900 im oldenburgischen Staatsdienst; 1901 Regierungsassessor   82, 162

Michaelis, William (1871-1948), seit September 1918 Direktor des Allg. Marinedepartements im RMA; März bis November 1920 mit der Vertretung des Chefs der Admiralität beauftragt, Kapt. z. S.   51

Michelsen, Andreas (1869-1932), 1917-18 Kommodore und Befehlshaber der U-Boote; 1919-20 Chef der Marinestation der Nordsee, zuletzt Vizeadmiral; nach dem Kapp-Putsch verabschiedet   144

Mücke, *Ferdinand* Emil (1866-1941), seit 1895 im oldenburgischen Staatsdienst; 1905 Amtshauptmann in Friesoythe; 1913 Amtshauptmann in Jever; 1. 1. 1919 dem Direktorium, Abt. des Inneren, zur Hilfeleistung zugeordnet; 15. 10. 1919 Amtshauptmann in Oldenburg   112

Münzebrock, Alexander Peter *Joseph* (1862-1933), seit 1891 im oldenburgischen Staatsdienst; 1902 Amtshauptmann in Butjadingen; 1909 Amtshauptmann in Westerstede; 1. 7. 1928 in den Ruhestand versetzt   104, 115

Murken, Gustav Friedrich *Elimar* (1870-1946), seit 1900 im oldenburgischen Staatsdienst; Regierungsassessor, 1902 aus dem Staatsdienst entlassen; 1901-07 Stadtsyndikus der Stadt Oldenburg, später Bankdirektor; MdLV (DDP) 1919, MdL (DDP) 1919-20   162

Mutzenbecher, Dr. Esdras Heinrich Wilhelm (1870-1922), seit 1897 im oldenburgischen Staatsdienst; 1907 Regierungsrat; 1908 Amtshauptmann in Wildeshausen; 1. 10. 1919 zur Disposition gestellt   111, 113

Noske, Gustav (1868-1946), sozialdemokratischer Politiker; 1919-20 Reichswehrminister   77, 180, 181, 182, 185, 223

Payer, Friedrich von (1847-1931), Jurist; MdR (FVP) 1890-1917; Vizekanzler 1917-1918   25

Paul Friedrich August, Großherzog (1783-1853), übernahm nach dem Tode des Herzogs Peter Friedrich Ludwig im Jahre 1829 die Regierung im Großherzogtum Oldenburg   12

Peters, Diedrich, Arbeiter- und Soldatenrat Oldenburg; Vorsitzender des Arbeiterrats   95, 103, 137

Pleitner, Emil (1863-1925), 1878-82 Seminar in Oldenburg; 1882-1900 an verschiedenen Oldenburger Volksschulen tätig; seit 1900 Lehrer am Seminar in Oldenburg   13, 92

Rabe von Pappenheim, Major   57

Reichpietsch, Max (1894-1917), Oberheizer auf dem Linienschiff „Friedrich der Große"; am 25. 8. 1917 zum Tode verurteilt; am 5. 9. 1917 hingerichtet   83

Reuter, Ludwig von (1869-1943), August bis November 1918 Befehlshaber der Aufklärungsstreitkräfte; Konteradmiral   46

Roeder, Wilhelm von, Führer des Landesschützenkorps 183, 184

Rössing, *Hermann* Christian August von (1858-1932), seit 1884 im oldenburgischen Staatsdienst; 1890 Kammerherr; 1906 Exzellenz; Amtshauptmann im Amt Oldenburg; am 1. 2. 1919 in den Ruhestand versetzt 78

Ruhstrat, *Franz* Friedrich Paul (1859-1935), seit 1885 im oldenburgischen Staatsdienst; 1900 Staatsrat und Vorstand des Ministeriums der Justiz und der Kirchen und Schulen; 1902 Minister; 3. 1. 1916 Vorsitzender des Staatsministeriums; 5. 11. 1918 auf eigenen Wunsch zur Disposition gestellt 35-38, 40-42, 221

Ruhstrat, *Friedrich* Julius Heinrich (1854-1916), seit 1878 im oldenburgischen Staatsdienst; 1891 Regierungsrat und vortragender Rat im Ministerium des Inneren; 1900 Geheimer Staatsrat und Vorstand des Finanzministeriums; 1902 Minister; 1908 Vorsitzender des Staatsministeriums; 3. 1. 1916 auf eigenen Wunsch zur Disposition gestellt 33

von Saldern, preußischer Regierungsassessor; landrätlicher Hilfsbeamter in Wilhelmshaven seit 1. 11. 1916 44, 64

Sante, Wilhelm (1886-1961), Ministerialoberinspektor; 1912 Landessekretär des Volksvereins für das katholische Deutschland; MdLV (Z) 1919; MdL (Z) 1919-1933; 1948 Ratsherr und Senator der Stadt Oldenburg 137

Scheer, *Hermann* Karl August (1855-1928), seit 1880 im oldenburgischen Staatsdienst; 1887 Amtshauptmann in Brake; 1890 vortragender Rat im Ministerium des Inneren; 1902 Oberregierungsrat; 18. 8. 1908 Minister des Großherzoglichen Hauses, der auswärtigen Angelegenheiten und des Inneren, Exzellenz; 11. 11. 1918 bis 17. 6. 1919 Mitglied des Direktoriums; 1919-24 Vertretung des Ministers des Äußeren des Freistaates Oldenburg beim Reich; 1. 4. 1924 in den Ruhestand versetzt 36-39, 86-88, 162, 165, 191, 192

Scheer, Reinhard (1863-1928), 1914-16 Chef des III. Geschwaders; seit 15. 1. 1916 Chef der Hochseeflotte; 7. 8. bis 14. 11. 1918 Chef der Admiralität und der Seekriegsleitung; Admiral 43, 44, 57

Scheidemann, Philipp (1865-1939), sozialdemokratischer Politiker; 1919 Reichsministerpräsident 26, 134, 147, 153, 158, 159, 177, 190, 222

Schmidt, Johann (1870-1949), Weinhändler; MdL (SPD) 1911-19; 1911-13 Vorsitzender des Stadtrates in Delmenhorst; 1914-1931 Ratsherr der Stadt Delmenhorst; 1945 Oberbürgermeister von Delmenhorst 88

Schneider, Major 142

Schneider, Josef, 21er Rat 84, 131, 136, 145, 148, 172

Schömer, Eduard (1881-1962), Arbeitsamtsdirektor; MdLV (SPD) 1919; MdL (SPD) 1919-23 und 1928-31; 1919-30 Ratsherr der Stadt Delmenhorst 98

Schröder, Wilhelm (1853-1939), Landwirt; MdL (NL) 1887-1919; 1902-1918 Vorsitzender des Finanzausschusses; 1903 Ökonomierat; 1906-1919 Landtagspräsident und wieder von 1920 bis 1928; MdLV (DVP) 1919; MdL (DVP, Landesblock) 1919-31 38, 88

Schücking, Walther (1875-1935), Staats- und Völkerrechtler; 1900 Professor in Breslau; 1903 in Marburg; MdWeimNatVers 1919-20; MdR (DDP) 1920-1928 13

Schumann, Oswald (1865-1939), Handelsarbeiter; MdR (SPD) 1912-18; MdWeimNatVers 1919; MdR (SPD) 1919-32 87

Sinzheimer, Hugo, Jurist 16

Silberberg, 21er Rat   148

Sterne, Laurence (1713-1768), englischer Dichter   21

Stumpf, Richard, Matrose; 1914-18 SMS „Helgoland", 1918 SMS „Wittelsbach"; Gutachter des 4. Untersuchungsausschusses des Reichstages   11, 19, 64-66, 83

Stukenberg, Wilhelm (1878-1964), 1895-98 Seminar in Gütersloh; bis 1901 in westfälischen Volksschulen tätig; 1907 Rektorprüfung; 1907-1910 Seminaroberlehrer in Oldenburg; 1910-33 Kreisschulinspektor bzw. Kreisschulrat in Rüstringen und Oldenburg; von 1945 bis 1947 Oberschulrat in Oldenburg; MdLV (DDP) 1919; MdL (DDP) 1920 und 1923-25   184

Tantzen-Heering, Theodor (1877-1947), Landwirt; MdL (FVP) 1911-1919; MdLV (DDP) 1919; MdWeimNatVers (DDP) 1919 (Januar bis Oktober); 11. 11. 1918 bis 17. 6. 1919 Mitglied des Direktoriums; 21. 6. 1919 bis 17. 4. 1923 Ministerpräsident; MdR (DDP) 1928-30; 1939 und 1944/45 in Haft; 1945/46 erneut Ministerpräsident   34, 38-40, 82, 87, 88, 124, 201, 221

Tappenbeck, Karl (1858-1941), seit 1894 im oldenburgischen Staatsdienst; 1900-1919 Oberbürgermeister von Oldenburg; 1921 Ministerialrat; 1924 in den Ruhestand versetzt; 1921-1932 Vorsitzender des Evangelischen Oberschulkollegiums   78, 162

Thielemann, Karl (Düsseldorf)   147

Thomas, 21er Rat   69, 186

Troeltsch, Ernst (1865-1923), Historiker und Religionsphilosoph   11

Trotha, Adolf von (1868-1940), 1916-1918 Chef des Stabes der Hochseeflotte; 28. 11. 1918 bis 26. 3. 1919 Chef des Marinekabinetts, seit Dezember 1918 Marinepersonalamt; 1919-20 Chef der Admiralität; nach dem Kapp-Putsch verabschiedet; Admiral   51, 56, 58

Trotzki, Leo Davidowitsch (1879-1940)   30

Vesper, Otto (1875-1923), MdR (SPD) 1919-20 Wahlkreis 15 Oldenburg - Aurich - Osnabrück   147, 148, 166

Weber, *Rudolph* Heinrich Christian (1872-1945), seit 1898 im oldenburgischen Staatsdienst; 1906 mit der Verwaltung des Amtes Cloppenburg beauftragt; 1. 5. 1907 Amtshauptmann in Cloppenburg; 1. 10. 1908 Amtshauptmann in Brake; 15. 10. 1919 vortragender Rat im Ministerium des Inneren, Regierungsrat; 1923-25 Staatsminister; 23. 6. 1925 zur Disposition gestellt; 1. 9. 1925 Präsident des Oberverwaltungsgerichts   96

Weizsäcker, Ernst von (1882-1951), Korv.Kpt. a. D.; Botschafter; Staatssekretär des Äußeren   50

Wenkstern, Dr. Werner von, Oberstallmeister, Kammerherr; 1918/19 Vorsitzender des Landesbauernrats   162

Westarp, Kuno Graf von (1864-1945), konservativer Politiker   141

Wilhelm II. (1859-1941), Deutscher Kaiser; König von Preußen; regierte von 1888 bis 1918   47, 57, 64, 75, 76, 79, 221

Wilotzki, Kriminalkommissar in Wilhelmshaven   47, 48, 53

Wilson, Thomas Woodrow (1856-1924), amerikanischer Präsident 1913-21   23

Wissell, Rudolf (1869-1962), Maschinenbauer, Dr. h. c.; MdLüb.Bürgersch. 1905-1908; seit 1909 Sekretär der Generalkommission der Freien Gewerkschaften; MdR (SPD) 1918; 29. 12. 1918 bis Februar 1919 Mitglied des Rats der Volksbeauftragten; MdWeimNatVers 1919-20; MdR (SPD) 1920-33; Februar bis Juli 1919 Reichswirtschaftsminister; Juni 1928 bis März 1930 Reichsarbeitsminister   87, 88, 130, 138, 181

Yorck von Wartenburg, Johann David Ludwig, Graf (1759-1830), 1821 preußischer Generalfeldmarschall   78

York, von, Korv.Kpt.   51

Zetkin, Clara (1857-1933), deutsche Politikerin (SPD, KPD); MdR (KPD) 1920-1933   31

Zimmermann, Emil (geb. 1885), Gewerkschaftsangestellter; MdL (SPD) 1923-33; 1928-31 Landtagspräsident   83, 147, 188

Zülch, Dr.   181

ORTSREGISTER

Die Orte Oldenburg und Rüstringen/Wilhelmshaven sind nicht aufgenommen worden.

Ahlhorn 79, 97, 185
Augustfehn 97, 115
Aurich 18, 56, 60, 61, 80, 92

Barßel 97
Berlin 11, 30, 68, 121, 124, 125, 128, 141, 150, 151, 155-157, 161, 162, 178, 180, 185, 194, 198, 222, 223
Birkenfeld 201
Blexen 97
Bockhorn 97
Borkum 73
Brake 96, 111, 129, 200
Bremen 55, 61, 77, 79, 98, 135, 142, 155, 161, 162, 171, 174, 178, 223
Braunschweig 125, 128, 184
Brunsbüttelkoog 53

Cattaro 52
Cloppenburg 97, 129, 200

Delmenhorst 20, 91, 97-99, 103, 105, 106, 110, 112, 129, 147, 155, 161, 162, 167, 200, 223
Dinklage 97
Düsseldorf 147

Einswarden 97
Elsfleth 96, 97, 112, 129, 200
Emden 79, 147, 185, 190
Eversten 103, 200
Freiburg 18
Friedrichsort 44
Friesoythe 129, 200

Gotha 125, 139

Hamburg 45, 65, 79
Hannover 55, 189
Heidmühle 96
Helgoland 73

Jever 91, 96, 104, 110, 129, 195, 200, 201

Kiel 30, 44, 45, 55-57, 64, 65, 69, 70, 72, 75-79, 139, 185, 190
Koblenz 18

Leipzig 28
Lichtenhorst/Rethem 55, 58
List (Sylt) 73
Lohne 97
Löningen 97
Lübeck 45
Magdeburg 30
München 77, 171
Münster/W. 190
Munsterlager 55, 56, 58, 60, 61

Naumburg 28
Neuenburg 97
Nordenham 97

Ohmstede 200
Osnabrück 80, 147, 190
Osternburg 200

Rastede 97

Sande 56, 60
Schillig 45, 53
Schortens 96, 97
Stadelheim 77
Stuttgart 77

Varel 96, 104, 122, 129, 142, 185, 186, 188, 200, 201
Vechta 97, 129, 200

Weimar 192
Westerstede 111, 114, 117, 129, 200
Wildeshausen 110, 116, 117, 122, 129, 167, 168, 195, 200

Zetel 97, 185
Zwischenahn 97, 114, 115, 129

ANHANG: QUELLEN ZUR REVOLUTIONSGESCHICHTE

1. Bild des 21er Rats — November 1918
2. Kameraden! (Flugblatt) — 6. 11. 1918
3. Kameraden und Genossen! (Flugblatt) — 8. 11. 1918
4. An Alle! (Flugblatt) — 10. 11. 1918
5. Aufruf! (Flugblatt) — 10. 11. 1918
6. To our comrades! (Flugblatt) — vor dem 18. 11. 1918
7. An die heimkehrenden Krieger! (Flugblatt) — Dezember 1918
8. Was bedeutet das? (Flugblatt) — 9. 1. 1919
9. Bekanntmachung. (Flugblatt) — 11. 1. 1919
10. Soldaten und Brüder. (Flugblatt) — 12. 1. 1919
11. An die Arbeiter! (Flugblatt) — 27. 1. 1919
12. Der Ministerpräsident über die Arbeiterräte — 1. 8. 1919

Der 21er Rat des Arbeiter- und Soldaten-Rates der Nordseestation

Dorn	Hartung	Henneicke	Bruster	Ramsauer	Handschuch		
Imhoff	Hehne	Unruh	Siekmann	Waldau	Wengora	Driesen	Winter
Druschke	Zimmermann	Bartels	Albers	Kuhnt	Schmitz	Pflug	Schneider	Höch

Kameraden!

In ernster Stunde ist durch Maßnahmen der leitenden Stelle, die auf irriger Voraussetzung beruhten, eine Mißstimmung unter uns Kameraden eingetreten, die zu einer öffentlichen Kundgebung geführt hat. Das Auffahren von Maschinengewehren auf den Kasernenplätzen während der Nacht hat dem Faß den Boden eingeschlagen und den Wunsch hervorgerufen, durch eine imposante Kundgebung dem Stationschef ihre berechtigten Beschwerden und Forderungen vorzutragen. Daß die Kundgebung in diesem Geiste verlaufen ist, haben wir der sprichwörtlichen Besonnenheit und Kaltblütigkeit der Marine-Mannschaften zu verdanken. Ohne jede Ausschreitung, mit einer Ruhe, wie sie besser nicht bewahrt werden konnte, ist die Kundgebung verlaufen.

Ihre vom Vertrauen getragenen Obmänner haben ihre Wünsche dem Stationschef vorgetragen.

Diese sind, soweit sie in seinem Machtbereich lagen, ausnahmslos bewilligt worden.

Diese Forderungen sind:

1. Einsetzung einer Vertrauenskommission, bestehend aus je 3 Personen von jeder Kompagnie, die wiederum aus ihrer Mitte einen Obmann zu wählen haben. Wünsche sind dieser Kommission vorzutragen.
2. Auswärtiges Militär ist sofort von Wilhelmshaven zu entfernen, bezw. deren Ausladung zu verhindern.
3. Der Grußzwang innerhalb der Stadt ist aufzuheben.
4. Die Untersuchungsgefangenen und Arrestanten, die wegen der letzten politischen Vorfälle in der Flotte und der Garnison verhaftet sind, bezw. wegen kleiner Disziplinarvergehen bestraft sind, sind sofort auf freien Fuß zu setzen, selbstverständlich unter Ausschaltung ehrloser Vergehen.
5. Für Durchführung der gleichen Beköstigung für Offiziere und Mannschaften ist Sorge zu tragen.
6. Allen Abgeordneten und Arbeiterdelegationen ist der Zutritt zur Festung ohne Paßzwang zu gestatten.
7. Es ist sofort für Aufhebung der Briefzensur Sorge zu tragen.
8. Punkt 3, 5, 6 und 7 werden telegraphisch nach Berlin der Regierung zur sofortigen Genehmigung und weiteren Veranlassung übermittelt.

Kameraden! Nachdem der Stationschef durch sein Vertrauen uns gegenüber den friedlichen Ausgang der Kundgebung mit herbeigeführt hat, legen wir Euch dringend ans Herz, daß die bisherige Ruhe und Besonnenheit bewahrt bleibt, um unnützes Blutvergießen zu verhindern. Es ist wahrlich genügend Blut vergossen worden, daß weiteres Vergießen in dieser schweren Stunde vermieden werden muß. Vor allem sorgt dafür, daß Hetzer und Aufwiegler, die nichts mit unserer Sache zu tun haben, unschädlich gemacht werden. Wir fordern die Kameraden auf, ihren Dienst wie bisher zu versehen und für Ruhe und Ordnung zu sorgen. Bedenkt, daß die Augen des gesamten Deutschen Volkes auf uns gerichtet sind.

Zur Aufrechterhaltung der Ordnung werden Patrouillen, kenntlich an einer weißen Binde, die Straßen abmarschieren, denen unbedingt Folge zu leisten ist.

In unserem Interesse ist auf Wunsch der Obleute vorläufig der Ausschank von Spirituosen in allen Lokalitäten untersagt.

Die Vertrauenskommission.

Stadtarchiv Wilhelmshaven, Best. 7040

Kameraden und Genossen!

Der Arbeiter- und Soldatenrat hat sich mit dem Gouverneur in Verbindung gesetzt und die Annahme der in der Vertrauensmänner-Versammlung beschlossenen Bedingungen erwirkt.

Die angenommenen Forderungen für den **Stationsbereich Wilhelmshaven** lauten wie folgt:

1. Die Untersuchungsgefangenen und Arrestanten, die wegen der letzten politischen Vorfälle in der Flotte und der Garnison verhaftet sind, bezw. wegen kleiner Disziplinarvergehen bestraft sind, sind sofort auf freien Fuß zu setzen, selbstverständlich unter Ausscheidung ehrloser Vergehen.
2. Vollständige Rede- und Pressefreiheit.
3. Aufhebung der Briefzensur mit Ausnahme der für Auslandsbriefe, welche offen aufzuliefern sind.
4. Sachgemäße Behandlung der Mannschaften durch Vorgesetzte.
5. Straffreie Rückkehr sämtlicher Kameraden an Bord.
6. Unbeschränkte persönliche Freiheit jedes Mannes nach Beendigung des Dienstes bis zum Anfang des nächsten Dienstes.
7. Offiziere, die sich mit den Maßnahmen des jetzigen Soldatenrates einverstanden erklären, begrüßen wir in unserer Mitte. Offiziere, die das Vertrauen der Mannschaften nicht besitzen, sind ihres Kommandos zu entheben.
8. Angehörige des Soldatenrates sind von jedem Dienst befreit.
9. Sämtliche, in Zukunft zu treffende grundsätzlichen Maßnahmen sind nur mit Zustimmung des Soldatenrates zu treffen.

Diese Forderungen sind für jede Militärperson Befehle, denen unbedingt Folge zu leisten ist.

Kameraden und Genossen!

Ihr habt Euch bis jetzt als Männer gezeigt, habt eine würdige Haltung bewahrt, auf Euch sind die Augen vieler Millionen Volksgenossen gerichtet.

In unser aller Interesse liegt es, daß Ruhe und Ordnung auch weiterhin gewahrt wird. **Unruhen sind unter allen Umständen zu vermeiden!** Dienst und Arbeit sind im Interesse der gesamten Garnison und Bevölkerung von Wilhelmshaven wieder aufzunehmen, damit jegliche Stockung des wirtschaftlichen Lebens, besonders der Proviantzufuhr, unbedingt unterbleibt.

Die bisherigen Vorgesetzten bleiben im Dienst Vorgesetzte, ihren Anordnungen ist Folge zu leisten. Die Waffen sind ihnen zu belassen.

Vor allen Dingen tut nach wie vor Ruhe und Ordnung not, das Morden der eigenen Volksgenossen muß unter allen Umständen vermieden werden.

Der gewählte Ausschuß des Arbeiter- und Soldatenrates besteht zur Zeit aus folgenden Kameraden und Genossen:

Kuhnt, Vorsitzender.   Bartels, Schriftführer.

Kuhnt, Stevens, Pflug, Schmitz, Schneider.
5er-Kommission.

Schneider, Thomas, Handkuch, Albers, Unruh, Dorn, Schwarz, Wengora, Höck, Lau, Kopps, Winter, Bruster, Henke, Hähnen, Witzig, Waldau, Siekmann, Schulze, Druschke, Meyer, Ramsauer, Hartung.
21-Rat.

Der Soldatenrat.
gez. Kuhnt.

Es heute gibt der Soldatenrat Tagesbefehle heraus, deren Inhalt von der Vertrauensmännern den Kameraden und Genossen bekannt gegeben wird.

Stadtarchiv Wilhelmshaven, Best. 7040

An Alle!

Der erste Sieg, er ist errungen, die erste Schanze ist genommen! Es war ein anderer Sieg, als der von Tannenberg, ein anderer Sieg, als er uns in den letzten Jahren so oft und glänzend vor Augen geführt wurde! Ein Sieg, der kein Blut gekostet, der keine Familien in Unglück und Trauer versetzt hat, ein wirklich segensreicher Sieg!

Das Ziel unserer alten Vorkämpfer Marx und Lassalle, es ist in diesen wenigen Tagen uns tausendmal näher gerückt, als in einem ganzen Jahrhundert voller Kämpfe. Die Freiheitsgöttin, sie schwebt über uns!

Aber, Genossen und Genossinnen, wir wollen es bei dem Erreichten nicht bewenden lassen! Die große Stunde der Völkerbefreiung hat geschlagen, das Feuer der Revolution wird übergreifen auf die ganze Welt!

So fordert Euch nun der Arbeiter- und Soldatenrat auf:

Kommt alle, Männer und Frauen,

zu einer imposanten

Massen-Versammlung

heute vormittag 11 Uhr auf dem Grodenschulplatz bei Elisenlust hinter der Seebataillonskaserne! Kommt alle, alle!

Mit uns das Volk! Mit uns der Sieg!
Es lebe die Freiheit!

Arbeiter- und Soldatenrat.
Kuhnt.

Druck von Paul Hug & Co., Wilhelmshaven.

Stadtarchiv Wilhelmshaven, Best. 7040

Aufruf!

Die 21er Kommission, als ausführendes Organ des Arbeiter- und Soldatenrats der Nordseestation und aller ihm unterstehenden Landesteile und Inseln Preußens, sowie ganz Oldenburgs und der gesamten Flotte hat in einer gestern Nacht stattgehabten Sitzung folgendes rechtskräftig beschlossen:

Der Großherzog von Oldenburg ist abgesetzt!

Die oben angeführten Landesteile und Marine-Formationen erklären ihren zugehörigen Bezirk zu einer sozialistischen Republik. Dieser Zustand ist ein vorläufiger, bis der zur Zeit die ganze Welt beherrschende Gedanke des Sozialismus in Deutschland die Grundlagen einer festen, einheitlichen Staatsform geschaffen haben wird. Sämtliche Verwaltungsstellen bleiben bestehen wie bisher und haben alle Beamten auf ihren Posten zu beharren.

Als Präsident dieser sozialistischen, republikanischen Einheit ist der Genosse Kuhnt einstimmig gewählt worden.

An die Bevölkerung ergeht der Aufruf, mit dazu beizutragen, daß Ordnung und Ruhe weiter herrscht und keine Stockung im Verkehrs- und Verwaltungswesen eintritt.

Hoch lebe die sozialistische Republik!
ter Friede, Freiheit, Recht und Gerechtigkeit!

Der 21er Rat.

Buchdruckerei Paul Hug & Co., Rüstringen

Stadtarchiv Wilhelmshaven, Best. 7040

To our
Comerades of the British Grand Fleet!

That's to be said that the socialism must be going through the whole world, that all nations must defend their liberty and because the german navy began with the REAL revolution we appeal to you, to all british comrades, **down with the militarism, down with kings and crowns, the people must be free and all nations must be a great family!!**

Germany is not Russia, we don't need the bolschewism, the radicalst form of revolution, we will be a free people and will have friendship with all other nations.

Therefore we beg you, comrades, to agitate for a honorable peace, a people of slaves can't exist in a free alliance of civilised nations.

We hope that you don't refuse our proposition and we are, with the best regards to all comrades of the British Grand Fleet

your comrades of the german navy.

Three cheers for liberty, equality and fraternity!!

Printed by Paul Hug & Co., Büstringen, Germany.

Bundesarchiv Koblenz NL Wissell 47

An die heimkehrenden Krieger!

Kameraden! Wir heißen Euch herzlich willkommen!

Viel können wir Euch nicht bieten, die Furie Krieg hat alles aufgezehrt.

Aber treue mitfühlende Herzen werdet Ihr finden, die Alles daran setzen werden, Euch das Leben so angenehm wie möglich zu gestalten.

Ueber vier Jahre habt Ihr in Unkenntnis der raffinierten Lügen des ehemaligen deutschen Kaisertums und ihrer Helfer unsägliche Strapazen erduldet.

Ströme von Blut sind vergossen,

unendlichen Kummer und Sorge in die Familie getragen worden.

Das ganze deutsche Land ist ausgesaugt!

Was der Krieg noch übrig ließ, das haben Kriegswucherer und Kriegsgewinnler zerstört.

Schreckliche Enthüllungen

über das verbrecherische Treiben der ehemaligen Regierung werden Euch mit heiligem Zorn und Schaudern erfüllen.

Wir, die noch früh genug das schändliche Lügengewebe durchschaut haben, sind zur Revolution geschritten und haben

das rote Banner des Sozialismus

geheißt.

Es gilt noch viel zu schaffen, alle Steine aus dem Wege zu räumen, so manches Vorurteil zu beseitigen und vor allem gilt es Acht zu geben auf

unsaubere und auch unbesonnene Elemente,

die die Absicht haben, durch Ausstreuung falscher Gerüchte und durch Aufhetzung die Ordnung zu stören und womöglich den Bürgerkrieg herauf zu beschwören.

Verzagt nicht,

wenn es auch trübe und traurig in Eurer Heimat aussieht.

Das Morgenrot der Freiheit,

es leuchtet uns entgegen, eine neue, schönere und glückliche Welt verheißend.

So bitten wir Euch, helft uns mitbauen an dem edlen Werk, an dem neuen Staat, der den letzten Rest von

Unrecht und Sklaventum

vernichten und alle Menschen glücklich und zufrieden machen soll.

Es lebe die Freiheit!
Es lebe die sozialistische Republik!

Arbeiter- und Soldatenrat Wilhelmshaven.

Vorposten-Druckerei Aug. Stecker, Rüstringen.

Was bedeutet das?

Kampf gegen die Kommunisten, weil sie uns russische Zustände ins Land bringen wollen und den Terror entfesseln.

Wir wollen die Nationalversammlung.

Die Reichsregierung erkennen wir voll und ganz an.

Ruhe, Ordnung, gedeihliche Entwickelung, Friede, Arbeit, Brot ist unser Wahlspruch.

Wir treten mit aller Macht für die Republik ein und wollen die Erfolge der Revolution ausbauen u. sichern.

Darum richten wir an alle, alle Staatsbürger (Arbeiter Soldaten, Handwerker, Geschäftsleute und an das geistige Proletariat) die dasselbe wollen, wie wir, die bringende Bitte, uns gegen oben erwähnte verblendeten Menschen zu unterstützen.

Bund der Berufssoldaten.

Bekanntmachung.

Die am 11. Januar 1919 im Offizierskasino versammelten Vertreter, bestehend aus je drei Mitgliedern des Soldatenrates, des Arbeiterrates, des Bundes der Berufssoldaten und des Bundes der Deckoffiziere, unter Vorsitz des Präsidenten Kuhnt, sind nach Klärung der Sachlage zu folgenden einstimmigen Beschlüssen gekommen:

1. Bis zur Neuwahl des 21er Rates treten ein Deckoffizier und zwei Unteroffiziere als Mitglieder in den 21er Rat mit Sitz und Stimme ein, und zwar die Kameraden Torpedo-Obermaschinist Grunewald, Torpedo-Obermaschinistenmaat Petermann und Feldwebel Pullem.

2. Die Neuwahlen zum Soldatenrat finden am Dienstag den 14. Januar, vormittags 11 Uhr, die Neuwahlen zum 21er Rat finden Mittwoch den 15. Januar, nachmittags 3 Uhr, statt. Die Vertreter werden nach dem bisherigen Wahlverfahren gewählt.

3. Alle besetzten öffentlichen Gebäude werden sofort freigegeben, die Truppen ziehen sich in ihre Quartiere zurück. Der Wachdienst wird vom bestehenden Sicherheitsbataillon in der bisherigen Weise durchgeführt; die Waffen werden in den Kasernen unter Aufsicht einer paritätisch zusammengesetzten Kommission unter Verschluß gebracht. Die Tausend-Mann-Kaserne und die Deutschland bleiben bewacht, bis die Ablieferung der Waffen durchgeführt ist.

Haltlosigkeit der Gerüchte.

Eingehende Untersuchungen haben ergeben, daß seitens des 21er Rates und im Besonderen des Präsidenten Kuhnt alles mit Erfolg getan worden ist, was zur Aufrechterhaltung der Ruhe und Ordnung erforderlich war. Ueber die umlaufenden Gerüchte wird in der nächsten Tagespresse ausführliche Aufklärung gegeben.

Wilhelmshaven, den 11. Januar 1919.

Kuhnt. Dorn. Schmitz. Lederer. Grunewald. Wersin. Zimmermann. Petermann. Silberberg. Henneike. Pullem. Sielemann. Jacobsen.

Buchdruckerei Paul Hug & Co., Rüstringen

Stadtarchiv Wilhelmshaven, Best. 7040

Soldaten und Brüder.

Die schmachvolle Tat der Unteroffiziere und Deckoffiziere am Sonnabend, den 11. Januar, hat Euch hoffentlich die Augen geöffnet. Leider hat sich ein Teil von Euch betören lassen. Durch die unglaublichen Gerüchte hat man Euch zu dem **elenden Bubenstreich** überredet.

Genossen, überlegt Euch doch: diese Leute, die Euch und Eure Väter auf dem Kasernenplatz wie das Vieh behandelt haben, was schert sie das Volksinteresse. **Nur reiner Egoismus** bewegt den größten Teil dieser Leute.

Zu welchen Mitteln hat man gegriffen, um diesen Putsch zu vollführen.

Flugzeuge, Autos mit Bewaffneten, Kanonen, alles war aufgeboten, um auf Eure Brüder zu schießen. In die Wohnungen der Bürger ist man **eingedrungen, hat die Frauen mit dem Leben bedroht** und sich dort verbarikadiert. Bei der Besetzung des Kasinos haben Mitglieder dieses Bundes sich an privatem Eigentum der Angestellten vergriffen.

Was ist das?

Reinstes Banditentum.

Mit Offizieren und Ingenieuren hat man gemeinsame Sache gemacht und sie bewaffnet. Unteroffiziere brüsten sich, ungeheure Geldmittel zur Verfügung zu haben. Fragt Euch doch,

Woher ist dieses Geld gekommen?

Welche Kräfte können dort nur am Werke sein? Sicher nicht Eure und unsere Freunde. Erinnert Euch, welch ein Zukunftsstaat uns bevorsteht, wenn diese Männer, die nichts weiter kennen als Leute zu schikanieren, ans Ruder kommen. <u>Schon hatte man das Symbol der Freiheit, die rote Flagge, auf dem Hauptquartier der Unteroffiziere der Matrosen-Divisions-Kaserne durch die schwarz-weiß-rote Flagge ersetzt.</u> Also Brüder, seht Euch vor, wem Ihr Euer Vertrauen schenkt, nehmt Euch in Acht vor Leuten, die unter der Maske der Zugehörigkeit zum Proletariat sich Euch nahen. Vertraut dem wahren Proletariat, vertraut dem 21er Rat, **vertraut uns Arbeitern.** <u>Soldaten und Arbeiter, reichen wir uns die Hand gegen die Berufssoldaten</u>, die seit vier Wochen die Beunruhigung in die Bevölkerung hineingetragen haben. Unsere Frauen und Kinder wollen endlich Ruhe haben.

Die Obleute der Arbeiterschaft Wilhelmshavens.

Stadtarchiv Wilhelmshaven, Best. 7040

Vorposten-Druckerei August Stecker, Rüstringen.

An die Arbeiter!

Die Würfel sind gefallen.

Die revolutionären Soldaten Wilhelmshavens haben die Waffen erhoben, um die Freiheit des Proletariats zu erkämpfen.

Arbeiter, Genossen, seht diesmal nicht wieder untätig zu wie bei der November-Revolution, sonst seid Ihr für immer verloren!

Der Militarismus erhebt sein Haupt frecher denn je empor, er will Euch in neue Kriege hetzen!

Der Kapitalismus will die Akkordarbeit und den 10 Stundentag wieder einführen.

Erwacht endlich, Genossen, denkt an alles, was Ihr bisher unter dem Joch der Lohnsklaverei gelitten habt!

Tretet ein in die Reihen der revolutionären Soldaten, um Schulter an Schulter mit ihnen gegen die Reaktion des Kapitalismus und Militarismus zu kämpfen!

Es geht ums Ganze! Entweder erkämpfen wir jetzt die Freiheit des Proletariats oder wir gehen ewiger Knechtschaft entgegen.

Und da erinnert Euch an das Wort unseres revolutionären Dichters Schiller: „Eher den Tod, als in der Knechtschaft leben."

Darum, auf zu den Waffen!

Auf zum Kampf für die Revolution des Proletariats!

Das Revolutionäre Komitee.

Bock.   Jörn.   Weiland.   Schneider.   Klüver

Der Ministerpräsident   1. 8. 1919

Die Reichsverfassung ist angenommen. Sie gibt die Grundlage für den Aufbau der Mitwirkung der Arbeiterschaft im Wirtschaftsleben. Die Wahlen zu allen politischen Vertretungen und Gemeindekommissionen haben im Landesteil Oldenburg auf Grund des demokratischsten Wahlrechts stattgefunden. Jede Bevölkerungsklasse ist nach ihrer Stärke und der Werbekraft ihrer Anschauungen entsprechend, berufen, im Staats- und Gemeindeleben mitzuarbeiten. Sonderrechte sind nirgends erhalten. Neue sollen nicht geschaffen werden.
Damit ist für die politische Mitwirkung der Arbeiterräte in Staat und Gemeinde kein Raum mehr. Bei allen staatlichen Behörden hört von heute ab die etwa noch geübte Mitwirkung auf. Diese hat nur noch auf gesetzmäßigem Wege über das demokratischste aller Wahlrechte zu erfolgen. Die bisher den Arbeiterräten bei Staatsbehörden vom Staat geleisteten finanziellen Beihülfen werden bis zum 15. August gezahlt.
Den Amtsverbänden und Gemeinden wird anheimgegeben, bei der Regelung der Mitwirkung der Arbeiterräte in den Gemeinden und Amtsverbänden auch ihrerseits nach obigen Grundsätzen zu verfahren.
Die Staatsregierung sieht sich aber auch jetzt ebenso wie in ihrem Schreiben vom 28. Juni 1919 veranlaßt, zu betonen, daß sie die Mitarbeit der gesamten Arbeiterschaft in der Zeit bis zur Schaffung des reichsgesetzlichen Aufbaues der in Artikel 162 der Reichsverfassung vorgesehenen Betriebs-, Bezirks- und Reichsarbeiterräte in wirtschaftlichen und sozialen die Arbeiterschaft angehenden Fragen für dringend erwünscht hält.
Durch den bisherigen Landesarbeiterrat wird diese Verbindung aufrecht erhalten.
Diese Verfügung ist den Arbeiterräten durch die Ämter und Magistrate I. Klasse zur Kenntnis zu bringen.

Der Ministerpräsident

1) An die Ämter und Stadtmagistrate I. Klasse
2) Abschrift an den Vorsitzenden des Landesarbeiterrates, Herrn Graeger.
   Zur Kenntnisnahme und mit dem Ersuchen um Mitteilung des Einverständnisses zum weiteren Zusammenarbeiten auf dieser Grundlage zwischen Landesarbeiterrat und Ministerium.

Nds. Staatsarchiv Oldenburg 136-2768